ŒUVRES COMPLÈTES
DE
W. SHAKESPEARE

TOME IV

LES JALOUX

I

SAINT-DENIS — TYPOGRAPHIE DE A. MOULIN.

FRANÇOIS-VICTOR HUGO
TRADUCTEUR

ŒUVRES COMPLÈTES
DE

W. SHAKESPEARE

DEUXIÈME ÉDITION

TOME IV

LES JALOUX

I

TROYLUS ET CRESSIDA — BEAUCOUP DE BRUIT POUR RIEN
LE CONTE D'HIVER

PARIS

PAGNERRE, LIBRAIRE-ÉDITEUR

RUE DE SEINE, 18

1868

Reproduction et traduction réservées.

A CHARLES

SON FRÈRE DÉVOUÉ,

F.-V. H.

INTRODUCTION.

Dans l'antiquité, la conscience humaine, soumise au panthéisme païen, offrait un prodigieux spectacle. Chaque passion qui envahissait l'âme, y pénétrait sous la figure auguste d'une divinité, venue du ciel ou de l'enfer. Un homme était-il amoureux? il était mené par l'aveugle enfant Cupidon. Était-il jaloux! il était entraîné par Junon aux yeux de bœuf. Se plaisait-il à la guerre et au massacre? c'était Mars qui l'animait. Était-il avare? il était inspiré par Plutus. Était-il pris de haine? c'était Até qui l'obsédait. Était-il furieux? il était possédé de Mégère. Alors, la succession continue des sentiments n'était qu'un perpétuel va-et-vient de puissances farouches et irrésistibles. Que pouvait, en effet, la volonté de l'homme contre des passions qui se confondaient avec les dieux mêmes et pour lesquelles la religion exigeait de lui un culte? Comment eût-il combattu les idées de vengeance, lui qui tout à l'heure s'agenouillait dans le temple de Rhamnus devant la statue de Némésis? Quel obstacle eût-il pu opposer aux pensées homicides, lui qui tout à l'heure offrait un sacrifice à Bellone? Comment n'eût-il pas cédé au vertige des sens, lui qui venait d'adorer, dans ses voluptueux mystères, la Vénus Génétyllide? Commander aux passions, est-ce que cela était possible? elles étaient déesses! Elles siégeaient, dans un éternel rayonnement, au plus haut de l'Olympe. C'était Hébé qui leur versait à boire et Iris qui faisait leurs commissions. Ah! si l'homme leur avait manqué de respect, il aurait bien vite entendu gronder au-dessus de sa tête la foudre de Jupiter.

Donc, dans les temps anciens, l'homme n'était pas libre. Le devoir que la morale païenne lui imposait, ce n'était pas d'aimer son prochain comme lui-même, ce n'était pas de rendre le bien pour le mal, ce n'était pas de lutter contre des instincts pervers, — c'était d'obéir aux dieux et de se soumettre à leurs caprices, comme aux arrêts souverains de la nécessité.

Aujourd'hui, grâce à une religion nouvelle, les divinités despotiques, qui jadis réglaient les destinées de ce monde, se sont évanouies. Le trépied de Cumes a été renversé; et le temple de Delphes, cette antique Bastille des consciences, a été ruiné de fond en comble. L'âme humaine, lassée d'être le pied-à-terre des dieux, s'est affranchie, dans une insurrection sublime, de la tyrannie de l'Olympe. Mais cet affranchissement l'a-t-il rendue plus libre? — Non. Les dieux s'en sont allés, mais les passions ont demeuré. Vénus a disparu, soit! mais l'Amour est resté. Junon a disparu, mais la Jalousie est restée. Les Furies se sont enfuies, mais la Vengeance a gardé leur place. Mars s'est sauvé, mais la Guerre a ceint l'épée flamboyante qu'il a laissée tomber. Voilà pourquoi, sur le théâtre de Shakespeare, la Fatalité est restée aussi puissante que sur la scène antique. Elle a cessé d'être adorée; mais elle n'a pas cessé de régner. Elle n'a plus d'autel visible dans le monde, mais elle a gardé son temple dans le cœur humain. Son oracle, désormais, ce n'est plus la voix de la Pythonisse, c'est le cri de la passion. Et la passion n'est pas moins agitée, elle n'a pas moins de délire, elle n'est pas moins échevelée que la Sybille.

Ce n'est plus au nom d'Apollon que la Fatalité commande à Oreste d'immoler Clytemnestre ; mais c'est au nom de la tendresse filiale qu'elle force le prince de Danemark à tuer Claudius. Ce n'est plus en vertu d'une malédiction qu'elle oblige les deux frères Etéocle et Polynice à se frapper l'un l'autre ; mais c'est de par l'ambition qu'elle somme le thane de Cawdor d'égorger son cousin Duncan. Ses sacrificateurs ne s'appellent plus Agamemnon, Œdipe, Thyeste ; mais ils se nomment Hamlet, Macbeth, Othello. Ses victimes, ce n'est plus Iphigénie, ce n'est plus Cassandre, ce n'est plus Polixène, mais c'est Ophélia, mais c'est Juliette ; mais c'est Desdemona ; et tout le sang versé dans les holocaustes modernes n'est pas moins pur que celui qui coulait dans les hécatombes antiques.

L'homme s'est affranchi des dieux, soit ! mais s'est-il affranchi de la sensation ? S'est-il défait de l'instinct ? S'est-il soustrait aux entraînements ? S'est-il débarrassé des appétits ? S'est-il dépêtré du besoin ? A-t-il dépouillé l'enveloppe de nerfs qui l'étreint de toutes parts et qui le dévore comme la tunique de Nessus ? S'est-il arraché le cœur ? L'homme a-t-il cessé d'être homme ? A-t-il le moyen de ne plus aimer, ou du moins a-t-il trouvé le secret d'aimer sans être jaloux ? Non ?

La jalousie est inséparable de l'amour ; elle le suit toujours pas à pas ; elle s'attache à lui comme l'ombre au rayon, comme la nuit au jour. Née de l'infranchissable obstacle qu'une nature bornée oppose à nos expansions,

elle est dans le cœur le spectre de la matière à jamais
dressé derrière l'idéal. L'amour, aspiration divine,
entraîne l'âme vers l'infini ; mais la jalousie, inquiétude
des sens, la retient toujours en bas à la chaîne des im-
perfections humaines. L'amour épure l'âme en y surex-
citant les facultés les plus hautes : le courage, la générosité, le dévouement ; d'un lâche, il fait un brave ; d'un
avare, il fait un prodigue ; d'un égoïste, il fait un héros :
la jalousie trouble le cœur et en fait monter à la surface
toute la lie, dissimulation, ingratitude, rancune et fureur. Le brave, elle le change en couard ; le preux, en
espion ; le paladin, en assassin.

Et cette transformation est inévitable. Soumettez à la
terrible influence de la jalousie les plus nobles caractères
que Shakespeare ait pu rêver, et vous les verrez tous
s'altérer et s'avilir.

Regardez Troylus : c'est un prince, un fils de Priam,
un digne frère d'Hector, un adversaire d'Achille. Eh
bien, qu'une coquette lui mette l'affreuse passion dans
l'âme, et Troylus abandonnera Troie, et son vieux père,
et sa famille, et sa patrie, pour aller épier sa maîtresse à
quelque rendez-vous ; et quand il reviendra, il écumera
de rage, et il reprochera à Hector d'épargner parfois ses
ennemis, et il cherchera son rival pour le tuer.

Cet autre est Claudio. C'est un jeune Florentin que
toute l'Italie admire et que le roi d'Aragon vient de combler d'honneurs, « car, sous les traits d'un agneau, il a
accompli les exploits d'un lion. » Il a fait la cour la plus
respectueuse à la fille du gouverneur de Messine ; et,
quand il a obtenu sa main, il lui a dit : « Madame, je suis
à vous comme vous êtes à moi ; je me donne en retour
de vous et je raffole de l'échange. » Mais qu'un doute
passe dans l'esprit de Claudio, et, comme Troylus, il ira
la nuit se mettre en embuscade sous les fenêtres de sa

bien-aimée; et il lui suffira de la croire infidèle pour qu'il bannisse toute courtoisie et toute franchise ; il attirera Héro dans un guet-apens, et il l'amènera jusqu'à l'autel afin de l'écraser publiquement sous une calomnie.

En voici un autre : Léonte. Celui-là est plus qu'un favori ; c'est un roi. Il est la Majesté vivante ; il a pour titre la Grâce, et, quand il passe, les peuples se prosternent devant lui comme devant l'image de la divinité. Ce personnage auguste a épousé l'auguste fille d'un empereur. A le voir placé si haut, on le croirait inaccessible aux passions. Mais non ; la jalousie monte les degrés d'un trône aussi aisément que la mort. Elle n'a qu'à chuchoter à l'oreille de ce roi ; et aussitôt Léonte, qui était le prince des sages, deviendra le dernier des criminels. Il tentera d'empoisonner son ami d'enfance, et il fera dresser le bûcher pour y jeter sa femme et sa fille.

Ce quatrième est un chevalier breton du nom de Posthumus. Orphelin de naissance, Posthumus a été recueilli et élevé par le roi de Bretagne, Cymbeline, qui l'a fait de sa chambre. Tout jeune, « il aspirait la science comme l'air ; dès son printemps, il a fait moisson. Pour la jeunesse, c'est un modèle ; pour l'âge mûr, c'est un miroir où les hommes faits se rajustent. » Tel est son mérite, à ce chevalier, que la fille même du roi n'a pas cru se mésallier en l'épousant. Eh bien, malgré cette preuve irrécusable d'affection, il suffira de je ne sais quelle fable pour que Posthumus éprouve, comme Léonte et comme Troylus, les éblouissements du meurtre. Lui, l'honnête homme, il se fera faussaire pour entraîner Imogène dans un piége ; il s'improvisera brigand ; et, pour que sa femme ne soit pas assassinée, il faudra que son serviteur lui désobéisse.

En voici encore un. Saluez ! c'est un capitaine more que la grande république de Venise oppose aux formidables Turcs. C'est un vaillant dont l'âme est mieux trempée que son épée : il a coudoyé la mort dans cent assauts, il a subi la servitude, il a, sans frémir, fait visite aux anthropophages, et voyagé dans ces parages fantastiques où les hommes ont la forme des monstres. Certes, s'il est un mortel à l'épreuve de la jalousie, c'est Othello. Othello, jaloux ! Est-ce que cela est possible ? Le beau soleil sous lequel il est né l'a purgé pour toujours de cette humeur-là ! — Pourtant, qu'Iago lui raconte seulement certain rêve qu'il n'a pas fait, que Desdemona égare son mouchoir, et ce capitaine perdra sa bravoure, et ce vaillant perdra son honneur. Adieu le contentement ! adieu les troupes empanachées et les grandes guerres qui font de l'ambition une vertu ! adieu le coursier hennissant, et la stridente trompette, et le martial tambour, et le fifre étourdissant ! la besogne d'Othello est finie. Et bientôt, de l'âme du soldat, Othello ne gardera plus que l'instinct du bandit. Il fera faire à son épée le lâche métier du poignard, et il attendra, pour étouffer sa femme, qu'elle soit endormie !

Troylus, Claudio, Léonte, Posthumus, Othello ! La noblesse, la grâce, la majesté, la loyauté, le génie ! Ce que la société offrait de plus accompli et de plus illustre ! Le monde les admirait, la civilisation les citait, l'humanité les vantait. Eh bien, l'auteur tout-puissant a dit au démon du soupçon : tente-les ! et le démon les a éprouvés ; et, après l'épreuve, cette élite du monde n'a plus été qu'un tas d'hommes qui font pitié.

Ah ! si ceux-là ont succombé, qui donc résisterait ? Pour nous empêcher d'être jaloux, il faudrait d'abord nous empêcher d'aimer. La jalousie est la maladie charnelle de l'amour ; elle est le virus terrestre de la tendresse divine. Voyez-vous ce jeune homme : il ne dort plus, il se tord sur son lit, il mord son oreiller, il ne mange plus, il a les yeux caves, il est livide. — Il a la fièvre? — Non, il a vu sa maîtresse sourire à un autre, et il est jaloux.

Cette maladie-là, les plus grands d'entre nous l'ont eue. Shakespeare lui-même en a été atteint, comme Molière. Relisez ses *sonnets*, et vous verrez que lui aussi, il s'est épris d'une Béjart! Lui aussi, humble comédien, il s'est vu préférer un grand seigneur par celle qu'il aimait; et, surcroît de misères, ce grand seigneur était son meilleur ami.

« Maudit soit le cœur qui fait gémir mon cœur de la double blessure faite à mon ami et à moi! N'était-ce pas assez de me torturer seul, sans que mon meilleur ami fut asservi à cette servitude? Tes yeux cruels m'ont enlevé à moi-même, mais, ce qui est plus dur, tu as accaparé mon autre moi-même [1]. »

Désenchantement suprême : avoir son ami pour rival, être déçu à la fois par les deux sentiments qui font la religion du cœur, ne plus voir dans l'amitié qu'une duperie et dans l'amour qu'une trahison! Ce désintéressement, qui vous tend la main, vous trompe. Cette tendresse qui vous ouvre les bras, ment. Le malheur de Shakespeare jaloux du comte de Southampton, c'est le malheur de Léonte jaloux de son camarade Polixène, c'est le malheur d'Othello jaloux de son fidèle Cassio. Faut-il donc s'étonner que Shakespeare, qui avait si cruellement souffert de la jalousie, ait ramené cinq fois ce tragique sujet sur la scène? Les douleurs que l'homme avait éprouvées et comprimées au plus profond de son souvenir, le poëte les a fait revivre et les a jetées toutes palpitantes sur le théâtre. Ce sont ses plaies intimes que Shakespeare a exposées dans les cinq pièces que vous

---

[1] Voir le sonnet XVII, dans la traduction que j'ai publiée.

allez lire. C'est sa propre crédulité qu'il prête à Troylus. Ce sont ses défiances qu'il inspire au fiancé d'Héro. C'est son délire qu'il communique au mari d'Hermione. C'est de ses yeux que sont tombées les larmes de Posthumus. C'est de son cœur qu'est parti le cri effrayant d'Othello.

I

Ce qui fait de *Troylus et Cressida* une œuvre extraordinaire, c'est moins la splendeur du style, c'est moins la beauté saisissante des principales scènes, c'est moins la variété et la vie des caractères que la manière même dont le drame a été composé. Pour apprécier cette œuvre à sa juste valeur, il ne suffit pas de la lire; il faut pénétrer le secret de sa création; et, pour pénétrer ce secret, il faut soulever la poussière des siècles et exhumer le passé. Ici la critique doit s'aider de l'histoire.

Au moment où parut Shakespeare, à la fin du seizième siècle, deux traditions bien distinctes s'offraient à la poésie : la tradition héroïque et païenne savamment révélée par la Renaissance, la tradition chrétienne et chevaleresque naïvement transmise par le Moyen Age; d'un côté, l'humanité avec la religion, les mœurs et les dogmes antiques; de l'autre, l'humanité avec la foi, les croyances et les passions modernes. D'une part, la civilisation de l'*Iliade* et de l'*Orestie*; de l'autre, la civilisation du *Romancero* et de la *Divine Comédie*. Ici, l'art hiératique et régulier de la Grèce classique; là, l'art libre et spontané de l'Europe romanesque.

Entre les deux arts lequel choisir? Auquel donner la préférence? Une école puissante, formée sous le patronage des princes, une école dont le fondateur avait été fait par Charles-Quint chevalier de la Toison d'Or [1] et dont les chefs étaient en France les lauréats de la cour, exigeait, au nom du goût, la stricte imitation des anciens. Selon les théories de cette école, il ne suffisait pas que la littérature nouvelle donnât force de loi aux prétendus préceptes d'Aristote et s'astreignît à l'observation religieuse des trois unités; il fallait qu'elle adoptât les admirations, les engouements et jusqu'aux superstitions du passé; il fallait qu'elle élevât un autel aux héros et un temple aux dieux de la littérature antique. Les personnages qu'Homère et les tragiques grecs avaient mis en scène devaient, après deux mille ans, revenir sur le théâtre, pour intéresser sans cesse à leurs malheurs les générations futures. Enfin, par une singulière exigence, il fallait que ces personnages conservassent à jamais les traits immuables que la fantaisie antique leur avait donnés. Il fallait qu'Achille restât continuellement tel que l'avait vu Horace :

> Impiger, iracundus, inexorabilis, acer.

Il fallait, selon les règles de l'*Art poétique*,

> Qu'Agamemnon fût fier, superbe, intéressé,
> Que pour ses dieux Énée eût un respect austère.
> Conservez à chacun son propre caractère.

Si ce système, que préconisaient en Angleterre Philippe Sidney et Ben Jonson, était le vrai, l'œuvre tout entière de Shakespeare était condamnée. De par Aristote, il fallait fermer le théâtre anglais; du moins, il fallait en chasser Hamlet, Othello, Macbeth, le roi Lear, ces intrus, et le rendre à ses hôtes légitimes, les princes de Troie, de

---

[1] Le Trissin, auteur de *Sophonisbe*, la première tragédie régulière qui ait été représentée dans les temps modernes.

Mycènes et d'Argos. Il fallait en expulser la passion moderne, cette usurpatrice, et restaurer triomphalement dans son Olympe, au milieu de sa cour de dieux, la fatalité païenne.

Dans cette situation grave, Shakespeare redoubla d'audace. Ses adversaires voulaient qu'il se prosternât devant les statues homériques. Que fit-il? Il les renversa les unes après les autres de leurs piédestaux. Au nom d'une philosophie supérieure, il jugea tous ces êtres prétendus surhumains que l'antiquité avait exaltés jusqu'à l'apothéose; il montra du doigt leurs faiblesses; il railla leurs infirmités, et, sous une grêle d'épigrammes, il les fit tomber à jamais du sublime dans le ridicule. — Votre Agamemnon, cria-t-il à ses adversaires, votre Agamemnon, « le roi des hommes » est un peureux qui se cache derrière Ajax. Votre « divin » Ulysse n'est qu'un intrigant qui pratique la petite politique : *diviser pour régner.* Votre Ajax, « rempart des Grecs, » n'est qu'une bête à qui l'on fait labourer le champ de bataille en lui disant : Hue donc? Votre Achille « aux pieds légers » n'est qu'un lâche qui tue les gens désarmés. Votre « belliqueux Diomède, » celui qui blesse Vénus à la main, vous savez, eh bien, ce n'est qu'un fat et un bravache. Votre Pandarus, « cet illustre fils de Lycaon, cet habile archer instruit par Apollon lui-même, » eh bien, ce n'est qu'un ruffian. Votre Hélène, « la plus noble des femmes, » n'est qu'une... catin. Et, quand à votre siége de Troie, il n'est que le monstrueux coup de corne de Ménélas! »

C'est par cet immense sarcasme que Shakespeare répondit aux prôneurs exclusifs de l'antiquité. — Renoncez à des traditions barbares, lui disaient les Scudérys du seizième siècle; cessez de nous raconter notre époque, notre civilisation, notre histoire nationale, nos aïeux. Il s'agit bien du père de Cordélia; parlez-nous du père d'Iphigénie! Shakespeare prit les Scudérys au mot, et il fit *Troylus et Cressida*.

A mes yeux, *Troylus et Cressida* est autant une œuvre polémique qu'une œuvre dramatique, moins une épopée qu'une satire. Est-ce à dire que l'auteur a méconnu de parti pris ce qu'il y avait de réellement admirable dans les figures antiques? Non, car il a laissé au vaincu Hector toute sa noblesse traditionnelle, et il a fait Cassandre aussi majestueusement sinistre que l'avait rêvée Eschyle. Seulement, il a voulu retirer aux types classiques un prestige qui devenait dangereux pour la liberté de l'art; il a voulu désarmer cette critique rétrograde qui prétendait imposer à l'avenir l'idolâtrie du passé; il a voulu protester d'avance contre une réaction littéraire dont il pressentait les excès. Il a voulu prouver que ces personnages demi-divins étaient faits de chair et de sang comme nos pères, les barbares du Moyen Age; et que, nous touchant de moins près que ceux-ci, plus éloignés de nos croyances et de nos mœurs, ils devaient moins nous intéresser. L'*Iliade*, traduite en anglais par Georges Chapman, avait été publiée dès 1592. On ne peut donc pas prétendre, comme l'a fait Schlegel pour excuser la hardiesse de Shakespeare, qu'il ignorait l'œuvre du poëte grec. C'est bien Homère qui a inspiré à Shakespeare cette scène bouffonne où Thersite est battu par Ajax. C'est bien Homère qui, le premier, nous a montré Hector défiant les chefs de la Grèce à ce combat singulier dont Shakespeare a fait un tournoi. N'atténuons pas la témérité de l'auteur. C'est bien sciemment qu'il a embauché dans son répertoire les personnages principaux de l'*Iliade*, Agamemnon, Ménélas, Achille, Patrocle, Ulysse, Diomède, Priam, Pâris, Hector, Andromaque, Hélène, et que, de ces héros futurs de Racine et de Voltaire, il a fait les comparses de son théâtre. C'est bien volontairement qu'il a choisi le champ de bataille homérique pour les rendez-vous de sa jeune première, et qu'il a pris cette toile de fond épique, les remparts d'Ilion, pour le décor d'une intrigue d'amour.

Et cette intrigue d'amour que Shakespeare a ainsi mise en scène, a-t-elle au moins la dignité d'une tradition classique? Non, elle n'est qu'une légende romanesque. La fable primitive qui raconte la passion de Troylus pour Cressida ne date pas de l'antiquité; elle date du Moyen Age. Elle n'est pas l'œuvre du rapsode phrygien Darès, comme le croit Schlegel, ni même, comme l'affirment Dryden et Pope, l'œuvre de Lollius le Lombard, écrivain du Bas-Empire. Elle a pour auteur, devinez qui? un poëte normand du douzième siècle, Benoist de Saint-Maur. Témérité suprême, Shakespeare a fait figurer les personnages d'Homère dans la ballade d'un ménestrel. Il a eu la fière audace d'un constructeur de cathédrales à qui l'on proposerait le Parthénon pour modèle, et qui, pour toute réponse, engagerait dans une frise gothique les bas-reliefs de Phidias!

Qui connaît Benoist de Saint-Maur aujourd'hui? Qui se rappelle qu'il y a sept cents ans, un homme portant ce nom composait dans un patois grossier des vers qu'il psalmodiait en s'accompagnant d'un luth informe. Sans doute ce trouvère vivait comme ses confrères, les poëtes primitifs, allant de manoir en manoir demander une hospitalité qu'il payait en gais propos, musicien parasite, chansonnier ambulant, vivant de son bel esprit et de sa bonne humeur, ayant le jarret aussi infatigable que la verve, marchant toute une après-midi pour parvenir avant le couvre-feu à la seigneurie voisine, mendiant du châtelain un dîner pour un chant de guerre, et obtenant de la châtelaine un souper pour un lai d'amour! Un jour, dans je ne sais quel Hôtel de Rambouillet féodal, Benoist de Saint-Maur chantait. Il était en voix et se sentait inspiré. Il chantait le siége d'Ilion, d'après le récit authentique d'un certain « Darès, troyen qui, nourri et né dans Troie, y avait fait mainte prouesse et à assaut et à tournois. » Tout à coup, voyant probablement languir l'attention de son auditoire féminin, il s'interrompit au milieu de ce grave sujet, et, laissant là la guerre des Grecs et des Troyens, il se mit à raconter les amours du *biau chevalier Troylus et d'une fille molt renommée, appelée Briseïda*.

>   Troylus fut biau à merveille,
>   Chière ot riant, face vermeille,
>   Cler vis apert, le front plénier,
>   Moult i avoit biau chevalier.
>   Cheveus ot blons et reluisans
>   Et sis nez iert moult avenans ;
>   OEux ot vairs, plain de gaieté,
>   Bien et bien faite et beles denz
>   Plus blans qu'ivoire en argenz ;
>   Menton carré, lonc col et droit...
>   D'armes et de chevalerie
>   Après Hector ot seignerie.

A l'apparition de ce Troylus qui intervient brusquement dans l'histoire de Troie, et qui rappelle par sa bonne mine les aimables paladins de la Table-Ronde, vous devinez quel intérêt subit le récit de Benoist de Saint-Maur a dû prendre pour ses auditeurs normands du douzième siècle. Vous voyez d'ici l'attention se peindre sur le visage du plus indifférent. Désormais le poëte est bien sûr d'être écouté jusqu'au bout. Il continue. Il apprend à son public avide que Troylus est l'amant heureux de Briseïda, fille de Calcas. Or, ce Calcas est un évêque troyen qui a pris le parti des Grecs : prévoyant la ruine d'Ilion, il supplie Agamennon d'envoyer quérir sa fille qui est restée à Troie et qu'il a peur de voir occire lorsque la cité sera prise. Sur l'intercession du roi des Grecs, le roi des Troyens, Priam, accorde la requête de Calcas, et Briseïda doit être rendue à son père. Voilà les amoureux séparés. Troylus est furieux de ne plus voir Briseïda; Briseïda est désespérée de ne plus voir Troylus. N'importe! il faut se dire adieu, et les voilà qui s'embrassent.

> Mais la dolor qui cueur lor toce
> Lor fait venir parmi la boce
> Les larmes qui chiient des ex.

Briseïda avait beaucoup d'amis dans Troie. Le jour de son départ, une foule de seigneurs et de gentilshommes la reconduisent en grande pompe, et Troylus, tout fils de Priam et tout prince du sang qu'il est, tient à honneur de mener par la bride le destrier de sa belle jusqu'aux portes de la cité. C'est là que la « pucelle, » pleurant à chaudes larmes, est remise à Dyomedes, fils de Tydeus. Dyomedes, en galant chevalier, essaie immédiatement de consoler Briseïda; mais Briseïda ne veut pas être consolée si vite. Elle craint d'être méprisée si elle accorde sitôt ce que Dyomedes lui demande. Dyomedes est patient : il attendra le bon plaisir de Briseïda. C'est ainsi que tous deux arrivent, en devisant, à la tente de Calcas, pavillon qui, soit dit en passant, appartenait naguère au riche Pharaon, *cil qui noya en la mer Roge*. Là Briseïda reçoit des princes grecs les hommages les plus courtois, et de Dyomedes les soins les plus tendres. Enfin la pucelle est consolée. Troylus n'a pas plus tôt deviné l'infidélité de Briseïda, qu'il jure de se venger de son rival. Il poursuit Dyomedes sur le champ de bataille; il le blesse, et, au moment où on emporte le fils de Tydeus, à demi-mort, il l'accable des plus cruelles railleries. Il lui crie, en présence de toute l'armée, que Briseïda n'est qu'une fille à courte foi qui le trompera, lui, Diomedes, comme elle l'a trompé, lui, Troylus, et il l'engage fortement à faire le guet auprès d'elle, s'il ne veut pas que *tous les gardes du camp s'en soûlent*. En apprenant que Dyomedes est revenu grièvement blessé, Briseïda témoigne l'émotion la plus vive ; elle a des larmes dans les yeux et dans la voix. Que faire? Ira-t-elle ouvertement dans la tente de Dyomedes pour soigner le blessé? La malheureuse ne se dissimule pas la gravité de cette démarche publique. Les dames vont en dire de belles sur son compte ! Elle sera la honte des demoiselles ! le monde la méprisera ! Mais, après tout, est-ce sa faute? Si on ne l'avait pas forcée à quitter Troie, cela ne serait pas arrivé, elle serait restée fidèle à Troylus ; mais ici, nouvelle venue dans le camp grec, elle n'a pas un ami, pas un cœur à qui se fier ; son chagrin d'avoir quitté Troylus est tel, qu'elle mourrait, si elle ne cherchait à s'en distraire ; c'est justement parce qu'elle aime Troylus, qu'elle est contrainte de le tromper !..... Après ce monologue tout féminin, Briseïda se décide ; elle se rend dans la tente de Dyomedes, et, tandis qu'elle veille sur son second amant, Troylus est tué par Achille.

Ainsi finit l'histoire romanesque que Benoist de Saint-Maur avait improvisée pour faire trêve aux luttes épiques des Grecs et des Troyens. Ce récit, intercalé sans façon dans l'*Iliade*, eut un succès immense auprès du public normand qui écoutait le trouvère ; il fut vite populaire parmi toutes les nations qui comprenaient le patois d'Oïl, et il ne tarda pas à le devenir dans les contrées plus méridionales où se parlait la langue d'Oc. Les amours de Troylus et de Briseïda furent bientôt regardées par les générations du Moyen Age comme aussi authentiques que les amours même d'Hélène et de Pâris.

Qui le croirait? le barde de Normandie, aujourd'hui si peu connu, obtint dans l'Europe féodale autant de gloire qu'en acquit jamais dans l'Europe antique le barde d'Ionie. Comme son prédécesseur, le ménestrel Homère, Benoist de Saint-Maur trouva des copistes qui multiplièrent son poëme par milliers, et qui fixèrent ses paroles sur les papyrus égyptiens. Comme Homère, il trouva des traducteurs qui lui servirent d'interprètes dans toutes les langues vivantes : Guido Colonna, en Italie; Raoul Lefèvre en France; Caxton, en Angleterre. Comme Homère encore, il suscita des rapsodes qui perpétuèrent, en la commentant, la tradition laissée par lui ; et ces rapsodes n'étaient pas d'obscurs déclamateurs, c'étaient des poëtes illustres; c'était Boccace, au quatorzième siècle ; c'était Chaucer, au quinzième. Enfin, comme Homère animant la muse tragique d'Eschyle, Benoist obtint cet honneur suprême d'inspirer le génie dramatique de Shakespeare.

Le *Filostrato* de Boccace est le développement tout italien de la légende normande. Là, nous retrouvons les mêmes personnages, mais modifiés par les mœurs méridionales. Brisaïda n'est plus une fille naïvement séduite, comme Briseïda ; c'est une femme franchement galante. Troïlo n'est plus, comme Troylus, cet amoureux railleur qui se venge par une ironie de la trahison de sa maîtresse ; c'est un amant humble, larmoyant et soumis, qui meurt en demandant grâce à l'infidèle. Son rival, Diomède, a pris une individualité qu'il n'avait pas et s'esquisse déjà comme le fat que Shakespeare doit peindre plus tard. A ces trois figures légendaires, Bocace a adjoint un quatrième personnage qui va prendre dans la tradition une importance de plus en plus considérable. En Italie, comme en Espagne, il n'est pas d'intrigue d'amour qui soit complète sans une duègne. Boccace a donc vu une grave lacune dans le roman tel que Benoist de Saint-Maur l'avait conçu, et il l'a comblée en introduisant Pandaro. Mais Pandaro a plus de barbe au menton que n'en ont ordinairement ses pareilles. Pandaro n'est pas une duègne en jupon, c'est une duègne en cotte de mailles. La création est originale, on en conviendra, et vaut la peine d'être étudiée. Dans le poëme de Boccace, Pandaro est le frère d'armes de Troïlo; seigneur suzerain de Lycie, il vit avec le fils du roi Priam dans une intimité aussi épique que celle d'Achille et de Patrocle. Il est à la fois le menin et le précepteur du jeune prince; il est son confident, et, au besoin, il sera son complice. Tandis que Troïlo incarne l'amour éperdu du Midi, Pandaro en représente l'amitié exaltée. Les mêmes sacrifices que Troïlo fait à son affection pour Brisaïda, Pandaro les fait à son dévouement pour Troïlo. Pour Brisaïda, Troïlo méconnaît tous ses devoirs : il oublie sa patrie, il maudit sa mère, il renie ses dieux. Pour Troïlo, Pandaro fait pis encore; il abjure son honneur; il bannit tout respect humain; il viole toute loi divine, et il se fait ruffian pour faire de sa nièce Brisaïda une prostituée! Et n'allez pas croire que cette infâme action altère en rien la haute estime que Boccace a de Pandaro. Le romancier italien ne cherche pas à excuser son personnage; il le loue d'avoir fait « ce qu'un ami doit faire pour autre quand il le voit en tribulation [1]. » Et jusqu'à la fin de son poëme, il nous attendrit sur le compte de ce corrupteur, et il nous fait remarquer avec une sorte de componction l'abnégation édifiante de cet entremetteur de l'amitié.

[1] Je cite ici la traduction de *Filostrato*, que Pierre de Beauveau a publiée dans notre langue dès le quatorzième siècle. Le lecteur trouvera, à la fin du volume, les principaux passages de cette remarquable traduction si connue pendant le Moyen-Age, sous le titre de *Roman de Troylus*.

Ce jugement, qui ne répugnait pas aux mœurs dissolues de l'Italie du quatorzième siècle, devait être répulsif aux instincts plus sévères des froides nations du Nord. Aussi, lorsque Chaucer transporta dans la poésie anglaise le roman de Boccace, il crut devoir modifier complétement le caractère que l'auteur italien avait prêté à Pandaro. Dans le poëme de Chaucer, Pandarus est toujours l'inséparable compagnon de Troylus ; seulement ce n'est plus le personnage touchant et solennel que nous avons vu tout à l'heure ; c'est un gaillard sans moralité ni principe, qui regarde le devoir comme un joug, la vertu comme un préjugé et la religion comme une superstition. C'est un railleur qui rit de tout et à travers tout; c'est un sceptique qui ne croit ni à Dieu ni à diable, et qui ne garde plus dans son cœur qu'une seule foi, la foi de l'amitié. Aussi, en livrant sa nièce à son ami, Pandarus ne réclame pas l'estime publique, ainsi que Pandaro ; il fait fi de cette estime ; et pourvu que Troylus lui tende la main, peu lui importe que les honnêtes gens le saluent. En altérant si profondément la figure créée par Boccace, en lui retirant ce qu'elle avait de sympathique, Chaucer cédait aux suggestions de l'éternelle morale, en même temps qu'il ménageait les susceptibilités déjà farouches de la pruderie britannique. Les mêmes raisons qui avaient engagé le poëte à présenter l'ami de Troylus sous des traits si peu favorables, devaient le décider à remanier entièrement une autre figure, celle de l'héroïne.

La Cryseyde anglaise ne ressemble pas plus à la Brisaïda italienne que Pandarus n'a de rapport avec Pandaro. Dans l'œuvre de Boccace, Brisaïda est une femme facile, qui n'a plus d'autre pudeur que celle de sa réputation, et qui trouve très-légitime d'avoir des amants, pourvu qu'ils soient discrets. Aussi, lorsque Pandaro vient lui proposer de céder à Troïlo, elle ne fait d'objections que pour la forme ; et, dès qu'elle est sûre de n'être point trahie, elle accorde avec empressement le rendez-vous demandé ; elle en fixe elle-même le moment ; et, aussitôt que Troïlo arrive, elle se jette dans ses bras et l'entraîne dans son alcôve. La Cryseyde, telle que l'a conçue Chaucer, est toute différente. Elle est veuve, comme sa devancière ; mais ce n'est pas seulement dans sa mise qu'elle porte le deuil. Pour rien au monde, elle ne voudrait tromper son mari mort, et elle lui reste fidèle, même par la pensée. On comprend qu'une pareille femme est beaucoup plus difficile à séduire que l'autre : aussi faut-il toute l'habileté et toute l'astuce de Pandarus pour lui arracher la moindre concession. Ce n'est qu'à grand'peine que ce coquin d'oncle décide sa nièce à agréer les plus respectueux hommages de Troylus ; et c'est tout au plus si, après mille obsessions, Cryseyde consent à accepter le prince pour son chevalier, et à lui écrire qu'elle l'aime... comme une sœur. Le pauvre Troylus se meurt de cette affection fraternelle ; il le déclare à Pandarus ; il faut qu'il possède Cryseyde ou il se tuera. Pour sauver la vie à son frère d'armes, il n'est rien que ne fasse Pandarus ; et, puisqu'il le faut, il aura recours à la plus noire trahison pour vaincre la résistance de cette bégueule ! — Donc, un beau matin, il se présente chez sa nièce, et l'invite de la façon la plus aimable et de l'air le plus innocent à venir souper chez lui le soir même. Cryseyde, craignant un piége, lui demande d'abord si Troylus est invité. Pandarus répond que le prince est absent de la ville. Cryseyde insiste : « Jurez-moi, mon petit oncle, que tout se passera bien. — Je vous le jure par tous les dieux qui résident au ciel ; et, si je trahis votre confiance, puissé-je être jeté par le roi Pluto dans le même cul-de-basse-fosse que Tantalus ! [1] » Après ce serment prononcé par Pandarus d'une voix solennelle, Cryseyde est complétement rassurée et accepte l'invitation. Le soir venu, elle se rend à l'hôtel de son oncle, et, par surcroit de précaution, elle emmène avec elle une de ses parentes, la jolie Antigone, neuf ou dix de ses femmes et un certain nombre de ses valets. On devine quelle grimace va faire Pandarus en voyant arriver cette cohue qui dérange un si beau plan. Mais n'importe ! Comme il est homme du meilleur monde, il accueille parfaitement sa nièce. On se met à table. Chaucer ne nous dit pas quel était le menu, mais il nous affirme qu'il était exquis. Après le souper, on passe de la salle à manger dans le salon, et l'on fait de la musique. Pandarus chante un de ses airs favoris ; à son tour, Cryseyde joue un morceau sur le luth. Après quoi Pandarus, qui veut garder sa nièce le plus longtemps possible, se met à déclamer une ballade que vient de composer le trouvère en vogue. Enfin, il se fait tard et il est l'heure de partir. Cryseyde se lève, prend congé de son oncle, et dit à ses femmes de la suivre. Mais, ô contretemps ! au moment où elle va mettre le pied dehors, survient une pluie impertinente qui lui barre le passage. Pendant le souper, Saturne et Jupiter s'étaient rencontrés dans le signe du Cancer, et c'était leur réunion qui, selon Chaucer, avait produit cette averse. — « Vous comprenez, ma chère nièce, s'écrie Pandarus radieux, que vous ne pouvez pas partir par un temps pareil. La pluie va continuer jusqu'à demain matin ; considérez donc ma maison comme la vôtre et restez ici cette nuit. » Cryseyde aurait bien voulu retourner chez elle, mais à ce moment un éclair sillonne la nue ; le tonnerre plaide par des grondements sinistres

---

[1] Ce dialogue et les détails curieux qui vont suivre sont extraits du troisième livre du poëme de Chaucer : TROYLUS et CRYSEYDE.

la cause de Pandarus ; l'averse devient un épouvantable orage, et il y aurait presque impiété à affronter la colère du ciel. La jeune femme accepte donc une hospitalité que les dieux eux-mêmes lui imposent. En oncle galant, Pandarus mène Cryseyde dans la plus belle chambre à coucher de l'hôtel ; à cette chambre, qui n'a qu'une porte, est attenant un cabinet où camperont ses femmes, et Cryseyde n'aura qu'à les appeler si par hasard elle a besoin d'elles. Après ces explications rassurantes, Pandarus dépose sur le front de sa nièce son plus paternel baiser, puis se retire. Cryseyde se déshabille et se couche. Bientôt s'éteignent les derniers rires qu'a provoqués dans les corridors la familiarité pittoresque des filles de chambre et des pages ; tout repose dans l'hôtel et l'on n'entend plus que le fracas de l'ouragan qui fait rage au dehors. Cependant, au bout de quelque temps, Cryseyde, qui a le sommeil léger, est éveillée par un bruit singulier. Il lui semble qu'une porte vient de s'ouvrir ; elle ouvre les yeux, et, à la vague clarté de la veilleuse, elle voit une ombre se glisser dans sa chambre. — Qui est là ? s'écrie-t-elle. — Ma chère nièce, murmure Pandarus, n'ayez pas peur, c'est moi !... Au nom des dieux, ne parlez pas si fort ; vous allez réveiller tout le monde. — Mais par où donc êtes-vous entré ? — Par une trappe secrète connue de moi seul. — Quoi ! il y a une trappe dans cette chambre, dit Cryseyde tout effrayée, et vous ne me l'aviez pas dit ! Je vais appeler une de mes femmes ! — N'en faites rien, ma nièce ; j'ai une chose fort importante à vous révéler, et il est essentiel que je sorte d'ici inaperçu, comme j'y suis entré. Troylus est ici ! — Comment, ici ? — Oui, il vient de pénétrer par les gouttières dans ma chambre, sans que personne l'ait vu. Il est au désespoir. Un ami, en qui il a toute confiance, lui a affirmé aujourd'hui même que vous étiez amoureuse d'Horaste, et il en est tellement jaloux qu'il menace de se tuer s'il n'obtient pas de vous une explication. — Moi, amoureuse d'Horaste! Je ne le connais même pas. Quel est le mauvais esprit qui lui a mis en tête cet absurde soupçon? Dites à Troylus qu'il vienne chez moi, demain, et je m'engage à me justifier complétement à ses yeux. — Demain! il s'agit bien de demain, ma nièce! Quand la maison est en flammes, doit-on attendre à demain pour éteindre l'incendie? C'est tout de suite qu'il entend se tuer! — Eh bien, j'ai un moyen de le rassurer tout de suite, dit Cryseyde en détachant de son doigt un anneau; remettez-lui cette bague de ma part; la pierre en est bleue, et le bleu, comme vous savez, est la couleur de la fidélité; ce gage lui suffira bien jusqu'à demain. — Une bague! qu'ai-je à faire de cela? Votre bague est-elle un talisman qui ressuscite les morts? Décidément votre cerveau déménage... Que de moments perdus, grands dieux! Quand il s'agit de la vie d'un homme, doit-on hésiter ainsi? Quoi! vous pouvez le sauver avec une parole, et vous ne le voulez pas? Un homme si gentil, si tendre de cœur, et qui, de plus, est votre chevalier! — Voyons, dit Cryseyde ébranlée, j'y consens, je vais le recevoir; donnez-moi seulement le temps de me lever et de m'habiller. — Le temps de vous habiller! y pensez-vous? C'est plus de temps qu'il ne lui en faut, à lui, pour mourir. Au nom du ciel, à quoi bon toutes ces cérémonies, ma nièce, quand on n'a que deux mots à échanger? Tenez, pour lever tous vos scrupules, je vous jure de ne pas sortir d'ici tant qu'il sera près de vous. — Pandarus, à bout d'éloquence, avait à peine proféré ce serment, qu'un nouveau personnage, entré depuis quelques instants dans la chambre, tombe au pied du lit de Cryseyde. Celle-ci reste muette de stupeur: elle a reconnu Troylus. Pandarus, qui craint que la chose ne tourne au tragique, profite de ce moment de silence pour faire une bonne plaisanterie ; il va chercher un coussin et le fourre sous le genou du prince, en lui disant : « Maintenant agenouillez-vous tant que vous voudrez ! » Puis, pour mettre les deux amoureux tout à fait à l'aise, il prend le flambeau placé près du lit, le transporte sur la cheminée ; et, afin de se donner une contenance, s'installe au coin du feu, en feuilletant un roman qui traînait fort à propos sur une table. Dans l'intervalle, Cryseyde, revenue de son ébahissement, a repris enfin l'usage de la parole ; elle s'adresse à Troylus, toujours agenouillé, du ton le plus pathétique : « Comment la jalousie, cette méchante vipère, a-t-elle pu s'insinuer ainsi dans le cœur de son chevalier? Tu le sais, grand Dieu, ni en pensée, ni en action, jamais Cryseyde ne fut infidèle à Troylus. » Cela dit, elle laisse retomber sa jolie tête sur l'oreiller et se met à fondre en larmes. Troylus a l'âme trop tendre pour ne pas être profondément ému de la douleur qu'il a causée à sa dame. En voyant couler ses pleurs, il se trouve mal et tombe à la renverse, évanoui. Scène indescriptible. Pandarus s'élance au secours du prince : « Du calme, ma nièce, ou nous sommes perdus. » Ce disant, il enlève Troylus dans ses bras et l'étend sur le lit. Troylus est toujours immobile. Il n'y a plus à hésiter. Il faut bien vite le débarrasser de ces vêtements qui l'étouffent. En un instant Pandarus a déshabillé son pauvre ami ; il ne lui a laissé que sa chemise. Inutile soulagement : Troylus ne respire pas encore. Ce cher Pandarus est aux cent coups : « Ma nièce, si vous ne m'aidez pas, votre Troylus est perdu !» Bien cruelle serait Cryseyde de résister à cet appel suppliant : la voilà qui, à son tour, se penche sur le prince et l'implore de sa voix la plus douce : « Voyons, mon cher cœur ! je ne suis pas fâchée, je vous le jure. Parlez-moi! c'est moi! c'est vôtre Cryseyde! » Troylus ne répond pas. Alors, Pandarus et Cryseyde lui frottent la paume des mains et lui humectent le front. Troylus est toujours insensible. C'en est fait; il est mort! On devine l'émotion de Cryseyde à cette pensée; le désespoir est plus fort que la pudeur, et la voilà qui couvre de baisers ce cher cadavre. O prodige! à ce tendre contact, le cadavre a frissonné : Troylus respire, il rouvre les yeux et il contemple avec ravissement Cryseyde qu'il serre dans ses bras. Le moment tant désiré est enfin venu. Pandarus juge alors que sa présence est inutile; il prend le flambeau et s'esquive en disant tout bas à Troylus : « Si vous êtes sage, ne vous évanouissez plus. »

Et c'est ainsi que, saisie au piège, la fille de Calchas est livrée à Troylus. Que de précautions Chaucer a prises pour atténuer, aux yeux du public anglais, la chute de son héroïne! Que d'excuses il lui a fournies! Le lecteur peut juger maintenant en connaissance de cause toute la distance qui sépare la Brisaïda italienne de la Cryseyde anglaise. Brisaïda a dans les veines le sang ardent et dans les idées l'exaltation voluptueuse du Midi; elle ne résiste pas à Troylus, elle l'appelle; et, dès qu'elle l'a quitté, elle se donne à son second amant aussi facilement qu'au premier. Cryseyde, au contraire, a toute la froide austérité du tempérament septentrional; elle est vertueuse par instinct autant que par principe; et, si elle cesse de l'être, c'est que les dieux eux-mêmes ont conspiré contre sa vertu.

Ainsi, depuis son apparition dans la légende normande, la maîtresse de Troylus se présente sous trois aspects bien divers. Dans le poëme de Benoist de Saint-Maur, elle n'est qu'une malheureuse fille séduite. Dans le poëme de Boccace, elle devient presque une courtisane; dans le poëme de Chaucer, elle reste une lady. Il appartenait à Shakespeare de fixer à tout jamais les traits de cette figure qu'avait ébauchée si diversement la poésie du Moyen Age. Ce fut Shakespeare qui, tout d'abord, lui donna son nom définitif. Cette antique fille de Calchas, qui avait émigré de l'*Iliade* dans la ballade, et qui, depuis le temps d'Homère, s'était appelée successivement Briséis, Briseïda, Brisaïda et Cryseyde, prit, en entrant sur la scène anglaise ce nom désormais ineffaçable : Cressida! Shakespeare restitua à Cressida sa nature méridionale; au risque de blesser les susceptibilités britanniques, il lui rendit ce tempérament ardent que lui avaient donné Benoist de Saint-Maur et Boccace, et que Chaucer lui avait retiré; mais, à cette sensualité native, il ajouta un trait tout moderne, la coquetterie. Grâce à Shakespeare, Cressida ne fut plus seulement galante, elle devint coquette; elle acquit la science de provoquer le désir en le réprimant, et de surexciter l'amour par la résistance. Type attrayant et répulsif, charmant et sinistre à la fois, — elle eut cet art inouï de mélanger les impudeurs d'une Phryné avec les grâces d'une Célimène. Victime de la séduction, elle apprit à retourner contre les hommes l'arme qui l'avait frappée.

Shakespeare ne s'est pas borné à cette modification : il a retouché une à une toutes les figures que la tradition lui léguait. Dans le drame que vous allez lire, vous ne reconnaîtrez plus le Pandaro héroïque de Boccace, ni le Pandarus héroï-comique de Chaucer. Là, Pandarus n'est plus le frère d'armes de Troylus; il n'est plus ce chevalier errant de l'amitié qui porte sur son casque la couronne princière de Lycie et qui vit à tu et à toi avec le fils de Priam. En vertu d'un arrêt dont l'inflexible morale lui dicte les considérants, Shakespeare a retiré à Pandarus les insignes de la chevalerie; il lui a ôté son casque, il lui a enlevé ses éperons, il lui a arraché son épée, et il a dégradé à tout jamais l'homme qui a prostitué sa nièce. Le poëte n'a pas voulu laisser à ce misérable l'excuse du dévouement; désormais, Pandarus n'est plus le compagnon de Troylus, il est son agent. Il rend au fils de Priam les services que comporte son état. Il appartient à la confrérie autorisée des entremetteurs ; il s'est établi dans le commerce et paie patente ; il a ouvert boutique de vertus, et il tient, dans les environs du Palais-Royal de Troie, une maison de tolérance. — Si Pandarus a pris ainsi un caractère purement comique, en revanche Troylus est devenu un type absolument tragique. Il n'a plus ces accès de raillerie et d'*humour* qui le prenaient encore dans Chaucer. Il reste constamment dans l'exagération des sentiments nobles : heureux ou malheureux, il ne connaît des émotions que leur fièvre. Son existence est une série continuelle de crises. De l'amour, il n'éprouve que les extases; du chagrin, que les désespoirs; de la jalousie, que les fureurs. — A Troylus, Shakespeare a opposé Diomède. Autant Troylus est naïf, autant Diomède est roué. L'humilité de l'un n'a d'égal que l'outrecuidance de l'autre. Troylus s'adresse à l'affection ; Diomède, à la vanité de la femme. Troylus n'invoque que l'amour ; Diomède n'excite que l'amour-propre. Ce n'est pas seulement Cressida qui a fait ces deux hommes ennemis, c'est la nature. Et leur inimitié n'est, sous une forme dramatique, que l'éternelle rivalité de la Passion et du Caprice.

II

On l'a dit souvent, le monde est un théâtre, et, tous, tant que nous sommes, nous figurons dans une pièce, tragique ou comique, dont le dénoûment nous est inconnu. Nous nous démenons, nous nous agitons, nous nous émouvons, nous nous évertuons, et nous ne voyons pas, myopes d'esprit que nous sommes, à quoi aboutiront toutes ces émotions, toutes ces agitations, tous ces efforts. La Providence laisse à notre libre arbitre les quatre premiers actes, mais elle se réserve le cinquième. Elle concède à l'homme l'entreprise, mais elle détient le succès. Elle lui abandonne le droit de déclarer la guerre, mais elle garde celui de proclamer la victoire. Dès qu'il veut pénétrer l'avenir, l'homme en est réduit au tâtonnement; pour prévoir le certain, il faut qu'il se fie à l'incertain. De là, toutes ces déceptions dont l'histoire cite les plus fameuses. La Providence déjoue incessamment le calcul de nos probabilités, et, dans les petites comme dans les grandes choses, elle donne à la conjecture le démenti continuel de l'événement ; de nos espérances, elle fait des illusions ; de nos joies, des chagrins, de nos précautions, des imprudences. Nos accusations, elle les change en calomnies ; nos défis, en bravades ; nos désespoirs, en ravissements !

Cette incertitude des choses, qui inquiète tant les heureux de ce monde et qui console tant les malheureux, fait le sujet d'une des œuvres les plus charmantes de l'esprit humain. Dans *Beaucoup de bruit pour rien*, Shakespeare a représenté d'une manière frappante le contraste qui existe entre la vie, telle qu'elle semble être dans ses manifestations, et la vie telle qu'elle est dans son essence. Là, le poëte a mis sous nos yeux une série non-interrompue d'incidents qui sont en apparence tout différents de ce qu'ils sont en réalité. *Beaucoup de bruit pour rien* est une sorte de carnaval où les événements arrivent tous travestis, pour se démasquer en public les uns après les autres.

Tout d'abord, voici don Pedro qui semble rechercher

Héro pour son compte, et qui, dès qu'il a réussi, la remet à Claudio. Puis, voici Béatrice et Bénédict qui prétendent se détester. Et comment ne pas les croire en les écoutant? Il y a, entre elle et lui, une continuelle escarmouche de railleries et de sarcasmes. Ils se poignardent à coups d'ironies, ils s'assassinent de bons mots. Selon Bénédict, Béatrice est une furie méconnue. Dès qu'il la voit venir, il demande au roi don Pedro une mission aux Antipodes. Peu lui importe l'objet de l'ambassade : il ira avec bonheur au fond de l'Asie chercher un curedents ou arracher un poil de la barbe du grand Lama! Pour Béatrice, Bénédict, c'est la peste. Pauvre Claudio qui a attrapé le Bénédict! il lui en coûtera mille livres pour s'en guérir. Certes, à en juger par tous les indices, s'il y a ici-bas deux êtres qui s'exècrent, c'est Béatrice et Bénédict. Eh bien, tous les indices sont faux. Béatrice et Bénédict ne s'évitent que parce qu'ils se cherchent. Ils ne se détestent pas, ils s'aiment. Et la preuve qu'ils s'aiment, c'est qu'il suffira du stratagème le plus grossier pour que l'un et l'autre s'avouent l'affection mutuelle qu'ils se cachaient l'un à l'autre, et pour que tous leurs serments de haine finissent en déclaration d'amour. Que dis-je? Il suffira d'un sourire de cette Béatrice, tant maudite, pour que Bénédict aille immédiatement provoquer en duel son meilleur ami !

Le jugement humain, qui s'est trompé ainsi sur le compte de Béatrice, s'égare plus gravement encore sur celui de sa cousine. La culpabilité d'Héro est établie par les témoignages les plus augustes. C'est le roi d'Aragon en personne, c'est son frère le prince Juan, c'est son favori Claudio qui ont vu, de leurs yeux vu, un homme monter la nuit, par une échelle de corde, au balcon d'Héro; et cet homme a causé longtemps avec Héro, et cet homme a longtemps tenu dans ses bras la fiancée du comte! En présence de dépositions si imposantes, qui oserait absoudre Héro? La fille du gouverneur de Messine n'est qu'une prostituée, et son père lui-même, son père qui en raffole, la condamne. Eh bien, le roi d'Aragon se trompe, don Juan ment, Claudio est dupe, le vieux Léonato est dupe. Et savez-vous qui l'auteur choisit pour prouver leur erreur à ces graves personnages, à ce jeune homme si sage et si noble, à ce père en cheveux blancs, à ce roi, vivante image de la justice? Il choisit deux imbéciles, deux idiots, Dogberry et Vergès, et c'est par ces grotesques prodigieux qu'il fait révéler la vérité qui doit justifier Héro. Alors a lieu le dénoûment où toutes les prévisions reçoivent un si complet démenti. Béatrice et Bénédict, qui avaient juré de rester célibataires, se marient. Héro, que tous avaient crue morte, reparaît complètement justifiée. Et Claudio, mystifié jusqu'au dernier moment, épouse la fille de Léonato en croyant prendre pour femme la fille d'Antonio. Au lieu du duel attendu entre Claudio et Bénédict, la pièce a pour fin leur double noce. Ces deux amis, qui devaient s'égorger, s'embrassent et deviennent tout à fait cousins. Toutes ces péripéties si graves, si douloureuses, aboutissent à l'issue la plus gaie. Tous ces désaccords se réconcilient, au milieu d'une salle de danse, dans un air de flûte; et la tempête qui devait bouleverser tant d'existences jette son dernier souffle dans la joyeuse fanfare d'un bal. Et c'est ainsi que tous ces personnages qui avaient cru de si bonne foi figurer dans une tragédie n'ont joué en réalité que cette comédie exquise : *Beaucoup de bruit pour rien!*

Rien ne peut donner une plus juste idée de la profonde originalité de Shakespeare que la comparaison entre *Beaucoup de bruit pour rien* et la nouvelle de Bandello traduite par Belleforest, sous ce titre : *Comment*

Timbrée de Cardone devint amoureux à Messine de Fénicie Leonati et les divers et étranges accidents qui advinrent avant qu'il l'épousât [1]. Cette nouvelle raconte bien plusieurs faits analogues à ceux que la comédie met en scène. Comme Claudio, Timbrée de Cardone, favori du roi Pierre Aragon, s'éprend de la fille d'un gentilhomme de Messine et la demande en mariage ; comme Claudio, il est dupe d'une affreuse illusion, et s'imagine voir un homme pénétrer de nuit chez sa fiancée ; comme Claudio, il se croit trompé par celle qu'il aimait et il l'outrage publiquement et il refuse de l'épouser ; comme Héro, Fénicie tombe défaillante sous le coup imprévu de cette diffamation ; comme Héro, elle passe pour morte, et, après une longue réclusion, elle sort de sa tombe supposée pour épouser son amant détrompé et repenti. Mais là s'arrêtent les ressemblances. Par la conduite même de l'intrigue la comédie diffère entièrement du roman. Dans l'œuvre italienne, vous chercheriez en vain cette scène si dramatique où le fiancé renie sa fiancée devant l'autel même au pied duquel ils devaient être unis pour jamais ; c'est par un tiers, dépêché tout exprès, que Timbrée fait savoir à Léonato qu'il ait à trouver un autre mari pour sa fille. Dans la nouvelle italienne, c'est Girondo, un ami intime du fiancé, qui diffame la fiancée ; et pourtant cet ami finit par épouser la sœur même de celle qu'il a si impudemment calomniée. Avec son tact supérieur, le poëte anglais a compris l'absurdité morale d'une pareille conclusion, et il a attribué le complot ourdi contre l'héroïne, non à un ami, mais à un ennemi de Claudio, à cet infâme don Juan, qui joue dans la comédie le même rôle que Iachimo, dans *Cymbeline*, et Iago, dans *Othello*. Chez Bandello, le denoûment est

---

[1] Voir cette nouvelle à l'*Appendice*.

amené, de la façon la plus plate, par la rétractation du coupable qui, dans un instant de repentir, révèle le complot ourdi par lui-même contre Fénicie; chez Shakespeare, toute la conspiration est découverte par les deux watchmen, et l'instruction judiciaire à laquelle elle donne lieu forme un des épisodes les plus comiques qui aient jamais été mis en scène.

Ce n'est pas tout. Où donc, dans la nouvelle italienne, est toute cette seconde intrigue qui, en dépit des partisans absolus de l'unité de l'action, a fait le succès inouï de *Beaucoup de bruit pour rien*? Où donc sont ces deux personnages qui, encore aujourd'hui, attirent irrésistiblement la foule au théâtre de Shakespeare? Où donc est cette Béatrice dont l'esprit railleur et le cœur tendre nous font rêver à je ne sais quelle idéale Diana Vernon? Où donc est son amoureux bourru, son détracteur enthousiaste, son ennemi bien-aimé, cet inimitable Bénédict, qui faisait, il y a cent ans à peine, le désespoir et le triomphe de Garrick? D'où viennent ces fiancés ironiques qui font un contraste si charmant avec Héro et Claudio, ces fiancés pathétiques? D'où sortent ces amants querelleurs qui se maudissent par antiphrase, et dont la brouille et le raccommodement amuseront à jamais l'esprit humain? Ah! ce n'est pas de la fable italienne. Ce Roméo de la raillerie, cette Juliette de l'amour, sont bien nés du génie anglais. Et voilà pourquoi tous deux sont encore si vivants, et voilà pourquoi, après deux siècles et demi, leur verve n'a pas vieilli. Shakespeare leur a mis aux lèvres l'inextinguible rire homérique.

III

Nous voici devant une œuvre que l'Allemagne a placée depuis longtemps parmi les plus belles créations du maître, et à laquelle l'admiration française ne semble pas jusqu'ici avoir rendu pleine justice. A quoi donc attribuer cette froideur relative avec laquelle a été accueilli, chez nous, le *Conte d'hiver?* Je serais tenté de l'expliquer par deux causes.

Et d'abord, la pièce de Shakespeare a été l'objet d'une méprise étrange, dès sa première publication : placée absurdement par les éditeurs de l'in-folio de 1623 dans la catégorie des *Comédies*, elle a été prise au mot de son étiquette; elle a passé pour une espèce de conte bleu; elle a été considérée comme une improvisation légère et fantasque, et non, ainsi qu'elle devait l'être, comme une des œuvres les plus sérieuses et les plus profondes du poëte. Le *Conte d'hiver* n'est pas une comédie ; c'est un drame aussi tragique, plus tragique même que *Cymbeline*. Car la mort d'Antigone, et surtout celle de Mamilius, émeuvent certainement plus le spectateur que le meurtre du misérable Cloten. Mais ce n'est pas seulement par cette double catastrophe que le *Conte d'hiver* est un drame; c'est par la composition générale, par le ton passionné et de plus en plus élevé des scènes principales. Là, la manière de Shakespeare n'est plus ce qu'elle était dans *Beaucoup de bruit pour rien*. Dans cette comédie, Shakespeare a soin d'épargner au spectateur toutes les émotions pénibles; il le met à l'avance dans le secret de toutes les situations, de sorte que le spectateur, rassuré déjà par le titre, n'a jamais à s'affliger des malheurs fictifs dont il prévoit l'issue. Quand Claudio s'en va prier pieusement sur le tombeau de sa fiancée, le public ne se laisse pas prendre à cette douleur, car il sait que ce tombeau est vide; il a été prévenu expressément qu'Héro n'est pas morte et qu'elle doit reparaître au moment décisif. Dans le *Conte d'hiver*, au contraire, le poëte garde son secret pour lui seul, et il ne nous met pas un seul instant en tiers avec la Providence. Il veut que nous nous associions au désespoir de ses personnages ; il veut que nous croyions, comme Léonte, à la mort d'Hermione, et nous laisse jusqu'au bout dupes de la supercherie de Pauline. Aussi le dénoûment a-t-il une solennité immense. Alors, l'anxiété du spectateur est à son comble ; et, lorsque la statue, qu'on dirait peinte par Jules Romain, se met en marche, lorsque la pierre se fait chair, lorsque la reine descend de son piédestal, nous croyons assister à quelque évocation magique faite par un pouvoir surnaturel ; et nous éprouvons, devant cette résurrection inattendue, un sentiment indescriptible d'admiration et de surprise.

Ainsi, le caractère tout dramatique du *Conte d'hiver* ne peut pas être contesté ; et la critique, en persistant à n'y voir qu'une comédie, a été égarée par une erreur traditionnelle. Mais il y avait une autre raison pour que le *Conte d'hiver* restât longtemps en France à l'état de chef-d'œuvre incompris : c'est que, plus que tout autre, cette pièce choquait, par sa composition même, les préventions de l'ancien théâtre français. Dans ce drame, une de ses dernières créations, Shakespeare avait violé toutes les règles, renversé toutes les lois qui ont si longtemps formé le corps du droit littéraire et qui ont trouvé leur Justinien dans Boileau. Là, il n'avait respecté ni l'unité de temps, ni l'unité de lieu, ni l'unité d'action ; il avait blasphémé la très-sainte Trimourti d'Aristote ! Ce n'était pas vingt-quatre heures que Shakespeare avait mises entre son exposition et son dénoûment ; ce n'était pas même trente heures, — Corneille le lui eût permis ; — c'était plusieurs milliers de jours. Dans l'intervalle d'une scène à l'autre, le poète avait vieilli ses personnages de seize années. En dépit du législateur, il nous avait montré son héros

Imberbe au premier acte, et barbon au dernier.

Il avait, dans l'intérim d'un monologue, transformé ses jeunes premiers en pères nobles, et couvert de rides ses amoureuses, afin de pouvoir marier à la fin les marmots du commencement. Enfin, dernier sacrilége, il avait ajouté une seconde action à la première, et, confondant tous les genres, intercalé une pastorale dans une tragédie. Toutes ces monstruosités, il les avait commises sciemment, après une longue préméditation. Pour Shakespeare, pas de circonstances atténuantes ! Les questions littéraires qui agitèrent si vivement la France après l'apparition du *Cid* avaient été pleinement discutées en Angleterre du temps d'Élisabeth. Et c'est après ces discussions mémorables, quand la lumière avait été faite par les Philipp Sidney et les Puttenham, quand Ben Jonson avait, avec tant de succès, tenté sur le théâtre la restauration du système classique, c'est alors, dans toute la maturité de l'âge, que Shakespeare avait produit le *Conte d'hiver*, et que, de la règle violée, le sauvage ! il avait fait naître un chef-d'œuvre !

L'ancienne critique, naturellement prévenue contre une création conçue en dépit de ses formules, n'a pu et n'a dû voir dans le *Conte d'hiver* que les disparates ; elle n'en a pas compris l'harmonie intime. Là où l'idée était une, elle n'a remarqué que deux intrigues ; elle s'est récriée contre cette double action, et elle n'a pas reconnu, sous cette duplicité même, l'unité que garde constamment la pensée du poëte. Pour bien comprendre l'habile composition du *Conte d'hiver*, pour saisir l'harmonie profonde de ce drame qui est, à la fois, le plus émouvant et le plus savant des mélodrames, il suffit de le comparer à l'œuvre primitive dont s'est inspiré Shakespeare.

Comme *Beaucoup de bruit pour rien*, comme *Troylus et Cressida*, le *Conte d'hiver* a une origine romanesque.

C'est à Londres même, pendant la jeunesse du grand William, qu'un écrivain, alors beaucoup plus célèbre que lui, Maître Robert Greene, avait publié chez le libraire Thomas Cadman, à l'enseigne *de la Bible*, une nouvelle intitulée : *Pandosto* ou le *Triomphe du temps*[1]. Cette nouvelle eut un succès considérable ; constamment réimprimée durant les règnes d'Élisabeth et de Jacques Iᵉʳ, elle en était au moins à sa onzième édition, en 1609, vers l'époque où probablement Shakespeare donna sa pièce au théâtre.

Dans cet opuscule de soixante pages, le romancier raconte, avec une naïveté qui n'exclut pas une certaine grâce, comme quoi un certain roi de Bohême, Pandosto, nouvellement marié à Bellaria, fille de l'empereur de Russie, avait reçu la visite d'un sien camarade d'enfance, Egistus, roi de Sicile. En ce temps-là, les communications entre la Sicile et la Bohême étaient toutes différentes de ce qu'elles sont aujourd'hui ; la Bohême, au lieu d'être comme à présent enclavée dans de hautes montagnes, était, à ce qu'il paraît, une contrée maritime dont la côte était abordable pour les navires du plus haut bord. C'est, du moins, ce qu'affirme Robert Greene, maître ès-arts de l'université de Cambridge ; et, si l'affirmation n'est pas exacte, c'est à Greene que la critique doit s'en prendre, et non pas à Shakespeare qui, dans le *Conte d'hiver*, n'a fait que suivre la carte géographique tracée par son devancier.

Malgré qu'en aient les érudits, c'est donc par mer que le roi de Sicile s'était rendu dans les États de Pandosto. La réception avait été des plus cordiales ; et, à la requête de son seigneur et maître, Bellaria accablait le nouveau venu d'attentions et de prévenances. Chaque fois que le

---

[1] Voir, à l'Appendice, les extraits que j'en ai traduits.

roi de Bohême était obligé de quitter son hôte pour s'occuper des affaires publiques, Bellaria accourait, et vite elle emmenait Egistus dans le jardin où tous deux avaient, sous les ombrages, un long tête à tête. Le soir venu, quand le roi de Sicile était retiré dans ses appartements, la reine allait souvent dans la chambre à coucher d'Egistus pour voir s'il n'avait besoin de rien. En voyant se prolonger une familiarité si intime, le roi de Bohême finit par concevoir quelque soupçons : et, malgré l'étonnement de l'auteur qui va jusqu'à s'en indigner, j'avoue que cela n'avait rien d'extraordinaire. Il n'est pas mari, si bonasse qu'il soit, qui ne finirait par s'inquiéter, en voyant sa femme s'insinuer fréquemment dans la chambre à coucher d'un jeune homme. Pandosto devint donc d'une humeur massacrante : Egistus et Bellaria s'étonnaient de ce changement de caractère et continuaient de s'enfermer ensemble, probablement pour en deviner la cause. Le roi de Bohême finit par se persuader qu'il était en pleine Cornouaille ; fort irrité d'un changement de résidence auquel il n'avait pas donné son consentement, il résolut de se venger, et pria secrètement un certain Franion, qui remplissait auprès d'Egistus la charge d'échanson, de verser dans la coupe du roi de Sicile quelques gouttes d'une liqueur qui l'endormirait pour toujours. Franion risqua bien quelques objections à cette proposition incongrue ; mais, comme Pandosto s'entêtait et le menaçait lui-même de mort, il consentit à se charger de l'affaire. Toutefois, au moment de verser la liqueur, il fut pris d'un beau scrupule, et, au lieu d'empoisonner Egistus, il lui révéla tout le complot. On conçoit aisément la frayeur dont fut saisi ce pauvre roi de Sicile ; il se résolut à déguerpir au plus vite, et, sans tambour ni trompette, guidé par Franion, qu'il avait engagé à son service, il regagna bien vite sa bonne flotte, qui le transporta sain et sauf dans ses États.

La nouvelle de ce brusque départ redoubla la rage de Pandosto en confirmant ses soupçons. Immédiatement, il ordonna à ses gardes d'appréhender la reine et de l'enfermer dans un cachot jusqu'à nouvel ordre. Ce fut là, sur la paille humide, que Bellaria accoucha d'une jolie petite fille. Le roi de Bohême, ayant fait sur-le-champ ses calculs, trouva que cet accouchement coïncidait, dans les dates voulues, avec les assiduités d'Egistus ; il n'en fallut pas davantage pour qu'il déclarât la petite fille bâtarde ; et, sous prétexte de restituer au hasard l'enfant du hasard, il la fit enlever à sa mère et commanda qu'on l'abandonnât, dans une nacelle, à la merci des flots. Cependant, après l'exécution de cet arrêt inhumain, le roi, à la prière de sa fidèle noblesse, consentit à instruire le procès de la reine, et convoqua un jury de grands seigneurs aux assises publiques qu'il voulut présider lui-même. Sommée par ce tribunal de se justifier, Bellaria en appela à l'oracle de Delphes. Cette demande était trop raisonnable pour pouvoir être refusée. Pandosto envoya donc incontinent à Delphes une députation de six nobles Bohémiens. Après une rapide traversée de trois semaines, les ambassadeurs arrivèrent au temple d'Apollo et trouvèrent derrière l'autel un parchemin tout scellé, contenant la réponse du dieu. Dans ce parchemin, dont l'auteur nous révèle d'avance le contenu, il était écrit en lettres d'or que Bellaria était chaste, Egistus irréprochable, Franion un bon sujet et Pandosto un traître.

Le roi de Bohême avait une telle confiance dans l'oracle, qu'il avait assemblé ses pairs et ses communes pour en écouter la lecture solennelle. Quelle fut sa surprise quand, le sacré parchemin ayant été décacheté, il s'entendit déclarer traître par Apollo en personne ! Pandosto avait encore des sentiments trop religieux pour contester la justice d'un arrêt divin; il n'hésite donc pas à demander pardon publiquement à Bellaria, et lui promet à l'avenir d'être le modèle des époux. Mais à peine a-t-il ainsi témoigné son repentir et sa soumission aux dieux, qu'un messager accourt et lui annonce la mort soudaine de son fils Garinter. A cette brusque nouvelle, la reine tombe à la renverse; on s'empresse autour d'elle, on essaie de la faire revenir à elle, mais vainement : elle n'est pas évanouie, elle est morte! Ainsi, c'est par la perte de toute sa famille que le roi de Bohême est puni d'avoir trouvé étrange que sa femme s'enfermât souvent dans la chambre à coucher d'un jeune homme, et d'avoir ainsi conçu des soupçons dont il s'est repenti aussitôt que la vérité lui a été révélée. Il faut avouer que la punition est passablement sévère. Pourtant le malheureux roi n'est pas au bout de ses tribulations.

Le lecteur a déjà deviné que l'enfant, exposée sur les flots par ordre de Pandosto, n'était pas morte. Elle avait été recueillie sur la côte de Sicile, dans le pays même où régnait Egistus, son père supposé, par un vieux berger appelé Porrus, lequel s'était chargé de son éducation et l'avait élevée, sous le nom de Fawnia, à soigner les troupeaux. Seize années se sont ainsi écoulées, pendant lesquelles Pandosto a gardé les Bohémiens, Egistus les Siciliens, et Fawnia les moutons. L'enfant est devenue la plus jolie bergère de toute la Sicile, et le bruit de sa beauté s'est répandu jusqu'à la cour. Comme de juste, le prince Dorastus, fils du roi, l'ayant rencontrée au milieu d'une partie de chasse, a conçu pour elle un amour violent, et veut à toute force l'épouser, malgré la volonté de son père, qui le destine à une princesse de Danemark. Les deux amants conviennent de s'échapper, pour aller se marier en lieu sûr, et mettent dans leur confidence un certain Capnio, qui, en sa qualité de précepteur du prince, n'hésite pas à favoriser sa fuite. Un navire est frété secrètement, et, dès que s'élève un vent favorable, les fiancés s'embarquent, emmenant avec eux le vieux Porrus, que Capnio a surpris courant révéler au roi toute l'aventure. Après la tempête de rigueur, Derastus et Fawnia aperçoivent enfin un havre hospitalier, où ils s'estiment trop heureux de débarquer. Ce havre est le principal port de Bohême. Mais à peine ont-ils mis pied à terre, qu'ils sont arrêtés comme espions et amenés devant le roi. Interrogé par Pandosto, Dorastus se donne pour un seigneur transpolonais, et présente sa fiancée comme une Italienne née à Padoue. Mais Fawnia est si jolie, que Pandosto, malgré ses cheveux gris, se prend pour elle d'une passion fougueuse. Pour mieux la satisfaire, il fait jeter messire Méléagrus en prison, et avertit la jeune fille qu'il ne le mettra en liberté que si elle consent à céder à ses désirs. Fawnia résiste à toutes les propositions et à toutes les menaces; sur quoi l'infâme déclare qu'il va employer la force... C'est à ce moment critique que survient à la cour une ambassade extraordinaire du roi de Sicile. Pandosto, ravi de renouer avec cette cour redoutable des relations longtemps suspendues, court vite recevoir les envoyés. Ceux-ci révèlent tout à Pandosto : le prétendu Méléagrus n'est autre que Dorastus, fils du roi de Sicile, et la fille qui l'accompagne est une simple bergère qui a enchanté le jeune prince par des charmes illicites. Les envoyés terminent en demandant que Dorastus soit reconduit près de son père, en Sicile, et que Fawnia soit mise à mort avec Porrus et Capnio, ses complices. Pandosto, ravi de pouvoir punir la jeune fille de la résistance qu'elle lui a faite, accorde immédiatement la requête des ambassadeurs ; les ordres sont donnés, et l'exécution va avoir lieu, lorsque le vieux Porrus, épouvanté à l'aspect de la hart, déclare qu'il a des révélations à faire. On l'a condamné à la potence, comme étant le père de Fawnia. Or, il n'est pas le père de Fawnia ! Stupéfaction générale. Le roi de Bohême veut savoir toute la vérité. Alors le berger explique dans les moindres détails comment il a trouvé et recueilli la jeune fille. A la fin de ce récit, que ses souvenirs confirment de point en point, Pandosto bondit de son trône et se précipite vers Fawnia, qu'il presse dans ses bras en criant : Ma fille ! ma fille ! L'émotion causée par cette reconnaissance imprévue est immense. De la cour elle se répand dans tout le royaume et se manifeste par des feux de joie. Seul le roi de Bohême fait exception à l'allégresse universelle par une mélancolie dont tous ses sujets s'affligent. Dès que les noces du prince de Sicile et de la princesse de Bohême ont été célébrées, cette mélancolie dégénère en désespoir, et Pandosto se tue de ses propres mains, — inconsolable d'avoir voulu violer sa propre fille.

Cette rapide analyse fait juger au premier coup d'œil toute la différence qui existe entre la nouvelle de Greene et le drame de Shakespeare. *Pandosto* contient deux actions bien distinctes : l'une commençant à la visite d'Egistus, cause première de la jalousie du roi de Bohême, et finissant à la mort d'Hermione, dernier effet de cette jalousie ; l'autre, ayant pour prologue la liaison de Doratus et de Fawnia, pour nœud la passion incestueuse de Pandosto, pour dénoûment le mariage des fiancés et la mort du roi. Ces deux intrigues, entièrement indépendantes l'une de l'autre, n'ont d'autre lien que celui d'une maladroite juxtaposition ; elles se suivent, mais elles ne se tiennent pas. En remaniant pour le théâtre la fable imaginée de Greene, Shakespeare lui a donné une cohésion qui lui manquait, Greene faisait mourir Bellaria au milieu du roman ; Shakespeare a laissé vivre Hermione pour la faire reparaître à la fin du drame. Greene avait donné un développement exagéré aux amours de Dorastus et de Fawnia ; Shakespeare a réduit les amours de Florizel et de Perdita aux proportions d'un simple épisode. Cela ne lui a pas suffi. Il a voulu rattacher puissamment la pastorale au drame ; et, dans une scène des plus émouvantes, il a fait interrompre par le roi irrité les fiançailles du prince et de la bergère. En outre, il a retranché du rôle capital, celui de Léonte, cette passion incestueuse que Greene avait si brutalement inspirée à Pandosto, et qui est, dans le roman, un hors-d'œuvre plus grotesque qu'odieux. Mais c'est dans la conclusion que ressort le mieux la magistrale composition du *Conte d'hiver*. L'auteur a, dans une scène splendide, la scène de la chapelle, réuni les héros de la pastorale, Florizel et Perdita, aux principaux personnages du drame, Léonte, Polixène, Camillo, Hermione et Pauline, — Pauline, cette figure admirable qui manque au roman et que Shakespeare seul a pu créer ! Pauline, cette incarnation grandiose de l'amitié féminine ! Il a donné à son œuvre une unité indestructible par ce dénoûment sublime où la fille reconnaît sa mère, où le mari retrouve sa femme, où les deux rivaux redeviennent frères, et où les discordes de la première génération s'évanouissent dans l'union de la seconde.

Le poëte a subordonné tous les développements de son œuvre à une pensée suprême. Dans le *Conte d'hiver*, toutes les scènes, tous les incidents ont une cause unique : la jalousie. C'est parce que Léonte est jaloux que Polixène s'enfuit, qu'Hermione est diffamée, que Mamilius meurt, qu'Antigone est tué, et que Perdita est jetée des marches d'un trône au fond d'une cabane. Sans doute, l'auteur a voulu nous montrer la jalousie, non dans ses effets intimes, mais dans ses conséquences extérieures ; non dans son invisible progression à travers le cœur humain, mais dans ses manifestations éclatantes à travers la vie.

Le spectacle que nous présente le *Conte d'hiver* est exactement l'inverse de celui qu'*Othello* va nous offrir. Dans *Othello*, nous allons assister aux développements graduels de la passion ; nous allons voir une âme se métamorphoser peu à peu sous l'influence du doute, et passer, par une transition insensible d'inquiétudes et de soupçons, de la plus calme sécurité à la plus frénétique défiance. Puis, dès que l'âme sera convaincue de la trahison, le bras frappera, et tout sera dit. Dans le *Conte d'hiver* l'action commence là même où elle finit dans *Othello*. Ici, la jalousie naît, pour ainsi dire, sans cause dès les premières scènes ; elle n'est pas le résultat d'un poison lent versé goutte à goutte par quelque Iago ; elle est spontanée et brusque comme un transport au cerveau; c'est une fièvre cérébrale dont nul n'a pu voir les prodromes et qui ne se révèle que par le délire du patient. C'est une maladie de l'imagination qui se déclare non plus au dénoûment du drame, mais à l'origine. Et comme le malade est roi, son égarement produit une série de catastrophes qui étonnent et bouleversent le monde. Léonte, en effet, c'est le tyran jaloux ; il nous offre l'exemple de ce que peut un homme qui a des millions d'hommes au service de ses caprices, et de ce que produit la passion ivre de toute puissance.

En mettant un sceptre aux mains d'un jaloux, Shakespeare a élevé contre l'absolutisme l'argument irréfutable ; il a prouvé que le prince qui a tout un peuple pour esclave est lui-même l'esclave de ses faiblesses ; et, en dénonçant toutes ses extravagances, il a réfuté le despotisme par l'absurde. Le *Conte d'hiver* est donc une haute leçon politique en même temps qu'une grande œuvre littéraire.

Dans ce tableau, toujours si instructif, où le poëte nous représente la monarchie aux prises avec l'infirmité humaine, Shakespeare n'a rien exagéré. En voulez-vous une preuve frappante? Transférez le drame qui contient le *Conte d'hiver* du monde idéal dans le monde réel; transportez-en les principaux personnages du théâtre dans l'histoire, et changez les noms : Léonte, ce despote qui, sur un soupçon, instruit le procès de sa femme, Léonte, c'est Henry VIII! Hermione, cette princesse qui, devant le tribunal présidé par son mari, repousse si fièrement et si humblement l'accusation d'adultère, Hermione, c'est Anne de Boleyn! Et quant à Perdita, quant à cette pauvre petite fille arrachée au berceau royal et déclarée bâtarde, laissez-la grandir, et puis mettez-lui au front cette double couronne : la reconnaissez-vous, à présent? Elle est la majesté terrestre devant qui Shakespeare lui-même plie le genou, car elle s'appelle Élisabeth, par la grâce de Dieu, reine d'Angleterre et d'Irlande!

Hauteville-House. Mai 1859.

LA

Fameuse Histoire de

TROYLUS ET CRESSIDA

Exprimant excellemment le commencement de leurs amours,
ainsi que l'ingénieuse entremise de Pandarus, prince de Licie (1).

Écrit par William Shake-speare.

LONDRES

Imprimé par G. Eld, pour R. Bonian et H. Valley,
et mis en vente à l'Aigle Déployé, dans le Cimetière de Saint-Paul,
au-dessus et à côté de la grande Porte Nord.

1609

PRÉFACE DE L'ÉDITEUR

UN ÉCRIVAIN IMPROVISÉ AU LECTEUR SEMPITERNEL

Nouvelle!

Éternel lecteur, vous avez ici une pièce nouvelle qui n'a pas encore été traînée sur la scène, ni claquée par les paumes du vulgaire, et qui pourtant dépasse la hauteur de la palme comique. Car elle est née d'un cerveau qui n'a jamais entrepris futilement une œuvre comique. Si seulement la comédie échangeait son nom frivole pour le titre de commodité publique, si la scène s'appelait tribunal, vous verriez tous ces grands censeurs, qui maintenant la traitent de vanité, y accourir en foule pour faire honneur à leur propre gravité ; vous les verriez se presser spécialement aux comédies de cet auteur, qui sont si bien adaptées à la vie, qu'elles servent de

commentaires les plus ordinaires à toutes les actions de nos
existences, et qui montrent une telle dextérité et une telle
puissance d'esprit, qu'elles se font aimer des plus grands ennemis du théâtre. Les hommes positifs les plus épais, les plus
bornés, les plus insensibles à l'esprit de la comédie, qui, sur
le bruit qu'on en faisait, sont venus à ses représentations,
y ont trouvé un esprit qu'ils n'avaient jamais trouvé en
eux-mêmes, et en sont sortis plus spirituels qu'ils en
étaient entrés, — sentant chevillées en eux des pointes
d'esprit qu'ils ne soupçonnaient pas pouvoir trouver place
dans leur cervelle. Il y a dans ses comédies un sel si sa-
voureux qu'elles semblent, tant le goût en est relevé, être
nées de la mer qui enfanta Vénus! Entre toutes il n'en est
pas de plus spirituelle que celle-ci : si j'en avais le temps,
j'en ferais un commentaire, non pas, ce que je sais fort inutile,
pour vous prouver que vous en avez pour votre argent, mais
pour vous faire voir toute la valeur qu'un pauvre homme
comme moi peut y découvrir. Elle mérite un tel travail, aussi
bien que la meilleure comédie de Térence ou de Plaute. Et je
crois que quand l'auteur aura disparu, et quand les éditions
de ses comédies seront épuisées, vous vous en arracherez les
exemplaires et vous établirez tout exprès une nouvelle inqui-
sition anglaise. Prenez ceci pour un avertissement ; et, au
nom de votre plaisir et de votre intelligence, n'allez pas repousser et dédaigner cette œuvre par la raison qu'elle n'a pas
encore été souillée par l'haleine enfumée de la multitude ;

remerciez au contraire la fortune de l'échappée qu'elle fait aujourd'hui au milieu de vous, car, s'il avait fallu l'obtenir du consentement de ses grands propriétaires, vous auriez eu, je crois, à les prier longtemps au lieu d'être vous-même priés. Et sur ce, j'abandonne, vu l'état de santé de leur raison, ceux qui se feront prier pour se déclarer satisfaits: Vale (2).

PERSONNAGES :

PRIAM, roi de Troie.
HECTOR \
TROYLUS (3) |
PARIS   } Ses fils.
DEIPHOBUS |
HELENUS   /
ÉNÉE   } Chefs troyens.
ANTÉNOR
CALCHAS, prêtre troyen du parti des Grecs
PANDARUS, oncle de Cressida..
MARGARELON, fils bâtard de Priam.
AGAMEMNON, général des Grecs.
MÉNÉLAS, son frère.
ACHILLE \
AJAX |
ULYSSE   } Chefs grecs.
NESTOR |
DIOMÈDE |
PATROCLE /
THERSITE, Grec difforme et insulteur.
ALEXANDRE, serviteur de Cressida.
LE PAGE DE TROYLUS.
LE PAGE DE PARIS.
LE PAGE DE DIOMÈDE.

HÉLÈNE, femme de Ménélas.
ANDROMAQUE, femme d'Hector.
CASSANDRE, fille de Priam, prophétesse.
CRESSIDA (4), fille de Calchas.
SOLDATS GRECS ET TROYENS, GENS DE SERVICE.

La scène est tantôt à Troie, tantôt dans le camp des Grecs.

Entre le Prologue, couvert d'une armure (5).

LE PROLOGUE.

La scène est à Troie. Des îles de la Grèce — les princes orgueilleux, dont le noble sang s'est échauffé, — ont envoyé dans le port d'Athènes leurs navires, — chargés des ministres et des instruments — de la guerre cruelle. Soixante-neuf chefs, qui portent — le tortil royal, de la baie athénienne — font voile vers la Phrygie, ayant fait vœu — de saccager Troie. Dans cette place forte, — Hélène, femme de Ménélas, — dort avec le voluptueux Pâris qui l'a ravie; et de là la querelle. — A Ténédos arrivent les Grecs; — et les barques à la quille profonde dégorgent là — leur belliqueuse cargaison. Puis dans les champs dardaniens — l'armée, fraîche et intacte encore, plante — ses braves pavillons. Les six portes de la cité de Priam, — la Dardanienne, la Tymbria, l'Ilias, la Chétas, la Troyenne — et l'Anténoride, sous leurs gâches massives — et leurs verrous solidement engrenés, — enferment les fils de Troie. — Maintenant la confiance caresse des deux côtés — les esprits chatouilleux, et tous, Troyens et Grecs, — elle les entraîne dans les hasards. Quant à moi, le Prologue, si je viens ici — tout armé, ce n'est pas pour défendre — la plume de l'auteur ou la voix de l'acteur, mais pour vous dire, — sous le costume qui sied à notre sujet, — que notre pièce, ô spectateurs bénévoles, — saute par-dessus les origines et les préliminaires de cette lutte, — et, commençant en pleine querelle, s'élance de là — dans tous les développements qui peuvent se distribuer en drame. — Louez ou critiquez ; faites à votre guise. — Bonne ou mauvaise, la guerre doit avoir sa chance.

Il sort.

SCÈNE I.

[Troie. Devant le palais.]

Arrivent Troylus, armé, et Pandarus.

TROYLUS.

— Qu'on appelle mon varlet ! je veux me désarmer ! — Pourquoi irais-je guerroyer en dehors des murs de Troie, — moi qui ici, au dedans, trouve de si cruels combats ? — Que le Troyen qui est maître de son cœur — aille au champ de bataille ; le cœur de Troylus, hélas ! n'est plus à lui.

PANDARUS.

— Votre état est donc irrémédiable ?

TROYLUS.

— Les Grecs sont forts, et habiles dans leur force, — acharnés dans leur habileté, et vaillants dans leur acharnement. — Mais moi, je suis plus faible qu'une larme de femme, — plus timide que le sommeil, plus niais que l'ignorance, — moins vaillant qu'une vierge la nuit, — et moins habile qu'un enfant sans expérience. —

PANDARUS.

Allons, je vous en ai assez dit là-dessus ; quant à moi, je ne veux plus m'en mêler. Celui qui veut avoir un gâteau avec du froment, doit attendre la mouture.

SCÈNE I.

TROYLUS.

N'ai-je pas attendu?

PANDARUS.

Oui, la mouture; mais il faut que vous attendiez le blutage.

TROYLUS.

N'ai-je pas attendu?

PANDARUS.

Oui, le blutage; mais il faut que vous attendiez la levure.

TROYLUS.

J'ai toujours attendu.

PANDARUS.

Oui, jusqu'à la levure; mais tout n'est pas fini, il reste à pétrir la pâte, à faire le gâteau, à chauffer le four, et à cuire. Et encore, il faut que vous laissiez refroidir, ou vous risquez de vous brûler les lèvres.

TROYLUS.

— La Patience, toute déesse qu'elle est, — est moins pliée que moi à la résignation. — Quand je suis assis à la table royale de Priam, — et que la belle Cressida vient s'offrir à ma pensée... — Vient s'offrir, dis-tu, traître! Quand donc en est-elle absente?

PANDARUS.

Ma foi, elle m'a paru hier soir plus belle que jamais, plus belle que toute autre femme.

TROYLUS.

— Qu'est-ce donc que je voulais te dire?... Quand mon cœur — était prêt à se fendre sous la cognée d'un soupir, — de peur qu'Hector ou mon père ne s'en aperçussent, — j'ai souvent, comme le soleil qui couvre de lumière un orage, — enseveli ce soupir dans la ride d'un sourire; — mais le chagrin, qui se cache sous une apparente gaieté, — est comme une joie que la destinée change brusquement en tristesse. —

PANDARUS.

Allez ! si ses cheveux n'étaient pas un peu plus noirs que ceux d'Hélène, il n'y aurait pas de comparaison entre les deux femmes... Mais, vous savez, elle est ma parente, et je ne voudrais pas, comme on dit, la vanter... Mais j'aurais voulu que quelqu'un l'eût entendue, comme moi, causer hier. Je ne voudrais pas déprécier l'esprit de votre sœur Cassandre, mais...

TROYLUS.

— Oh ! Pandarus ! je te le demande, Pandarus ! — Quand je te dis que mes espérances sont noyées là, — ne me rappelle pas à quelle profondeur de l'abîme — elles sont englouties. Je te dis que je suis fou — d'amour pour Cressida : tu me réponds qu'elle est belle ! — Tu appliques à l'ulcère béant de mon cœur — ses yeux, ses cheveux, sa joue, son pas, sa voix ! — Tu remues de ta parole sa main, oh ! cette main — près de laquelle toutes les blancheurs sont une encre, — bonne à écrire leur infériorité ! cette main si douce — qu'à côté le duvet du cygne est rude, et le souffle de la moindre sensation âpre — comme la paume d'un laboureur ! Voilà ce que tu me dis, — (et ce que tu me dis est vrai) quand je te déclare que je l'aime. — Ah ! en me disant cela, au lieu d'huile et de baume, — tu enfonces dans toutes les plaies que m'a causées l'amour — le couteau qui les a faites ! —

PANDARUS.

Je ne dis que la vérité.

TROYLUS.

Tu ne la dis pas toute.

PANDARUS.

Sur ma parole, je ne veux plus m'en mêler. Qu'elle

soit ce qu'elle est! Si elle est belle, tant mieux pour elle; si elle ne l'est pas, elle a des correctifs sous la main.

TROYLUS.

Bon Pandarus! voyons, Pandarus!

PANDARUS.

J'ai eu assez de peine pour mes courses! Mal jugé par elle, mal jugé par vous, je suis peu récompensé de mon intervention.

TROYLUS.

Quoi! tu te fâches, Pandarus! quoi, contre moi?

PANDARUS.

Parce qu'elle est ma parente, elle ne peut pas être aussi jolie qu'Hélène! si elle n'était pas ma parente, on avouerait qu'elle est aussi jolie le vendredi qu'Hélène le dimanche. Mais qu'est-ce que ça me fait? Qu'elle soit une moricaude, cela m'est bien égal.

TROYLUS.

Est-ce que je dis qu'elle n'est pas jolie?

PANDARUS.

Je me soucie bien que vous le disiez ou non! C'est une folle de rester ici loin de son père! Qu'elle aille trouver les Grecs! je le lui dirai la prochaine fois que je la verrai! Pour ma part, je ne veux plus me mêler ni m'occuper de cette affaire-là!

TROYLUS.

Pandarus!

PANDARUS.

Non, jamais!

TROYLUS.

Mon doux Pandarus!

PANDARUS.

Je vous en prie, ne m'en parlez plus. Je laisse tout comme je l'ai trouvé. C'est fini.

Pandarus s'éloigne.

Fanfare d'alarme.

TROYLUS.

— Silence, clameurs sacriléges! silence, sons grossiers! — Imbéciles des deux côtés! Il faut bien qu'Hélène soit belle, puisque vous la peignez ainsi chaque jour avec votre sang! — Moi, je ne puis pas me battre pour une pareille cause : — c'est un sujet trop chétif pour mon épée. — Mais Pandarus... O dieux! comme vous m'accablez! — Je ne puis arriver à Cressida que par Pandarus; — et, pour se décider à la décider, il est aussi revêche — qu'elle-même, en dépit de toute séduction, est obstinée dans sa chasteté. — Au nom de ta Daphné, dis-moi donc, Apollon, — ce qu'est Cressida, ce qu'est Pandarus, et ce que je suis. — Son lit, à elle, est l'Inde ; c'est là qu'elle repose, cette perle! — Entre notre Ilion et le lieu où elle réside, — s'agite une mer farouche. — Moi, je suis le marchand, et le fin voilier Pandarus — est mon douteux espoir, mon transport, ma barque!

Fanfare d'alarme.

Entre ÉNÉE.

ÉNÉE.

— Eh bien, prince Troylus! pourquoi pas en campagne?

TROYLUS.

Parce que! Cette réponse de femme est à propos, — car c'est se conduire en femme que de n'être point là-bas. — Énée, quelles nouvelles du champ de bataille aujourd'hui?

ÉNÉE.

— Pâris est rentré, blessé.

TROYLUS.

— Par qui, Énée?

ÉNÉE.

— Par Ménélas, Troylus.

TROYLUS.

— Que Pâris saigne! ce n'est qu'une blessure pour rire. — Pâris est écorché par la corne de Ménélas.

Fanfare d'alarme.

ÉNÉE.

— Écoutez! quelle bonne chasse il y a hors de la ville aujourd'hui!

TROYLUS.

— Elle serait meilleure dedans, si vouloir était pouvoir. — Mais allons chasser dehors! Deviez-vous sortir?

ÉNÉE.

— Oui, au plus vite.

TROYLUS.

Allons! partons ensemble.

Ils s'éloignent.

SCÈNE II.

[Troie. Sur les remparts.]

Arrivent CRESSIDA et ALEXANDRE.

CRESSIDA.

— Qui venons-nous de rencontrer?

ALEXANDRE.

La reine Hécube et Hélène.

CRESSIDA.

— Et où vont-elles?

ALEXANDRE.

A la tour d'Orient — qui de sa hauteur souveraine commande toute la vallée; — elles vont voir la bataille. Hector, dont la patience — est inébranlable comme une

.vertu, était agité aujourd'hui. — Il a grondé Andromaque, et frappé son écuyer; — puis, montrant pour le combat un zèle de ménagère, — avant le lever du soleil, il s'est équipé légèrement — et élancé dans la plaine, où toutes les fleurs, — couvertes encore de larmes prophétiques, pleuraient d'avance — les effets de sa fureur.

CRESSIDA.

Quelle est la cause de sa colère ?

ALEXANDRE.

— Voici le bruit qui court : il y a parmi les Grecs — un seigneur du sang troyen, un neveu d'Hector; — on l'appelle Ajax.

CRESSIDA.

Eh bien! après ?

ALEXANDRE.

— On dit que c'est un homme à part, — et qui sait bien se tenir. —

CRESSIDA.

Comme tous les hommes qui ne sont ni ivres, ni malades, ni culs-de-jatte.

ALEXANDRE.

Cet homme, madame, a volé à bien des animaux leurs qualités distinctives. Il est vaillant comme le lion, âpre comme l'ours, lent comme l'éléphant : c'est un homme en qui la nature a tellement mélangé ses tempéraments que sa valeur est farcie de folie, et sa folie assaisonnée de sagesse. Il n'est pas une vertu dont il n'ait un reflet; pas un vice dont il ne porte une éclaboussure. Il est triste sans raison et gai à contre-poil. Il a toutes sortes d'articulations, mais toutes si désarticulées, que c'est un Briarée goutteux, ayant cent bras et ne s'en servant pas, ou un Argus myope, ayant cent yeux et n'y voyant goutte.

CRESSIDA.

Mais comment cet homme qui me fait sourire peut-il faire enrager Hector?

ALEXANDRE.

On dit qu'hier il a empoigné Hector dans la bataille et l'a terrassé. L'humiliation et la honte ont depuis empêché Hector de manger et de dormir.

Arrive PANDARUS.

CRESSIDA.

Qui vient ici?

ALEXANDRE.

Madame, c'est votre oncle Pandarus.

CRESSIDA.

Hector est un galant homme.

ALEXANDRE.

Autant que qui que ce soit, madame.

PANDARUS.

Que dites-vous là? que dites-vous là?

CRESSIDA.

Bonjour, oncle Pandarus.

PANDARUS.

Bonjour, nièce Cressida. De quoi causiez-vous?... Bonjour, Alexandre... Comment allez-vous, nièce? Quand avez-vous été à Ilion?

CRESSIDA.

Ce matin, oncle.

PANDARUS.

De quoi causiez-vous quand je suis venu? Hector était-il armé et parti, avant votre arrivée à Ilion? Hélène n'était pas levée, n'est-ce pas?

CRESSIDA.

Hector était parti; mais Hélène n'était pas levée.

PANDARUS.

Oui, Hector a été bien matinal.

CRESSIDA.

C'est de cela que nous causons, et de sa colère.

PANDARUS.

Est-ce qu'il était en colère?

CRESSIDA, montrant Alexandre.

Il le dit, lui.

PANDARUS.

C'est vrai. J'en sais bien la cause. Il va en abattre aujourd'hui, je puis les en avertir. Et puis, il y a Troylus qui le suivra de près. Qu'ils prennent garde à Troylus! je puis les avertir de ça aussi.

CRESSIDA.

Quoi! est-ce qu'il était en colère, lui aussi?

PANDARUS.

Qui, Troylus? Troylus est le plus vaillant des deux.

CRESSIDA.

O Jupiter! il n'y a pas de comparaison.

PANDARUS.

Certes, non! entre Troylus et Hector. Reconnaissez-vous un homme dès que vous le voyez?

CRESSIDA.

Oui, si je l'ai vu auparavant, et connu.

PANDARUS.

Eh bien, je dis que Troylus est Troylus.

CRESSIDA.

Vous dites justement ce que je dis; car je suis sûre qu'il n'est pas Hector.

PANDARUS.

Non, pas plus qu'Hector n'est Troylus, sous certains rapports.

CRESSIDA.

On peut dire de chacun d'eux qu'il est lui-même.

SCÈNE II.

PANDARUS.

Lui-même! Hélas! pauvre Troylus! je voudrais qu'il le fût.

CRESSIDA.

Il l'est.

PANDARUS.

J'irais pieds nus dans l'Inde, à condition qu'il le fût.

CRESSIDA.

Il n'est pas Hector.

PANDARUS.

Lui-même! non, il n'est pas lui-même... Plût au ciel qu'il fût lui-même! Au surplus, les dieux sont là-haut. Il faut que le temps concilie ou résilie. Patience, Troylus, patience... Je voudrais que mon cœur fût dans le cœur de Cressida... Non, Hector ne vaut pas mieux que Troylus.

CRESSIDA.

Excusez-moi.

PANDARUS.

Il est plus âgé.

CRESSIDA.

Pardonnez-moi, pardonnez-moi.

PANDARUS.

L'autre n'a pas encore son âge; vous m'en direz des nouvelles quand l'autre aura son âge. Ce n'est pas encore cette année qu'Hector aura l'esprit de Troylus.

CRESSIDA.

Il n'en aura pas besoin, s'il a le sien.

PANDARUS.

Ni ses qualités.

CRESSIDA.

Qu'importe?

PANDARUS.

Ni sa beauté.

CRESSIDA.

Elle ne lui siérait pas ; la sienne lui va mieux.

PANDARUS.

Vous n'avez pas de jugement, ma nièce. Hélène elle-même jurait l'autre jour que Troylus, pour un brun, car il a le teint brun, je dois l'avouer, mais pas trop brun !...

CRESSIDA.

Non, il l'a tout simplement brun.

PANDARUS.

A vrai dire, il est brun sans être brun.

CRESSIDA.

A vrai dire, c'est vrai sans être vrai.

PANDARUS.

Bref, elle mettait son teint au-dessus de celui de Pâris.

CRESSIDA.

Pourtant, Pâris a assez de couleurs.

PANDARUS.

Certainement.

CRESSIDA.

Alors Troylus en aurait trop. Si elle l'a mis au-dessus de Pâris, c'est qu'il a le teint plus haut en couleurs. Pâris ayant assez d'éclat, s'il en a davantage, cela fait de son teint un éloge trop flambant. Autant vaudrait que la langue dorée d'Hélène eût vanté Troylus pour son nez de cuivre.

PANDARUS.

Je vous jure que je crois qu'Hélène l'aime plus que Pâris.

CRESSIDA.

Elle est donc bien gaie, cette Grecque-là?

PANDARUS.

Oui, je suis sûr qu'elle l'aime. L'autre jour, elle est venue à lui dans l'embrasure de la fenêtre, et vous savez qu'il n'a pas plus de trois ou quatre poils au menton...

CRESSIDA.

En effet, sous ce rapport, l'arithmétique d'un garçon de taverne aura vite fait le total de ses unités.

PANDARUS.

Il est si jeune, et pourtant, à trois livres près, il vous enlèvera autant que son frère Hector.

CRESSIDA.

Est-ce possible? un homme si jeune, ravisseur si consommé!

PANDARUS.

Mais, pour vous prouver qu'Hélène aime Troylus, elle est donc allée à lui et a passé sa blanche main sous la fente de son menton.

CRESSIDA.

Bonté de Junon! comment a-t-il eu cette fente au menton?

PANDARUS.

Eh bien, vous savez, il a là une fossette. Je ne pense pas qu'un seul homme, dans toute la Phrygie, ait un sourire aussi gracieux.

CRESSIDA.

Oh! il a un sourire vaillant!

PANDARUS.

N'est-ce pas?

CRESSIDA.

Oh! oui, comme un nuage d'automne.

PANDARUS.

Oui, allez!... Mais pour preuve qu'Hélène aime Troylus...

CRESSIDA.

Quant aux preuves, Troylus ne demanderait, je crois, qu'à faire les siennes.

PANDARUS.

Troylus? Bah! il ne l'estime pas plus que je n'estime un œuf d'étourneau.

CRESSIDA.

Si vous aimiez l'œuf d'étourneau comme vous aimez certain cerveau vide, vous pourriez aisément manger les poussins dans la coquille.

PANDARUS.

Je ne puis m'empêcher de rire en pensant comme elle lui chatouillait le menton!... Vraiment, elle a une main merveilleusement blanche, je suis forcé de l'avouer.

CRESSIDA.

Sans être roué pour cela.

PANDARUS.

Tout à coup, elle prétend découvrir un poil blanc à son menton.

CRESSIDA.

Hélas! pauvre menton! Il y a bien des verrues plus fournies!

PANDARUS.

Alors, il y eut un tel rire!... La reine Hécube riait tant que ses yeux débordaient.

CRESSIDA.

Oui, en meules de moulin!

PANDARUS.

Et Cassandre riait!

CRESSIDA.

Mais il y avait sans doute un feu plus modéré sous la cuve de ses yeux... Est-ce que ses yeux débordaient aussi?

PANDARUS.

Et Hector riait!

CRESSIDA.

Et la cause de tous ces rires?

PANDARUS.

Eh bien, c'est le poil blanc qu'Hélène venait de découvrir au menton de Troylus.

CRESSIDA.

Ah! si c'eût été un poil vert, j'en aurais ri moi-même.

PANDARUS.

Il n'ont pas tant ri du poil que de la jolie réponse de Troylus.

CRESSIDA.

Quelle est donc cette réponse?

PANDARUS.

« Tiens, lui a dit Hélène, il n'y a que cinquante et un poils à votre menton, et il y en a un blanc! »

CRESSIDA.

C'était là sa question?

PANDARUS.

Oui, n'en faites pas question. « Cinquante et un poils, a-t-il reparti, dont un blanc? Eh! le poil blanc, c'est mon père, et tous les autres sont ses fils. — Jupiter! a-t-elle répliqué, lequel de ces poils Pâris, mon époux? — Le poil biscornu, a-t-il répondu; arrachez-le et donnez-le-lui! » Mais il y eut de tels rires, et Hélène rougit tant, et Pâris ragea tant, et tout le reste rit tant, que c'était indescriptible.

CRESSIDA.

Allons, laissons cela; assez causé sur ce sujet.

PANDARUS.

Ah çà! ma nièce, je vous ai dit une chose hier; pensez-y.

CRESSIDA.

C'est ce que je fais.

PANDARUS.

Je vous jure que c'est vrai. Il pleure sur vous comme s'il était né en avril.

CRESSIDA.

Ses larmes vont me faire pousser comme une ortie avant mai.

La retraite sonne.

PANDARUS.

Écoutez! ils reviennent du champ de bataille. Si nous restions ici pour les voir passer et retourner à Ilion? Bonne nièce, restons, chère nièce Cressida!

CRESSIDA.

Comme il vous plaira.

PANDARUS.

Ici! ici! voici une excellente place. D'ici nous verrons magnifiquement. Je vous les nommerai tous par leurs noms, à mesure qu'ils passeront. Mais surtout remarquez bien Troylus.

ÉNÉE traverse la scène.

CRESSIDA.

Ne parlez pas si haut.

PANDARUS.

Voilà Énée. N'est-ce pas un homme superbe? C'est une des fleurs de Troie, je puis vous le dire. Mais remarquez bien Troylus; vous allez le voir tout à l'heure.

CRESSIDA.

Qui est celui-là?

ANTÉNOR passe.

PANDARUS.

C'est Anténor. Il a l'esprit retors, je puis vous le dire. Et c'est un assez brave homme. C'est un des jugements les plus solides de Troie, et il est bien de sa personne... Quand donc viendra Troylus? Je vais vous montrer Troylus tout à l'heure; s'il me voit, il me fera un signe d'intelligence.

SCÈNE II.

CRESSIDA.

Il vous accordera un signe d'intelligence ?

PANDARUS.

Vous verrez.

CRESSIDA.

Il est bien généreux !

Hector passe.

PANDARUS.

Celui-là, c'est Hector ! celui-là ! celui-là, voyez-vous, celui-là ! Voilà un gaillard ! Va ton chemin, Hector ! Voilà un brave homme, ma nièce... Oh ! ce brave Hector ! Regardez quelle mine ! Voilà une tenue ! N'est-ce pas un homme superbe ?

CRESSIDA.

Oh ! superbe.

PANDARUS.

N'est-ce pas ? Cela fait du bien au cœur. Voyez donc ces entailles sur son casque ! Voyez-vous ? là, voyez-vous ? regardez-là ! Ce n'est pas une plaisanterie ; voilà qui est appliqué. Les ôtes qui voudra, comme on dit : voilà des entailles !

CRESSIDA.

Sont-ce là des coups d'épée.

Paris passe.

PANDARUS.

Des coups d'épée ou de n'importe quoi, il ne s'en soucie pas ! Que le diable vienne sur lui, ça lui est égal ! Par la paupière de Dieu, cela fait du bien au cœur... Voici Pâris qui vient ! Voici Pâris qui vient ! Regardez là-bas, ma nièce. N'est-ce pas un galant homme, aussi, n'est-ce pas ?... Ah ! c'est superbe !... Qui donc disait

qu'il était revenu blessé aujourd'hui ? Il n'est pas blessé !
Allons, ça va faire du bien au cœur d'Hélène. Ah ! si
je pouvais voir Troylus à présent !... Vous allez voir
Troylus tout à l'heure !

CRESSIDA.

Qui est celui-ci ?

HÉLÉNUS passe.

PANDARUS.

C'est Hélénus... Je me demande où est Troylus... C'est
Hélénus... Je crois qu'il n'est pas sorti aujourd'hui..,
C'est Hélénus.

CRESSIDA.

Hélénus sait-il se battre, mon oncle ?

PANDARUS.

Hélénus ? non... si, il se bat passablement... Je me demande où est Troylus... Écoutez ! n'entendez-vous pas
le peuple crier : Troylus ?... Hélénus est un prêtre.

CRESSIDA.

Quel est ce lambin qui vient là-bas ?

TROYLUS passe.

PANDARUS.

Où ? là-bas ? c'est Déiphobe. Oh ! c'est Troylus ! voilà
un homme, ma nièce !...

De toutes ses forces.

Hem !... ce brave Troylus ! le prince de la chevalerie !

CRESSIDA.

Silence ! par pudeur, silence !

PANDARUS.

Remarquez-le, observez-le.... O magnifique Troylus !
regardez-le bien, ma nièce ; regardez comme son épée
est ensanglantée, et son casque plus ébréché que celui
d'Hector. Et quelle mine il a ! et comme il marche ! O

admirable jeunesse ! il n'a pas encore vu ses vingt-trois ans. Va ton chemin, Troylus, va ton chemin ! Si j'avais pour sœur une Grâce ou pour fille une déesse, je te laisserais bien choisir. O admirable homme !... Pâris ? Pâris est de la fange auprès de lui ! Je vous garantis qu'Hélène changerait bien et qu'elle donnerait de l'argent par-dessus le marché !

Des troupes traversent la scène.

CRESSIDA.
En voici d'autres qui viennent.

PANDARUS.
Anes, fous et butors ! paille et son, son et paille ! potage après la viande !... Je pourrais vivre et mourir sans perdre de vue Troylus. Ne regardez plus, ne regardez plus. Les aigles sont passés ! Corbeaux et buses ! buses et corbeaux ! J'aimerais mieux être Troylus qu'Agamemnon et toute la Grèce.

CRESSIDA.
Il y a parmi les Grecs, Achille qui certes vaut mieux que Troylus.

PANDARUS.
Achille ? un charretier, un portefaix, un vrai chameau.

CRESSIDA.
Allons ! allons !

PANDARUS.
Allons ? allons ?... Avez-vous du discernement ? avez-vous des yeux ? savez-vous ce que c'est qu'un homme ? La naissance, la beauté, la bonne mine, l'éloquence, la bravoure, la science, la douceur, la vertu, la jeunesse, la libéralité et autres qualités semblables, ne sont-elles pas les épices et le sel qui assaisonnent un homme ?

CRESSIDA.
Oui, un homme d'une pâte particulière qu'on n'a pas

besoin de date pour relever, car il existe en dehors des dates.

PANDARUS.

Vous êtes une femme si étrange ! on ne sait jamais comment vous ripostez.

CRESSIDA.

Avec mon dos, pour défendre mon ventre ; avec mon esprit, pour défendre mes intrigues ; avec ma discrétion, pour défendre mon honneur ; avec mon masque, pour défendre ma beauté ; et avec votre zèle, pour défendre tout cela ! Voilà mes moyens de risposte, et j'ai mille façons de me mettre en garde.

PANDARUS.

Dites-m'en une.

CRESSIDA.

Je m'en garderai bien, et c'est là ma meilleure garde. Si je ne puis garder ce que je ne voudrais pas laisser toucher, je puis me garder, du moins, de vous dire en quelle attitude j'ai reçu le coup. A moins qu'il n'y ait une enflure impossible à dissimuler ; et alors, il n'y a plus à se tenir en garde.

PANDARUS.

Vous êtes si étrange !

Entre le PAGE *de Troylus.*

LE PAGE.

Monsieur, monseigneur voudrait vous parler à l'instant même.

PANDARUS.

Où ?

LE PAGE.

En votre logis même. C'est là qu'il se désarme.

PANDARUS.

Bon page, dis-lui que j'y vais.

Le page sort.

J'ai peur qu'il ne soit blessé... Portez-vous bien, bonne nièce.

CRESSIDA.

Adieu, oncle.

PANDARUS.

Je serai à vous, nièce, tout à l'heure.

CRESSIDA.

Et vous m'apporterez, mon oncle...

PANDARUS.

Un gage d'amour de la part de Troylus.

Il sort.

CRESSIDA.

Par ce gage-là, vous êtes un ruffian !... — Paroles, serments, plaintes, larmes, tout le sacrifice de l'amour, — il l'offre pour le compte d'un autre ! — Mais je vois dans Troylus mille fois plus — que dans le miroir des louanges de Pandarus ; — pourtant je résiste. Les femmes sont des anges, tant qu'on leur fait la cour. — Gagnées, elles sont perdues ! L'âme du bonheur meurt dans la jouissance. — La femme aimée ne sait rien, qui ne sait pas ceci : — les hommes prisent, plus qu'il ne vaut, l'objet non obtenu. — Nulle n'a jamais trouvé — l'amour satisfait aussi doux que le désir à genoux. — C'est donc pour l'amour même que j'enseigne cette maxime : la possession fait des maîtres ; la résistance, des suppliants. — Aussi, quoique mon cœur soit plein d'un véritable amour, — mes yeux n'en laisseront rien paraître (6).

Elle sort.

SCÈNE III.

[Le camp grec devant la tente d'Agamemnon.]

Fanfares. Arrivent AGAMEMNON, NESTOR, ULYSSE, MÉNÉLAS, et autres chefs.

AGAMEMNON.

— Princes, — quel chagrin à donc jauni vos joues ? — Dans tous les desseins formés ici-bas, — les vastes conjectures que fait l'espérance — ne s'accomplissent pas dans la plénitude promise. Les obstacles et les désastres — se rencontrent dans les veines des actions les plus nobles : — tels que ces nœuds causés par le choc des courants de la séve, — qui déforment le pin vigoureux, et détournent ses fibres — tortueuses et errantes de leur direction régulière. — Ce n'est pas chose étrange pour nous, princes, — d'êtres déçus dans nos suppositions — et de voir, après sept ans de siége, les murs de Troie encore debout ! — Toutes les entreprises passées — dont nous avons souvenir ont subi dans l'exécution — des écarts et des traverses en désaccord avec le plan, — avec la forme idéale que la pensée — leur donnait dans ses prévisions. Pourquoi donc, princes, — regardez-vous notre œuvre de cet air confus ? — Prenez-vous donc pour des hontes ces délais qui ne sont, en réalité, — que des expériences faites par le grand Jupiter — pour découvrir dans les hommes la vrai persévérance ? — La pureté de ce métal-là ne se contrôle pas — au milieu des faveurs de la fortune ; car alors le brave et le lâche, — le sage et le fou, — l'artiste et l'illettré, — le fort et le faible, semble tous d'une qualité également pure ; — mais c'est pendant les tempêtes de la fortune contraire, — que l'affinage, muni de son crible vaste et puissant, — soufflant sur tout le minerai, en chasse l'alliage léger ; — et ce qui a de la consistance ou du poids reste — seul, dans toute la richesse de sa valeur sans mélange.

NESTOR.

— Avec tout le respct dû à ton siége divin, — permets, grand Agamemnon, que Nestor développe — tes dernières paroles. C'est quand il est prouvé du sort — que l'homme est vraiment éprouvé. Tant que la mer est calme, — combien de chétifs bateaux osent naviguer — sur son sein patient et faire route — avec ceux du plus haut bord ? — Mais que le brutal Borée mette une fois en rage — la douce Thétis, et alors voyez — le vaisseau aux flancs robustes fendre les montagnes liquides, — et bondir entre les deux humides éléments, — comme le cheval de Persée ! Où est alors l'impudent bateau — dont les flancs faibles et mal charpentés, osaient naguère — rivaliser avec la vraie grandeur ! Ou il a fui dans le port, — ou Neptune n'en a fait qu'un toast. C'est ainsi — que la valeur d'apparat et la valeur réelle se distinguent — dans les orages de la fortune. Car, quand celle-ci brille de tous ses rayons, — le troupeau est plus tourmenté par le taon — que par le tigre ; mais si un ouragan soudain — fait fléchir les genoux des chênes noueux — et fuir sous l'ombre des mouches, alors, l'être courageux, — comme inspiré par la tempête, sympathise avec elle, — et répond, par des accents d'une égale hauteur, — à la fortune furieuse.

ULYSSE.

Agamemnon ! — notre grand chef, toi, le nerf et l'os de la Grèce, — le cœur, l'âme et l'esprit unique de nos nombres, — toi en qui les tempéraments et les pensées de tous — doivent s'absorber, écoute ce que dit Ulysse.

— Et d'abord mon applaudissement et mon approbation à vous deux.

Se tournant vers Agamemnon.

— A toi le plus grand par ton rang et par ta puissance.

Se tournant vers Nestor.

— A toi, le plus vénérable par ton âge prolongé. — Ton discours, Agamemnon, tu devrais, de la main de la Grèce, — le voir inscrit dans l'airain. Et le tien, — majestueux Nestor, enchâssé, comme toi, dans l'argent, — devrait, par un lien aérien aussi fort que l'axe — sur lequel tournent les cieux, rattacher toutes les oreilles des Grecs — à ta langue expérimentée... Daignez néanmoins, — toi le grand, et toi le sage, écouter Ulysse parler.

AGAMEMNON.

— Parle, prince d'Ithaque : nous ne craignons pas — qu'un langage inutile et frivole — desserre tes lèvres, pas plus que nous n'espérons, — quand le grossier Thersite ouvre ses mâchoires hargneuses, entendre la musique ou la sagesse d'un oracle.

ULYSSE.

— Troie, debout encore sur sa base, aurait été déjà anéantie, — et l'épée du grand Hector n'aurait plus de maître depuis longtemps, — sans les fautes que je vais vous dire. — Les prescriptions de la discipline ont été négligées. — Et voyez, autant il y a de tentes grecques — qui s'enflent sur cette plaine, autant de factions qui s'enflent. — Quand le quartier général n'est pas comme la ruche — où doivent revenir toutes les légions fourrageuses, — quel miel pouvez-vous attendre ? Quand la hiérarchie est voilée, — le plus vil paraît, sous le masque, l'égal du plus digne. — Les cieux eux-mêmes, les planètes et notre globe central — sont soumis à des conditions de degré, de priorité, de rang, — de régularité, de direction, de proportion, de saison, de forme, — d'attribution et d'habitude, qu'ils observent avec un ordre invariable. — Et voilà pourquoi le soleil, cette glorieuse planète, — trône dans une noble prééminence — au milieu des autres sphères ; son regard salutaire — corrige le sinistre aspect des planètes funestes, — et s'impose, avec une autorité souveraine — et absolue, aux bons et aux mauvais astres. Mais pour peu que les planètes — osent s'égarer dans une coupable confusion, — alors que de fléaux ! que de monstruosités ! que de séditions ! — Quelles fureurs agitent la mer ! que de tremblements, la terre ! — quelles commotions, les vents ! Les catastrophes, les changements, les horreurs — renversent et rompent, arrachent et déracinent — l'unité et le calme des États — de leur harmonieuse fixité. Oh ! quand la hiérarchie est ébranlée, — elle qui sert d'échelle à tous les hauts desseins, — on voit défaillir l'entreprise humaine. Comment les communautés, — les degrés dans les écoles, les fraternités dans les cités, — le trafic paisible des rivages séparés, — les droits de l'aînesse et de la naissance, — les prérogatives de l'âge, les couronnes, les sceptres, les lauriers — conserveraient-ils leurs titres authentiques sans la hiérarchie ? — Supprimez la hiérarchie, faussez seulement cette corde, — et écoutez quelle dissonnance ! Tous les êtres se choquent — dans une lutte ouverte. Les eaux naguère contenues, — gonflent leurs seins au-dessus des rives, — et innondent tout ce globe solide. — La violence asservit la faiblesse, — et le fils brutal frappe son père à mort. — La force devient la justice : ou plutôt le juste et l'injuste, — ces éternels adversaires entre lesquels siége l'équité, — perdent leurs noms, comme l'équité, le sien. — Alors tout se retranche dans la puissance ; — la puissance, dans la volonté ; la volonté, dans l'appétit ; — et l'appétit, ce loup universel,

— ainsi doublement secondé par la volonté et par la puissance, — fait nécessairement sa proie de l'univers — et finit par se dévorer lui-même. Grand Agamemnon, — voilà, quand la hiérarchie est suffoquée, — le chaos qui suit son étouffement. — Cette négligence des degrés — produit une déchéance là même où elle essaie — une escalade. Le général est méprisé — par celui qui prend rang après lui ; celui-ci, par le suivant ; — le suivant, par celui d'au-dessous. C'est ainsi que tous les grades, — prenant exemple sur le premier qu'a mis en dégoût — son supérieur, gagnent à l'envi la fièvre — d'une pâle et livide jalousie. — C'est cette fièvre-là qui maintient Troie debout, — et non sa propre énergie. Pour finir ce long discours, — Troie subsiste par notre faiblesse, et non par sa force.

NESTOR.

— Ulysse vient de découvrir sagement — la fièvre dont toute notre armée est atteinte.

AGAMEMNON.

— La nature du mal étant trouvée, Ulysse, — quel est le remède ?

ULYSSE.

— Le grand Achille, que l'opinion sacre — le nerf et le bras droit de notre armée, — ayant l'oreille rassasiée de sa renommée aérienne, — devient difficile pour son mérite et reste dans sa tente — à narguer nos desseins. Près de lui, Patrocle, — couché sur un lit de paresse, éclate toute la journée — en moqueuses saillies, — et, par une pantomime ridicule et grotesque, — qu'il appelle imitation, le calomniateur ! — il nous parodie tous. Parfois, grand Agamemnon, — il revêt ton mandat suprême, — et, se carrant comme un acteur dont tout le talent — est dans le jarret, et qui trouve sublime — d'entamer un dialogue avec les planches en faisant résonner — le tréteau sous l'effort de son pied, —

c'est par des contorsions pitoyables — qu'il représente ta Majesté. Et quand il parle, — il est comme un carillon en réparation ; ses expressions sont si forcées — que, dans la bouche même de Typhon rugissant, — elles paraîtraient hyperboliques. A cette bouffonnerie rance, — le large Achille, s'étalant sur son lit pressé, — rit à gorge déployée un bruyant applaudissement : — *Excellent!* s'écrie-t-il, *c'est juste Agamemnon! — A présent, joue-moi Nestor ; fais hem et caresse ta barbe. — comme quand il se prépare à quelque harangue.* — La chose une fois faite (et l'imitation et la réalité sont aussi voisines — que les deux bouts d'une parallèle, aussi semblables que Vulcain et sa femme!), — le bon Achille s'écrie toujours : *Excellent! — c'est exactement Nestor ! Maintenant, Patrocle, représente-le-moi — s'armant pour repousser une attaque de nuit.* — Alors, ma foi, il faut que les faiblesses de l'âge — deviennent une scène comique; Patrocle de tousser, de cracher — et de secouer en tremblant son hausse-col, — qu'il ne fait qu'accrocher et décrocher! A ce spectacle, — notre Sire la Valeur se meurt! *Oh!* crie-t-il, *assez, Patrocle, arrête, — ou donne-moi des côtes d'acier, — car ma rate désopillée — va rompre les miennes.* C'est ainsi — que tous nos talents, nos qualités, nos caractères, nos tournures, — nos mérites pris en détail ou en général, — nos actes, nos stratagèmes, nos ordres, nos précautions, — nos harangues belliqueuses, ou nos plaidoyers pour la trève, — nos succès ou nos revers, le vrai ou le faux, servent — de glose à ces deux hommes pour faire leurs paradoxes.

NESTOR.

— Et puis l'exemple de ces deux personnages — que, comme a dit Ulysse, l'opinion sacre — de son impérial suffrage, en pervertit bien d'autres. — Ajax est devenu égoïste, et porte la tête — aussi haut et dans une attitude aussi fière — que l'insolent Achille. Comme lui, il garde sa tente. — Il fait de factieuses orgies, il raille notre position militaire — avec la hardiesse d'un oracle, et il provoque Thersite, — un misérable dont le fiel bat monnaie de calomnie, — à nous jeter la boue de ses comparaisons, — au risque d'affaiblir et de discréditer notre situation, — quels que soient les périls qui nous entourent.

ULYSSE.

— Ils blâment notre politique et la taxent de couardise, — ils regardent la sagesse comme étrangère à la guerre, — dédaignent la prévoyance, et n'estiment d'autre action — que celle du bras. Quant aux facultés paisibles de l'intelligence — qui règle le nombre des bras appelés à frapper — quand viendra l'occasion, et qui prend, à l'aide — d'une vigilante observation, la mesure des masses ennemies, — eh bien, elles n'ont pas pour eux la valeur d'un simple doigt. — Travail d'alcôve, disent-ils, fatras de géographe, guerre de cabinet que tout cela! — Le bélier qui abat la muraille — par la puissante vacillation et par la violence de son poids, — ils en font plus de cas que de la main qui a construit l'engin lui-même — ou que des esprits ingénieux — qui en règlent l'emploi d'après la raison.

NESTOR.

— Si l'on admet ce qu'ils disent, le cheval d'Achille — vaut plusieurs fois le fils de Thétis.

On entend une fanfare.

AGAMEMNON.

Quelle est cette trompette? Voyez, Ménélas.

Arrive ÉNÉE.

MÉNÉLAS.

— Quelqu'un de Troie.

SCÈNE III.

AGAMEMNON, à Énée.

Que venez-vous faire devant notre tente?

ÉNÉE.

Est-ce là — la tente du grand Agamemnon, je vous prie?

AGAMEMNON.

Celle-là même.

ÉNÉE.

— Un héraut qui est un prince — peut-il faire entendre un message loyal à son auguste oreille?

AGAMEMNON.

— Il peut parler, plus sûrement que sous la protection d'Achille, — en présence de tous les chefs grecs qui d'une voix unanime — proclament Agamemnon leur chef et leur général.

ÉNÉE.

— Loyale permission! sécurité puissante! — Mais comment celui qui ne connaît pas sa majestueuse personne — pourra-t-il le distinguer des autres mortels?

AGAMEMNON.

Comment?

ÉNÉE.

— Oui; — je le demande, afin d'en prévenir ma vénération, — et d'être prêt à couvrir ma joue d'une rougeur — modeste comme la matinée quand elle jette son chaste regard — sur le jeune Phébus. — Où est donc ce dieu en activité, ce guide des hommes? — Qui donc est le haut et puissant Agamemnon?

AGAMEMNON.

— Ce Troyen nous raille, ou les gens de Troie — sont des courtisans bien cérémonieux.

ÉNÉE.

— Oui, désarmés, ce sont des courtisans aussi ouverts, aussi bienveillants — que des anges inclinés; telle est leur renommée dans la paix. — Mais dès qu'ils se présentent en combattant, ils ont de la bile, — de bons bras, des muscles solides, de vraies épées, et, avec l'aide de Jupiter, — une incomparable énergie... Mais silence, Énée! — silence, Troyen! pose ton doigt sur tes lèvres! — L'éloge se retire à lui-même son prix — quand celui qui en est l'objet en est aussi l'auteur. — L'éloge que murmure à regret un ennemi, — est celui qu'entonne la gloire; il est le seul pur, le seul transcendant.

AGAMEMNON.

— Seigneur troyen, est-ce donc vous-même qui vous appelez Énée?

ÉNÉE.

— Oui, Grec, c'est mon nom.

AGAMEMNON.

Quelle affaire vous amène, je vous prie?

ÉNÉE.

— Pardon, seigneur; c'est à l'oreille d'Agamemnon que je dois parler.

AGAMEMNON.

— Il n'écoute pas en particulier ce qui vient de Troie.

ÉNÉE.

— Si je viens de Troie, ce n'est pas pour lui parler à voix basse; — j'ai là une trompette pour réveiller son oreille, — et, quand j'aurai excité son attention, — alors je parlerai.

AGAMEMNON.

Parle aussi librement que le vent; — ce n'est pas l'heure où dort Agamemnon. — Sache-le bien, Troyen, il est éveillé, — c'est lui-même qui te le déclare.

ÉNÉE.

Trompette, souffle une fanfare! — Jette ton cri de cuivre à travers toutes ces tentes paresseuses! — et fais savoir à tout Grec de cœur — que Troie va dire hautement ce qu'elle veut loyalement dire.

La trompette sonne.

— Grand Agamemnon, nous avons à Troie, — un prince appelé Hector, un fils de Priam, — qui se rouille dans l'inaction de cette trêve prolongée; il m'a dit de prendre une trompette, — et de vous parler ainsi : Rois ! princes ! seigneurs ! — s'il en est un, parmi les plus nobles de la Grèce, — qui mette son honneur plus haut que son repos, — qui recherche la louange plus qu'il ne craint le péril, — qui connaisse sa vaillance, et qui ne connaisse pas sa frayeur, — qui aime sa maîtresse autrement qu'en confidence — et par des serments aventurés sur ses lèvres chères, — et qui ose proclamer sa beauté et son mérite — à un autre rendez-vous que le sien, à lui ce défi ! — En présence des Troyens et des Grecs, Hector — prouvera ou fera de son mieux pour prouver — qu'il a une dame plus sage, plus belle, plus fidèle — que jamais Grec n'en pressa dans ses bras. — Demain, au son de la trompette, il s'avancera — jusqu'à mi-chemin entre vos tentes et les murs de Troie — pour provoquer tout Grec sincère en amour. — Si quelqu'un se présente, Hector l'honorera ; — sinon, il retournera dire à Troie — que toutes les femmes grecques sont brûlées du soleil et ne méritent pas un éclat de lance. J'ai dit (7).

AGAMEMNON.

— Ceci sera répété à nos amants, messire Énée ? — si nul d'entre eux n'en est ému dans l'âme, — c'est que nos gens de cœur seront restés en Grèce. Mais nous sommes des combattants ; — et qu'il soit déclaré poltron le soldat — qui ne prétend pas être, n'a pas été ou n'est pas amoureux ! — Si donc il s'en trouve un qui le soit, l'ait été ou prétende l'être, — il ira trouver Hector! A défaut d'autre, je serai celui-là.

NESTOR.

— Parle-lui aussi de Nestor, d'un compagnon qui était déjà homme — quand l'aïeul d'Hector tétait. Il est vieux maintenant; — mais, si dans notre race grecque il ne se trouve pas — un seul noble qui ait une étincelle de courage — et qui fasse honnneur à ses amours, dis-lui de ma part — que je cacherai ma barbe d'argent dans un casque d'or, — que je mettrai dans mon brassard ce poignet desséché, — et que j'irai lui déclarer en face que ma dame — était plus belle que sa grand'mère, et aussi chaste — que femme au monde. Voilà la vérité — que je prouverai avec mes trois gouttes de sang à sa jeunesse hémorrhagique.

ÉNÉE.

— Les cieux vous préservent de cette disette de jeunes gens! —

ULYSSE.

Amen!

AGAMEMNON.

— Beau sire Énée, laissez-moi toucher votre main; — je vous conduirai de ce pas à notre tente. — Votre message sera transmis à Achille, — et, de tente en tente, à tous les seigneurs de Grèce. — Vous-même serez notre convive avant de partir, — et vous trouverez chez nous la bienvenue due à un noble ennemi. —

Tous s'éloignent, excepté Ulysse et Nestor.

ULYSSE.

Nestor!

NESTOR.

Que dit Ulysse?

ULYSSE.

— J'ai une idée en germe dans mon cerveau; — remplacez pour moi le temps et donnez-lui forme. —

NESTOR.

Quelle est-elle?

ULYSSE.

La voici. — Les coins obtus fendent les nœuds les plus durs. L'orgueil en épi, — qui atteint sa maturité — dans le cœur luxuriant d'Achille, doit être fauché dès à présent; — sinon, il va s'égrener et semer partout des maux — qui nous étoufferont tous.

NESTOR.

Sans doute, mais comment?

ULYSSE.

— Ce défi que le vaillant Hector nous envoie, — bien qu'adressé à tous en général, — n'est effectivement destiné qu'à Achille.

NESTOR.

L'intention est aussi claire qu'un compte — dont le total est résumé en quelques chiffres. — Il suffira, croyez-le bien, de la publication de ce défi, — pour qu'Achille, eût-il le cerveau aussi aride — que les sables de la Lybie (et ils sont assez stériles. — Apollon le sait) reconnaisse à la première réflexion, — oui, en un clin d'œil, qu'il est l'adversaire — désigné par Hector.

ULYSSE.

— Et pensez-vous que cette publication le décide à répondre?

NESTOR.

Oui, — il le faut bien. Quel autre qu'Achille pourriez-vous opposer — à Hector, pour lui enlever l'honneur de la victoire! Bien qu'il s'agisse d'une joute courtoise, — c'est une épreuve qui importe beaucoup à l'opinion; — car ici les Troyens veulent déguster notre plus chère renommée — avec leur palais le plus délicat. Et croyez-moi, Ulysse, — notre réputation va être étrangement pesée — dans cette nation fantasque. Le succès, — bien que spécial, donnera un échantillon, — favorable ou non, de notre valeur en général. — Ce sera comme un index qui, dans l'énoncé succinct — des chapitres subséquents, offre — en petit l'image de la masse gigantesque — des matières à développer. On s'imaginera — que l'adversaire d'Hector est le champion choisi par nous ; — que notre choix, acte unanime de toutes nos âmes, — s'est décidé d'après le mérite, et a pour ainsi dire fait bouillir, — de nos suffrages à tous, un homme distillé — de nos vertus. Si alors celui-ci échoue, — quel encouragement ce sera pour le parti triomphant — à retremper la bonne opinion qu'il a de lui-même ! — Or, pour l'opinion, les bras sont des instruments — aussi dociles que l'arc et l'épée — le sont pour les bras...

ULYSSE.

— Pardonnez-moi de vous interrompre. — Il ne faut donc pas que ce soit Achille qui combatte Hector. — Faisons comme les marchands ; montrons d'abord nos plus vilaines marchandises, — en espérant qu'elles se vendront peut-être ; si nous sommes déçus, — l'éclat des meilleurs articles que nous aurons encore à montrer — n'en sortira que mieux. Ne consentez pas — à ce que Hector et Achille en viennent aux prises ; — car, en ce cas, notre honneur serait, pour notre honte, — traqué par deux étranges conséquences.

NESTOR.

— Je ne les aperçois pas de mes yeux de vieillard ; quelles sont-elles ?

ULYSSE.

— La gloire que notre Achille obtiendrait sur Hector, — nous la partagerions avec lui s'il n'était pas si hautain ; — mais il est déjà trop insolent. — Mieux vaudrait pour nous subir le soleil dévorant d'Afrique — que l'amer dédain de ses regards superbes, — dans le cas où il échapperait aux coups d'Hector. Si, au contraire, il en était atteint, — nous verrions notre renom national écrasé — dans l'humiliation de notre meilleur homme. Non, faisons plutôt une loterie, — et trouvons moyen que le sort désigne cette brute d'Ajax (8) — pour lutter avec Hector. Affectons entre nous — de traiter Ajax comme le plus vaillant de tous, — cela contribuera à guérir le grand Myrmidon — du délire où l'ont mis les applaudissements, et à abattre — ce cimier qu'il déploie plus fièrement qu'Iris son arc bleu. — Si cet écervelé d'Ajax s'en tire avec honneur, — nous le couvrirons d'éloges. S'il échoue, — on pourra toujours dire en notre faveur — que nous avons meilleur que lui. Mais, qu'il soit battu ou non, — notre projet réalisé a toujours cet effet essentiel — que le choix d'Ajax arrache à Achille sa plus fière aigrette.

NESTOR.

— A présent, Ulysse, je commence à trouver bon ton avis ; — et je vais de ce pas le faire goûter à Agamemnon. Allons-y sur-le-champ. — Les deux dogues doivent être domptés l'un par l'autre. L'orgueil — est le seul os que puissent se disputer ces mâtins-là. —

Ils sortent.

SCÈNE IV.

(Dans le camp grec. La tente d'Ajax.)

(Entre AJAX et THERSITE.

AJAX.

Thersite !

THERSITE, se parlant à lui-même.

Si Agamemnon avait des clous ?... S'il en avait en général de gros, et par tout le corps?

AJAX.

Thersite!

THERSITE.

Et si ces clous venaient à jeter?... Dans ce cas-là, ne tirerait-on pas quelque chose du général, ne fût-ce que de l'humeur?

AJAX.

Chien!

THERSITE.

Ce serait toujours cela qui sortirait de lui; jusqu'à présent, je n'en vois rien sortir.

AJAX.

Fils de louve, est-ce que tu ne veux pas entendre? Sens alors!

Il le frappe (9).

THERSITE.

Que la peste grecque te saisisse, seigneur métis à esprit de bœuf!

AJAX.

Parle alors, levain moisi! parle! je vais te rompre à l'amabilité!

THERSITE.

Ma raillerie t'aura plutôt dressé à l'esprit et à la piété! Mais je pense que ton cheval pourrait apprendre une oraison, avant que tu susses une prière par cœur. Tu sais frapper, n'est-ce pas? Que le farcin t'emporte avec tes ruades!

AJAX.

Mauvais champignon, fais-moi connaître la proclamation.

THERSITE.

Crois-tu que je n'ai pas de sens pour me frapper ainsi?

AJAX.

La proclamation!

SCÈNE IV.

THERSITE.

Tu es proclamé fou, je crois.

AJAX.

Gare à toi, porc-épic, gare à toi; mes doigts me démangent.

THERSITE.

Je voudrais que de la tête aux pieds le corps te démangeât, et qu'il me fût permis de te gratter; je ferais de toi la gale la plus dégoûtante de toute la Grèce. Quand tu es en campagne, tu es aussi lent à frapper qu'un autre.

AJAX.

La proclamation, te dis-je!

THERSITE.

Tu es toujours à grogner et à maugréer contre Achille, et tu es aussi jaloux de sa grandeur, que Cerbère de la beauté de Proserpine. Oui, voilà pourquoi tu aboies contre lui.

AJAX.

Commère Thersite!

THERSITE.

Va donc le battre, lui!

AJAX.

Carogne!

THERSITE.

Il te broierait avec son poing, comme un matelot brise un biscuit.

AJAX, le frappant.

Portée de putain!

THERSITE.

Va! va!

AJAX.

Selle de sorcière!

THERSITE.

Va, va donc, écume d'esprit! Tu n'as pas plus de cervelle qu'il n'y en a dans mon coude. Un âne serait ton guide, mauvais baudet vaillant! Tu ne sers ici qu'à écraser des Troyens; et les gens du moindre bon sens te font aller comme un esclave barbare. Si tu te mets à me battre, je t'entreprendrai de la tête au talon, et je te dirai ce que tu es pouce par pouce, toi, être sans entrailles, toi!

AJAX.

Chien!

THERSITE.

Mauvais seigneur!

AJAX, le frappant.

Mâtin!

THERSITE.

Mars idiot! frappe, brutalité! frappe, chameau! frappe, frappe!

Entrent ACHILLE et PATROCLE.

ACHILLE.

— Eh bien, Ajax? pourquoi faites-vous cela? — Eh bien, Thersite? de quoi s'agit-il, l'ami? —

THERSITE, montrant Ajax.

Vous le voyez là, pas vrai?

ACHILLE.

Oui, après?

THERSITE.

Regardez-le bien.

ACHILLE.

C'est ce que je fais. Après?

THERSITE.

Non, mais considérez-le bien.

ACHILLE.

Eh bien, c'est ce que je fais.

THERSITE.

Mais, non, vous ne le regardez pas bien; car, pour quoi que vous le preniez, c'est Ajax.

ACHILLE.

Je le sais bien, imbécile.

THERSITE.

D'accord, mais l'imbécile ne se reconnaît pas pour tel.

AJAX.

Voilà pourquoi je te bats.

THERSITE.

Là! là! là! là! quels pauvres traits d'esprit il lance! Comme ses échappatoires ont les oreilles longues! J'ai râclé son cerveau plus fort qu'il n'a cogné mes os. J'achêterais neuf moineaux pour un denier; eh bien, sa pie-mère ne vaut pas la neuvième partie d'un moineau. Ce seigneur, Achille, cet Ajax qui porte son esprit dans son ventre et ses boyaux dans sa tête, je vais vous dire ce que je pense de lui.

ACHILLE.

Quoi?

THERSITE.

Je dis que cet Ajax...

Ajax va pour le frapper. Achille s'interpose.

ACHILLE.

Voyons, mon bon Ajax!

THERSITE.

N'a pas autant d'esprit...

ACHILLE, retenant Ajax.

Vraiment, il faut que je vous tienne.

THERSITE.

Qu'il en faudrait pour boucher le trou de l'aiguille de cette Hélène pour qui il est venu combattre.

ACHILLE.

Paix, fou!

THERSITE.

Je voulais avoir la paix et le repos, mais ce fou ne le veut pas! C'est lui; regardez-le, là!

AJAX.

Damné roquet! je veux...

ACHILLE, le retenant toujours.

Voulez-vous donc mettre votre esprit aux prises avec celui d'un fou?

THERSITE.

Non, n'ayez pas peur. Car l'esprit d'un fou humilierait le sien.

PATROCLE.

Parlez convenablement, Thersite

ACHILLE.

Pourquoi cette querelle?

AJAX.

Je demande à cet affreux chat-huant de m'apprendre la teneur de la proclamation, et il m'injurie.

THERSITE.

Je ne suis pas à ton service.

AJAX.

C'est bon! va! va!

THERSITE.

Je sers ici volontairement.

ACHILLE, à Thersite.

Tout à l'heure, cependant, votre service était une corvée involontaire. Personne ne se laisse bousculer volontiers. C'est Ajax qui était volontaire, et vous, vous étiez pris de force.

THERSITE, à Achille.

Justement!... Vous avez, vous aussi, une grande partie

de votre esprit dans vos tendons, ou bien des gens en ont menti.

A Achille et à Ajax.

Hector attrapera grand'chose s'il fend le crâne à l'un de vous deux ; autant vaudrait croquer une noix pourrie et vide !

ACHILLE.

Quoi ! contre moi aussi, Thersite ?

THERSITE.

Voilà Ulysse et le vieux Nestor ! Leur esprit était déjà rauce que vos grands papas n'avaient pas d'ongles aux doigts : eh bien, ils vous attellent au joug comme des bœufs, et ils vous font labourer la guerre.

ACHILLE.

Quoi ? Que dis-tu ?

THERSITE.

Oui, ma foi. Hue, Achille ! hue, Ajax ! hue donc !

AJAX.

Je vous couperai la langue !

THERSITE.

N'importe. Je parlerai aussi bien que toi, après.

PATROCLE.

Tais-toi, Thersite ; paix !

THERSITE.

Est-ce que je veux rester en paix quand le basset d'Achille me le dit ? est-ce que je le dois ?

ACHILLE.

Voilà pour vous, Patrocle.

THERSITE.

Je vous verrai tous pendus, comme des nigauds, avant qu'il m'arrive de revenir dans vos tentes ; je veux m'installer là où l'esprit donne signe de vie, et quitter la faction des imbéciles.

Il sort.

PATROCLE.

Bon débarras!

ACHILLE, à Ajax.

— Eh bien, seigneur, une proclamation fait savoir à toute l'armée — que demain matin, à la cinquième heure du soleil, — Hector doit venir, au son de la trompette, entre notre camp et Troie, — défier au combat tout chevalier — qui a du cœur et qui osera — soutenir... je ne sais quoi, une bêtise... Adieu.

AJAX.

— Adieu. Qui donc lui répondra?

ACHILLE.

— Je ne sais pas. On tire au sort. Autrement, — il connaîtrait son homme.

AJAX.

— Oh! c'est vous que vous voulez dire... Je vais en apprendre davantage.

Ils sortent.

SCÈNE V.

[Dans le palais d'Ilion].

Entrent Priam, Hector, Troylus, Paris et Hélénus.

PRIAM.

— Après tant d'heures, d'existences et de paroles perdues, — voici ce que Nestor nous redit de la part des Grecs : — « Rendez Hélène, et tous nos sacrifices — d'honneur, de temps, de voyages, de dépenses, — de blessés et d'amis, tout ce que, dans son ardente digestion, — nous a dévoré de précieux le cormoran de la guerre, — tout sera mis en oubli. » Hector, que dites-vous à cela?

HECTOR.

— Bien qu'aucun homme ne craigne moins les Grecs que moi, — pour ce qui me touche personnellement, cependant, — redoutable Priam, — il n'est pas de femme qui ait les entrailles plus tendres qu'Hector, — qui soit plus spongieuse pour absorber l'inquiétude, — et plus prête à s'écrier : « Qui sait ce qui s'ensuivra? » — La plaie de la paix, c'est la sécurité, — la sécurité sûre d'elle-même; au contraire, une modeste défiance passe — pour le fanal du sage, — pour la sonde qui fouille — au fond du pire. Qu'Hélène s'en aille! — Depuis que l'épée a été tirée pour cette querelle, — une âme sur dix nous était aussi chère qu'Hélène — dans la dîme énorme qui a été prélevée parmi nous. — Si nous avons été tant de fois décimés — en voulant garder une créature qui n'est pas des nôtres, et qui, — nous appartînt-elle, ne vaudrait pas dix d'entre nous, — pour quelle raison sérieuse refuserions-nous — de la rendre?

TROYLUS.

Fi! fi, mon frère! — Voulez-vous donc peser la dignité et l'honneur d'un roi — aussi grand que notre vénéré père dans la balance — des poids vulgaires? voulez-vous donc résumer en chiffres — l'excès de son immensité, — et resserrer une envergure illimitée — aux coudées étroites — des craintes et des raisons? Fi donc! au nom des dieux!

HÉLÉNUS.

Il n'est point étonnant que vous donniez ce coup de dent aux raisons, — en étant si dépourvu vous-même. Faut-il que notre père — se passe de raisons pour gouverner ses affaires, — parce que vous vous en passez pour parler ainsi?

TROYLUS.

— Vous êtes fort pour les rêves et pour le sommeil,

mon frère le prêtre ; — vos gants sont fourrés de raisons. Vos raisons, les voici : — vous savez qu'un ennemi vous veut du mal, — vous savez qu'une épée maniée est périlleuse, — et la raison évite tout ce qui fait mal. — Quoi d'étonnant alors, quand Hélénus aperçoit un — Grec et son épée, qu'il mette — à ses talons les ailes même de la raison, — et qu'il se sauve comme Hercule grondé par Jupiter, — ou comme un astre égaré de sa sphère?... Soit ; puisque nous parlons raison, — fermons nos portes et dormons ! Quant au courage et à l'honneur, — il faudrait qu'ils eussent des cœurs de lièvre pour bourrer leurs idées — de vos raisons farcies. La raison et la prudence — font pâlir le foie et défaillir l'énergie.

HECTOR.

— Frère, elle ne vaut pas ce que coûte — sa conservation.

TROYLUS.

La valeur d'un objet n'est-elle pas celle qu'on lui donne?

HECTOR.

— La valeur ne dépend pas d'une volonté particulière, — elle doit son estimation et sa dignité — aussi bien au prix de l'objet même — qu'à son appréciateur. C'est une folle idolâtrie — de faire le culte plus grand que le dieu. — Et c'est radoter que de concevoir — un amour imaginaire pour ce qui — n'a pas même l'ombre du mérite aimé.

TROYLUS.

— Je prends une femme aujourd'hui, et mon choix — est dirigé par ma volonté ; — ma volonté a été exaltée par mes yeux et par mes oreilles, — ces pilotes qui naviguent entre les deux côtes dangereuses — du désir et du jugement. Pourrai-je repousser ensuite, — s'il arrive que ma volonté prenne son choix en dégoût, — la femme que j'aurai choisie? Non, il n'est pas d'échappatoire — pour se dérober au devoir en restant ferme dans l'honneur. — Nous ne renvoyons pas ses soieries au marchand, — quand nous les avons salies; les mets qui restent, — nous ne les jetons pas au rebut — parce que nous sommes pleins. On a trouvé bon — que Pâris tirât vengeance des Grecs; — le souffle de votre consentement unanime a gonflé ses voiles; — les flots et les vents, ces vieux querelleurs, ont fait trêve — et l'ont aidé; il a touché au port désiré; — et, pour une vieille tante que les Grecs retenaient captive (10), — il a ramené une reine grecque dont la fraîche jeunesse — ride celle d'Apollon et rend terne la matinée. — Pourquoi la gardons-nous? les Grecs gardent bien notre tante? — Vaut-elle la peine d'être gardée? ah! Hélène est une perle, — dont le prix a lancé plus de mille vaisseaux, — et changé en marchands des rois couronnés! — Si vous avouez que Pâris a fait sagement de partir, — comme vous le devez, lui ayant crié tous : *Pars! Pars!* — si vous confessez qu'il a ramené une bonne prise, — comme vous le devez, ayant tous battu des mains — et crié : *Inestimable!* pourquoi donc à présent — blâmez-vous ce résultat de vos propres conseils, — et, faisant ce que n'avait jamais fait la fortune, — traitez-vous de misère ce que vous estimiez — plus précieux que la mer et la terre? O le plus vil des vols! — avoir dérobé ce que nous avons peur de garder! — Larrons indignes de ce que nous avons volé! — Après être allés chez les Grecs leur faire cet affront, — nous avons peur de l'avouer chez nous.

CASSANDRE, du dehors.

— Pleurez, Troyens, pleurez!

PRIAM.

Quel est ce bruit? Quel est ce cri?

TROYLUS.

— C'est notre folle sœur, je reconnais sa voix.

CASSANDRE, du dehors.

— Pleurez, Troyens !

HECTOR.

C'est Cassandre.

Entre CASSANDRE échevelée.

CASSANDRE.

— Pleurez, Troyens, pleurez ! Prêtez-moi dix mille yeux, — et je les remplirai de larmes prophétiques.

HECTOR.

— Silence, ma sœur, silence !

CASSANDRE.

— Vierges, adolescents, hommes faits, vieillards ridés, — douce enfance qui ne peut que crier, — ajoutez à mes clameurs ! Payons d'avance — une partie de cette masse de sanglots à venir ! — Pleurez, Troyens, pleurez ! exercez vos yeux aux larmes ! — Troie ne doit pas subsister ; la splendide Ilion ne doit pas rester debout ! — Pâris, notre frère, est la torche qui nous brûle tous (11). — Pleurez, Troyens, pleurez ! Criez ! criez : Hélène et malheur ! Troie brûle, si Hélène ne part pas !

Elle sort (12).

HECTOR.

— Eh bien, jeune Troylus, ces accents — prophétiques de notre sœur ne vous causent-ils pas — quelques frémissements de remords ? ou bien votre sang — est-il si follement ardent que ni le langage de la raison — ni la crainte d'un mauvais succès dans une mauvaise cause — ne puissent le calmer ?

TROYLUS.

Je dis, frère Hector, — que ce n'est pas l'événement

seul — qui doit faire pour nous la justice d'un acte, — et que nous ne devons pas abattre le courage de nos âmes — parce que Cassandre est folle. Les transports de son délire — ne peuvent gâter la bonté d'une cause — que nous sommes tous engagés d'honneur — à rendre sacrée. Pour moi, — je n'y ai pas plus d'intérêt que tous les fils de Priam ; — et à Jupiter ne plaise qu'il soit pris entre nous — aucune décision que le plus faible scrupule répugne — à défendre et à soutenir !

PARIS.

— Autrement, le monde pourrait accuser de légèreté — mes entreprises aussi bien que vos conseils. — Mais, j'en atteste les dieux, c'est votre consentement unanime — qui a donné des ailes à mon inclination et tranché — toutes les craintes attachées à un si terrible projet. — Car que pouvait, hélas ! mon bras isolé ? — Quelle résistance y avait-il dans la valeur d'un seul homme, — pour soutenir le choc et la furie de ceux — que devait armer cette querelle ? Pourtant, je le déclare, — fussé-je seul à affronter tous les périls, — si j'avais une puissance aussi ample que ma volonté, — jamais Pâris ne rétracterait ce qu'il a fait, — jamais il ne se relâcherait dans sa résolution.

PRIAM.

Pâris, vous parlez — comme un homme affolé de ses jouissances. — A vous le miel toujours, mais aux autres le fiel. — La vaillance, à ce prix, n'a rien de méritoire.

PARIS.

— Seigneur, je ne songe pas uniquement — aux plaisirs qu'une telle beauté apporte avec elle. — Mais je voudrais effacer la tache de son enlèvement — en ayant l'honneur de la garder. — Quelle trahison ce serait envers cette reine conquise, — quelle disgrâce pour votre dignité, quelle honte pour moi, — de la restituer aujourd'hui, — sur les sommations d'une vile contrainte ! Se peut-il — qu'une inspiration aussi dégénérée — ait pu prendre pied dans vos seins généreux ! — Il n'existe pas, dans notre parti, un courage si faible — qui n'ait pas un cœur pour oser, ni une épée pour dégaîner, — quand il s'agit de défendre Hélène ; il n'en existe pas de si noble, — dont la vie serait mal donnée ou la mort déshonorée, — s'il se sacrifiait pour Hélène. Donc, je le dis, — nous pouvons hardiment combattre pour celle qui, nous le savons bien, — n'a rien d'égal dans les vastes espaces du monde.

HECTOR.

— Pâris et Troylus, vous avez tous deux bien parlé ; — sur la cause et sur la question en litige, — vous avez bien glosé, quoique superficiellement ; — vous ressemblez beaucoup — à ces jeunes gens qu'Aristote jugeait — incapables d'entendre la philosophie morale. — Les raisons que vous alléguez sont plus propres à servir — la passion ardente d'un sang désordonné — qu'à établir une juste distinction — entre le bien et le mal ; car le plaisir et la vengeance ont l'oreille plus sourde que des couleuvres à la voix — d'une équitable décision. La nature exige — que tous les droits soient restitués à leurs propriétaires. Eh bien, — y a-t-il dans toute l'humanité une créance plus légitime — que celle du mari sur la femme ? Si cette loi — de la nature est violée par la passion, — si de grands esprits, par une indulgence partiale — pour d'inertes penchants, s'insurgent contre elle, — il y a une loi dans toute nation civilisée — pour soumettre les appétits effrénés qui sont — à ce point désobéissants et réfractaires. — Si donc Hélène est la femme d'un roi de Sparte, — comme cela est notoire, les lois morales — de la nature et des nations nous crient — de la renvoyer. Persister ainsi — à faire le mal, ce n'est pas atténuer le mal, — c'est l'aggraver. Telle est l'opinion d'Hector, — dans la voie du principe ; mais pourtant, — mes juvéniles frères, j'incline comme vous, — vers le parti de garder Hélène ; — car c'est une cause qui engage fort — la dignité de tous et de chacun.

TROYLUS.

— Oui, vous touchez là le point vital de notre résolution. — Si la gloire n'était pas notre but bien plutôt — que la satisfaction de nos palpitantes passions, — je ne voudrais pas qu'une goutte de sang troyen de plus fut versée — pour la défense d'Hélène. Mais, digne Hector, — elle est pour nous le thème de l'honneur et de la renommée, — l'éperon qui pousse aux vaillantes et magnanimes actions ; — sa présence est pour nous le courage qui peut ruiner nos ennemis — et l'illustration qui doit, dans les temps à venir, nous sanctifier tous ! — Je le présume, en effet, le brave Hector ne voudrait pas, — pour tous les trésors de l'univers, perdre la riche conquête de la gloire promise — qui sourit sur le front de cette action.

HECTOR.

Je suis des vôtres, — vaillante postérité du grand Priam. — J'ai lancé, au milieu des nobles de la Grèce, oisifs et factieux, — un bruyant défi, qui va jeter l'étonnement dans leurs âmes assoupies. — On m'a averti que leur grand général dort, — tandis que la jalousie se glisse dans leur armée. — Voilà, je présume, qui va le réveiller. —

Ils sortent.

SCÈNE VI.

[Le camp grec devant la tente d'Achille.]

Arrive THERSITE.

THERSITE.

Eh bien! Thersite! quoi! te voilà perdu dans le labyrinthe de ta fureur? Sera-t-il dit que l'éléphant Ajax l'emporte ainsi? Il me bat, et je me moque de lui. Ah! la belle satisfaction! j'aimerais mieux tout le contraire : que ce fût moi qui le battisse et lui qui se moquât de moi. Corne de bœuf! j'apprendrai, s'il le faut, à évoquer et à conjurer des diables, mais je veux une issue aux exécrations de ma rancune. Et puis, voilà cet Achille, un rare ingénieur, ma foi! Si Troie ne doit pas être prise avant que ces deux-là l'aient minée, ses murailles resteront debout jusqu'à ce qu'elles tombent d'elles-mêmes. O toi, grand lance-foudre de l'Olympe, oublie que tu es Jupiter, roi des dieux, et toi, Mercure, perds toute la science serpentine de ton caducée, si tous deux vous n'enlevez pas à ces hommes la petite, la toute petite, la minime dose d'esprit qu'ils possèdent. Ils en ont si peu, de l'aveu même de la plus incapable ignorance, que, pour délivrer une mouche d'une araignée, ils ne trouveraient pas d'autre expédient que de dégaîner leur massive ferraille et de couper la toile. Après cela, que le malheur fonde sur tout le camp, ou tout au moins la carie des os, car c'est, il me semble, le fléau attaché à ceux qui s'échinent pour un cotillon! J'ai dit mes prières. Au démon Envie à dire : Amen!

Criant.

Holà! hé! monseigneur Achille!

SCÈNE VI.

PATROCLE paraît à l'entrée de la tente d'Achille.

PATROCLE.

Qui est là ? Thersite ! mon bon Thersite, entre et viens insulter.

THERSITE.

Si j'avais pu me rappeler un pantin doré, tu n'aurais pas échappé à mon attention. Mais cela peut se réparer... Je te souhaite toi-même à toi-même ! Que ces fléaux vulgaires de l'humanité, folie et ignorance, soient ton vaste apanage ! que le ciel te préserve d'un conseiller, et que jamais la discipline ne t'approche ! que ton tempérament soit ton guide jusqu'à ta mort ! Et, si alors celle qui te mettra dans le linceul dit que tu es un beau cadavre, je veux jurer et jurer encore qu'elle n'a jamais enseveli que des pestiférés ! Amen ! où est Achille ?

PATROCLE.

Ah çà ! est-ce que tu es dévôt ? Tu faisais donc ta prière ?

THERSITE.

Oui, que les cieux m'entendent !

ACHILLE paraît à l'entrée de sa tente.

ACHILLE, à Patrocle.

Qui est là ?

PATROCLE.

Thersite, monseigneur.

ACHILLE.

Où est-il ? où est-il ?

Il aperçoit Thersite et s'avance vers lui.

C'est donc toi ! mon fromage, mon digestif, pourquoi ne t'es-tu pas servi à ma table tous ces repas-ci ? Allons ! qu'est-ce qu'Agamemnon !

THERSITE.

Ton commandant, Achille... Maintenant, Patrocle, dis-moi ce qu'est Achille.

PATROCLE.

Ton seigneur, Thersite. Maintenant, dis-moi, je te prie, ce que tu es toi-même.

THERSITE.

Ton appréciateur, Patrocle. Maintenant, dis-moi, Patrocle, ce que tu es.

PATROCLE.

Tu peux le dire, toi qui m'apprécies.

ACHILLE.

Oh! dis-le, dis-le.

THERSITE.

Je vais récapituler toute la question. Agamemnon commande Achille; Achille est mon seigneur; je suis l'appréciateur de Patrocle, et Patrocle est un niais.

PATROCLE.

Drôle!

THERSITE.

Silence, niais; je n'ai pas fini.

ACHILLE, à Patrocle.

C'est un homme privilégié... Continue, Thersite.

THERSITE.

Agamemnon est un niais; Achille est un niais; Thersite est un niais; et, comme je l'ai dit, Patrocle est un niais.

ACHILLE.

Déduis cela, allons!

THERSITE.

Agamemnon est un niais de vouloir commander Achille; Achille est un niais de se laisser commander par Agamemnon; Thersite est un niais de servir un pareil niais, et Patrocle est un niais tout naturellement.

SCÈNE VI.

PATROCLE.

Pourquoi suis-je un niais ?

THERSITE.

Fais cette demande-là à qui t'a fait. Pour moi, il me suffit que tu le sois. Voyez, qui vient ici ?

Arrivent Agamemnon, Ulysse, Nestor, Diomède *et* Ajax.

ACHILLE.

Patrocle, je ne veux parler à personne. Entre avec moi, Thersite.

Il rentre dans sa tente.

THERSITE.

Quelle bouffonnerie ! quelle jonglerie ! quelle coquinerie ! La cause de tout ce bruit, c'est un cocu et une putain. Belle querelle à susciter des factions jalouses et à faire saigner les gens à mort ! Ah ! que la serpigine emporte le sujet de tout ceci ! et que la guerre et la luxure les confondent tous !

Il rentre dans la tente.

AGAMEMNON, *à Patrocle.*

Où est Achille ?

PATROCLE.

— Dans sa tente ; mais il est il est mal disposé, Monseigneur.

AGAMEMNON.

— Faites-lui savoir que nous sommes ici. — Il a chassé nos messagers, et nous mettons de côté — les droits de notre dignité pour venir le voir. — Dites-le lui, de peur qu'il ne s'imagine — que nous n'osons pas maintenir les priviléges de notre rang — ou que nous ne savons pas qui nous sommes.

PATROCLE.

Je vais le lui dire.

Il entre dans la tente.

ULYSSE, à Ajax.

—Nous l'avons aperçu à l'entrée de sa tente,—il n'est pas malade.

AJAX.

Si fait, il a la maladie du lion, une maladie de cœur... hautain. Vous pouvez appeler cela mélancolie, si vous voulez excuser l'homme; mais j'en jure sur ma tête, c'est l'orgueil... Mais pourquoi? pourquoi? qu'il nous fasse connaître son motif!... Un mot, monseigneur.

Il prend Agamemnon à part.

NESTOR.

Qu'a donc Ajax à aboyer ainsi contre lui?

ULYSSE.

Achille lui a soufflé son fou.

NESTOR.

Qui? Thersite?

ULYSSE.

Oui.

NESTOR.

Alors Ajax n'a rien à dire, puisqu'il a perdu son unique argument.

ULYSSE.

Erreur; vous voyez qu'il prend pour argument celui qui lui a pris le sien, Achille.

NESTOR.

Tant mieux; leur séparation est plus à souhaiter pour nous que leur ligue. Mais c'était une liaison bien forte pour qu'un fou l'ait pu rompre.

ULYSSE.

La folie peut aisément défaire l'amitié que n'a pas tramée la sagesse. Voici Patrocle.

PATROCLE revient.

NESTOR.

Pas d'Achille avec lui.

SCÈNE VI.

ULYSSE.

— L'éléphant a des jointures, mais pas pour la politesse.
— Il a des jambes pour se tenir, non pour fléchir.

PATROCLE.

— Achille me charge de vous dire qu'il est fort contrarié si d'autres motifs que la distraction et le plaisir — ont décidé votre Grandeur et ce noble cortége — à lui faire visite ; tout ce que vous vouliez, il l'espère, c'était, pour le bien de votre santé et de votre digestion, — prendre un peu l'air après dîner.

AGAMEMNON.

Écoutez, Patrocle. — Nous sommes trop habitués à ces réponses-là ; — mais ces prétextes, ainsi lancés sur les ailes du dédain, — ne sauraient dépasser notre pénétration. — Il a beaucoup de mérite, et nous avons beaucoup de raisons — pour le reconnaître ; pourtant toutes ses vertus, — n'étant pas employées par lui vertueusement, — commencent à perdre de leur éclat à nos yeux, — et, comme de beaux fruits servis sur un plat impur, — elles ont grandes chances de pourrir sans être goûtées. Allez lui dire — que nous sommes venus pour lui parler, et vous ne ferez pas mal — d'ajouter que nous le trouvons plus que fier — et moins qu'honnête, plus grand par sa présomption — que par le suffrage de l'opinion : qu'il le sache, de plus dignes que lui, — subissant ici sa sauvage incartade, — voilent la majesté sacrée de leur pouvoir — pour condescendre avec indulgence — à ses prétentions fantasques, et consentent même à épier — le flux et le reflux de sa mauvaise humeur ; comme si — la direction et tout le poids de cette guère — flottaient au gré de ses caprices ! Allez lui répéter cela, mais ajoutez — que, s'il se met à un prix trop haut, — nous nous passerons de lui, et que comme un engin — hors de service, nous le mettrons au rebut en disant : — Employons un autre agent, celui-ci ne peut plus aller en guerre ; — nous préférons un nain qui bouge — à un géant qui dort. Répétez-lui cela.

PATROCLE.

— Je vais le faire, et vous rapporter immédiatement sa réponse.

Il entre dans la tente.

AGAMEMNON.

— Nous ne nous satisferons pas d'un interprète, — nous venons pour lui parler à lui-même... Ulysse, entrez, vous. —

Ulysse entre dans la tente.

AJAX.

Qu'est-il donc de plus qu'un autre ?

AGAMEMNON.

Il n'est certes pas plus qu'il ne croit être.

AJAX.

Est-il même autant? Ne croyez-vous pas qu'il se regarde comme supérieur à moi?

AGAMEMNON.

Sans doute.

AJAX.

Et vous, souscrivez-vous à son opinion et pensez-vous qu'il m'est supérieur?

AGAMEMNON.

Non, noble Ajax; vous êtes aussi fort que lui, aussi vaillant, aussi sage, non moins noble, beaucoup plus courtois et infiniment plus traitable.

AJAX.

Comment un homme peut-il être orgueilleux? D'où vient l'orgueil? Je ne sais pas ce que c'est que l'orgueil.

AGAMEMNON.

Votre esprit n'en est que plus lucide, Ajax, et vos vertus n'en sont que plus belles. L'orgueilleux se dévore lui-

même : l'orgueil est son propre miroir, sa propre trompette, sa propre chronique. Quiconque se loue autrement qu'en action dévore son action en louange.
AJAX.
Je hais l'orgueilleux, comme je hais l'engeance des crapauds.
NESTOR, à part.
Et pourtant il s'aime, lui, n'est-ce pas étrange ?

ULYSSE revient.

ULYSSE.
— Achille ne veut pas se battre demain.
AGAMEMNON.
— Quelle est son excuse ?
ULYSSE.
Il ne se rattache à aucune ; — il se laisse entraîner au courant de son humeur, — sans considération, sans égard pour personne, — par son caprice personnel et par sa présomption.
AGAMEMNON.
— Pourquoi ne veut-il pas, sur notre loyale requête, — sortir de sa tente et prendre l'air avec nous ?
ULYSSE.
— Les moindres choses, par cela seul qu'on les lui demande, — il les rend importantes. Il est possédé de sa grandeur ; — il ne se parle à lui-même qu'avec un orgueil — qui discute chacun de ses mots : son mérite imaginaire — entretient dans son sang une exaltation si forte et si ardente — qu'Achille en est ébranlé jusqu'au délire — dans son empire sur ses facultés mentales et actives, — et qu'il se frappe lui-même. Que vous dirai-je ? — Il est si désespérément orgueilleux que tous les symptômes mortels du mal — crient : *Pas de remède !*

AGAMEMNON.

Qu'Ajax aille le trouver!

A Ajax.

— Cher seigneur, allez le saluer dans sa tente. — On dit qu'il fait grand cas de vous; il se laissera, — à votre requête, dévier un peu de sa personnalité.

ULYSSE.

— O Agamemnon! qu'il n'en soit pas ainsi! — Nous bénirons tous les pas qu'Ajax fera — pour s'éloigner d'Achille. Quoi! ce seigneur hautain — qui taille son arrogance en plein drap, — et qui ne laisse rien — entrer dans sa pensée que ce qu'il a médité — et ruminé lui-même, voudrons-nous qu'il soit adoré — par celui qui est pour nous une plus chère idole? — Non, ce trois fois digne et vaillant seigneur — ne doit pas flétrir ainsi

Il montre Ajax.

des palmes si noblement acquises; — non, ce n'est pas avec mon agrément qu'il humiliera son mérite, — aussi amplement titré que l'est celui d'Achille, — en allant à Achille! — Ce serait engraisser chez l'autre le pourceau orgueil; — ce serait ajouter des charbons au Cancer quand il brûle — de ses feux le grand Hypérion! — Ce seigneur aller à Achille! Que Jupiter nous en garde — et crie d'une voix de tonnerre: *Qu'Achille aille à Ajax.*

NESTOR, à part.

— Oh! voilà qui est bien; il le caresse à son endroit faible.

DIOMÈDE, à part, montrant Ajax.

— Comme son silence hume ces louanges!

AJAX.

— Si je vais à lui, je veux avec mon gantelet lui broyer — le visage.

SCÈNE VI.

AGAMEMNON.

Oh! non, vous n'irez pas.

AJAX.

— S'il fait le fier avec moi, j'étrillerai sa fierté. — Laissez-moi aller à lui.

ULYSSE.

— Non, pas pour tout le prix attaché à notre expédition. —

AJAX.

Le misérable! l'insolent!

NESTOR, à part.

Comme il se décrit bien!

AJAX.

Peut-il pas être sociable?

ULYSSE, à part.

Le corbeau insulte le noir.

AJAX.

Je lui saignerai ses humeurs.

AGAMEMNON, à part.

Le malade veut être le médecin.

AJAX.

Si tous pensaient comme moi.

ULYSSE, à part.

L'esprit serait hors de mode!

AJAX.

Il n'en serait pas quitte ainsi, il lui faudrait d'abord avaler des épées! Sera-t-il dit que l'orgueil emporte la victoire?

NESTOR, à part.

Si ça était, tu en emporterais la moitié.

ULYSSE, à part.

Les dix dixièmes.

AJAX.

Je veux le pétrir, je le rendrai souple, allez!

NESTOR, à part, à Ulysse.

Il n'est pas encore tout à fait chaud; forcez-lui les éloges; versez, versez; son ambition a soif.

ULYSSE, à Agamemnon.

— Monseigneur, vous vous affectez trop de ce désagrément.

NESTOR.

— N'y pensez plus, noble général.

DIOMÈDE.

— Il faut vous préparer à combattre sans Achille.

ULYSSE, à Diomède.

— Il est blessant pour lui de répéter ce nom-là.

Montrant Ajax.

— Voilà un homme!... Mais je parle en sa présence. — Taisons-nous.

NESTOR.

Pourquoi? — Il n'est pas ambitieux comme Achille.

ULYSSE.

— Que tout le monde sache qu'il est vaillant! —

AJAX.

Chien de bâtard qui se moque ainsi de nous! Je voudrais qu'il fut Troyen!

NESTOR.

— Quel malheur ce serait maintenant pour Ajax...

ULYSSE.

— S'il était fier!

DIOMÈDE.

Ou avide de louange!

ULYSSE.

— Ou seulement d'une nature acariâtre...

DIOMÈDE.

Ou capricieuse ou égoïste.

ULYSSE, à Ajax.

— Remercie le ciel, seigneur, de ce que tu es d'aussi

douce composition; — loue celui qui t'a engendré, celle qui t'a donné le sein. — Renommé soit ton précepteur ! Mais gloire à tes talents naturels — plus qu'à toute érudition ! — Quant à celui qui a exercé ton bras à la lutte, — que Mars partage en deux l'éternité — et lui en donne la moitié ! Et quant à ta vigueur, — que le porte-taureau Milon cède son épithète — au robuste Ajax ! Je ne veux pas louer ta sagesse — qui, comme une borne, un pieu, une grève, restreint — dans leur dilatation tes spacieuses qualités. Voici Nestor, — instruit par cet antiquaire, le Temps ! — Il doit être, il est, il ne peut qu'être sage. — Mais, pardonnez-moi de vous le dire, père Nestor, si vous aviez — la verdeur d'Ajax et un cerveau de la même trempe, — vous ne lui seriez pas supérieur, — tout au plus seriez-vous son égal.

AJAX, à Ulysse.

Vous appellerai-je mon père ?

ULYSSE.

— Certainement, mon bon fils.

DIOMÈDE.

Laissez-vous guider par lui, Ajax.

ULYSSE.

— Il est inutile de rester ici : le cerf Achille — ne veut pas sortir du hallier. Qu'il plaise à notre grand général — de rassembler tout son conseil de guerre. — De nouveaux rois sont arrivés à Troie. Demain, — il faut que toutes nos forces soient sur pied.

Montrant Ajax.

— Voici le maître ! Que tous les chevaliers, de l'Orient à l'Occident, se présentent — et choisissent la fleur d'entre eux ; Ajax tiendra tête au meilleur.

AGAMEMNON.

— Allons au conseil, et laissons Achille dormir. — Les

barques légères filent vite, tandis que les gros vaisseaux tirent trop d'eau.

Ils s'en vont.

SCÈNE VII.

[Devant le palais de Priam.]

Entrent PANDARUS et un VALET.

PANDARUS.

L'ami ! hé ! un mot, je vous prie. N'êtes-vous pas de la suite du jeune seigneur Pâris ?

LE VALET.

Oui, monsieur, quand il marche devant moi.

PANDARUS.

Vous dépendez de lui, veux-je dire.

LE VALET.

Oui, monsieur, je dépends du seigneur.

PANDARUS.

Vous dépendez d'un noble gentilhomme; je suis obligé de le louer.

LE VALET.

Loué soit le Seigneur !

PANDARUS.

Vous me connaissez, n'est-ce pas ?

LE VALET.

Oui, monsieur, superficiellement.

PANDARUS.

L'ami, connaissez-moi mieux : je suis le seigneur Pandarus.

LE VALET.

J'espère un jour connaître mieux votre excellence.

SCÈNE VII.

PANDARUS.

Je le désire.

LE VALET.

Vous êtes en état de Grâce.

On entend une musique.

PANDARUS.

De Grâce! Pas tout à fait, l'ami. Excellence et Seigneurie sont mes titres... Quelle est cette musique?

LE VALET.

Je ne la connais que partiellement : c'est une musique en parties.

PANDARUS.

Connaissez-vous les musiciens?

LE VALET.

Parfaitement, monsieur.

PANDARUS.

Pour qui jouent-ils?

LE VALET.

Pour leurs auditeurs, monsieur.

PANDARUS.

Au désir de qui, l'ami?

LE VALET.

Au mien, monsieur, et à celui de tous ceux qui aiment la musique.

PANDARUS.

Quand je dis désir, je veux dire demande, l'ami.

LE VALET.

Qui demanderai-je, monsieur?

PANDARUS.

L'ami, nous ne nous comprenons pas; je suis trop raffiné et tu es trop malin. A la requête de qui ces hommes jouent-ils?

LE VALET.

Ma foi, monsieur, voilà qui est clair. Eh bien, monsieur, à la requête de Pâris, mon seigneur, qui est là en personne, accompagné de la Vénus mortelle, de la beauté pur sang, de l'âme visible de l'amour...

PANDARUS.

Qui? ma nièce Cressida?

LE VALET.

Non, monsieur, Hélène; est-ce que vous ne pouviez pas le deviner à ces attributs?

PANDARUS.

Il paraîtrait, camarade, que tu n'as pas vu madame Cressida. Je viens pour parler à Pâris de la part du prince Troylus. Je vais lui brusquer les compliments, car l'affaire est bouillante.

LE VALET.

Une affaire bouillante! Voilà qui annonce un singulier ragoût.

Entrent Paris *et* Hélène, *avec leur suite.*

PANDARUS.

Mille bonjours à vous, Monseigneur, et à toute cette belle compagnie! Que de beaux désirs, contenus dans une belle mesure, leur servent de beaux guides! A vous spécialement, belle reine! Que de belles pensées vous fassent un bel oreiller!

HÉLÈNE.

Cher seigneur, vous êtes plein de belles paroles.

PANDARUS.

C'est votre beau plaisir de le dire, charmante reine. Beau prince, voilà de la bonne musique interrompue.

PARIS.

C'est vous qui l'avez interrompue, cousin. Mais, sur ma vie, il faut que vous répariez tout : vous allez rapiécer ce concert-là avec un morceau de votre façon.

SCÈNE VII.

A Hélène.

Il est plein d'harmonie, Nelly.

PANDARUS.

Vraiment non, madame.

HÉLÈNE.

Oh! seigneur!...

PANDARUS.

J'ai la voix rude, ma parole ; ma bonne parole, très-rude.

PARIS.

Allons, messire, vous dites cela par boutade.

PANDARUS, à Hélène.

J'ai affaire à monseigneur, chère reine... Monseigneur, un mot, de grâce.

HÉLÈNE.

Non, nous ne nous laisserons pas éconduire ; nous vous entendrons chanter, certainement.

PANDARUS.

C'est bon, charmante reine, vous plaisantez avec moi... Ah! çà! monseigneur, voici... Mon cher seigneur et très-estimable ami votre frère Troylus...

HÉLÈNE.

Messire Pandarus, mielleux seigneur!...

PANDARUS.

Allez, charmante reine, allez!...

Bas, à Pâris.

Se recommande à vous très-affectueusement.

HÉLÈNE.

Vous ne nous escamoterez pas notre mélodie. Si vous le faites, que notre mélancolie retombe sur votre tête!

PANDARUS.

Charmante reine, charmante reine! Voilà une charmante reine, ma foi.

HÉLÈNE.

Et rendre triste une femme charmante, est une offense amère.

PANDARUS.

Non, tout cela ne vous servira de rien; de rien, en vérité, là. Non, je ne m'émeus pas de ces paroles, non, non.

Bas, à Pâris.

Monseigneur, il vous prie, si le roi le demande au souper; de vouloir bien l'excuser.

HÉLÈNE.

Messire Pandarus!

PANDARUS.

Que dit ma charmante reine, ma très, très-charmante reine?

PARIS, *bas, à Pandarus.*

Quel exploit médite-t-il? Où soupe-t-il ce soir?

HÉLÈNE, *à Pandarus.*

Mais voyons, messire!...

PANDARUS.

Que dit ma charmante reine?...

Bas, à Pâris.

Ma nièce vous en voudrait. Vous ne devez pas savoir où il soupe.

PARIS, *bas, à Pandarus.*

Je parierais ma tête que c'est avec mon accommodante Cressida.

PANDARUS, *bas, à Pâris.*

Non, non, il n'en est rien; vous n'y êtes pas; justement votre accommodante est incommodée.

PARIS, *bas, à Pandarus.*

C'est bon, je ferai ses excuses.

PANDARUS, *bas, à Paris.*

A merveille, mon bon seigneur... Mais pourquoi nommiez-vous Cressida? Je vous assure que votre pauvre accommodante est fort incommodée.

PARIS.

Je devine.

PANDARUS.

Vous devinez! Qu'est-ce que vous devinez?...
Haut.
Allons, qu'on me donne un instrument!... Vous voyez, chère reine.

HÉLÈNE.

Ah! voilà qui est aimable.

PANDARUS.

Ma nièce est horriblement éprise d'un objet qui vous appartient, charmante reine.

HÉLÈNE.

Elle l'aura, messire, pourvu que ce ne soit pas monseigneur Pâris.

PANDARUS.

Lui? Non, elle ne veut pas de lui. Elle et lui font deux.

HÉLÈNE.

S'ils tombaient d'accord après leurs désaccords, ils pourraient bien faire trois.

PANDARUS.

Allons, allons, n'en parlons plus; je vais vous chanter une chanson, à présent.

HÉLÈNE.

Oui, oui, je t'en prie. Sur ma parole, charmant sire, tu as un beau front.

PANDARUS.

Oui, continuez, continuez.

HÉLÈNE.

Que ta chanson soit tout amour : cet amour-là nous perdra tous. O Cupidon! Cupidon! Cupidon!

PANDARUS.

Oui, c'est l'amour qui nous perdra.

PARIS.

Oui, allez, l'amour, l'amour, rien que l'amour.

PANDARUS.

C'est justement comme ça que ma chanson commence :

>L'amour, l'amour, rien que l'amour, toujours lui !
>   Car, oh! l'arc de l'amour
>   Atteint les daims et les biches...
>   Le trait anéantit, sans blesser,
>   Mais en caressant toujours la plaie.

>Les amants crient : Oh! oh! Ils se meurent !
>Pourtant la blessure qui semble mortelle
>Change bien vite les oh! oh! en ah! ah!
>Ainsi l'amour vit toujours en mourant.
>Oh! oh! criait-on; maintenant c'est ah! ah!
>Les gémissements oh! oh! finissent en soupirs ah! ah!

Hey ho !

HÉLÈNE.

Il a de l'amour, ma foi, jusqu'au bout du nez.

PARIS.

Il ne mange que des colombes, ma bien-aimée; et cela lui fait un sang chaud; le sang chaud produit les chaudes pensées, les chaudes pensées produisent les chaudes actions, et les chaudes actions, c'est l'amour.

PANDARUS.

Est-ce là la généalogie de l'amour : sang chaud, chaudes pensées et chaudes actions? Eh mais, autant de vipères! L'amour est-il donc une engeance de vipères ?... Mon doux seigneur; qui avons-nous en campagne aujourd'hui.

SCÈNE VII.

PARIS.

Hector, Déiphobe, Hélénus, Anténor, toute l'élite vaillante de Troie. Je me serais volontiers armé aujourd'hui, mais ma Nelly ne l'a pas voulu. Comment se fait-il que mon frère Troylus ne soit pas allé avec les autres ?

HÉLÈNE.

Il fait la moue pour quelque chose. Vous savez bien pourquoi, messire Pandarus.

PANDARUS.

Non, ma mielleuse reine... Il me tarde de savoir ce qu'ils ont dépêché aujourd'hui... Vous songerez à excuser votre frère !

PARIS.

Jusqu'au scrupule.

PANDARUS.

Adieu, charmante reine.

HÉLÈNE.

Recommandez-moi à votre nièce.

PANDARUS.

Je n'y manquerai pas, charmante reine.

Il sort.

La retraite sonne.

PARIS.

— Ils sont revenus du champ de bataille. Rendons-nous au palais Priam — pour féliciter les guerriers. Douce Hélène, je vous supplierai — d'aider à désarmer notre Hector. Ses boucles résistantes — obéiront mieux au contact de votre blanche main enchanteresse — qu'au tranchant de l'acier — ou à la force des muscles grecs ; vous ferez plus — que n'ont pu faire tous les rois helléniques, en désarmant le grand Hector.

HÉLÈNE.

— Je serai fière d'être sa servante, Pâris. — Oui, le

respect qu'il recevra de moi — ajoutera une nouvelle palme à ma beauté — et me rehaussera toute.

PARIS.

Charmante, je t'aime ineffablement.

Ils s'en vont.

SCÈNE VIII.

[Le jardin de Pandarus.]

Pandarus et un Valet se rencontrent.

PANDARUS.

Eh bien, où est ton maître ? chez ma nièce Cressida ?

LE VALET.

Non, monsieur, il vous attend pour l'y conduire.

Arrive Troylus.

PANDARIUS.

Ah ! le voici... Eh bien ? eh bien ?

TROYLUS, au valet.

Maraud, retire-toi.

Le valet sort.

PANDARUS.

Avez-vous vu ma nièce ?

TROYLUS.

— Non, Pandarus. Je me promène près de sa porte, — comme une âme étrangère sur les bords du Styx — attendant la barque. O toi, sois mon Caron, — et transporte-moi vite à ces champs — où je me vautrerai sur la couche de lis — réservée au plus digne. O gentil Pandarus, — arrache de son épaule les ailes diaprées de Cupidon, — et vole avec moi vers Cressida.

SCÈNE VIII.

PANDARUS.

— Promenez-vous ici dans le jardin ; je vais l'amener tout de suite.

Sort Pandarus.

TROYLUS.

Je suis tout étourdi. L'attente me donne le vertige. — La jouissance imaginaire est si douce — qu'elle enchante mes sens. Que sera-ce, — quand le palais humide goûtera réellement — le nectar tant vanté de l'amour ? Ce sera la mort, je le crains, — ce sera l'anéantissement dans la pamoison ; ce sera une joie trop exquise, — trop puissamment subtile, trop délicatement suave, — pour la capacité de mes impressions grossières ! — Voilà ce que je crains ; et je crains aussi — que tous mes sens ne soient troublés par tant de bonheur, — comme dans une bataille où les vainqueurs chargent pêle-mêle — l'ennemi en fuite.

Pandarus revient.

PANDARUS.

Elle s'apprête, elle va venir sur-le-champ ; c'est maintenant qu'il faut montrer votre présence d'esprit. Elle rougit tant, elle a l'haleine si entrecoupée qu'on la croirait effrayée par un spectre. Je vais la chercher. C'est bien la plus jolie vilaine ! Elle a la respiration aussi courte qu'un moineau qu'on vient de prendre.

Sort Pandarus.

TROYLUS.

— La même émotion étreint justement ma poitrine. — Mon cœur bat plus vite qu'un pouls fébrile, — et tout mon être perd ses facultés, — comme le vassal rencontrant brusquement — le regard royal. —

Arrivent Pandarus et Cressida.

PANDARUS, à Cressida.

Allons, allons, qu'avez-vous besoin de rougir? La timidité est une enfant...

A Troylus.

La voici ; répétez-lui tous les serments que vous m'avez dits...

A Cressida.

Quoi, vous voilà partie encore ! Il faudra donc vous dresser pour que vous vous apprivoisiez, il le faudra donc? Avancez, avancez; si vous tirez en arrière, nous nous mettrons au timon...

A Troylus.

Pourquoi ne lui parlez-vous pas?...

A Cressida.

Allons, tirez ce rideau et voyons votre peinture.

Il lui lève son voile.

Ce pauvre jour, comme vous avez peur de l'offenser ! S'il faisait nuit, vous seriez bien plus vite l'un près de l'autre.

Il les tient rapprochés.

C'est cela, c'est cela, frottez bien, et baisez la maîtresse. Allons, un baiser sans fin ! Bâtis ici, charpentier; l'air y est doux. Ah ! vous vous romprez vos cœurs avant que je vous sépare. Le faucon aura sa femelle, de par tous les canards de la rivière ! Allez ! allez !

TROYLUS.

Vous m'avez mis à court de paroles, madame.

PANDARUS.

Les dettes ne se paient pas avec des mots, donnez-lui des actions ; mais je crains qu'elle ne vous mette à court d'actions aussi, si elle appelle votre énergie à l'épreuve. Quoi, encore à se becqueter? *En foi de quoi les parties contractantes...* Entrez, entrez, je vais vous procurer du feu.

Sort Pandarus.

CRESSIDA.
Voulez-vous entrer, monseigneur?

TROYLUS.
O Cressida, que de fois j'ai désiré être ainsi !

CRESSIDA, rêveuse.
Vous avez désiré monseigneur?... Les dieux le veuillent !... O monseigneur !

TROYLUS.
Les dieux le veuillent? Quoi donc? Pourquoi cette jolie exclamation? Quelle lie bizarre ma charmante aperçoit-elle donc dans la source de notre amour?

CRESSIDA.
Plus de lie que d'eau pure, si mes craintes ont de bons yeux.

TROYLUS.
Des chérubins la crainte fait des démons; elle n'y voit jamais bien.

CRESSIDA.
La crainte aveugle, que guide la raison clairvoyante a le pied plus sûr que la raison aveugle qui trébuche sans crainte. Craindre le pis est souvent guérir le pire.

TROYLUS.
Oh ! que ma dame ne conçoive aucune crainte. Sur le théâtre de Cupidon il n'apparaît jamais de monstre.

CRESSIDA.
Ni jamais rien de monstrueux?

TROYLUS.
Non, rien que nos exagérations, alors que nous jurons de pleurer des océans, de vivre dans le feu, de manger des rochers et d'apprivoiser des tigres, trouvant

plus difficile pour notre maîtresse d'imaginer des corvées que pour nous de les accomplir. La monstruosité en amour, madame, c'est que la volonté est infinie, et l'exécution restreinte ; c'est que le désir est sans bornes, et que l'action est esclave de la limite !

CRESSIDA.

On dit que tous les amants prennent plus d'engagements qu'ils n'en peuvent tenir, et promettent toujours des exploits qu'ils n'exécutent jamais ; ils font vœu d'en achever dix, et en déchargent à peine la dixième partie d'un seul. Ceux qui crient comme des lions et agissent comme des lièvres, ceux-là ne sont-ils pas des monstres ?

TROYLUS.

Y a-t-il de tels hommes ? Pour moi, je ne suis pas ainsi. Louez-moi pour ce que je vaudrai, jugez-moi après expérience ; ma tête ira toute nue jusqu'à ce qu'elle mérite la couronne ; qu'aucun exploit en perspective n'obtienne d'éloge dans le présent ! Ne qualifions pas la valeur avant sa naissance ; et, une fois née, qualifions-la modestement. Voici en peu de mots ma profession de foi : Troylus sera tel pour Cressida que tout ce que l'envie pourra dire de pire sera une raillerie sur sa fidélité, et que tout ce que la vérité pourra dire de plus sincère ne sera pas plus sincère que Troylus.

CRESSIDA.

Voulez-vous entrer, monseigneur ?

Revient PANDARUS.

PANDARUS.

Quoi, toujours à rougir ? Vous n'avez donc pas fini de causer ?

CRESSIDA.

C'est bon, mon oncle ; toutes les folies que je commets, je vous les dédie.

SCÈNE VIII.

PANDARUS.

Je vous en remercie; si monseigneur a un enfant de vous, vous me l'attribuerez!... Soyez fidèle à monseigneur; s'il faiblit, lui, prenez-vous-en à moi.

TROYLUS, à Cressida.

Vous connaissez maintenant vos ôtages : la parole de votre oncle et ma foi inébranlable!

PANDARUS.

Oh! je donne ma parole pour elle aussi; dans notre famille, on est longtemps avant de se laisser gagner; mais, une fois gagné, on est constant. Nous sommes de vraies ancres, je puis vous le dire ; nous nous accrochons où nous sommes jetés.

CRESSIDA.

— La hardiesse me vient à présent et me donne du cœur. — Prince Troylus, voilà bien des tristes mois — que je vous aime nuit et jour.

TROYLUS.

— Pourquoi donc ma Cressida a-t-elle été si lente à se laisser gagner?

CRESSIDA.

— Lente à paraître gagnée, soit; mais j'ai été gagnée, monseigneur, — dès le premier regard que... Pardonnez-moi... — Si j'avoue trop, vous ferez avec moi le tyran. — Je vous aime à présent, mais pas au point, jusqu'à présent, — de n'avoir pu maîtriser mon amour... Eh bien, non, je mens. — Mes pensées étaient comme des enfants dissipés, devenus — trop entêtés pour leur mère. Voyez, les folles que nous sommes! — Pourquoi ai-je bavardé? Qui sera loyal envers nous, — quand nous sommes si indiscrètes envers nous-même? — Tout en vous aimant bien, je ne vous faisais pas d'avance ; — mais, en réalité, e désirais être homme, — ou que du moins les femmes eussent le privilége qu'ont les hommes — de parler en premier. Doux ami, dites-moi de retenir ma langue ; — car, dans cette extase, je dirais sûrement — la chose dont je me repentirais. Voyez, voyez, votre silence, — adroitement muet, arrache à ma faiblesse — l'âme de mon secret. Fermez-moi la bouche.

TROYLUS.

— J'obéis, malgré la suave musique qui en sort.

Il la baise sur les lèvres.

PANDARUS.

— Joli, ma foi !

CRESSIDA.

— Monseigneur, pardonnez-moi, je vous en supplie. — Ce n'était pas mon intention de mendier ainsi un baiser. — Je suis confuse... O cieux ! qu'ai-je fait ? — Pour cette fois je vous fais mes adieux, monseigneur !

TROYLUS.

— Vos adieux, charmante Cressida ?

PANDARUS.

— Vos adieux ! si vous les faites avant demain matin !...

CRESSIDA, à Troylus.

— Je vous en prie, résignez-vous.

TROYLUS.

Qu'est-ce qui vous offense ici, madame ?

CRESSIDA.

— Ma propre présence, seigneur.

TROYLUS.

Vous ne pouvez pas vous éviter — vous-même.

CRESSIDA.

Laissez-moi essayer en partant. — J'ai une sorte de moi-même qui reste avec vous, — mais un moi-même si méchant qu'il s'abandonne soi-même — pour être le jouet d'un autre... Je voudrais être partie ! — Où est donc ma raison ?... Je ne sais ce que je dis.

SCÈNE VIII.

TROYLUS.

On sait bien ce qu'on dit quand on parle si spirituellement.

CRESSIDA.

— Vous pourriez croire, monseigneur, que j'ai montré plus de sagacité que d'amour, — et que je ne me suis laissée aller à tant d'aveux — que pour jeter l'amorce vos confidences. — Mais, vous le savez, on n'est sensé que — quand on n'est pas amoureux : être sensé et aimer, c'est chose impossible à l'homme; cela est réservé aux dieux là-haut!

TROYLUS.

— O! si je croyais possible à une femme, — (et, si cela est possible, je veux l'espérer de vous), — d'entretenir à jamais le flambeau et les feux de son amour — et de conserver dans sa fraîcheur et dans sa force une fidélité — qui puisse survivre à la beauté extérieure par une pensée — plus prompte à rajeunir que le sang à vieillir! oh! — si, grâce à cette conviction, j'étais persuadé — que ma sincérité, ma constance envers vous — puissent rencontrer, pour leur faire équilibre, — un amour aussi raffiné et aussi pur, — combien alors je serais ravi! Mais, hélas! — je suis aussi fidèle que la fidélité la plus ingénue, — et aussi ingénu que la plus enfantine fidélité!

CRESSIDA.

— En cela je rivaliserai avec vous.

TROYLUS.

O vertueux combat, — quand la loyauté lutte avec la loyauté à qui sera la plus loyale! — Dans les temps à venir, les amoureux fidèles — jureront de leur fidélité par Troylus; quand leur poésie, — pleine de protestations, de serments et de grandes comparaisons, — sera à bout d'images, quand leur fidélité sera lasse de répéter — qu'elle est fidèle comme l'acier, fidèle comme le plantagenêt à la lune, — comme le soleil au jour, comme la tourterelle à son mâle, — comme le fer à l'aimant, comme la terre au centre, — eh bien, après toutes ces comparaisons, la fidélité — me citera comme son auteur authentique, — et ces mots, *Fidèle comme Troylus*, couronneront son vers — et sanctifieront ses nombres.

CRESSIDA.

Puissiez-vous être prophète ! — Si je suis infidèle, si ma constance dévie d'un cheveu, — qu'un jour, quand le temps se sera oublié lui-même à force de vieillir, — quand les gouttes d'eau auront usé les pierres de Troie, — quand l'aveugle oubli aura dévoré des cités — et que de puissants États, restés sans monument, se seront émiettés — dans la poussière du néant ; qu'alors la mémoire humaine — revienne, de faussetés en faussetés, au milieu des amantes perfides, — dénoncer ma fausseté ! Oui, quand tous auront dit : Fausse — comme l'air, comme l'onde, comme le vent, comme le sable, — comme le renard à l'agneau, comme le loup au veau, — le léopard à la biche, où la marâtre à son fils, — qu'alors, pour atteindre la fausseté au cœur, tous ajoutent : — *Fausse comme Cressida !* —

PANDARUS.

Allons, voilà un marché conclu ; scellez-le, scellez-le, je serai le témoin.

A Troylus.

Donnez-moi votre main ; votre main, ma nièce ! Si jamais vous devenez infidèles l'un à l'autre, après les peines que j'ai prises pour vous réunir ensemble, que tous les pauvres entremetteurs soient appelés de mon nom jusqu'à la fin du monde, qu'on les traite de Pandares ! Que tous les hommes inconstants soient des Troylus, toutes les femmes infidèles des Cressidas, et tous les entremetteurs des Pandares ! Dites : Amen !

TROYLUS.

Amen!

CRESSIDA.

Amen!

PANDARUS.

Amen! Sur ce, je vais vous montrer votre chambre. Pour que le lit ne parle pas de vos jolis combats, pressez-le à mort. Allons!

Qu'amour donne céans à nos belles discrètes
Chambre, lit et pendard pour préparer leurs fêtes!

Ils sortent (13).

SCÈNE IX.

[Le camp grec. On aperçoit la tente d'Achille.]

Entrent AGAMEMNON, ULYSSE, DIOMÈDE, NESTOR, AJAX, MÉNÉLAS et CALCHAS.

CALCHAS.

Aujourd'hui, princes, pour les services que je vous ai rendus, — l'occasion m'invite hautement — à réclamer une récompense : réfléchissez — que, grâce à ma prescience des choses futures, — j'ai abandonné Troie, renoncé à mes possessions, — encouru le nom de traître; — j'ai laissé des biens certains et réels — pour m'exposer à une fortune douteuse; j'ai rompu avec tout — ce que le temps, les relations, l'habitude et le rang — avaient assorti et rendu familier à ma nature; — et en m'expatriant pour vous être utile, je suis devenu — comme nouveau au monde, étranger et solitaire. — Je vous supplie donc de m'accorder — maintenant une légère faveur comme un avant-goût — des nombreux bienfaits qui sont enregistrés dans vos promesses — et que vous dites réservés à mon avenir.

AGAMEMNON.

— Que veux-tu de nous, Troyen? fais ta demande.

CALCHAS.

— Vous avez un prisonnier troyen, nommé Anténor, — pris d'hier ; Troie tient beaucoup à lui. — Vous avez souvent (et souvent je vous en ai remerciés) — demandé l'échange de ma Cressida contre quelque important captif, — et Troie a toujours refusé. Mais cet Anténor, — je le sais, tient la clef de leurs affaires, — et toutes leurs négociations sont dérangées, — s'il n'est pas là pour les raccorder : ils vous donneraient presque — un prince du sang, un fils de Priam, — en échange de lui. Qu'il soit donc renvoyé, grands princes, — et il sera la rançon de ma fille ; et la présence de Cressida paiera — de toutes les peines qu'il s'est données — votre serviteur reconnaissant.

AGAMEMNON.

Que Diomède conduise Anténor, — et ramène ici Cressida ; Calchas aura — ce qu'il nous demande... Bon Diomède, équipez-vous comme il faut pour cette ambassade ; — vous vous informerez en même temps si Hector veut toujours — qu'on réponde demain à son défi. Ajax est prêt.

DIOMÈDE.

— Je ferai tout cela ; et — je suis tout fier d'en être chargé.

Sortent Diomède et Calchas.

Achille apparaît avec Patrocle à l'entrée de sa tente.

ULYSSE, à Agamemnon.

— Achille est à l'entrée de sa tente... — Si vous m'en croyez, général, vous passerez froidement devant lui, —

SCÈNE IX.

comme si vous ne le reconnaissiez pas, et tous les princes que voici — jetteront sur lui un regard négligent et vague. — J'arriverai le dernier. Il est probable qu'il me demandera — pourquoi tous ces yeux se sont tournés sur lui si dédaigneusement. — Dans ce cas, j'ai en réserve une potion d'ironie — que j'interposerai entre votre froideur et son orgueil, — et qu'il ne demandera pas mieux que d'avaler. — Cela pourra lui faire du bien. L'orgueil n'a pas d'autre glace — où se voir que l'orgueil; car la souplesse du genou — entretient l'arrogance et donne à l'orgueilleux ses honoraires.

AGAMEMNON.

— Nous allons exécuter votre idée, et affecter — un air d'indifférence en passant devant sa tente. — Que chaque seigneur en fasse autant; que nul ne le salue, — si ce n'est d'une façon dédaigneuse dont il sera plus contrarié — que si nul ne le regardait. Je vais ouvrir la marche.

Il s'avance avec Nestor vers la tente d'Achille.

ACHILLE.

— Ah! est-ce que le général vient me parler? — Vous connaissez ma résolution; je ne veux plus combattre contre Troie.

AGAMEMNON.

— Que dit Achille? Désire-t-il quelque chose de nous?

NESTOR, s'approchant d'Achille.

— Désirez-vous quelque chose du général, monseigneur?

ACHILLE.

— Non.

NESTOR, à Agamemnon.

Rien, monseigneur.

AGAMEMNON.

Tant mieux.

Agamemnon et Nestor sortent.

ACHILLE, à Ménélas qui passe.

— Bonjour, bonjour.

MÉNÉLAS.

Comment va? comment va?

Ménélas sort.

ACHILLE.

Quoi! est-ce que ce cocu me dédaigne?

AJAX, passant.

Ça va bien, Patrocle?

ACHILLE.

— Bonjour, Ajax.

AJAX.

Hein?

ACHILLE.

Bonjour.

AJAX.

Oui, et bonsoir aussi.

Ajax sort.

ACHILLE.

— Que veulent dire ces gaillards-là? Est-ce qu'ils ne reconnaissent pas Achille?

PATROCLE.

— Ils passent d'un air indifférent; eux qui avaient l'habitude de se courber — devant Achille, de lui envoyer en avant leurs sourires, — et de venir à lui aussi humbles que s'ils approchaient — des saints autels!

ACHILLE.

Eh quoi! suis-je devenu pauvre dernièrement? — Il est certain — que, lorsque la grandeur a contre elle la fortune, — elle a contre elle les hommes aussi. Ce qu'il est, le déchu — le lit dans les yeux des hommes aussitôt

— qu'il le sent par sa chute même : les hommes sont des papillons qui n'étalent — qu'aux beaux jours leurs ailes veloutées. — Dans l'homme, ce n'est pas l'homme même — qu'on honore ; ce qu'on honore, ce sont les honneurs — qui sont en dehors de lui, le rang, la richesse, le crédit, — prix du hasard aussi souvent que du mérite. — Ce sont là des étais glissants : quand ils tombent, — l'affection, qui s'appuyait sur eux, glisse aussi — et, entraînée en même temps qu'eux, — elle meure de leur chute. Mais je n'en suis pas là : — la fortune et moi nous sommes amis ; j'ai gardé — pleinement tout ce que je possédais, — excepté les sourires de ces hommes. Il paraît qu'ils ont découvert — en moi quelque chose qui me rend indigne des riches attentions — qu'ils m'ont si souvent accordées.

Ulysse s'avance les yeux fixés sur un papier.

Voici Ulysse. Je vais interrompre sa lecture... — Eh bien, Ulysse !

ULYSSE.

Eh bien, grand fils de Thétis?

ACHILLE.

— Que lisez-vous là?

ULYSSE.

Une lettre d'un étrange gaillard. — Il m'écrit que l'homme, quelque richement partagé qu'il soit, — quels que soient ses attributs extérieurs ou intérieurs, — ne peut se vanter d'avoir ce qu'il a, — et n'a le sentiment de ce qu'il possède, que par réflexion. — Ainsi ses vertus rayonnent leur chaleur sur d'autres — qui à leur tour la renvoient à celui — dont elle émane.

ACHILLE.

Cela n'a rien d'étrange, Ulysse. — La beauté qui se porte ici, sur le visage, — est ignorée du porteur lui-même, et n'a d'éclat — qu'aux yeux des autres ; l'œil lui-même, — cet agent le plus pur de la sensation, ne se voit pas lui-même, — puisqu'il ne peut sortir de lui-même ; mais deux yeux qui se rencontrent — se saluent l'un l'autre de leur image respective. — Car la contemplation ne se retourne pas sur elle-même — avant d'avoir voyagé et de s'être mariée à un objet — où elle se voit. Cela n'est pas étrange du tout.

ULYSSE.

— Je ne me récrie pas à ces prémisses — (elles ne sont pas nouvelles), mais seulement à la conclusion de l'auteur. — Dans son raisonnement, il déclare expressément — que nul homme n'est en possession de rien, — quelque valeur qu'il y ait en lui ou hors de lui, — avant d'avoir fait part à autrui de ses qualités, — et que lui-même n'en a pas idée — avant de les avoir vues se développer dans l'applaudissement — qui leur fait écho : pareil à la voûte qui répercute — la voix, ou à une porte d'acier qui, — placée vis-à-vis du soleil, reçoit et renvoie — son image et sa chaleur. J'ai été très-frappé de cela ; — et j'ai pensé immédiatement à Ajax inconnu. — Ciel ! quel homme, me suis-je dit ! Un vrai cheval — qui ne sait pas ce qu'il porte. O nature, combien il y a de choses — qui, abjectes dans l'opinion, sont précieuses à l'usage ! — Combien il y en a, en revanche, de précieuses à l'opinion, — qui sont pauvres en mérite ! Peut-être verrons-nous demain, — pour un succès que le hasard lui aura jeté, — Ajax acclamé. O ciel, faut-il que certains hommes fassent — ce qu'auraient dû faire d'autres ! — que certains hommes se faufilent dans le palais de la capricieuse Fortune, — tandis que d'autres sont là, sous ses yeux même, à faire les idiots ! — et qu'un homme mange à même la gloire d'un autre, — tandis que la gloire s'enivre de sa vanité ! — Voyez ces seigneurs grecs ! eh bien, les voilà déjà — qui frappent sur l'épaule ce lourdaud d'Ajax, comme si son pied était déjà sur la poitrine du brave Hector, — et comme si la grande Troie croulait !

ACHILLE.

Je crois bien cela, car ils ont passé près de moi — comme des avares devant un mendiant, sans m'accorder — un mot ni un regard bienveillant. Quoi ! mes actions sont-elles donc oubliées ?

ULYSSE.

— Monseigneur, le Temps a sur son dos une besace — où il recueille des aumônes pour l'Oubli, — ce monstre-géant d'ingratitude. — Ces rebuts, ce sont les bonnes actions passées, dévorées — aussitôt que faites, oubliées aussitôt — qu'accomplies. La persévérance seule, mon cher seigneur, — garde à l'honneur son éclat. Avoir fait, c'est rester — hors de mode, pendu comme une cotte de mailles rouillée — à quelque panoplie dérisoire. Mettez-vous vite en marche ; — car la gloire chemine dans un défilé si étroit — qu'un seul y peut marcher de front. Gardez bien le sentier. Car l'émulation a mille fils — qui vous suivent un à un. Si vous lâchez pied — ou si vous vous détournez de la voie directe, — vite, avec l'emportement d'une marée, ils se précipitent tous — et vous laissent en arrière. — . Vous êtes comme un vaillant cheval tombé au premier rang — et devenu le marchepied de l'abjecte arrière-garde — qui le foule et l'écrase. Ainsi, ce qu'ils font dans le présent, — quoique moindre que vos actes passés, les domine nécessairement. — Le temps est comme un hôte de bonne maison — qui serre légèrement la main aux convives partants, — et, comme s'ils voulaient s'enfuir, dans ses bras pressés — étreint les nouveaux venus. Le bonjour sourit toujours, — et l'adieu s'en va soupirant. Oh ! que le mérite — ne prétende jamais — à la rémunération de ce qu'il a été ! — Car la beauté, l'esprit, la haute naissance, la vigueur du corps, les services rendus, — l'amour, l'amitié, la charité, tout est sujet — à l'envie et à la calomnie du temps. Il est — un trait de nature qui fait tous les hommes parents, — c'est que tous, d'une voix unanime, vantent les hochets nouveaux-nés, — bien qu'ils soient faits et formés de choses vieillies, — et que tous ils apprécient plus la poussière, sous une légère dorure, que l'or sous une couche de poussière. — Le regard présent admire l'objet présent. — Ne t'étonne donc pas, toi, homme grand et complet, — que tous les Grecs se mettent à adorer Ajax, — puisque les choses en mouvement attirent plutôt le regard — que ce qui ne bouge pas. L'acclamation allait jadis à toi, — et elle pourrait toujours y aller; oui, elle le pourrait encore, — si tu ne voulais pas t'ensevelir vivant, — et rengaîner ta réputation dans ta tente, — toi, dont les glorieux exploits, accomplis naguère dans ces plaines, — provoquaient des scissions jalouses parmi les dieux eux-mêmes — et mettaient le grand Mars en révolte !

ACHILLE.

Ma retraite — a pour elle de fortes raisons.

ULYSSE.

Mais elle a contre elle — des raisons plus puissantes et plus héroïques. — Il est connu, Achille, que vous êtes amoureux — d'une des filles de Priam.

ACHILLE.

Comment ! connu !

ULYSSE.

— Qu'a cela détonnant ? — Il est dans un gouvernement vigilant une providence — qui connaît presque jusqu'au dernier grain tout l'or de Plutus, — qui trouve le fond des gouffres incommensurables, — qui prend place à côté de la pensée, et, presque comme les dieux, — dévoile les idées dans leurs berceaux muets. — Il y a dans l'âme d'un État une force mystérieuse dont l'histoire — n'a jamais osé s'occuper, et dont l'opération surhumaine — est inexprimable à la parole ou à la plume. — Tous les rapports que vous avez eus avec Troie — nous sont aussi parfaitement familiers qu'à vous-même, monseigneur. — Et il siérait bien mieux à Achille — de venir à bout d'Hector que de Polixène. — Quelle douleur aura le jeune Pyrrhus, au pays natal, — quand la renommée sonnera sa fanfare dans nos îles, — et que toutes les filles grecques chanteront en dansant :

> De la sœur d'Hector, soit ! Achille est le vainqueur ;
> Mais c'est le grand Ajax qui frappe Hector au cœur !

— Adieu, Monseigneur ; je vous parle en ami ; — un fou glisse sur la glace que vous devriez rompre.

Il sort.

PATROCLE.

— Je vous ai souvent conseillé dans ce sens, Achille. Une femme devenue impudente et masculine — n'est pas plus honnie qu'un homme efféminé — dans un temps d'action. C'est moi qu'on accuse de tout ceci. On s'imagine que c'est mon peu de goût pour la guerre — et votre grande affection pour moi qui vous retiennent ainsi. — Cher, redressez-vous ; et le faible et voluptueux Cupidon — détachera de votre cou son amoureux collier, et comme une goutte d'eau secouée de la crinière du lion, — disparaîtra dans l'air impalpable.

ACHILLE.

Est-ce qu'Ajax se battra avec Hector ?

PATROCLE.

— Oui, et, peut-être, en recueillera-t-il grand honneur.

ACHILLE.

— Je le vois, ma réputation est en péril ; — ma gloire est frappée au vif.

PATROCLE.

Oh! prenez-y donc garde. — Elles guérissent mal, les blessures qu'on se fait soi-même. — L'omission de ce qui est nécessaire — scelle le blanc-seing du danger, — et le danger, comme la fièvre, nous atteint subtilement à l'instant même où nous sommes nonchalamment assis au soleil.

ACHILLE.

— Va me chercher Thersite, mon doux Patrocle ; — j'enverrai le bouffon à Ajax pour le prier — d'inviter les chefs troyens à venir, après le combat, — nous voir ici sans armes. J'ai un caprice de femme, — un désir maladif — de voir le grand Hector dans ses habits de paix, — de causer avec lui, et de contempler son visage — à plein regard... Voici qui t'épargne une peine.

Entre THERSITE.

THERSITE.

— Un prodige!

ACHILLE.

Quoi donc?

THERSITE.

Ajax va et vient dans la plaine en se cherchant.

ACHILLE.

Comment ça?

THERSITE.

Il doit avoir demain un combat singulier avec Hector, et l'héroïque raclée qu'il va recevoir le rend si prophétiquement fier, qu'il extravague sans rien dire.

ACHILLE.

Est-il possible ?

THERSITE.

Oui, il se pavane comme un paon : un pas, puis une pause ; il rumine comme une hôtesse qui n'a d'autre arithmétique que sa tête pour établir ses comptes ; il se mord la lèvre d'un air politique, comme s'il se disait : « Il y a de l'esprit dans cette tête-là : s'il voulait sortir ! » Et il y en a en effet; mais il couve en lui aussi froidement que le feu dans un caillou ; pour qu'il se montre, il faut le frapper. Cet homme-là est perdu sans retour ; car, si Hector ne lui casse pas le cou dans le combat, il se le cassera lui-même par vaine gloire. Il ne me reconnaît plus. Je lui dis : Bonjour, Ajax, et il me répond : Merci, Agamemnon. Que pensez-vous d'un homme qui me prend pour le général? Il est passé à l'état de poisson de terre, d'être sans nom, de monstre. Foin de la renommée! un homme peut la porter, comme un justaucorps de cuir, à l'envers aussi bien qu'à l'endroit.

####### ACHILLE.

Il faut que tu sois mon ambassadeur auprès de lui, Thersite.

####### THERSITE.

Qui, moi? Mais il ne veut répondre à personne ; il fait profession de ne pas répondre ; parler est bon pour les gueux : lui, il porte sa langue à bras tendu. Je vais mimer sa personne; que Patrocle me fasse les demandes; vous allez voir la représentation d'Ajax.

####### ACHILLE.

Parle-lui, Patrocle; dis-lui que je demande humblement au vaillant Ajax d'inviter le très-valeureux Hector à venir désarmé dans ma tente, et de lui obtenir un sauf-conduit du magnanime, du très-illustre et six ou sept fois honorable capitaine général de l'armée grecque, Agamemnon, etc. Va.

####### PATROCLE, se tournant vers Thersite.

Que Jupiter bénisse le grand Ajax !

####### THERSITE.

Humph !

PATROCLE.

Je viens de la part du digne Achille...

THERSITE.

Ha!

PATROCLE.

Qui vous demande très-humblement d'inviter Hector à venir dans sa tente...

THERSITE.

Humph!

PATROCLE.

Et de lui obtenir un sauf-conduit d'Agamemnon.

THERSITE.

Agamemnon?

PATROCLE.

Oui, monseigneur.

THERSITE.

Ha!

PATROCLE.

Que dites-vous à cela?

THERSITE.

Dieu soit avec vous! de tout mon cœur!

PATROCLE.

Votre réponse, seigneur?

THERSITE.

Si demain il fait beau, vers les onze heures, ça tournera d'un côté ou de l'autre; en tout cas, il me paiera cher avant de m'avoir.

PATROCLE.

Votre réponse, seigneur?

THERSITE.

Portez-vous bien! De tout mon cœur!

ACHILLE.

Bah! il n'est pas à ce diapason-là, n'est-ce pas?

THERSITE.

Non ; mais il a perdu le diapason. Quelle musique il y aura en lui quand Hector lui aura fait sauter la cervelle, c'est ce que je ne sais pas ; mais je suis sûr qu'il n'y en aura pas, à moins que le ménétrier Apollo ne lui enlève les nerfs pour en faire les cordes de son violon.

ACHILLE.

Allons, tu vas lui remettre une lettre tout de suite.

THERSITE.

Faites-m'en porter une autre pour son cheval ; car des deux, c'est l'animal le plus capable.

ACHILLE.

— Mon esprit est trouble comme une fontaine remuée, — et moi-même je n'en vois pas le fond. —

Sortent Achille et Patrocle.

THERSITE, *suivant des yeux Achille.*

Je voudrais que la fontaine de ton esprit redevînt claire, j'y mènerais boire un âne ! J'aimerais mieux être l'acarus d'un mouton, qu'un si vaillant ignare !

Il sort.

SCÈNE X.

[Troie. Une rue.]

Il fait nuit. Arrivent d'un côté ÉNÉE *et un* VALET, *portant une torche ; de l'autre,* PARIS, DÉIPHOBE, ANTÉNOR, DIOMÈDE, *et d'autres personnages, portant des torches.*

PARIS, à Diomède.

— Oh ! voyez donc ! qui est là ?

DÉIPHOBE.

C'est le seigneur Énée.

ÉNÉE, *dévisageant Pâris.*

— Est-ce là le prince en personne ? — Si j'avais, pour

rester couché, d'aussi bonnes raisons — que vous, prince Pâris, il ne faudrait rien moins qu'une mission céleste — pour m'arracher à la société de ma compagne de lit.

DIOMÈDE.

— C'est aussi mon opinion... Salut, seigneur Énée.

PARIS.

— Prenez cette main, Énée. C'est un vaillant Grec ! — Témoin votre langage, alors que — vous racontiez comment, toute une semaine, Diomède — vous avait hanté sur le champ de bataille.

ÉNÉE.

Bonne santé à vous, vaillant sire, — tant que s'interposera la trêve pacifique ; — mais, quand je vous retrouverai sous les armes, à vous le plus sombre défi — que l'âme puisse concevoir ou le courage exécuter !

DIOMÈDE.

— Diomède accepte l'un et l'autre souhait. — Notre sang est calme à présent ; tant qu'il le sera, bonne santé à toi ! — Mais, dès que le combat et l'occasion se rallieront, — par Jupiter, j'irai à la chasse de ta vie, — avec toute ma force, tout mon élan, toute mon adresse.

ÉNÉE.

— Et tu chasseras un lion qui fuira — avec sa face sur toi... Pour le moment, en toute cordialité humaine, — sois le bienvenu à Troie ! Oui, par la vie d'Anchise, — sois le bienvenu ! J'en jure par la main de Vénus, — nul homme vivant ne peut aimer — plus complétement l'être qu'il espère tuer.

DIOMÈDE.

— Nous sympathisons... O Jupiter ! laisse vivre Énée — durant mille révolutions de soleil, — si sa fin n'est pas une gloire destinée à mon épée ; — mais, si elle doit être l'honneur de ma vaillance, qu'il meure — avec une blessure à chaque jointure, et cela, dès demain !

SCÈNE X.

ÉNÉE.

— A présent nous nous connaissons bien.

DIOMÈDE.

— Oui, et il nous tarde de nous connaître pire.

PARIS.

— Voici l'accueil le plus hostilement cordial, l'affection la plus noblement haineuse, dont j'aie ouï parler.

A Énée.

— Quelle affaire avez-vous de si bon matin, messire?

ÉNÉE.

— Le roi m'a envoyé chercher. Pourquoi, je ne sais pas.

PARIS.

— Vous rencontrez ses ordres en chemin. Il s'agit de conduire ce Grec — à la maison de Calchas, et là, de lui livrer — la belle Cressida en échange d'Anténor. — Accordez-nous votre compagnie, ou même, s'il vous plaît, courez là-bas en avant de nous. Je crois positivement, — ou plutôt je suis parfaitement certain, — que mon frère Troylus loge là cette nuit. — Réveillez-le, et donnez-lui avis de notre visite — et de tout ce qui la détermine. J'ai peur — que nous ne soyons bien mal venus.

ÉNÉE.

Pour cela, je vous l'assure. — Troylus aimerait mieux voir Troie emportée en Grèce — que Cressida emportée de Troie.

PARIS.

On n'y peut rien. — Un caprice cruel du temps — l'a voulu ainsi. Allez, seigneur, nous vous suivons.

ÉNÉE.

Salut à tous!

Il s'éloigne.

PARIS.

— Ah çà! dites-moi, noble Diomède, — dites-moi sincèrement, — dans tout l'épanchement d'une bonne camaraderie, — lequel, selon vous, mérite le mieux la belle Hélène, — moi ou Ménélas?

DIOMÈDE.

Tous les deux également. — Il mérite bien de l'avoir, lui qui vient la chercher, — sans prendre scrupule de ses souillures, — à travers cet enfer de peines et ce monde d'épreuves; — et vous méritez aussi bien de la garder, vous qui, pour sa défense, — sans être rebuté par le goût de son déshonneur, — faites un si coûteux sacrifice de trésors et d'amis. — Lui, comme un cocu larmoyant, il désire boire — la lie et le restant d'une liqueur fade et éventée; — et vous, comme un libertin, vous vous plaisez — à engendrer vos héritiers dans des flancs éreintés. — A ne peser que vos deux mérites, l'un balance l'autre; — mais lui, avec ce qu'il porte, il aurait le plus de poids pour une putain.

PARIS.

— Vous êtes trop amer pour une compatriote.

DIOMÈDE.

— C'est elle qui est amère à son pays. Écoutez-moi, Pâris. — Pour chaque goutte impure qu'il y a dans ses veines de prostituée, — la vie d'un Grec s'est éteinte; pour chaque scrupule — que pèse sa charogne salie, — un Troyen a été tué! Depuis qu'elle a pu parler, — elle n'a pas proféré autant de mots intelligibles — qu'il y a de Grecs et de Troyens morts pour elle.

PARIS.

— Beau Diomède, vous faites comme les chalands, — vous dépréciez l'objet que vous désirez acheter; — mais nous, nous maintenons sa valeur en silence : — nous ne voulons pas vanter ce que nous ne voulons pas vendre. — Voici notre chemin.

Ils sortent.

SCÈNE XI.

(Une cour devant la maison de Pandarus.)

Le jour se lève. Arrivent TROYLUS et CRESSIDA.

TROYLUS.

— Chère, ne vous dérangez pas ; la matinée est froide.

CRESSIDA.

— Maintenant, mon doux seigneur, je vais appeler mon oncle ; — il ouvrira les portes.

TROYLUS.

Ne le dérangez pas. — Au lit ! au lit ! Que le sommeil tue ces jolis regards, — et donne à tes sens un calme aussi doux — qu'un sommeil d'enfant, vide de toute pensée.

CRESSIDA.

Adieu, alors.

TROYLUS.

— Je t'en prie, recouche-toi.

CRESSIDA.

Est-ce que vous êtes fatigué de moi ?

TROYLUS.

— O Cressida ! si le jour affairé, — éveillé par l'alouette, n'avait pas fait lever les corneilles lascives, — si la nuit rêveuse consentait à voiler nos joies plus longtemps, — je ne m'en irais pas de toi.

CRESSIDA.

La nuit a été trop rapide.

TROYLUS.

— Damnée sorcière ! elle s'attarde près des créatures venimeuses — avec une patience infernale, mais elle fuit les étreintes de l'amour — avec des ailes plus promptes et plus instantanées que la pensée!... — Vous attraperez froid, et puis vous me maudirez.

CRESSIDA.

— Je t'en prie, attends un peu... Vous autres hommes, vous ne voulez jamais attendre... — O folle Cressida!... j'aurais pu résister encore, — et alors vous auriez bien attendu. — Écoutez, quelqu'un ! —

PANDARUS, de l'intérieur.

Quoi ! toutes les portes sont donc ouvertes ici?

TROYLUS.

— C'est votre oncle.

Arrive PANDARUS.

CRESSIDA.

— Peste soit de lui ! Il va recommencer ses plaisanteries. — Quelle vie je vais avoir!

PANDARUS.

Eh bien ! eh bien ! où en sont les pucelages? Vous voilà, ma vierge ! Où en est ma nièce Cressida ?

CRESSIDA.

— Allez vous faire pendre, méchant oncle moqueur. — Vous m'entraînez à faire, et puis vous me narguez. —

PANDARUS.

A faire quoi? à faire quoi?... qu'elle dise quoi! que l'ai-je entraînée à faire?

CRESSIDA.

— Allons, allons; maudit cœur que vous êtes ! vous ne serez jamais sage — et vous ne permettrez pas aux autres de l'être. —

PANDARUS.

Ha! ah!... Hélas, pauvre enfant! pauvre petite caboche! tu n'as pas dormi cette nuit? Il n'a pas voulu, le méchant homme, te laisser dormir? Qu'un loup-garou l'emporte !

On frappe à la porte.

CRESSIDA, à Troylus.

— Ne vous l'avais-je pas dit? Je voudrais que ce fût sur sa tête qu'on cognât !

A Pandarus.

— Qui donc est à la porte? bon oncle, allez voir.

A Troylus.

— Monseigneur, rentrez dans ma chambre; — vous souriez d'un air moqueur, comme si j'avais une intention maligne.

TROYLUS.

Hé ! hé !

CRESSIDA.

— Vous vous trompez, allez, je ne pense pas à ça.

Les coups redoublent.

— Comme on frappe fort ! je vous en prie, rentrons; — je ne voudrais pas pour la moitié de Troie qu'on vous vît ici. —

Troylus et Cressida rentrent dans la maison. Les coups continuent.

PANDARUS, à la porte.

Qui est là? Qu'y a-t-il? Voulez-vous donc enfoncer la porte ? Eh bien ! qu'y a-t-il ?

Entre ÉNÉE.

— Bonjour, seigneur, bonjour.

PANDARUS.

— Qui est là? Monseigneur Énée? Sur ma parole, — je ne vous reconnaissais pas. Quelle nouvelle apportez-vous de si bonne heure?

ÉNÉE.

— Est-ce que le prince Troylus n'est pas ici?

PANDARUS.

Ici! que ferait-il ici?

ÉNÉE.

— Allons, il est ici, seigneur, ne le niez pas; — il est fort important pour lui que je lui parle.

PANDARUS.

Il est ici, dites-vous? C'est plus que je n'en sais, je vous jure... Pour ma part, je suis rentré très-tard. Que ferait-il ici?

ÉNÉE.

Lui! Rien... Allons, allons, vous lui faites du tort sans le savoir. En voulant lui être fidèle, vous le trahissez. Soit! ne sachez rien de lui, mais allez toujours le chercher. Allez!

Au moment où Pandarus se dirige vers la maison, TROYLUS paraît.

TROYLUS.

— Eh bien! de quoi s'agit-il?

ÉNÉE.

— Monseigneur, j'ai à peine le temps de vous saluer, — tant mon message est pressé. Je précède de quelques pas — votre frère Pâris, Deiphobe, — le Grec Diomède et notre Anténor — qui nous est rendu; en échange de celui-ci, il va falloir — que, sur l'heure, avant le premier sacrifice, — nous remettions entre les mains de Diomède — madame Cressida.

TROYLUS.

La chose est ainsi décidée?

ÉNÉE.

— Par Priam et tout le conseil de Troie. — Les autres arrivent pour la mettre à exécution.

TROYLUS, à part.

— Comme mon triomphe se moque de moi!...

SCÈNE XI.

Haut à Énée.

— Je vais au-devant d'eux. Ah! vous savez, seigneur Énée, — nous nous sommes rencontrés par hasard; vous ne m'avez pas trouvé ici.

ÉNÉE.

— C'est bon, monseigneur, c'est bon; les secrets de la nature — ne sont pas plus taciturnes que moi. —

Troylus et Énée sortent.

PANDARUS.

Est-il possible? Perdue aussitôt que gagnée! Que le diable emporte Anténor! Le jeune prince en deviendra fou. Pesté soit d'Anténor! Je voudrais qu'on lui eût cassé le cou.

Arrive Cressida.

CRESSIDA.

— Eh bien, que se passe-t-il? Qui donc était ici?

PANDARUS.

Ah! ah!

CRESSIDA.

— Pourquoi soupirez-vous si profondément? Où monseigneur est-il allé? — Dites-moi, cher oncle, que se passe-t-il?

PANDARUS.

Je voudrais être aussi bas sous terre que je suis haut dessus.

CRESSIDA.

O dieux! que se passe-t-il?

PANDARUS.

Je t'en prie, rentre. Plût au ciel que tu ne fusses jamais née! Je savais bien que tu serais sa mort. Oh! pauvre seigneur! Maudit Anténor!

CRESSIDA.

Mon bon oncle, je vous en supplie à genoux, je vous en supplie, que se passe-t-il?

PANDARUS.

Il faut que tu partes, fillette, il faut que tu partes. Tu es échangée contre Anténor. Il faut que tu retournes à ton père et que tu quittes Troylus. Ce sera sa mort ; ce sera sa ruine ; il ne pourra pas supporter cela.

CRESSIDA.

— O dieux immortels!... je ne m'en irai pas.

PANDARUS.

Tu le dois.

CRESSIDA.

— Je ne le veux pas, mon oncle. J'ai oublié mon père. — J'ignore le sentiment de la famille. — Pas de parent, pas d'affection, pas de sang, pas d'âme qui soit aussi proche de moi — que mon doux Troylus!... O vous, dieux du ciel! — faites du nom de Cressida la couronne de la fausseté — si jamais elle abandonne Troylus! Temps, violence, et toi, mort!— faites à ce corps tous les outrages que vous voudrez ; — mais la base de mon amour est aussi ferme et aussi puissante que le centre de la terre, — qui attire tout à lui... Je vais rentrer et pleurer.

PANDARUS.

Va, va.

CRESSIDA.

—Et arracher mes beaux cheveux, et lacérer mes joues si vantées, — et briser ma voix limpide avec des sanglots, et rompre mon cœur — à crier : Troylus! Je ne veux pas partir de Troie.

SCÈNE XII.

[Devant la maison de Pandarus.]

Arrivent Paris, Troylus, Énée, Deiphobus, Anténor et Diomède.

PARIS.

— Il est grand jour; et l'heure fixée — pour la remettre à ce vaillant Grec — approche... Mon bon frère Troylus, — allez l'avertir de ce qu'elle a à faire, — et pressez-la.

TROYLUS.

Entrez dans la maison, — je vais l'amener immédiatement à ce Grec; — et, au moment où je la remettrai entre ses mains, — ne voyez plus ici qu'un autel et dans votre frère Troylus — qu'un prêtre qui offre en sacrifice son propre cœur.

Il s'en va.

PARIS.

— Je sais ce que c'est que l'amour, — et je voudrais le consoler comme je le plains. — Veuillez entrer, Messeigneurs.

Ils s'en vont.

SCÈNE XIII.

[L'appartement de Cressida.]

Entrent Pandarus et Cressida.

PANDARUS.

Modérez-vous! modérez-vous!

CRESSIDA.

— Que me parlez-vous de modération? — La douleur

que je ressens est aiguë, entière, complète, — et l'impression a toute la violence — de ce qui la cause. Comment puis-je la modérer? Si je pouvais suspendre ma passion, — ou en affaiblir et en refroidir la dose, — je pourrais également alléger ma douleur. — Mais mon amour n'admet pas d'alliage diminuant, — pas plus que ma douleur, dans une perte si chère.

Entre Troylus.

PANDARUS.

Le voici! le voici! le voici! ce pauvre cher canard!

CRESSIDA.

O Troylus! Troylus!

PANDARUS.

Les deux font la paire! Que je vous embrasse aussi! O cœur, comme dit la belle chanson,

> O cœur, cœur accablé,
> Pourquoi soupires-tu sans t'ouvrir ?

A quoi la réponse :

> Parce que je ne puis soulager ma douleur
> Par expansion ni par parole.

Il n'y a jamais eu de rime plus vraie. Ne jetons rien au rebut, car un jour peut venir où nous avons besoin de vers pareils ; nous le voyons, nous le voyons... Eh bien, mes agneaux ?

TROYLUS.

— O Cressida! je t'aime d'une ardeur si pure, — que les dieux bienheureux, furieux de voir ma passion — plus fervente que la dévotion que — de froides lèvres jettent à leur divinité, t'enlèvent à moi.

CRESSIDA.

— Les dieux ont donc de l'envie?

SCÈNE XIII.

PANDARUS.

— Oui, oui, oui, oui! La preuve est trop évidente.

CRESSIDA.

— Et est-il vrai qu'il faut que je quitte Troie?

TROYLUS.

— C'est l'horrible vérité.

CRESSIDA.

Quoi! et Troylus aussi?

TROYLUS.

— Troie et Troylus.

CRESSIDA.

Est-il possible?

TROYLUS.

— Et tout de suite. Le sort cruel — se refuse à nos adieux; il précipite brusquement — tous les délais, il dérobe brutalement à nos lèvres — les récidives, il empêche violemment — nos étreintes de se fermer, il étrangle nos tendres vœux — aussitôt qu'ils naissent de notre souffle haletant! — Nous deux qui au prix de tant de soupirs — nous sommes acquis l'un l'autre, il faut que nous nous revendions misérablement — au prix d'un triste murmure qu'on nous accorde à peine. — Le temps injurieux, avec la hâte d'un larron, — empile, on ne sait comment, les richesses qu'il nous vole. — Ces adieux, nombreux comme les astres au ciel, — que devait sceller un baiser à chaque palpitation, — il les entasse dans un vague adieu, — et il nous rationne à un seul baiser famélique — qui a le goût amer des larmes!

ÉNÉE, du dehors.

Monseigneur, la dame est-elle prête?

TROYLUS.

Écoutez! on vous appelle. On dit que le Génie — crie ainsi: Viens! à celui qui doit vite mourir... —

A Pandarus.

— Dites-leur de prendre patience, elle va venir tout l'heure. —

PANDARUS.

Où sont mes larmes? Il faut de la pluie pour abattre cet orage-là, ou mon cœur va être déraciné.

Pandarus sort.

CRESSIDA.

— Il faut donc que j'aille auprès des Grecs?

TROYLUS.

Pas de remède.

CRESSIDA.

— La triste Cressida au milieu des joyeux Grecs!... — Quand nous reverrons-nous?

TROYLUS.

— Écoute-moi, mon amour. Sois-moi fidèle de cœur...

CRESSIDA.

— Moi fidèle! comment! quel est ce vilain soupçon?

TROYLUS.

— Ah! ménageons les gronderies, — car c'est le moment de la séparation. — Je ne te dis pas : Sois fidèle, comme si je doutais de toi; — car je jetterais mon gant à la Mort elle-même, — pour soutenir que mon cœur est immaculé; — si je t'ai dit : Sois fidèle, c'était pour conclure — par une promesse : Sois fidèle, — et j'irai te voir.

CRESSIDA.

— Oh! vous vous exposez, monseigneur, à des dangers — aussi infinis qu'imminents! Mais je serai fidèle.

TROYLUS.

— Eh bien, je me ferai l'ami du danger... Porte cette manchette.

CRESSIDA.

— Et vous, ce gant. Quand vous reverrai-je?

SCÈNE XIII.

TROYLUS.

— Je corromprai les sentinelles grecques, — pour te faire visite chaque nuit. — Mais sois fidèle.

CRESSIDA.

O ciel! encore : sois fidèle!

TROYLUS.

— Écoute bien pourquoi je dis cela, amour. — Les jeunes Grecs sont pleins de qualités; — leur amabilité se compose de talents naturels. — enflés et rehaussés par les arts et par l'éducation. — Quelle impression peuvent te faire la nouveauté et le charme de leurs personnes, — c'est une question, hélas! qu'une sorte de pressentiment jaloux — (appelle-le, je te prie, une vertueuse erreur) — rend inquiétante pour moi.

CRESSIDA.

O ciel! vous ne m'aimez pas!

TROYLUS.

— Qu'alors je meure scélérat! — Ce que je mets en doute, ce n'est pas tant ta foi — que mon mérite. Moi, je ne sais pas chanter, — je ne sais pas enlever la volte à coups de talon, ni emmieller la conversation, — ni jouer à des jeux subtils; autant de belles sciences — où les Grecs ont le plus de goût et de capacité. — Mais je puis vous dire que chacune de ces grâces — recèle un démon silencieux et insinuant — qui est habile aux tentations : ah! ne te laisse pas tenter!

CRESSIDA.

— Croyez-vous que je le veuille?

TROYLUS.

Non; mais on peut faire ce qu'on ne veut pas — et parfois nous sommes des démons pour nous-mêmes, — quand nous tentons la fragilité de nos forces, — en présumant trop de leur changeant pouvoir.

ÉNÉE, du dehors.

— Eh bien, mon bon seigneur?

TROYLUS.

Allons, un baiser, et séparons-nous!

PARIS, du dehors.

Frère! Troylus!

TROYLUS.

Entrez, cher frère, — et amenez Énée et ce Grec avec vous.

CRESSIDA.

— Monseigneur, serez-vous fidèle!

TROYLUS.

— Qui? moi? hélas? voilà mon vice, mon défaut, — Tandis que d'autres peuvent, à force d'astuce, pêcher une grande renommée, — moi, à force de sincérité, je n'attrape qu'une pure estime! — Tandis que d'autres dorent avec art leur couronne de cuivre, — moi, avec franchise et simplicité, je porte la mienne toute nue. — Ne doute pas de ma fidélité; la devise de mon caractère : — c'est *simplicité et bonne foi*. Voilà toute sa morale.

Entrent ÉNÉE, PARIS, DEIPHOBUS et DIOMÈDE.

TROYLUS.

— Soyez le bienvenu, messire Diomède! Voici la dame — que nous vous remettons en échange d'Anténor. — C'est à la porte de la ville, seigneur, que je la laisserai entre vos mains; — en route, je vous révélerai ce qu'elle est. — Traitez-la noblement, et, sur mon âme, beau Grec, — si jamais tu te trouves à la merci de mon épée, — nomme seulement Cressida, et ta vie sera en sûreté, — comme Priam dans Ilion.

DIOMÈDE.

Belle dame Cressida, — dispensez-moi, s'il vous plaît,

SCÈNE XIII.

des remercîments auxquels s'attend ce prince. — L'éclat de vos yeux, le ciel que je vois sur vos joues, — réclament pour vous tous les égards; vous serez pour Diomède — une maîtresse, et vous lui commanderez absolument.

TROYLUS.

— Grec, tu n'en uses pas envers moi avec courtoisie — en humiliant le zèle de ma prière — sous l'éloge de Cressida. Sache-le, seigneur grec, — elle est aussi supérieure à tes louanges — que tu es indigne d'être son serviteur en titre. — Je te somme de la bien traiter, en raison de ma sommation même; — car, par le redoutable Pluton, je jure que, si tu y manques, — le colosse Achille aurait beau te défendre, — je te couperai la gorge.

DIOMÈDE.

Oh! ne vous émouvez pas, prince Troylus; — laissez-moi le privilége que me donnent mon titre et mon message — de parler librement. Quand je serai hors d'ici, — je n'aurai de compte à rendre qu'à mes désirs. Apprenez, vous aussi, seigneur, — que je ne ferai rien par ordre. C'est à son propre mérite — qu'elle devra mes hommages; mais chaque fois que vous direz : Faites! — je répondrai sous l'inspiration de l'honneur : Non!

TROYLUS.

— Allons! aux portes... Sache-le, Diomède, — cette bravade te forcera souvent à cacher ta tête. — Madame, donnez-moi votre main; et tout en marchant, — nous nous confierons ce que nous avons à nous dire.

Troylus et Cressida sortent, suivis de Diomède. On entend une fanfare.

PARIS.

Écoutez, la trompette d'Hector!

ÉNÉE.

A quoi avons-nous passé la matinée ! — Le prince doit me trouver bien lent et bien inexact, — moi qui avais juré d'être à cheval avant lui.

PARIS.

— C'est la faute de Troylus. Allons, allons, accompagnons-le dans la plaine.

DEIPHOBUS.

Vite en marche !

ÉNÉE.

— Oui, avec l'ardeur allègre d'un fiancé, — empressons-nous de rejoindre Hector. — La gloire de notre Troie dépend aujourd'hui — de sa pure valeur et de sa seule chevalerie.

Ils sortent.

SCÈNE XIV.

[Un champ clos entre Troie et le camp grec.]

Arrivent AJAX *armé,* AGAMEMNON, ACHILLE, PATROCLE, MÉNÉLAS, ULYSSE, NESTOR *et autres.*

AGAMEMNON.

— Te voilà au rendez-vous, frais et dispos, — avant l'heure. Maintenant, que ton courage donne l'éveil ! — et envoie à Troie l'éclatant signal de ta trompette, — redoutable Ajax ; de sorte que l'air épouvanté — aille frapper l'oreille de ton grand adversaire — et le hèle ici.

AJAX, *jetant sa bourse à son héraut.*

Toi, trompette, prends ma bourse. — Maintenant, crève tes poumons, et fêle ton tuyau d'airain : — souffle, faquin, jusqu'à ce que ta joue sphérique — soit plus pleine de vents que la colique d'Aquilon bouffi. — Allons, enfle ta poitrine, et que tes yeux crachent le sang! — C'est pour Hector que tu souffles.

La trompette sonne.

ULYSSE.

— Aucune trompette ne répond.

ACHILLE.

Il est encore de bonne heure.

AGAMEMNON.

— N'est-ce pas Diomède que je vois là-bas, avec la fille de Calchas?

ULYSSE.

— C'est lui-même, je reconnais son allure. — Il approche sur la pointe du pied; son ardeur, — dans son aspiration, l'enlève de terre.

Arrivent Diomède *et* Cressida.

AGAMEMNON, à Diomède.

— Est-ce là la dame Cressida?

DIOMÈDE.

Elle-même.

AGAMEMNON.

— Recevez des Grecs la plus tendre bienvenue, charmante dame.

Il l'embrasse.

NESTOR.

— Notre général vous salue d'un baiser.

ULYSSE.

— Pourtant la gracieuseté n'est que particulière : — mieux vaudrait qu'elle fut baisée vraiment en général.

NESTOR.

— Le conseil est fort courtois : je vais commencer. — Voilà pour Nestor.

Il embrasse Cressida.

ACHILLE.

— Je vais chasser cet hiver-là de vos lèvres, belle dame : — Achille vous souhaite la bienvenue.

Il l'embrasse.

MÉNÉLAS, s'approchant de Cressida.

J'avais jadis un bon motif à baisers.

PATROCLE, se mettant entre Cressida et Ménélas.

— Ce n'est pas un motif pour que vous baisiez aujourd'hui. — Comme moi, en ce moment, l'intrus Pâris a eu la hardiesse — de vous séparer de votre motif.

Il embrasse Cressida.

ULYSSE, montrant Ménélas.

— O mortel dépit, cause de toutes nos misères! — Car, si nous perdons nos têtes, c'est pour dorer ses cornes!

PATROCLE.

— J'ai commencé par le baiser de Ménélas; voici le mien : c'est Patrocle qui vous baise.

Il l'embrasse.

MÉNÉLAS.

Oh! que c'est joli!

PATROCLE.

— Pâris et moi, nous baisons toujours pour lui.

MÉNÉLAS.

— Je veux mon baiser, Monsieur...

<small>Se rapprochant de Cressida.</small>

Madame, avec votre permission...

CRESSIDA.

— Quand vous baisez, donnez-vous ou recevez-vous?

MÉNÉLAS.

— Je prends et je donne.

CRESSIDA.

Je ne fais que de bons marchés; — le baiser que vous

prenez vaut mieux que celui que vous donnez; — donc, pas de baiser.

MÉNÉLAS.

— Je vous donnerai du surplus, je vous donnerai trois baisers pour un.

CRESSIDA.

— Vous ne ferez jamais qu'un appoint. Je veux recevoir mon compte ou rien.

MÉNÉLAS.

— Je ne fais qu'un appoint, dites-vous? Tout homme ne fait qu'un appoint.

CRESSIDA.

— Non, Pâris a fait mieux qu'un appoint; car, vous savez, — c'est lui qui a réglé tout votre compte.

MÉNÉLAS.

— Vous me donnez des chiquenaudes sur le front.

CRESSIDA.

Non, je vous jure.

ULYSSE.

— La partie ne serait pas égale. Votre ongle contre ses cornes!... — Puis-je, charmante dame, vous demander un baiser?

CRESSIDA.

— Vous le pouvez.

ULYSSE.

Je l'implore.

CRESSIDA.

Eh bien, demandez toujours.

ULYSSE.

— Eh bien, pour l'amour de Vénus, donnez-moi un baiser, — quand Hélène sera redevenue vierge et femme de Ménélas.

CRESSIDA.

— Je suis votre débitrice; réclamez la chose quand elle sera due.

ULYSSE.

— Votre baiser est à échéance, et mon jour est Jamais!

DIOMÈDE.

— Madame, un mot.... Je vais vous mener à votre père.

Diomède emmène Cressida.

NESTOR.

— Voilà une femme qui a l'esprit vif.

ULYSSE.

Fi d'elle! Fi! — Ses yeux, sa bouche, ses lèvres ont un langage; — jusqu'à ses pieds qui parlent! Ses esprits voluptueux se révèlent — à chaque geste, à chaque mouvement de son corps. — Oh! ces impudentes, à la langue déliée, — qui provoquent la familiarité avant qu'elle s'offre, — et qui ouvrent toutes grandes les tablettes de leurs pensées — au premier lecteur qui les manie! Regardez-les — comme les sales dépouilles de l'occasion, — comme les filles de la jouissance!

On entend une fanfare.

TOUS.

— La trompette des Troyens!

AGAMEMNON.

Voilà leur troupe qui vient.

Arrivent Hector *armé, puis* Énée, Troylus *et d'autres Troyens, avec leur suite.*

HECTOR.

— Salut à vous tous, chefs de la Grèce! Que fera-t-on — pour celui qui obtiendra victoire? Entendez-vous — que le vainqueur soit proclamé? Voulez-vous que les deux chevaliers — se poursuivent l'un l'autre à toute extrémité — ou se séparent — au premier appel, au premier signal du camp? — Voilà ce qu'Hector demande.

AGAMEMNON.

Que désire Hector?

ÉNÉE.

— Peu lui importe; il obéira à vos conditions.

ACHILLE.

Cette offre est digne d'Hector; mais elle est présomptueuse, — quelque peu fière, et fort dédaigneuse — pour le chevalier adversaire.

ÉNÉE.

Si votre nom n'est pas Achille, seigneur, — quel est-il?

ACHILLE.

S'il n'est pas Achille, il n'est pas.

ÉNÉE.

— Votre nom est donc Achille; mais, quel qu'il soit, sachez ceci : — la valeur et l'orgueil atteignent, dans Hector, — les deux extrêmes, l'une du grand, l'autre du petit; — l'une est presque infinie, — l'autre presque nul. Examinez-le bien : — ce qui ressemble à de l'orgueil en lui n'est que courtoisie. — Cet Ajax est à moitié formé du sang d'Hector; — par égard pour lui, Hector est à moitié resté à Troie; — c'est seulement une moitié d'Hector, — une moitié de son courage, une moitié de sa vigueur que trouvera devant lui — ce chevalier hybride, à moitié Troyen et à moitié Grec.

ACHILLE.

— Ce sera donc une bataille de demoiselles? Oh! je vous comprends.

Revient DIOMÈDE.

AGAMEMNON.

— Voici messire Diomède... Allez, gentil chevalier, — servir de second à notre Ajax : vous et Énée, — décidez les conditions comme vous l'entendrez, — soit pour une lutte à outrance, — soit pour une passe d'armes ; la parenté des combattants — les a à demi désarmés avant qu'ils en viennent aux coups.

Ajax et Hector entrent dans la lice.

ULYSSE.

— Les voilà déjà face à face.

AGAMEMNON.

— Quel est ce Troyen qui a l'air si accablé ?

ULYSSE.

— C'est le plus jeune fils de Priam : un vrai chevalier, — pas encore mûr, mais déjà sans égal ; ferme de langage, — éloquent en action et inactif en parole ; — difficile à provoquer, mais une fois provoqué, difficile à calmer ; — ouvrant généreusement son cœur et sa main ; — donnant ce qu'il a ; montrant ce qu'il pense ; — mais ne donnant pas sans que le discernement guide sa bienfaisance, — et n'honorant jamais d'une expression une pensée qui en est indigne ; — aussi brave qu'Hector, mais plus dangereux, — car Hector peut, quand sa fureur étincelle, céder à — de tendres sentiments, mais lui, dans la chaleur de l'action, — il est plus vindicatif que l'amour jaloux. — On l'appelle Troylus, et sur lui Troie fonde — une seconde espérance, aussi solidement que sur Hector. — C'est ce que dit Énée, lui qui connaît le jeune homme — à fond, et qui en confidence — me l'a peint ainsi dans le palais d'Ilion.

Fanfare. Hector et Ajax combattent.

AGAMEMNON.

— Ils sont aux prises.

NESTOR.

— Allons, Ajax, tiens ferme.

TROYLUS.

Hector, tu dors ; — réveille-toi.

SCÈNE XIV.

AGAMEMNON.

Ses coups sont bien ajustés... Là, Ajax !

DIOMÈDE, aux combattants.

— C'est assez !

ÉNÉE.

Princes, arrêtez, s'il vous plaît !

AJAX.

— Je n'ai pas encore chaud, recommençons.

DIOMÈDE.

— Comme Hector voudra.

HECTOR.

Eh bien, je veux en rester là.

A Ajax.

— Noble seigneur, tu es fils de la sœur de mon père, — et cousin-germain des enfants du grand Priam. — Les liens du sang empêchent — entre nous deux toute émulation sanglante. — Si tu étais ainsi mêlé de race grecque et de race troyenne — que tu pusses dire : « Grecque est cette main, — et troyenne celle-ci ; dans cette jambe les nerfs — sont grecs, et celle-ci est toute de Troie ; le sang de ma mère — coule dans ma joue droite, et ma joue gauche — contient celui de mon père ; » alors, par Jupiter omnipotent, — je jure que tu ne remporterais pas un membre grec — où mon épée n'eût pas laissé la marque — de notre haine acharnée. Mais les dieux justes ne veulent pas — qu'une seule goutte du sang que tu tiens de ta mère, — de ma tante sacrée, soit répandue — par mon épée homicide ! Laisse-moi t'embrasser, Ajax. — Par le dieu tonnant, tu as des bras vigoureux, — et c'est ainsi qu'Hector veut les sentir sur lui. — Cousin, honneur à toi !

Ils s'embrassent.

AJAX.

Je te remercie, Hector ; — tu es trop noble et trop généreux. — J'étais venu pour te tuer, cousin, et pour emporter d'ici — un grand renom gagné par ta mort.

HECTOR.

Non, l'admirable Néoptolème — dont la gloire désigne le brillant cimier en criant : *Oh! oui! — le voici!* ne pourrait pas lui-même se flatter — d'arracher à Hector un surcroît d'honneur.

ÉNÉE.

— On demande des deux côtés — ce que vous voulez faire.

HECTOR.

Nous répondons : — L'issue du combat est un embrassement... Ajax, adieu!

AJAX.

— Si je pouvais espérer le succès d'une prière — dont j'aurai rarement l'occasion, j'inviterais — mon illustre cousin à venir dans nos tentes grecques.

DIOMÈDE.

— C'est le désir d'Agamemnon, et il tarde au grand Achille de voir le vaillant Hector désarmé.

HECTOR.

— Énée, appelez ici mon frère Troylus — et annoncez cette affectueuse entrevue — aux Troyens qui nous attendent; priez-les de rentrer.

A Ajax.

Donne-moi ta main, cousin; — je veux me mettre à table avec toi, et voir les chevaliers grecs.

AJAX.

— Voici le grand Agamemnon qui vient à nous.

HECTOR.

— Nomme-moi un à un les plus vaillants d'entre eux; — quant à Achille, mes yeux investigateurs — le reconnaîtront à sa haute et majestueuse prestance.

SCÈNE XIV.

AGAMEMNON, à Hector.

— Digne guerrier, sois le bienvenu autant que peut être — un ennemi comme toi pour qui voudrait s'en débarrasser. — Mais ce que je dis n'est pas hospitalier. Je m'explique plus clairement. — Que pour nous l'avenir reste couvert de son écorce, — et le passé, du fumier informe de l'oubli ! — Au moment présent, c'est la bonne foi et la cordialité, — dégagées de tout faux subterfuge, — qui se présentent à toi dans leur intégrité divine — et, te parlant du cœur de mon cœur, disent : « Sois le bienvenu, grand Hector ! »

HECTOR.

— Je te remercie, très-auguste Agamemnon.

AGAMEMNON, à Troylus.

— Illustre seigneur Troyen, je vous en dis autant.

MÉNÉLAS.

— Laissez-moi confirmer l'accueil du prince mon frère. — Couple martial de frères, soyez ici les bienvenus.

HECTOR, à Énée.

— A qui devons-nous répondre ?

ÉNÉE.

Au noble Ménélas.

HECTOR.

— Quoi, c'est vous, monseigneur ! Par le gantelet de Mars, merci ! — Ne riez pas de ce serment inusité : — votre ex-femme ne jure que par le gant de Vénus ! — Elle va bien, mais elle ne m'a pas dit de la rappeler à vous.

MÉNÉLAS.

— Ne la nommez plus, seigneur ; c'est pour moi un souvenir mortel.

HECTOR.

Oh ! pardon ! je vous offense.

NESTOR.

— Je t'ai souvent vu, vaillant Troyen, — travaillant pour la destinée, faire une trouée cruelle — à travers les rangs de la jeunesse grecque ; je t'ai vu, — aussi ardent que Persée, éperonner ton destrier phrygien, — et, dédaignant les prises qui s'offraient, — suspendre en l'air ton épée haute pour l'empêcher de tomber sur les tombés ; — si bien que je disais à ceux qui m'entoutouraient :

Voyez ! c'est Jupiter distribuant la vie !

— Et souvent je t'ai vu faire une pause et reprendre haleine — au milieu d'un cercle de Grecs, — comme un lutteur olympique. Voilà ce que j'ai vu ; — mais ton visage, toujours enfermé dans l'acier, — c'est la première fois que je le vois. J'ai connu ton grand-père, — et une fois je me suis battu avec lui : c'était un bon soldat ; — mais, par le grand Mars, notre capitaine à tous — ne te valait pas. Permets qu'un vieillard t'embrasse. — Digne guerrier, sois le bienvenu dans nos tentes.

ÉNÉE, à Hector.

C'est le vieux Nestor.

HECTOR.

— Que je t'embrasse, vénérable chronique — qui si longtemps as marché la main dans la main avec le temps ! — Très-auguste Nestor, je suis heureux de cette étreinte.

NESTOR.

— Je voudrais que mes bras pussent joûter avec les tiens dans le combat — aussi bien que dans la courtoisie.

HECTOR.

— Je le voudrais aussi.

SCÈNE XIV.

NESTOR.

Ah! — par cette barbe blanche, je me battrais avec toi dès demain. — Allons, bienvenu! bienvenu! j'ai fait mon temps.

ULYSSE, à Hector.

— Je m'étonne que cette cité là-bas soit encore debout, — quand nous avons ici sa base et sa colonne.

HECTOR.

— Je reconnais bien votre mine, seigneur Ulysse. — Ah! messire, il est mort bien des Grecs et des Troyens — depuis que pour la première fois je vous ai vus, vous et Diomède, — en ambassade dans Ilion.

ULYSSE.

— Seigneur, je vous prédis alors ce qui arriverait. — Ma prophétie n'est encore qu'à moitié chemin. — Car ces murs là-bas, qui font à votre ville ce front insolent, — ces tours, dont le sommet impudent caresse les nuages, — doivent inévitablement baiser leurs propres pieds.

HECTOR.

Rien ne m'oblige à vous croire. — Nos remparts sont encore debout; et je pense modestement — que la chute de chaque pierre phrygienne coûtera — une goutte de sang grec. C'est la fin qui couronne tout; — et c'est ce vieil arbitre ordinaire, le Temps, qui doit un jour finir l'affaire.

ULYSSE.

Aussi, laissons-la-lui. — Très-noble et très-vaillant Hector, soyez le bienvenu. — Après le général, daignez m'honorer — de votre seconde visite en étant mon convive.

ACHILLE.

— Je passerai avant toi, seigneur Ulysse... — Je viens, Hector, de rassasier mes yeux de toi; — je t'ai étudié,

Hector, avec une attention scrupuleuse — et mesuré jointure par jointure.

HECTOR.

Serait-ce Achille?

ACHILLE.

— Je suis Achille.

HECTOR.

— Tiens-toi droit, je te prie, que je te voie.

ACHILLE.

— Considère-moi à plein regard.

HECTOR.

Bon ! c'est déjà fait.

ACHILLE.

— Tu es trop bref; je veux une seconde fois, — te contempler membre à membre, comme si je voulais t'acheter.

HECTOR.

— Oh! tu vas me parcourir comme un livre amusant ; — mais il y a en moi plus que tu ne peux comprendre. — Pourquoi m'obsèdes-tu ainsi de ton regard?

ACHILLE.

— Dites-moi, ô cieux, dans quelle partie de son corps — je le tuerai! si c'est là, ou là, ou là! — que je puisse désigner le siége de la plaie — et indiquer la brèche même par où — s'envolera la grande âme d'Hector ! Répondez-moi, cieux.

HECTOR.

— Les dieux bienheureux se feraient tort, homme fier, — s'ils répondaient à ta question. Redresse-toi donc. — Crois-tu m'ôter la vie si plaisamment — que tu puisses par une minutieuse conjecture prédire, — où tu me frapperas ?

ACHILLE.

Je te dis oui.

SCÈNE XIV.

HECTOR.

— Tu serais un oracle et tu me dirais cela, — que je ne te croirais pas. Désormais, tiens-toi bien sur tes gardes ; car moi, je ne te tuerai pas là, ni là, ni là, — mais, par l'enclume où fut forgé le casque de Mars, — je te tuerai partout, oui, encore et encore !... — Vous autres, sages Grecs, pardonnez-moi cette bravade ; — c'est son insolence qui arrache la sottise de mes lèvres ; mais je tâcherai de mettre mes actes d'accord avec ces paroles, — ou puissé-je ne jamais...

AJAX, à Hector.

Ne t'échauffe pas, cousin. — Et vous, Achille, laissez là ces menaces — jusqu'à ce que le hasard ou la volonté vous mette aux prises. — Vous pouvez tous les jours avoir d'Hector à satiété, — si vous avez de l'appétit ; mais j'ai peur que le conseil des Grecs lui-même — ne vous puisse décider qu'avec peine à vous mesurer avec lui.

HECTOR, à Achille.

— Que nous vous voyions sur le champ de bataille, je vous en prie ! — Nous avons fait la petite guerre, depuis que vous vous retirez — de la cause des Grecs.

ACHILLE.

Tu m'en pries, Hector ! — Eh bien, demain j'irai à ta rencontre, terrible comme la mort. — Ce soir, soyons tous amis.

HECTOR.

Ta main pour conclure l'engagement !

AGAMEMNON.

— Vous tous, pairs de Grèce, venez d'abord à ma tente ; — là vous serez tous mes convives ; — ensuite, selon que vos largesses et les loisirs d'Hector — vous le permettront, vous le traiterez chacun à votre tour. — Battez, tambours, sonnez, trompettes, — que ce grand soldat se sache le bienvenu !

Fanfares. Tous sortent, excepté Troylus et Ulysse.

TROYLUS.

— Monseigneur Ulysse, dites-moi, je vous conjure, — dans quel endroit du camp loge Calchas ?

ULYSSE.

— Dans la tente de Ménélas, très-princier Troylus. — C'est là que Diomède soupe avec lui ce soir ; — Diomède qui ne voit plus ni le ciel ni la terre — et qui fixe toute l'attention, toute l'extase de son amoureux regard — sur la belle Cressida.

TROYLUS.

— Je vous serais bien obligé, si, — au sortir de la tente d'Agamemnon, — vous me meniez là.

ULYSSE.

Je serai à vos ordres, seigneur. — Ayez, à votre tour, la bonté de me dire quelle réputation avait — à Troie cette Cressida. N'y a-t-elle pas eu un amant — qui se désole de son absence?

TROYLUS.

— Ah! seigneur, ceux qui font parade de leurs cicatrices — ne méritent que moquerie. Venez-vous, messire? — Elle était aimée, et elle aimait ; elle est aimée, et elle aime. — Mais, vous le savez, l'amour le plus exquis n'est qu'une bouchée pour la dent de la fortune.

Ils sortent.

SCÈNE XV.

[Devant la tente d'Achille.]

Le soir vient. Arrivent ACHILLE et PATROCLE.

ACHILLE.

— Je vais lui échauffer le sang ce soir avec du vin grec, — et le lui refroidir demain avec mon cimeterre. — Patrocle, fêtons-le grandement.

SCÈNE XV.

PATROCLE.

— Voici Thersite qui vient.

Arrive THERSITE.

ACHILLE.

Te voilà, abcès d'envie? — Épaisse fournée de la nature, quelles nouvelles? —

THERSITE.

Eh bien, portrait de ce que tu parais être, idole des adorateurs d'idiots, voici une lettre pour toi.

Il lui remet un papier.

ACHILLE.

D'où vient-elle, fragment?

THERSITE.

Eh bien, de Troie, beau plat de folie.

Achille lit la lettre que Thersite lui a remise.

PATROCLE.

Sais-tu qui est dans la tente?

THERSITE.

Le patient dont la plaie attend la trousse du chirurgien.

PATROCLE.

Bien dit, Contradiction : et à quoi bon ce jeu de mots?

THERSITE.

Je t'en prie, tais-toi, marmouset; je ne gagne rien à te parler. Tu passes pour le varlet mâle d'Achille.

PATROCLE.

Varlet mâle, chenapan! qu'est-ce à dire?

THERSITE.

C'est-à-dire sa putain masculine. Aussi, que toutes les maladies infectes du Sud; que les crampes de boyaux; les ruptures, les catarrhes, les lourdeurs de gravelle dans le dos, les léthargies, les paralysies froides, la chassie des yeux, la pourriture du foie, l'engorgement des poumons, les ampoules pleines d'humeur, la sciatique, la calcination de la paume des mains, l'incurable ostéocope et les dartres indestructibles te fassent à jamais expier ces abominations notoires!

PATROCLE.

Ah çà! infernale boîte d'envie, qu'as-tu à maudire ainsi?

THERSITE.

Est-ce que je te maudis?

PATROCLE.

Eh bien! non, barrique qui fuit! informe portée de putain, non!

THERSITE.

Non? pourquoi alors es-tu si exaspéré, mauvais écheveau de soie écrue, abat-jour de taffetas vert pour yeux malades, gland de la bourse d'un prodigue? Ah! comme le pauvre monde est empesté par ces mouches d'eau, par ces infusoires de la nature!

PATROCLE.

Hors d'ici, fiel!

THERSITE.

Pie dans l'œuf!

ACHILLE.

— Mon doux Patrocle, je dois renoncer tout à fait — à mon grand projet de bataille pour demain. — Voici une lettre de la reine Hécube — et un mot de sa fille, ma bien-aimée; — toutes deux me somment et me pressent de tenir — le serment que j'ai fait. Je ne veux pas le violer. — Tombez, Grecs! succombe, renommée! honneur, va-t'en ou reste! — Mon vœu suprême est ici, c'est à lui que j'obéis. — Viens, viens, Thersite, aide-moi à arranger ma tente. — Cette nuit doit se passer tout entière à banqueter. — Allons, Patrocle. —

Achille et Patrocle disparaissent dans la tente. Il fait nuit. La tente d'Achille s'illumine.

SCÈNE XV.

THERSITE.

Avec trop de sang et trop peu de cervelle, ces deux-là pourraient bien devenir fous; mais si jamais ils le deviennent par trop de cervelle et trop peu de sang, je veux me faire médecin de fous... Voilà Agamemnon, un gaillard assez honnête, un amateur de cailles, mais il n'a pas autant de cervelle que de cire dans l'oreille. Et son frère le taureau! ce splendide Jupiter en métamorphose, cette statue primitive, ce buste sinueux de cocu, cette corne à soulier prospère toujours pendue par une chaîne à la jambe d'Agamemnon!... en quelle forme équivalente l'esprit lardé de malice et la malice bourrée d'esprit pourraient-ils le changer? En âne? non : il est à la fois âne et bœuf. En bœuf? non : il est à la fois bœuf et âne. Être chien, mule, chat, putois, crapaud, lézard, hibou, bécasse ou hareng sans œuf, peu m'importerait, mais être Ménélas!... je m'insurgerais plutôt contre la destinée! Ne demandez pas ce que je voudrais être, si je n'étais pas Thersite; car je consens à être le pou d'un teigneux pour ne pas être Ménélas... Ohé! Voici des esprits et leurs flammes!

Il se tient à l'écart.

Entrent HECTOR, TROYLUS, AJAX, AGAMEMNON, ULYSSE, NESTOR, MÉNÉLAS *et* DIOMÈDE, *éclairés par des torches.*

AGAMEMNON.

— Nous faisons fausse route, nous faisons fausse route.

AJAX.

Non, c'est là-bas; là, ou vous voyez les lumières.

HECTOR.

Comme je vous dérange!

AJAX.

— Non, pas du tout.

ULYSSE.

Le voici qui vient lui-même vous guider.

ACHILLE *sort de sa tente et vient au devant d'Hector.*

ACHILLE.

— Bienvenu, brave Hector! bienvenus tous, princes!

AGAMEMNON, à Hector.

— Sur ce, beau prince de Troie, je vous dis bonsoir. — Ajax commandera l'escorte qui vous accompagne.

HECTOR.

— Merci et bonsoir au général des Grecs.

MÉNÉLAS.

— Bonsoir, monseigneur.

HECTOR.

Bonsoir, suave seigneur Ménélas.

THERSITE, à part.

— Suave Ménélas, dit-il! Oui, suaves latrines! suave cloaque! suave égout!

ACHILLE.

— Bonsoir à ceux qui s'en vont, en même temps que bienvenue — à ceux qui restent.

AGAMEMNON.

Bonsoir.

Ménélas et Agamemnon s'en vont.

ACHILLE.

— Le vieux Nestor reste; restez aussi, Diomède, — et tenez compagnie à Hector une heure ou deux.

DIOMÈDE.

— Je ne puis, seigneur; j'ai une affaire importante — qui me réclame en ce moment. Bonsoir, grand Hector.

HECTOR.

— Donnez-moi votre main.

ULYSSE, à part, à Troylus.

Suivez sa torche; il va — à la tente de Calchas, je vous accompagnerai.

TROYLUS.

— Cher seigneur, vous me ferez honneur.

SCÈNE XVI. 183

HECTOR.

Et sur ce, bonsoir.

Diomède sort, suivi par Ulysse et par Troylus.

ACHILLE.

— Allons, allons, entrons dans ma tente. —

Achille, Hector, Ajax et Nestor entrent dans la tente.

THERSITE, seul.

Ce Diomède est un cœur faux, un coquin, un drôle fort déshonnête : je ne me confierais pas plus à lui quand il sourit qu'à un serpent quand il siffle. Il fera grand bruit et force promesse, comme un mauvais limier; mais quand il accomplira ce qu'il annonce, les astronomes pourront bien prédire quelque prodige, quelque changement prochain : le soleil empruntera sa lumière à la lune quand Diomède tiendra parole. J'aime mieux renoncer à voir Hector qu'à perdre sa piste. On dit qu'il entretient une catin troyenne, et qu'il emploie la tente du traître Calchas. Courons après lui... Partout la luxure ! rien que des paillards !

Il sort.

SCÈNE XVI.

(Devant la tente de Calchas.)

Il fait nuit. Arrive DIOMÈDE.

DIOMÈDE, à l'entrée de la tente.

— Est-on debout ici? Holà, parlez.

CALCHAS, de l'intérieur.

— Qui appelle?

DIOMÈDE.

— Diomède... C'est Calchas, je crois... Où est votre fille ?

CALCHAS, de l'intérieur.

— Elle vient à vous.

Arrivent TROYLUS et ULYSSE. Ils se tiennent à l'écart. THERSITE arrive après eux.

ULYSSE.

—Mettons-nous de façon que la torche ne puisse nous éclairer.

Arrive CRESSIDA.

TROYLUS, à part.

— Cressida vient à lui !

DIOMÈDE.

Eh bien, ma protégée ?

CRESSIDA.

— Eh bien, mon doux gardien ?... Écoutez ! un mot.

Elle lui parle à voix basse.

TROYLUS, à part.

— Quoi, si familière !

ULYSSE, à part.

— Elle vous déchiffre un homme à première vue. —

THERSITE, à part.

Et tout homme peut la déchiffrer, pour peu qu'il sache trouver la clef ; c'est une fille notée.

DIOMÈDE.

— Voulez-vous vous souvenir ?

CRESSIDA.

Me souvenir ? oui.

DIOMÈDE.

Eh bien, alors faites, — et que vos sentiments s'accordent avec vos paroles !

TROYLUS, à part.

— De quoi donc doit-elle se souvenir ?

SCÈNE XVI.

ULYSSE, à part.

Chut!

CRESSIDA.

— Grec mielleux et doux, ne me poussez pas davantage à une folie.

THERSITE, à part.

Coquinerie!

DIOMÈDE.

— Eh bien, donc...

CRESSIDA.

Que je vous dise quelque chose!

DIOMÈDE.

— Bah! bah! niaiseries que tout cela!... Vous êtes une parjure.

CRESSIDA.

— Sur ma foi, je ne puis. Que voulez-vous que je fasse!

THERSITE, à part.

Un tour de main pour ouvrir ton secret.

DIOMÈDE.

— Qu'avez-vous juré de m'accorder?

CRESSIDA.

— Je t'en prie, ne m'enchaîne pas à mon serment. — Dis-moi de faire tout, excepté ça, doux Grec.

DIOMÈDE, se retirant.

— Bonsoir.

Cressida le retient.

TROYLUS, à part.

Tiens ferme, ma patience.

ULYSSE.

Qu'avez-vous, Troyen?

CRESSIDA.

Diomède!...

DIOMÈDE.

— Non, non, bonsoir. Je ne veux plus être votre dupe.

TROYLUS, à part.

— Un meilleur que toi l'est bien.

CRESSIDA.

Écoutez ! un mot à l'oreille.

Elle parle bas à Diomède.

TROYLUS, à part.

— O torture folle !

ULYSSE.

— Vous êtes ému, prince, partons, je vous prie, — de peur que votre déplaisir ne s'emporte — en paroles furieuses. Cette place est dangereuse ; — l'heure est sépulcrale ; je vous en supplie, partons.

TROYLUS.

— Regardez, je vous prie.

ULYSSE.

Non, mon bon seigneur ; partons ; — vous courez à votre ruine ; venez, monseigneur.

TROYLUS.

— Je t'en prie, reste.

ULYSSE.

— Vous n'avez pas de patience ; venez.

TROYLUS.

— Je vous en prie, restez ; par l'enfer et par tous les tourments de l'enfer, je ne dirai pas un mot.

DIOMÈDE.

Sur ce, bonne nuit.

CRESSIDA.

— Non, mais vous partez en colère.

TROYLUS, à part.

Cela te fait donc de la peine ? O honneur flétri !

ULYSSE.

Eh bien, qu'avez-vous donc, seigneur ?

SCÈNE XVI.

TROYLUS.

Par Jupiter, je serai patient.

CRESSIDA.

— Cher gardien! ah! mon Grec!

DIOMÈDE.

Bah! bah! adieu; vous rusez.

CRESSIDA.

— Non, ma foi; revenez ici.

Elle retient Diomède.

ULYSSE, à Troylus.

— Vous frémissez de quelque chose, monseigneur; voulez-vous partir! — Vous allez éclater.

TROYLUS.

— Elle lui caresse la joue!

ULYSSE.

Venez, venez.

TROYLUS.

— Non, restez; par Jupiter, je ne dirai plus un mot; — il y a entre ma volonté et tous les crimes — un rempart de patience. Attendez encore un peu. —

THERSITE, à part.

Comme le démon de la luxure, avec sa croupe grasse et ses doigts potelés, les chatouille l'un et l'autre! Fermente, paillardise, fermente!

DIOMÈDE.

— Mais voudrez-vous alors?

CRESSIDA.

Oui, ma parole! Si j'y manque, ne vous fiez plus à moi.

DIOMÈDE.

— Donnez-moi un gage pour garant.

CRESSIDA.

Je vais vous en chercher un.

Elle entre dans la tente.

ULYSSE, à Troylus.

— Vous avez juré d'être patient.

TROYLUS.

Ne doutez pas de moi, cher seigneur; — je vais faire abnégation de moi-même et méconnaître — ce que j'éprouve; je suis tout patience.

Cressida revient de la tente.

THERSITE, à part.

Voyons le gage; voyons, voyons, voyons!

CRESSIDA.

— Tenez, Diomède, gardez cette manchette.

Elle remet à Diomède la manchette que lui a donnée Troylus.

TROYLUS, à part.

— O beauté, où est ta foi!

ULYSSE.

Monseigneur!

TROYLUS.

— Je serai patient; extérieurement, je le serai.

CRESSIDA.

— Vous regardez cette manchette, examinez-la bien... — Il m'aimait... O fille fausse!... Rendez-la moi.

DIOMÈDE.

— A qui était-elle?

CRESSIDA.

Peu importe, maintenant que je l'ai reprise. — Je ne veux pas me trouver avec vous demain soir... — Je t'en prie, Diomède, ne viens plus me voir.

THERSITE, à part.

— La voilà qui l'aiguise. Bien dit, pierre à repasser.

DIOMÈDE, *essayant de reprendre la manchette.*

— Je l'aurai!

CRESSIDA.

Quoi! cela?

SCÈNE XVI.

DIOMÈDE.

— Oui, ça.

CRESSIDA.

— Dieu du ciel!... O joli, joli gage! — Ton maître est maintenant couché dans son lit, pensant — à toi et à moi; et il soupire, et il prend mon gant, — et il lui prodigue en souvenir d'aussi doux baisers — que celui que je te donne...

Elle porte la manchette à ses lèvres.

Non! ne me l'arrachez pas. — Celui qui m'enlève ceci m'enlève aussi le cœur.

DIOMÈDE.

— J'avais déjà votre cœur; ceci me revient.

TROYLUS, à part.

— J'ai juré d'être patient.

CRESSIDA.

— Vous ne l'aurez pas, Diomède; sur ma foi vous ne l'aurez pas. — Je vous donnerai autre chose.

DIOMÈDE.

— C'est cet objet que je veux. A qui était-il?

CRESSIDA.

Peu importe.

DIOMÈDE, lui prenant la manchette.

— Allons, dites-moi à qui il était?

CRESSIDA.

— A quelqu'un qui m'aimait mieux que vous ne m'aimerez. — Mais, maintenant que vous l'avez, gardez-le.

DIOMÈDE.

A qui était-il?

CRESSIDA.

— Par toutes les suivantes de Diane, là-haut! — et par Diane elle-même, je ne veux pas vous dire à qui.

DIOMÈDE.

— Demain, je le porterai sur mon casque — et je ferai souffrir le donateur, qui n'osera pas le réclamer.

TROYLUS, à part.

— Tu serais le diable et tu le porterais sur ta corne, — qu'il serait réclamé.

CRESSIDA.

— Allons! allons! c'est fini, c'est décidé... Et pourtant non. — Je ne tiendrai pas ma parole.

DIOMÈDE.

Eh bien, alors, adieu. — Tu n'auras plus à te moquer de Diomède.

CRESSIDA, le retenant.

— Vous ne vous en irez pas... On ne peut dire un mot — sans qu'aussitôt vous vous emportiez.

DIOMÈDE.

Je n'aime pas cette plaisanterie.

THERSITE, à part.

Ni moi, par Pluton ; mais ce que tu n'aimes pas ne m'en plaît que mieux.

DIOMÈDE.

— Allons, dois-je venir? A quelle heure?

CRESSIDA.

Oui, venez... ô Jupiter!... — Venez... Je me prépare bien des tourments!

DIOMÈDE.

Adieu, jusque-là !

CRESSIDA.

— Bonne nuit... Je t'en prie, viens.

Diomède sort.

— Troylus, adieu ! Un de mes yeux est encore fixé sur toi, — mais l'autre se détourne avec mon cœur. — Ah ! notre pauvre sexe ! le défaut que je trouve en nous, — c'est que l'erreur de nos yeux dirige notre sentiment, —

et ce que l'erreur conduit doit errer. Oh! concluons donc — que les âmes gouvernées par les yeux sont pleines de turpitudes.

Cressida rentre dans la tente.

THERSITE, à part.

— Elle n'en pouvait pas donner une preuve plus forte, — à moins de dire : Mon âme est devenue putain.

ULYSSE.

Tout est fini, monseigneur.

TROYLUS.

Oui.

ULYSSE.

Pourquoi donc restons-nous?

TROYLUS.

— Pour rappeler à mon âme — chaque syllabe qui vient d'être prononcée. — Mais si je raconte comment ces deux êtres ont fait couple, — ne mentirai-je pas en proclamant une vérité? — En effet, il me reste au cœur une croyance, — une espérance si obstinément forte — qu'elle infirme la déposition de mes yeux et de mes oreilles, — comme si ces organes avaient des fonctions décevantes, — créées seulement pour calomnier. — Était-ce bien Cressida?

ULYSSE.

Je ne sais pas faire d'évocations, Troyen.

TROYLUS.

— Sûrement, ce n'est pas elle.

ULYSSE.

C'était elle, très-sûrement.

TROYLUS.

— Pourtant ma dénégation ne sent pas la folie.

ULYSSE.

— Ni la mienne, monseigneur; Cressida était ici il n'y a qu'un instant.

TROYLUS.

— Qu'on ne le croie pas, pour l'honneur des femmes ! — Songeons que nous avons eu des mères ; ne donnons pas — à ces critiques obstinés, déjà enclins, sans cause, — à la diffamation, un prétexte pour mesurer le sexe entier — sur la règle de Cressida. Croyons plutôt que Cressida n'était pas là.

ULYSSE.

— Qu'a-t-elle fait, prince, qui puisse souiller nos mères?

TROYLUS.

— Rien du tout, à moins qu'elle ne fût là. —

THERSITE, à part.

Va-t-il donc lui-même demander raison à ses yeux?

TROYLUS.

— Elle, ici? Non, c'était la Cressida de Diomède ! — Si la beauté a une âme, ce n'était pas elle ! — si l'âme guide la foi, si la foi est sainte, — si la sainteté fait les délices des dieux, — si l'unité a sa loi, — ce n'était pas elle! O raisonnement en délire, — qui fais un plaidoyer pour et contre toi-même ! — autorité contradictoire, devant laquelle la raison peut se révolter — sans se perdre, et l'égarement se donner pour la raison — sans révolte! C'était et ce n'était pas Cressida! — Dans mon âme commence une lutte — d'une bien étrange nature : l'indissoluble — y est aussi largement séparé que la terre l'est du ciel, — et pourtant l'immense brèche de cette séparation — ne permettrait pas le passage à une pointe aussi subtile — que le fil rompu d'Arachné ! — Évidence! ô évidence ! aussi forte que les portes de Pluton! — Cressida est à moi, attachée à moi par les liens du ciel!... — Évidence! ô évidence, aussi forte que le ciel même ! — Ces liens, ces liens du ciel sont dénoués, dissous et détendus, — et, par un autre nœud, fait de cinq doigts, — les débris de sa foi, les rebuts de son amour, — les fragments, les bribes, les miettes, les restes visqueux — de son honneur rongé sont ramassés par Diomède.

ULYSSE.

— Se peut-il que le digne Troylus ressente même à demi — les émotions qu'il exprime là?

TROYLUS.

— Oui, Grec, et cela sera publié — en caractères aussi rouges que le cœur de Mars — enflammé par Vénus. Jamais jeune homme — n'aima d'une âme aussi éternelle et aussi immuable. — Écoutez, Grec; autant j'aime Cressida, — autant je hais son Diomède. — C'est une manchette à moi qu'il doit porter à son cimier. — Quand ce serait un casque forgé par l'art de Vulcain, — mon épée l'entamera! Non, la trombe terrible — condensée par le tout-puissant soleil, — que les marins appellent ouragan, — n'étourdirait pas l'oreille de Neptune, en s'effondrant, — d'une clameur plus éclatante que le sifflement de mon épée — tombant sur Diomède. —

THERSITE, à part.

Il va le caresser comme il faut pour sa paillardise!

TROYLUS.

— O Cressida! ô fausse Cressida! fausse! fausse! fausse! — que toutes les perfidies se placent à côté de ton nom souillé, — et elles sembleront glorieuses.

ULYSSE.

Oh! contenez-vous! — Votre émotion attire ici des oreilles.

Arrive ÉNÉE.

ÉNÉE.

— Je vous cherche depuis une heure, monseigneur. —

Déjà Hector s'arme dans Troie. — Ajax, votre garde, vous attend pour vous reconduire.

TROYLUS.

— Je suis à vous, prince...

A Ulysse.

Mon courtois seigneur, salut!... — Adieu, belle révoltée!... et toi, Diomède, — tiens ferme et porte une forteresse sur ta tête!

ULYSSE.

— Je vais vous conduire jusqu'aux portes.

TROYLUS.

Acceptez des remercîments désespérés. —

Troylus, Énée et Ulysse s'en vont.

THERSITE, seul.

Je voudrais rencontrer ce coquin de Diomède! Je croasserais comme un corbeau; je lui porterais malheur, je lui porterais malheur... Patrocle me donnera quelque chose si je lui indique cette putain. Le perroquet ne ferait pas plus pour une amande que lui pour une gueuse commode. Luxure! luxure! Toujours la guerre et la luxure! Il n'y a qu'elles qui soient toujours de mode. Qu'un diable flamboyant les emporte!

Il sort.

SCÈNE XVII.

[Troie. Dans le palais de Priam.]

Entrent Hector et Andromaque.

ANDROMAQUE.

— Quand donc mon seigneur fut-il d'humeur assez peu aimable — pour fermer l'oreille à mes avertissements? — Désarmez-vous, désarmez-vous, et ne vous battez pas aujourd'hui.

SCÈNE XVII.

HECTOR.

— Vous m'obligez à vous offenser ; rentrez ! — Par les dieux éternels, j'irai.

ANDROMAQUE.

— Mes rêves, soyez-en-sûr, seront funestes à cette journée.

HECTOR.

— Assez, vous dis-je.

Entre CASSANDRE.

CASSANDRE.

Où est mon frère Hector?

ANDROMAQUE.

— Le voici, sœur, armé et tout sanglant d'intention ; — joignez-vous à mes vives et tendres prières ; — poursuivons-le à genoux ; car j'ai rêvé — d'une mêlée sanglante, et toute cette nuit — n'a été pour moi qu'apparitions et visions de meurtre.

CASSANDRE.

— Oh ! c'est vrai !

HECTOR.

Holà ! qu'on fasse sonner ma trompette !

CASSANDRE.

— Au nom du ciel, pas de fanfare de sortie, mon doux frère !

HECTOR.

— Allez-vous-en, vous dis-je. Les dieux m'ont entendu jurer.

CASSANDRE.

— Les dieux sont sourds aux serments téméraires et obstinés : — ce sont des offrandes polluées, plus odieuses pour eux — que les taches au foie des victimes.

ANDROMAQUE.

— Oh ! laissez-vous persuader ! Ne croyez pas qu'il y

ait piété — à faire mal par scrupule ; ce n'est pas plus légitime que de voler violemment par désir de donner, — et de dérober pour faire la charité.

CASSANDRE.

— C'est l'intention qui doit donner force aux serments ; — mais tous les engagements ne doivent pas être tenus... — Désarmez-vous, doux Hector.

HECTOR.

Tenez-vous tranquille, vous dis-je. — C'est mon honneur qui marque l'heure de ma destinée. — Tout homme attache de la valeur à la vie ; mais l'homme de valeur — attache à l'honneur une valeur plus précieuse qu'à la vie.

Entre Troylus, armé.

— Eh bien, jeune homme, tu veux donc te battre aujourd'hui ?

ANDROMAQUE, à Cassandre.

— Cassandre, appelez mon père pour décider Hector.

Cassandre sort.

HECTOR.

— Non, vraiment, jeune Troylus. Ote ton harnais de bataille, jouvenceau ! — Je suis aujourd'hui en veine de chevalerie. — Toi, laisse croître tes muscles jusqu'à ce que leurs nœuds soient forts, — et ne t'expose pas encore aux frottements de la guerre. — Désarme-toi, va ; et sois sûr, jeune gars, — que je saurai me battre aujourd'hui pour toi, pour moi, et pour tous.

TROYLUS.

— Frère, vous avez en vous un vice de générosité — qui sied mieux à un lion qu'à un homme.

HECTOR.

— Quel est mon vice, bon Troylus ? Gronde-moi, voyons.

TROYLUS.

— Bien souvent, quand les Grecs vaincus tombent — rien qu'au sifflement et au vent de votre épée nue, — vous leur dites de se relever et de vivre.

HECTOR.

— Oh! c'est le franc jeu.

TROYLUS.

Par le ciel, Hector, c'est un jeu de dupe!

HECTOR.

— Comment? Comment?

TROYLUS.

Au nom de tous les dieux, — laissons avec nos mères l'ermite Pitié. Et, quand nous avons nos armures bien bouclées, — que la vengeance venimeuse chevauche sur nos épées, — qu'elle les éperonne à l'œuvre implacable, et les garde de la clémence!

HECTOR.

— Fi! sauvage! fi!

TROYLUS.

Hector, c'est là la guerre.

HECTOR.

— Je souhaite que vous ne vous battiez pas aujourd'hui, Troylus.

TROYLUS.

— Qui donc me retiendrait? — Ni la destinée, ni l'obéissance, ni le bras de Mars — me faisant avec un glaive de flamme signe de me retirer, — ni Priam, ni Hécube à genoux, — les yeux tout rouges de larmes, — ni vous, mon frère avec votre bonne-épée tirée — pour me fermer le passage, vous n'arrêteriez pas ma marche — si ce n'est par ma mort.

CASSANDRE revient avec PRIAM.

CASSANDRE.

— Mets la main sur lui, Priam, tiens-le bien. — Il est

ta béquille, lui; si tu perds ton soutien, — pour toi qui t'appuies sur lui et pour Troie tout entière qui s'appuie sur toi, — c'est la chute.

PRIAM.

Allons, Hector, allons, rentre chez toi; — ta femme a rêvé; ta mère a songé; — Cassandre prévoit, et moi-même, — inspiré tout à coup comme un prophète, — je te dis que ce jour doit être néfaste. — Ainsi, rentre.

HECTOR.

Énée est dans la plaine; — et je me suis engagé envers une foule de Grecs, — sur la foi de ma valeur, à me montrer — à eux ce matin.

PRIAM.

Mais tu n'iras pas.

HECTOR.

— Je ne puis briser mon serment. — Vous me savez homme de devoir; aussi, cher seigneur, — ne me forcez pas à outrager le respect; mais permettez-moi — de suivre, avec votre consentement et votre suffrage, la voie — qu'en ce moment vous voulez m'interdire, royal Priam.

CASSANDRE.

— O Priam, ne lui cède pas.

ANDROMAQUE.

Non, cher père!

HECTOR.

— Andromaque, vous me fâchez; — au nom de votre amour pour moi, retirez-vous.

Andromaque sort.

TROYLUS, montrant Cassandre.

— C'est cette folle, cette visionnaire, cette superstitieuse fille — qui imagine tous ces présages.

CASSANDRE.

Oh! adieu, cher Hector! — Regarde, comme tu meurs!

SCÈNE XVII.

Regarde, comme tes yeux deviennent blancs! — Regarde, comme tes blessures saignent par mille issues! — Écoute, comme Troie rugit! comme Hécube sanglotte! — comme la pauvre Andromaque crie sa douleur! — Vois! la destruction, la frénésie et la stupeur — s'abordent comme des grotesques idiots, — en s'exclamant toutes : Hector! Hector! Hector est mort! Oh! Hector!

TROYLUS.

Va-t'en! Va-t'en!

CASSANDRE.

— Adieu..., Non, doucement... Hector, je prends congé de toi; — tu trompes Troie entière, en te trompant toi-même.

Elle sort.

HECTOR, à Priam.

— Mon suzerain, vous êtes stupéfait de ces exclamations. — Rentrez et rassurez la ville; nous, nous allons combattre, — et faire des actes dignes d'éloge pour vous les raconter ce soir.

PRIAM.

— Adieu! que les dieux t'entourent de leur protection!

Priam sort d'un côté, Hector d'un autre. Fanfare.

TROYLUS.

— Les voilà à l'œuvre; écoutons... Ah! fier Diomède, crois-le bien, — ou je perdrai mon bras ou je regagnerai — ma manche.

Au moment où Troylus s'en va d'un côté, PANDARUS entre de l'autre.

PANDARUS.

Entendez-vous, monseigneur? entendez-vous?

TROYLUS.

Qu'est-ce donc?

PANDARUS.

Voici une lettre de cette pauvre fille, là-bas.
<small>Il lui remet un papier.</small>

TROYLUS, l'ouvrant.

Lisons!

PANDARUS.

Que je suis tourmenté par cette carogne de phthisie, par cette sale carogne de phthisie, et aussi par le stupide guignon de cette fille ! Pour une chose ou pour l'autre, il faudra que je vous quitte un de ces jours. Et puis, j'ai ce larmoiement dans les yeux, et de telles douleurs dans les os, qu'à moins de savoir bien blasphémer, je ne saurais dire ce que j'en pense...

<small>A Troylus.</small>

Que dit-elle là ?

TROYLUS.

— Des mots, des mots, de simples mots; rien qui parte du cœur; — les sentiments sont portés ailleurs...

<small>Il déchire la lettre.</small>

— Vent, va au vent pour tourner et changer avec lui !...
— Elle paie toujours mon amour de mots et de mensonges; — mais c'est un autre qu'elle édifie par des actes.

<small>Il sort.</small>

PANDARUS.

— Mais écoutez donc !

<small>Il sort.</small>

SCÈNE XVIII.

[Un terrain entre Troie et le camp grec. Fanfare d'alarme. Mouvements de troupes.]

Arrive THERSITE.

THERSITE.

Les voilà maintenant qui s'empoignent. Je vais les épier. Ce fourbe, cet abominable coquin de Diomède a là, sur son casque, la manche de ce jeune drôle, de ce maroufle, de ce radoteur, de cet imbécile de Troyen! Je voudrais les voir aux prises; je voudrais que ce jeune âne troyen qui s'est amouraché de la putain gagnât la manche sur ce putassier, sur ce gueux de Grec, et le renvoyât impuissant à son hypocrite et luxurieuse drôlesse... D'un autre côté, la politique de ces fourbes, de ces maudits chenapans, de ce vieux fromage moisi, sec et mangé aux rats, qui a nom Nestor, et de ce chien-renard d'Ulysse, ne vaut certainement pas une mûre. Dans leur politique, ils ont opposé ce mâtin métis, Ajax, à ce dogue qui ne vaut pas mieux, Achille; et voilà ce mâtin d'Ajax qui devient plus fier que ce mâtin d'Achille et qui ne veut pas s'armer aujourd'hui! Si bien que les Grecs commencent à réhabiliter la barbarie en donnant de la civilisation une opinion aussi triste... Doucement! Voici l'homme à la manche suivi de l'autre.

Arrivent DIOMÈDE, suivi de TROYLUS.

TROYLUS.

— Ne fuis pas, car tu passerais le fleuve du Styx, — que je nagerais derrière toi.

DIOMÈDE.

Rompre n'est pas fuir; — je ne fuis pas; c'est pour mieux combattre — que je me suis retiré des mêlées de la multitude. A toi! —

THERSITE.

Défends ta putain, Grec! En garde pour ta putain, Troyen!... Pour la manchette, à présent! Pour la manchette, à présent!

Troylus et Diomède sortent en combattant.

Arrive HECTOR.

HECTOR, *apercevant Thersite.*

— Qui es-tu, Grec? Es-tu un adversaire pour Hector? — Es-tu de race et d'honneur? —

THERSITE.

Non, non! Je suis un gueux, un malingreux, un injurieux maroufle, un crapuleux chenapan!

HECTOR.

— Je te crois, vis! —

Il s'en va.

THERSITE.

Dieu soit loué! tu m'as cru! Mais que la peste te rompe le cou pour m'avoir fait peur!... Que sont devenus mes coquins de libertins? Je crois qu'ils se sont avalés l'un l'autre. Je rirais bien de ce miracle-là. Au fait, en quelque sorte, la luxure se dévore elle-même. Cherchons-les.

Il s'éloigne.

Arrivent DIOMÈDE *et un* SERVITEUR.

DIOMÈDE.

— Va, va, mon serviteur, prends le cheval de Troylus! — Présente ce beau coursier à madame Cressida. — L'ami, offre mes services à cette beauté; — dis-lui que j'ai châtié l'amoureux Troyen — et que je suis son chevalier à l'épreuve.

LE SERVITEUR.

Je pars, monseigneur.

Le serviteur s'en va.

Arrive AGAMEMNON.

AGAMEMNON.

— A la rescousse! à la rescousse! Le féroce Polydamus — a terrassé Ménon ; le bâtard Margarélon — a fait Doreus prisonnier, — et se tient comme un colosse, agitant sa poutre ; — sur les cadavres écrasés des rois — Épistrophus et Cédius ; Polyxène est tué, — Amphimachus et Thoas mortellement blessés, — Patrocle pris ou tué ; Palamède — grièvement blessé et meurtri : le terrible Sagittaire (14) — épouvante nos troupes ; hâtons-nous, Diomède ! — Au secours, ou nous périssons tous !

Arrive NESTOR.

NESTOR.

— Allons ! qu'on porte à Achille le corps de Patrole ! — Et qu'on dise à cet Ajax au pas de limaçon de s'armer pour son honneur ! — Il y a mille Hectors sur le champ de bataille. — Ici il combat sur Galathe (15), son cheval, — et la besogne lui manque ! là, il est à pied, — et tous fuient ou meurent comme les menus poissons — dans le vomissement de la baleine ; plus loin, le voilà — et les Grecs de paille, mûrs pour sa lame, — tombent devant lui comme la gerbe sous la faux. — Ici, là, partout, il prend et laisse ; — sa dextérité obéit à sa fantaisie au point — qu'il fait ce qu'il veut, et il fait tant — que l'évidence est traitée d'impossibilité.

Arrive ULYSSE.

ULYSSE.

— O courage ! courage, princes ! J'ai vu le grand Achille — s'armant, pleurant, blasphémant, jurant vengeance ! — Son sang engourdi a été réveillé par les blessures de Patrocle — et par les plaies de ses Myrmidons, — qui, sans nez, sans bras, hachés et broyés, viennent à lui en maudissant Hector. Ajax a perdu un ami, — et il a l'écume à la bouche, et il est armé, et à l'œuvre, — et il rugit après Troylus ! Troylus qui a fait aujourd'hui — des exploits fous et fantastiques, — engageant et dégageant sa personne — avec la force insouciante et l'insouciance sans effort — d'un être à qui la fortune, en dépit de l'habilité, — aurait permis de tout vaincre !

Arrive AJAX.

AJAX.

— Troylus ! Troylus ! couard !

Il s'en va.

DIOMÈDE.

Oui, là-bas, là-bas !

NESTOR.

— Bon ! bon ! nous rallions toutes nos forces.

Arrive ACHILLE.

ACHILLE.

Où est cet Hector ? Allons, allons, tueur d'enfants, montre ta face ; — apprends ce que c'est que de rencontrer Achille furieux. — Hector ! où est Hector ? Je ne veux qu'Hector !

Ils sortent.

SCÈNE XIX.

[Une autre partie du champ de bataille.]

Arrive AJAX.

AJAX.

— Troylus ! Troylus ! couard ! montre ta tête !

Arrive DIOMÈDE.

DIOMÈDE.

— Troylus ! dis-je ! où est donc Troylus ?

AJAX.

Que lui veux-tu ?

SCÈNE XIX.

DIOMÈDE.

— Je veux le corriger.

AJAX.

— Je serais le général, que je céderais mon poste — plutôt que cette correction-là... Troylus, dis-je! Hé! Troylus!

Arrive Troylus.

TROYLUS.

— O traître Diomède!... tourne ta face fausse, traître, — et paie-moi la vie que tu me dois pour mon cheval!

DIOMÈDE.

— Ah! te voilà donc!

AJAX.

— C'est moi seul qui combattrai avec lui; arrête, Diomède.

DIOMÈDE.

— Troylus est ma prise. Je ne resterai pas spectateur.

TROYLUS.

— Venez donc tous deux, Grecs ergoteurs; en garde, tous deux!

Ils s'éloignent en combattant.

Arrive Hector.

HECTOR.

— Oui, c'est Troylus! Oh! bien combattu, mon plus jeune frère.

Arrive Achille.

ACHILLE.

— Enfin, je te vois. Ah! en garde, Hector!

HECTOR.

— Prends haleine, si tu veux.

ACHILLE.

— Je ne veux pas de ta courtoisie, fier Troyen. — Sois heureux que mes armes ne puissent plus servir. — Mon inaction indulgente te ménage pour le moment, — mais tu entendras bientôt parler de moi. — Jusque-là, poursuis ta destinée.

Il s'éloigne.

HECTOR.

— Au revoir ! — tu m'aurais trouvé plus dispos — si j'avais prévu ton arrivée... — Eh bien ! mon frère ?

Revient TROYLUS.

TROYLUS.

— Ajax a pris Énée : souffrirons-nous cela ? — Non, par la flamme de ce glorieux soleil là-bas, — il ne l'emmènera pas ; je serai pris aussi, — ou je le délivrerai... Fatalité, écoute ce que je dis ! — Peu m'importe de finir ma vie aujourd'hui.

Il s'en va.

UN COMBATTANT *passe, vêtu d'une somptueuse armure.*

HECTOR.

— Arrête, arrête, Grec ; tu es une magnifique cible... — Non, tu ne veux pas ?... J'aime beaucoup ton armure ; — et, dussé-je la briser et en défaire toutes les attaches, — il faut que j'en sois maître... Tu ne veux pas arrêter, animal ? — Eh bien, fuis donc, je vais te traquer pour avoir ta peau.

Ils sortent.

Arrive ACHILLE *avec ses Myrmidons.*

ACHILLE.

— Venez tous autour de moi, mes Myrmidons, — et remarquez bien ce que je vais dire : Faites escorte à mes

roues. — Ne frappez pas un seul coup, mais tenez-vous en haleine; — et, quand j'aurai trouvé le sanguinaire Hector, — cernez-le partout avec vos armes, — et assénez sur lui vos plus terribles coups... — Suivez-moi, mes maîtres, et ayez l'œil sur tous mes mouvements... — Il est décrété qu'Hector le Grand doit mourir. —
Ils s'éloignent.

Arrivent en combattant MÉNÉLAS et PARIS. THERSITE vient derrière eux.

THERSITE.

Le cocu et le cocufieur sont aux prises. Allons, taureau! allons, dogue! mords-le, Pâris, mords-le!... A ton tour, mon double chapon!... Mords-le, Pâris! Le taureau gagne... Gare les cornes; holà!
Pâris et Ménélas se retirent.

Arrive MARGARÉLON.

MARGARÉLON.

Tourne-toi, maraud, et combats.

THERSITE.

Qui es-tu?

MARGARÉLON.

Un fils bâtard de Priam.

THERSITE.

Et moi aussi, je suis bâtard. J'aime les bâtards; je suis bâtard par la naissance, bâtard par l'instruction, bâtard par les idées, bâtard par la valeur, illégitime en tout! Les ours ne se mordent pas entre eux, et pourquoi les bâtards le feraient-ils? Prenez garde, une querelle serait néfaste pour nous. C'est tenter la damnation que de se battre pour une putain, quand on est fils de putain. Adieu, bâtard!

MARGARÉLON.

Que le diable t'emporte, couard!
Ils sortent.

SCÈNE XX.

[Une autre partie du champ de bataille, éclairée par le soleil couchant.]

Arrive HECTOR.

HECTOR.

— Créature pourrie au cœur, si belle au dehors, — ta splendide armure t'a coûté la vie. — Maintenant, mon travail d'aujourd'hui est fini; je vais respirer à l'aise. — Repose-toi, mon épée, tu as eu tout ton soûl de sang et de mort.

Il ôte son casque et rejette son bouclier sur son dos.

Arrivent ACHILLE et les MYRMIDONS.

ACHILLE.

— Regarde, Hector, le soleil se couche, — et la nuit hideuse arrive haletante sur tes talons. — Dans cette disparition du soleil assombri, — il faut, pour clore le jour, que la vie d'Hector finisse.

HECTOR.

— Je suis désarmé; ne profite pas de cet avantage, Grec.

ACHILLE, aux Myrmidons.

— Frappez, camarades, frappez; voici l'homme que je cherche.

Hector tombe, frappé à mort.

— Maintenant, Ilion, tombe aussi, succombe à ton tour, Troie. — Ci-gît ton cœur, ton bras, ta force! — En avant, Myrmidons, et criez tous bien fort : — Achille a tué le puissant Hector!

On entend sonner la retraite.

— Écoutez! la retraite du côté des Grecs!

SCÈNE XX.

UN MYRMIDON.

— Les trompettes troyennes la sonnent aussi, monseigneur.

ACHILLE.

— La nuit étend sur la terre son aile de dragon, — et, comme juge du camp, sépare les deux armées. — Mon épée, n'ayant soupé qu'à demi, voulait se rassasier; — mais, charmée de ce friand morceau, la voici qui va au lit.

Il remet son épée au fourreau.

— Allons, attachez ce corps à la queue de mon cheval, — que je traîne ce Troyen le long du champ de bataille!

Ils s'en vont.

Le tambour bat. Arrivent AGAMEMNON, AJAX, MÉNÉLAS, NESTOR, DIOMÈDE, *et d'autres Grecs. Clameurs au loin.*

AGAMEMNON.

— Écoutez! écoutez! Quelles sont ces clameurs?

NESTOR.

Paix, tambours!

CRIS AU LOIN.

Achille! — Achille! Hector est tué! Achille!

DIOMÈDE.

— Le bruit dit qu'Hector est tué, et par Achille.

AJAX.

— Si cela est, ne nous en vantons pas. — Le grand Hector le valait bien.

AGAMEMNON.

— Marchons avec ordre. Qu'on aille prier — Achille de venir nous voir dans notre tente. — Si les dieux nous ont favorisés par une telle mort, — la grande Troie est à nous, et nos rudes guerres sont finies.

Ils sortent.

SCÈNE XXI.

[Une autre partie du champ de bataille.]

Arrivent ÉNÉE et LES TROYENS.

ÉNÉE.

— Arrêtez, holà! enfin, nous sommes maîtres du champ de bataille. — Ne rentrons pas dans Troie ; affamons ici la nuit!

Arrive TROYLUS.

TROYLUS.

— Hector est tué!

TOUS.

Hector?... Les dieux nous en préservent!

TROYLUS.

— Il est mort ; et le meurtrier, à la queue de son cheval, — le traîne brutalement le long de la plaine infâme. — Cieux, restez à l'orage et hâtez vos fureurs! — Asseyez-vous sur vos trônes, ô dieux, et souriez à Troie : — abrégez vos coups par pitié, — et ne faites pas languir notre inévitable destruction.

ÉNÉE.

— Monseigneur, vous découragez toute notre armée.

TROYLUS.

— Vous ne me comprenez pas, vous qui me dites cela. — Je ne parle pas de fuite, de panique ou de mort ; — au contraire, je brave tous les dangers que les dieux et les hommes — érigent en menaces... Hector n'est plus. — Qui donc ira dire cela à Priam ou à Hécube? — Que celui qui veut être à jamais pris pour un chat-huant — aille à Troie et dise : Hector est mort! — Ce mot-là va changer Priam en pierre, — faire de toutes les filles des torrents, de toutes les épouses des Niobés, — de toute la jeunesse de froides statues, et — de Troie l'épouvantail d'elle-même. Mais allons, en marche! — Hector est mort : il n'y a plus rien à dire... — Arrêtez pourtant... Vous, abominables tentes, — si fièrement dressées dans nos plaines phrygiennes, — que le Titan du jour se lève aussitôt qu'il l'osera! — je vous traverserai de part en part!... Et toi, grand lâche, sache-le, nul espace ne séparera nos deux haines! — Je te hanterai sans relâche comme une conscience coupable — qui évoque autant de fantômes que le remords de pensées! — Qu'on sonne la marche vers Troie. — Emportons avec nous une consolation : — l'espoir de la vengeance doit voiler nos maux intérieurs.

Énée part suivi des Troyens (16).

Au moment où Troylus s'éloigne, PANDARUS arrive d'un autre côté:

PANDARUS.

Écoutez! Écoutez donc!

TROYLUS.

— Arrière, laquais entremetteur! que l'ignominie et la honte — s'acharnent sur ta vie et vivent à jamais avec ton nom! —

Il s'en va.

PANDARUS.

L'excellent remède pour ma douleur des os! O monde! monde! monde! C'est donc ainsi qu'on méprise les pauvres agents! O traîtres et maquereaux, comme on vous fait travailler dur, et comme on vous récompense mal! Pourquoi nos services sont-ils si désirés et nos fonctions sont-elles si conspuées? Avons-nous des vers, une parabole à propos de ça? Voyons :

> L'humble abeille chante joyeusement
> Tant qu'elle n'a pas perdu son dard et son miel;

Mais, dès que l'aiguillon s'est émoussé,
Le doux miel et les doux accents s'en vont aussi.

Bons commerçants de la chair, écrivez cela sur vos enseignes.

Vous tous qui ici fréquentez ma demeure,
Pleurez de vos yeux à demi éteints la chute de Pandare;
Ou, si vous ne pouvez pleurer, accordez quelques cris,
Sinon à moi, du moins aux os qui vous font mal!
Frères et sœurs, qui faites métier de garder la porte,
Je ferai mon testament d'ici à quelque deux mois;
Je le ferais tout de suite, si je ne craignais pas
D'être sifflé par quelque oie furieuse de Winchester.
Jusque-là, je vais suer pour tâcher de me soulager;
Et, l'instant venu, je vous lègue mes maladies.

Il sort.

FIN DE TROYLUS ET CRESSIDA.

BEAUCOUP DE BRUIT POUR RIEN ⁽¹⁷⁾

Tel qu'il a été plusieurs fois représenté publiquement par les serviteurs du très-honorable Lord Chambellan.

Écrit par William Shakespeare

Londres. Imprimé par V. S. pour Andrew Wise et William Aspley.

1600

PERSONNAGES :

DON PEDRO, prince d'Aragon.
DON JUAN, frère naturel de don Pedro.
CLAUDIO, jeune seigneur de Florence, favori de don Pedro.
BÉNÉDICT, jeune seigneur de Padoue, autre favori de don Pedro.
LÉONATO, gouverneur de Messine.
ANTONIO, frère de Léonato.
BALTHAZAR, serviteur de don Pedro.
BORACHIO } de la suite de don Juan.
CONRAD
DOGBERRY } fonctionnaires imbéciles.
VERGES
UN SACRISTAIN.
UN MOINE.
UN PAGE.

HÉRO, fille de Léonato.
BÉATRICE, nièce de Léonato.
MARGUERITE } suivantes d'Héro.
URSULE
MESSAGERS, CONSTABLES ET GENS DE SERVICE.

La scène est à Messine.

SCÈNE I.

[Messine. Dans le palais de Léonato.]

Entrent LÉONATO, HÉRO, BÉATRICE, suivis d'un MESSAGER. Des gens de service se placent au fond du théâtre.

LÉONATO, un papier à la main.

J'apprends dans cette lettre que don Pedro d'Aragon arrive ce soir à Messine.

LE MESSAGER.

Il est tout près d'ici maintenant; il n'était pas à trois lieues quand je l'ai quitté.

LÉONATO.

Combien de gentilshommes avez-vous perdus dans cette action ?

LE MESSAGER.

Peu d'hommes de qualité, et pas un de renom.

LÉONATO.

La victoire est double, quand le triomphateur ramène ses bandes au complet. Je vois ici que don Pedro a conféré de grands honneurs à un jeune Florentin, nommé Claudio.

LE MESSAGER.

Récompense grandement méritée par lui, et aussi

grandement accordée par don Pedro. Claudio a été au-dessus de ce que promettait son âge; il a accompli, avec la figure d'un agneau, les exploits d'un lion; il a dépassé toute espérance par une supériorité que je désespère de vous exprimer.

LÉONATO.

Il a ici à Messine un oncle qui en sera bien content.

LE MESSAGER.

Je lui ai déjà remis des lettres, et il en a paru bien joyeux, à ce point que sa joie, perdant toute modestie, a pris les insignes de la tristesse.

LÉONATO.

A-t-il fondu en larmes?

LE MESSAGER.

Par torrents!

LÉONATO.

Doux débordements de tendresse! Il n'est pas de visages plus vrais que ceux qui sont ainsi inondés. Ah! qu'il vaut mieux pleurer de joie que se réjouir des pleurs!

BÉATRICE, au messager.

Dites-moi, je vous prie, le signor Tranche-Montagne est-il, oui ou non, revenu de la guerre?

LE MESSAGER.

Je ne connais personne de ce nom, madame : nul homme de qualité ne s'appelle ainsi dans l'armée.

LÉONATO.

De qui vous informez-vous, ma nièce?

HÉRO.

Ma cousine veut parler du signor Bénédict de Padoue.

LE MESSAGER.

Oh! il est de retour, et aussi agréable que jamais.

BÉATRICE.

Il a affiché ses cartels ici même à Messine, et a défié Cupidon à l'arc; le fou de mon oncle, ayant lu ce défi, a répondu pour Cupidon, et l'a défié à l'arbalète. — Dites-moi, combien d'êtres a-t-il tués et mangés dans cette guerre? Mais d'abord, combien en a-t-il tué? Car j'ai promis de manger tout ce qu'il tuerait.

LÉONATO.

Ma foi, nièce, vous chargez trop le signor Bénédict; mais il vous ripostera, je n'en doute pas.

LE MESSAGER.

Il a rendu de grands services, madame, dans cette guerre.

BÉATRICE.

Vous aviez des vivres moisis, et il a aidé à les manger. C'est un vaillant écuyer... tranchant. Il a un excellent estomac.

LE MESSAGER.

C'est aussi un bon combattant, belle dame.

BÉATRICE.

Oui, un bon combattant devant une belle! Mais qu'est-il devant un brave?

LE MESSAGER.

Brave devant un brave, homme devant un homme; il est rempli de toutes les vertus honorables.

BÉATRICE.

Farci, vous voulez dire : ces vertus-là ne sont que de la farce... Après tout, nous sommes tous de simples mortels.

LÉONATO, au messager.

Monsieur, ne méjugez pas ma nièce : il y a une espèce de guerre joyeuse entre le signor Bénédict et elle : ils ne se rencontrent jamais, qu'il n'y ait entre eux escarmouche d'esprit.

BÉATRICE.

Hélas! il n'y gagne rien. Dans notre dernier combat, quatre de ses cinq esprits (18) s'en sont allés tout éclopés, et maintenant il n'en reste qu'un pour gouverner tout l'homme. Si celui-là suffit pour lui tenir chaud, qu'il le garde comme une distinction entre lui et son cheval! car c'est le seul insigne qu'il ait encore pour être reconnu créature raisonnable. Qui donc est son compagnon à présent? il a tous les mois un nouveau frère d'armes!

LE MESSAGER.

Est-il possible?

BÉATRICE.

Très-aisément possible. Il porte sa foi comme son chapeau : la façon en change toujours avec la mode nouvelle.

LE MESSAGER.

Je vois, madame, que ce gentilhomme n'est pas dans vos papiers.

BÉATRICE.

Non! S'il y était, je brûlerais mon bureau. Mais, dites-moi, qui est son compagnon? En a-t-il trouvé un plus pointu qui veuille faire avec lui un voyage chez le diable?

LE MESSAGER.

Il est le plus souvent dans la compagnie du très-noble Claudio.

BÉATRICE.

O mon Dieu! il s'attachera à lui comme une maladie : il est plus vite gagné que la peste, et le gagnant perd immédiatement la tête. Dieu garde le noble Claudio! S'il a attrapé le Bénédict, il lui en coûtera mille livres avant d'être guéri!

LE MESSAGER.

Je tâcherai d'être de vos amis, madame.

BÉATRICE.

Tâchez, mon bon ami.

LÉONATO.

Ce n'est pas vous, ma nièce, qui perdrez la tête.

BÉATRICE.

Non, pas avant la canicule de janvier.

LE MESSAGER.

Voici don Pedro qui arrive.

Entrent DON PEDRO, CLAUDIO, BÉNÉDICT, BALTHAZAR, *puis* DON JUAN.

DON PEDRO.

Bon signor Léonato, vous êtes venu au devant de votre embarras. L'habitude du monde est d'éviter les dépenses, et vous, vous les cherchez.

LÉONATO.

Jamais l'embarras n'est entré dans ma maison sous la figure de votre grâce. L'embarras parti, reste un soulagement : or, quand vous me quitterez, le tristesse sera ici à demeure, et le bonheur m'aura dit adieu.

DON PEDRO.

Vous endossez votre fardeau avec trop d'empressement.

Montrant Héro.

Je pense que voici votre fille?

LÉONATO.

Sa mère me l'a dit maintes fois.

BÉNÉDICT.

En doutiez-vous, monsieur, que vous le lui demandiez?

LÉONATO.

Non, signor Bénédict, car alors vous n'étiez qu'un enfant.

DON PEDRO.

A vous cette botte, Bénédict. Nous pouvons deviner

par là ce que vous valez, maintenant que vous êtes un homme... Vraiment, la fille nomme le père.

A Héro.

Soyez heureuse, madame, car vous êtes le portrait d'un père honorable.

BÉNÉDICT.

Le signor Léonato aurait beau être son père, j'en jure par tout Messine, ce ne serait pas une raison pour qu'elle eût sur ses épaules la même tête que lui.

BÉATRICE.

Je m'étonne que vous jasiez toujours, signor Bénédict; personne ne vous écoute.

Pendant le reste du dialogue entre Béatrice et Bénédict, don Pedro cause à part avec Léonato.

BÉNÉDICT.

Et quoi! chère madame Dédain! vous êtes encore vivante!

BÉATRICE.

Est-il possible que Dédain meure, ayant pour se nourrir un aliment aussi inépuisable que le signor Bénédict? Courtoisie elle-même se travestirait en Dédain, si vous paraissiez en sa présence.

BÉNÉDICT.

Courtoisie serait donc une comédienne!... Il est certain que je suis aimé de toutes les dames, vous seule exceptée ; et je voudrais pour elles trouver dans mon cœur un cœur plus tendre, car vraiment je n'en aime aucune.

BÉATRICE.

Bonheur précieux pour les femmes! autrement, elles seraient importunées par un insipide soupirant. Grâce à Dieu et à la froideur de mon sang, je suis en cela de votre humeur. J'aimerais mieux entendre mon chien aboyer aux corneilles, qu'un homme me jurer qu'il m'adore.

BÉNÉDICT.

Dieu maintienne votre grâce dans cette disposition! La figure de tel ou tel gentilhomme échappera ainsi à de fatales égratignures.

BÉATRICE.

Si cette figure était comme la vôtre, les égratignures ne la rendraient pas pire.

BÉNÉDICT.

En vérité, vous feriez un perroquet modèle.

BÉATRICE.

Un oiseau parlant comme moi vaut mieux qu'une bête parlant comme vous.

BÉNÉDICT.

Je voudrais que mon cheval eût la vitesse de votre langue et cette longue haleine. Au nom du ciel, continuez votre course; moi, je m'arrête.

BÉATRICE.

Vous finissez toujours par une malice de haridelle : je vous connais depuis longtemps.

DON PEDRO, survenant.

Voici le résumé de tout notre entretien. Signor Claudio! signor Bénédict! Léonato, mon cher ami Léonato, nous a tous invités. Je lui ai dit que nous resterions ici au moins un mois; et il a cordialement souhaité une occasion qui nous retînt plus longtemps. J'ose jurer qu'il n'est point hypocrite, et que ce souhait part du cœur.

LÉONATO.

Jurez, monseigneur, et vous ne ferez pas un faux serment.

A don Juan.

Laissez-moi vous saluer comme le bienvenu, monseigneur : maintenant que vous êtes réconcilié avec le prince votre frère, je vous dois mes hommages.

DON JUAN.

Je vous remercie ; je ne suis pas grand parleur, mais je vous remercie.

LÉONATO, à don Pedro.

Votre grâce daignera-t-elle ouvrir la marche?

DON PEDRO.

Votre bras, Léonato. Nous marcherons ensemble.

Tous sortent, excepté Bénédict et Claudio.

CLAUDIO.

Bénédict, as-tu remarqué la fille du signor Léonato?

BÉNÉDICT.

Je ne l'ai pas remarquée, mais je l'ai regardée.

CLAUDIO.

N'est-ce pas une jeune personne bien modeste?

BÉNÉDICT.

Me demandes-tu, comme doit le faire tout honnête homme, une opinion simple et franche, ou veux-tu que je te parle, selon mon habitude, comme le bourreau déclaré du beau sexe?

CLAUDIO.

Dis-moi, je t'en prie, ton opinion sérieuse.

BÉNÉDICT.

Eh bien, ma foi, il me semble qu'elle est trop chétive pour un éloge exalté, trop brune pour un éloge brillant, et trop petite pour un grand éloge. Tout ce que je puis dire en sa faveur, c'est que, fût-elle autre qu'elle n'est, elle ne serait pas jolie, et que, telle qu'elle est, elle ne me plaît pas.

CLAUDIO.

Tu penses que je veux badiner; je t'en prie, dis-moi vraiment comment tu la trouves.

BÉNÉDICT.

Veux-tu donc l'acheter, que tu t'informes de ce qu'elle vaut?

CLAUDIO.

Est-ce que l'univers pourrait payer un pareil bijou?

BÉNÉDICT.

Oui, certes, et un étui pour l'y fourrer. Ah çà! me parles-tu avec un front grave? ou joues-tu de l'ironie pour nous dire que Cupidon est un habile tueur de lièvres, et Vulcain un excellent charpentier? Voyons, sur quel ton faut-il le prendre pour chanter d'accord avec toi?

CLAUDIO.

Elle est, à mes yeux, la plus charmante femme que j'aie jamais vue.

BÉNÉDICT.

Je puis encore voir sans lunettes, et je ne vois pas cela. Tiens! sa cousine, si elle n'était pas possédée d'une furie, l'emporterait autant sur elle en beauté que le premier mai sur le dernier jour de décembre. Mais j'espère que vous n'avez pas l'intention de tourner au mariage, n'est-ce pas?

CLAUDIO.

Quand j'aurais juré que non, je ne répondrais pas de moi si Héro voulait être ma femme.

BÉNÉDICT.

En est-ce déjà là? Quoi, il ne se trouvera pas un homme au monde qui tienne à mettre son chapeau sans inquiétude! Je ne verrai jamais un célibataire de soixante ans! Allons, soit. Puisque tu veux absolument te mettre le joug sur le cou, portes-en la marque et essouffle-toi, même les dimanches. Tiens, don Pedro revient te chercher.

Don Pedro revient.

DON PEDRO.

Quel secret vous a donc retenus ici, que vous ne nous avez pas suivis chez Léonato ?

BÉNÉDICT.

Je voudrais que votre grâce m'enjoignît de le dire.

DON PEDRO.

Je te l'ordonne, sur ton allégeance.

BÉNÉDICT.

Vous entendez, comte Claudio : je puis être, croyez-le bien, aussi discret qu'un muet : mais sur mon allégeance !... faites-bien attention, sur mon allégeance !...

A don Pedro.

Il est amoureux !... De qui ? demande ici votre altesse... Remarquez comme la réponse est courte : De Héro, la fille courte de Léonato.

CLAUDIO, à don Pedro.

Si c'était vrai, cela serait aussitôt dit.

BÉNÉDICT.

Il parle comme dans le vieux conte, monseigneur : *Ce n'est pas vrai ! ce n'est pas vrai ! mais, en vérité, à Dieu ne plaise que ce soit vrai !* (19).

CLAUDIO.

Si ma passion ne change pas bientôt, à Dieu ne plaise que ce ne soit pas vrai !

DON PEDRO.

Si vous l'aimez, ainsi soit-il ! Car c'est une fort digne personne.

CLAUDIO.

Vous dites-ça pour me sonder, monseigneur.

DON PEDRO.

Sur mon honneur, je dis ma pensée.

CLAUDIO.

Et sur ma foi, monseigneur, j'ai dit la mienne.

BÉNÉDICT.

Et moi, sur ma foi double et sur mon double honneur, j'ai dit la mienne.

CLAUDIO.

Que je l'aime, je le sens.

DON PEDRO.

Qu'elle en est digne, je le sais.

BÉNÉDICT.

Que je ne sens pas comment elle peut être aimée, que je ne sais pas pourquoi elle en est digne, voilà ce que je déclare. Le feu même ne ferait pas fondre sur mes lèvres cette opinion. Je mourrais pour elle sur le bûcher.

DON PEDRO.

Tu as toujours été un hérétique têtu à l'encontre de la beauté.

CLAUDIO.

Il ne pourrait pas maintenir aujourd'hui son rôle, sans cette obstination-là.

BÉNÉDICT.

Qu'une femme m'ait conçu, je l'en remercie ; qu'elle m'ait élevé, je lui en suis aussi bien humblement reconnaissant. Mais je ne veux pas plus sonner l'hallali au-dessus de ma tête qu'accrocher piteusement une corne de chasse à quelque invisible ceinturon ; et toutes les femmes doivent me le pardonner. C'est parce que je ne veux pas avoir ce tort de me méfier d'une d'elles, que je veux avoir le droit de ne me fier à aucune. La conclusion, et je n'en serai que plus accompli, c'est que je vivrai garçon.

DON PEDRO.

Avant que je meure, je te verrai pâle d'amour.

BÉNÉDICT.

De colère, de maladie ou de faim, monseigneur, mais d'amour, jamais ! Prouvez-moi que l'amour me fait plus perdre de sang que le vin ne m'en rend, et je veux bien qu'on me crève les yeux avec la plume d'un faiseur de ballades, ou qu'on m'accroche à la porte d'un bordel en guise de Cupidon aveugle !

DON PEDRO.

Soit ! si jamais tu manques à ce vœu-là, tu seras cité comme un fameux exemple.

BÉNÉDICT.

Si j'y manque, qu'on me suspende dans une cruche comme un chat, et qu'on me prenne pour cible (20) : et quant à celui qui m'atteindra, qu'on lui frappe sur l'épaule, en l'appelant Adam l'Archer (21) !

DON PEDRO.

C'est bon. Qui vivra verra.

Le sauvage taureau porte à la fin le joug !

BÉNÉDICT.

Le sauvage taureau, c'est possible ! Mais si jamais le sage Bénédict le porte, qu'on arrache au taureau ses cornes, et qu'on les plante sur ma tête. Qu'on fasse de moi un affreux portrait, et qu'en grosses lettres, comme on écrirait : *Ici, bon cheval à louer*, on mette sous mon enseigne cet avis : *Ici, vous pouvez voir Bénédict, l'homme marié !*

CLAUDIO.

Si jamais la chose t'arrive, quelle bête à cornes tu feras !

DON PEDRO.

Ah ! si Cupidon n'a pas épuisé à Venise tout son carquois, prépare-toi à trembler bientôt.

BÉNÉDICT.

C'est qu'il y aura ce jour-là un tremblement de terre !

SCÈNE I.

DON PEDRO.

Soit! vous vous plierez toujours aux circonstances. En attendant, cher signor Bénédict, rendez-vous près de Léonato, faites-lui mes compliments, et dites-lui que je ne manquerai pas à son souper; car vraiment, il a fait de grands préparatifs.

BÉNÉDICT.

J'ai, à peu de chose de près, l'étoffe nécessaire pour un pareil message; et sur ce, je vous laisse...

CLAUDIO, contrefaisant Bénédict.

A la garde de Dieu! De ma maison (si j'en avais une)...

DON PEDRO.

Ce six juillet; votre ami dévoué, Bénédict..

BÉNÉDICT.

Allons! ne raillez pas! ne raillez pas! Le corps de votre discours est parfois ourlé de morceaux qui sont trop légèrement cousus : avant de narguer les autres à coups de vieilles formules, faites votre examen de conscience; et sur ce, je vous quitte.

Bénédict sort.

CLAUDIO, à don Pedro.

— Mon suzerain, votre altesse peut me rendre un service.

DON PEDRO.

— Mon affection te reconnaît pour maître : instruis-la de ce que tu veux, — et tu verras avec quelle aptitude elle apprend — la plus difficile leçon, quand il s'agit de ton bonheur.

CLAUDIO.

Léonato a-t-il des fils, monseigneur?

DON PEDRO.

— Pas d'autre enfant qu'Héro. Elle est son unique héritière. — Serais-tu épris d'elle, Claudio?

CLAUDIO.

Oh! monseigneur, — quand nous sommes partis pour la guerre qui vient de finir, — je regardais Héro avec l'œil d'un soldat, — déjà tendre, mais ayant sur les bras une trop rude tâche — pour élever cette tendresse jusqu'au titre d'amour. — Mais maintenant que je suis de retour et que — les pensées belliqueuses ont laissé leur place vide, une foule — de désirs doux et délicats viennent s'y substituer, — tous me rappelant la beauté de la jeune Héro — et me parlant de ma tendresse pour elle avant notre départ pour la guerre.

DON PEDRO.

— Tu vas être bien vite un parfait amoureux, — car déjà tu fatigues ton confident d'un volume de mots. — Si tu aimes la belle Héro, eh bien, fais ta cour; — je m'en expliquerai avec elle et avec son père, — et tu l'obtiendras. N'est-ce pas pour en arriver là — que tu as commencé à me dévider cette superbe histoire?

CLAUDIO.

— Quel doux remède vous prescrivez à l'amour, — après avoir reconnu son mal à première vue! — C'est de peur que mon affection ne vous parût trop soudaine, — que j'y appliquais le palliatif d'une longue conversation.

DON PEDRO.

— Quel besoin y a-t-il que le pont soit plus large que la rivière? — Le nécessaire est toujours la plus juste des concessions. — Écoute. Tout ce qui va au but est bon. Une fois pour toutes, tu aimes; — eh bien, je vais préparer pour toi le vrai remède. — Je sais qu'on nous donne une fête cette nuit : — je jouerai ton rôle sous un déguisement, — et je dirai à la belle Héro que je suis Claudio. — Je dégraferai mon cœur dans son sein ; — et je tiendrai son oreille captive par la force — et par le charme surprenant de mon amoureux récit. — Ensuite, je m'expliquerai avec son père, — et, pour conclusion, Héro t'appartiendra. — Mettons-nous à l'œuvre immédiatement. —

Ils sortent.

SCÈNE II.

[Une salle dans le palais de Léonato.]

Entrent LÉONATO et ANTONIO.

LÉONATO.

Eh bien, frère? où est mon neveu, votre fils? S'est-il procuré la musique?

ANTONIO.

Il s'en occupe activement. Mais, frère, je vais vous dire des nouvelles auxquelles vous ne songiez guère.

LÉONATO.

Sont-elles bonnes?

ANTONIO.

C'est selon le coin auquel l'événement les frappera; jusqu'ici, elles ont bonne apparence, et elles sont brillantes. Le prince et le comte Claudio, se promenant dans une allée touffue de mon parc, ont été entendus par un de mes gens. Le prince a confié à Claudio qu'il aimait ma nièce, votre fille, et qu'il se proposait de lui faire une déclaration ce soir, au bal; il a ajouté que, s'il obtenait son consentement, il saisirait l'occasion aux cheveux et s'en ouvrirait immédiatement à vous.

LÉONATO.

Le garçon qui vous a dit ça a-t-il quelque intelligence?

ANTONIO.

C'est un gaillard très-fin. Je vais l'envoyer chercher, et vous le questionnerez vous-même.

LÉONATO.

Non! non! traitons la chose comme un rêve, jusqu'à ce qu'elle se réalise... Mais je désire la faire savoir à ma fille, afin qu'elle soit bien préparée pour la réponse, si par aventure la nouvelle était vraie. Allez lui en parler, vous.

Diverses personnes traversent le théâtre ; Léonato leur adresse successivement la parole.

Cousins, vous savez ce que vous avez à faire... Oh! je vous demande bien pardon, mon ami : venez avec moi, et je vais employer vos talents... Mes bons cousins, montrez tout votre zèle à cette heure urgente.

Ils sortent.

SCÈNE III.

[Une autre salle.]

Entrent don JUAN et CONRAD.

CONRAD.

Seriez-vous indisposé, monseigneur ? D'où vous vient cette tristesse sans mesure ?

DON JUAN.

Les causes qui la produisent étant sans mesure, ma tristesse est sans limite.

CONRAD.

Vous devriez écouter la raison.

DON JUAN.

Et quand je l'aurai écoutée, quel bienfait m'en reviendra-t-il ?

CONRAD.

Sinon un remède immédiat, du moins une patiente résignation.

DON JUAN.

Je m'étonne que toi, né, comme tu prétends l'être,

sous la constellation de Saturne, tu essaies d'appliquer un remède imaginaire à un mal incurable. Je ne sais pas cacher ce que je suis. J'ai bien le droit, quand j'en ai le sujet, d'être triste et de ne sourire aux plaisanteries de personne; quand j'ai faim, de manger et de n'attendre la permission de personne; quand j'ai sommeil, de dormir et de ne m'occuper des affaires de personne; quand je suis gai, de rire et de ne caresser l'humeur de personne.

CONRAD.

D'accord; mais vous ne devriez pas montrer pleinement vos impressions, avant de pouvoir le faire en maître. Vous vous êtes récemment soulevé contre votre frère, et il vous a tout nouvellement replacé dans sa faveur : or, vous ne pourrez y prendre vraiment racine que si vous maintenez le beau temps. Il faut que vous fassiez la saison nécessaire à votre récolte.

DON JUAN.

J'aimerais mieux être un ver sur une ronce qu'une rose épanouie dans sa faveur. Je m'accommode mieux d'être dédaigné de tous que de contraindre mes allures pour extorquer leur sympathie. S'il est impossible de dire que je suis un honnête homme flatteur, il sera du moins avéré que je suis un franc coquin. On me lâche avec une muselière! on me fait voler à l'attache! Eh bien, je suis décidé à ne pas chanter dans ma cage. Si j'étais démuselé, je mordrais; si j'avais ma liberté, je ferais ce qui me plairait. Jusque-là, laisse-moi être ce que je suis, et ne cherche pas à me changer.

CONRAD.

Ne pourriez-vous pas faire quelque emploi de votre mécontentement?

DON JUAN.

J'en fais tout l'emploi possible, car je ne fais rien

qu'avec lui... Qui vient ici ? Quelle nouvelle, Borachio ?

BORACHIO, entrant.

J'arrive d'un grand souper qui se donne là-bas. Le prince votre frère est traité royalement par Léonato, et je puis vous donner des nouvelles d'un mariage en projet.

DON JUAN.

Peut-il servir de patron pour bâtir quelque méchanceté ? Quel est le fou qui s'est ainsi fiancé à la tribulation ?

BORACHIO.

Eh bien, c'est le bras droit de votre frère.

DON JUAN.

Qui ? le précieux Claudio ?

BORACHIO.

Lui-même.

DON JUAN.

Un chevalier parfait ! Et l'autre ? et l'autre ? Sur qui a-t-il jeté les yeux ?

BORACHIO.

Eh ! sur Héro, la fille et l'héritière de Léonato.

DON JUAN.

Une poule assez précoce ! Comment as-tu su cela ?

BORACHIO.

J'étais occupé à brûler des parfums dans une salle mal aérée, quand le prince et Claudio sont arrivés, bras dessus, bras dessous, en conférence sérieuse : je me suis fourré derrière la tapisserie, et là je les ai entendus convenir entre eux que le prince rechercherait Héro comme pour lui-même, et que, quand il l'aurait obtenue, il la donnerait au comte Claudio.

DON JUAN.

Allons ! allons ! rendons-nous là-bas ! Ceci peut fournir un aliment à ma rancune. C'est à ce jeune parvenu que revient toute la gloire de ma chute. Si je puis le traverser par quelque chemin, je m'ouvre tous les chemins du bonheur. Je suis sûr de vous deux : vous m'assisterez ?

CONRAD.

Jusqu'à la mort, monseigneur.

DON JUAN.

Rendons-nous à ce grand souper : leur joie s'accroît de mon abaissement... Si le cuisinier pensait comme moi !... Irons-nous voir ce qu'il y a à faire ?

BORACHIO.

Nous suivrons votre seigneurie.

Ils sortent.

SCÈNE IV.

[Un salon attenant à la salle du bal.]

Entrent Léonato, Antonio, Héro, Béatrice, et d'autres. Léonato et Antonio ont un déguisement de bal, et tiennent un masque à la main.

LÉONATO.

Est-ce que le comte Juan n'était pas ici au souper ?

ANTONIO.

Je ne l'ai pas vu.

BÉATRICE.

Quel air aigre a ce gentilhomme ! Je ne puis jamais le voir sans me sentir le cœur serré pendant une heure.

HÉRO.

Il est de disposition fort mélancolique.

BÉATRICE.

Un homme accompli, ce serait celui qui tiendrait le milieu entre lui et Bénédict. L'un est trop comme une image, il ne dit rien : l'autre est trop comme le fils aîné de la maison, il bavarde toujours...

LÉONATO.

Ainsi la moitié de la langue du signor Bénédict dans la bouche du comte Juan, la moitié de la tristesse du comte Juan sur le visage du signor Bénédict...

BÉATRICE.

De plus une belle jambe, le pied sûr, un oncle et une bourse suffisamment garnie : avec tout cela, un homme pourra séduire n'importe quelle femme..., pouvu toutefois qu'il lui plaise.

LÉONATO.

Sur ma foi, nièce, jamais tu ne trouveras de mari, si tu as la parole aussi malicieuse.

ANTONIO.

Sous ce rapport, c'est une fille damnée.

BÉATRICE.

Être damné, c'est plus qu'être maudit. Ainsi j'ai trouvé le moyen d'amoindrir le mal envoyé par Dieu, car le proverbe dit : *A vache maudite, Dieu envoie courte corne.* Mais à vache damnée il n'en envoie pas.

LÉONATO.

Ainsi, parce que tu es damnée, Dieu ne t'enverra pas de cornes !

BÉATRICE.

Non, s'il ne m'envoie pas de mari. Et c'est la grâce que je lui demande à genoux matin et soir. Seigneur, je ne pourrais pas supporter un mari avec de la barbe au visage ; j'aimerais mieux coucher dans de la laine.

LÉONATO.

Tu pourrais tomber sur un mari imberbe.

BÉATRICE.

Qu'en pourrais-je faire ? L'habiller de mes robes, et le prendre pour femme de chambre ? Celui qui a de la barbe est plus qu'un jouvenceau, et celui qui n'en a pas est moins qu'un homme. Or, celui qui est plus qu'un jouvenceau n'est pas pour moi; et celui qui est moins qu'un homme, je ne suis pas pour lui. Aussi je consens à prendre pour douze sols toute la ménagerie des barbus, et à conduire tous ces singes-là en enfer.

LÉONATO.

Eh bien, tu iras donc en enfer.

BÉATRICE.

Non, seulement jusqu'à la porte! Là le diable viendra au-devant de moi avec des cornes sur la tête, comme un vieux cocu qu'il est, et il me dira : *Allez au ciel, Béatrice, allez au ciel, il n'y a pas de place ici pour vous autres vierges.* Sur ce, je lui remets mes singes, et je pars pour le ciel! Saint Pierre m'indique où demeurent les célibataires, et nous vivons là aussi gais que le jour est long.

ANTONIO, à Héro.

Eh bien, ma nièce, j'espère que vous, du moins, vous vous laisserez diriger par votre père.

BÉATRICE.

Oui, certes, c'est le devoir de ma cousine de faire la révérence, en disant : *Comme il vous plaira, mon père!*... Mais néanmoins, cousine, que ce soit un beau garçon! Sinon, faites une autre révérence et dites : *Mon père, comme il me plaira...*

LÉONATO, à Béatrice.

Allons, ma nièce, j'espère bien vous voir un jour pourvue d'un mari.

BÉATRICE.

Non, pas avant que Dieu ait fait les hommes d'un autre métal que la terre. N'est-il pas affligeant pour une femme d'être écrasée par un tas d'insolente poussière? de rendre compte de sa vie à une motte de méchante marne? Non, mon oncle, je n'y consens pas. Les fils d'Adam sont mes frères, et, vraiment, je regarde comme un péché de prendre un mari dans ma famille.

LÉONATO, à Héro.

Ma fille, souvenez-vous de ce que je vous ai dit. Si le prince vous fait une proposition pareille, vous savez votre réponse.

BÉATRICE.

Prenez-vous-en à la musique, cousine, si votre soupirant ne va pas en mesure. Pour peu que le prince aille trop vite, dites-lui qu'il y a temps pour toute chose, et cadencez bien votre réponse. Car, voyez-vous, Héro, la déclaration, la noce et le repentir se suivent comme la gigue écossaise, le menuet et le pas de cinq : la déclaration est ardente et vive comme la gigue écossaise, et tout aussi échevelée ; la noce est grave et digne comme le menuet antique et solennel ; et alors vient le repentir qui, avec ses mauvaises jambes, s'embrouille vite dans le pas de cinq, jusqu'à ce qu'il fasse la culbute dans le tombeau.

LÉONATO.

Ma nièce, vous voyez les choses en noir.

BÉATRICE.

J'ai de bons yeux, mon oncle : je puis apercevoir une église en plein jour.

LÉONATO.

Voici la bande joyeuse qui arrive. Frère, laissons-lui le champ libre.

Léonato et Antonio remettent leurs masques et se retirent à l'écart.

Entrent DON PEDRO, DON JUAN, CLAUDIO, BÉNÉDICT, BALTHAZAR, BORACHIO, MARGUERITE, URSULE et autres personnages, tous masqués.

DON PEDRO, abordant Héro.

Madame, voudrez-vous vous promener avec un amoureux?

HÉRO.

Pourvu qu'on marche doucement, qu'on regarde gentiment et qu'on né dise rien, je consens à me promener, surtout si c'est pour aller dehors.

DON PEDRO.

Avec moi pour compagnon?

HÉRO.

Je vous le dirai quand cela me plaira.

DON PEDRO.

Et quand vous plaira-t-il de me le dire?

HÉRO.

Quand vos traits me plairont. Car Dieu veuille que le luth ne ressemble pas à l'étui!

DON PEDRO.

Mon masque est le toit de Philémon : Jupiter est dessous.

HÉRO.

Alors votre masque devrait être en chaume.

DON PEDRO.

Parlez bas, si vous parlez amour.

Ils s'éloignent.

Balthazar et Marguerite passent sur le devant du théâtre, causant.

BALTHAZAR.

Ah! je souhaite que vous m'aimiez.

MARGUERITE.

Je ne le souhaite pas, pour vous-même, car j'ai bien des défauts.

BALTHAZAR.

Dites-en un.

MARGUERITE.

Je dis mes prières tout haut.

BALTHAZAR.

Je ne vous en aime que plus! Vos fidèles n'auront qu'à crier amen.

MARGUERITE.

Dieu m'accorde un bon danseur!

BALTHAZAR.

Amen.

MARGUERITE.

Et que Dieu le tienne éloigné de ma vue, une fois la danse finie!... Allons! mon clerc, votre réplique!

BALTHAZAR.

Plus un mot! le clerc a eu sa réplique!

Ils s'éloignent.

Antonio et Ursule passent, en causant.

URSULE.

Je vous reconnais bien : vous êtes le signor Antonio.

ANTONIO.

En un mot, non.

URSULE.

Je vous reconnais à votre branlement de tête.

ANTONIO.

A vous dire vrai, je le contrefais.

URSULE.

Vous ne pourriez pas l'imiter aussi horriblement bien, si vous n'étiez le personnage même. Voici exactement sa main sèche. Vous êtes lui, vous êtes lui!

ANTONIO.

En un mot, non.

URSULE.

Allons! allons! Croyez-vous que je ne vous reconnaisse pas à votre excellent esprit? Est-ce que le mérite peut se cacher? Ne niez plus, vous êtes Antonio; les grâces se décèlent toujours, et voilà qui suffit.

Ils s'éloignent.

SCÈNE IV.

Bénédict et Béatrice, qui ont causé tous deux depuis le commencement de la scène, viennent en se promenant sur le devant du théâtre.

BÉATRICE.

Vous ne voulez donc pas me dire qui vous a dit ça?

BÉNÉDICT.

Non. Vous me pardonnerez.

BÉATRICE.

Ni me dire qui vous êtes?

BÉNÉDICT.

Pas maintenant.

BÉATRICE.

Que je fais la dédaigneuse; et que je tire tout mon esprit des *Cent nouvelles nouvelles!* Eh bien! c'est le signor Bénédict qui a dit ça.

BÉNÉDICT.

Qu'est-ce que ce Bénédict?

BÉATRICE.

Je suis sûre que vous le connaissez suffisamment.

BÉNÉDICT.

Pas du tout, croyez-moi.

BÉATRICE.

Est-ce qu'il ne vous a jamais fait rire.

BÉNÉDICT.

Voyons, dites-moi ce qu'il est.

BÉATRICE.

Eh bien, c'est le bouffon du prince; un fou fort assommant! Le seul don qu'il ait est de débiter d'impossibles calomnies; il n'y a que les libertins qui le prennent en goût, et encore ce n'est pas à son esprit qu'il doit son succès, c'est à sa méchanceté : car il amuse les hommes en même temps qu'il les fâche; aussi, ils commencent par rire de lui et ils finissent par le battre. Je suis sûre qu'il louvoie par ici; je voudrais qu'il m'abordât.

BÉNÉDICT.

Quand je connaîtrai ce gentilhomme, je lui répéterai ce que vous dites.

BÉATRICE.

Faites, faites. Il lâchera une ou deux comparaisons contre moi, et si, par aventure, personne ne le remarque ou n'en rit, cela suffira pour le frapper de mélancolie, et ce sera pour ce soir une aile de perdrix d'épargnée, car le fou n'en soupera pas.

L'orchestre se fait entendre dans la salle de bal. Toute la procession des invités se dirige vers la porte.

BÉATRICE, entraînant Bénédict.

Suivons nos chefs de file.

BÉNÉDICT.

Dans toute chose bonne.

BÉATRICE.

Certainement. S'ils nous menaient au mal, je les quitterais au prochain détour.

Air de danse. Tous sortent, excepté don Juan, Claudio et Borachio.

DON JUAN.

Pour sûr, mon frère est amoureux d'Héro : il a pris son père à part pour s'en ouvrir à lui. Toutes les dames ont suivi Héro, et il ne reste plus qu'un masque.

BORACHIO.

C'est Claudio : je reconnais sa tournure.

DON JUAN, s'avançant vers Claudio.

N'êtes-vous pas le signor Bénédict?

CLAUDIO.

Lui-même : vous me reconnaissez bien.

DON JUAN.

Signor, vous êtes l'ami fort intime de mon frère. Il s'est amouraché d'Héro. Je vous en prie, tâchez de le détourner d'elle. Elle n'est pas d'une naissance égale à la sienne. Vous pouvez prendre là le rôle d'un honnête homme.

CLAUDIO.

Comment savez-vous qu'il l'aime.

DON JUAN.

Je l'ai entendu lui jurer son affection.

BORACHIO.

Et moi aussi; et il lui jurait de l'épouser cette nuit.

DON JUAN.

Allons, rejoignons la fête.

Don Juan et Barachio sortent.

CLAUDIO, seul.

— Ainsi, je réponds sous le nom de Bénédict, — mais c'est avec l'oreille de Claudio que j'entends cette triste nouvelle. — Voilà qui est certain : le prince la courtise pour son compte. — L'amitié est constante en toute chose, — excepté dans les intérêts et les affaires d'amour. — En amour, tout cœur doit être son propre interprète, — tout regard doit parler pour lui-même, — et ne se fier à aucun agent : car la beauté est une sorcière — sous les charmes de laquelle la bonne foi se fond en convoitise ; — c'est là un accident de continuelle occurence, — dont je ne me suis pas défié. Adieu donc, Héro ! —

Bénédict revient.

BÉNÉDICT.

Le comte Claudio ?

CLAUDIO.

Lui-même.

BÉNÉDICT.

Allons, voulez-vous venir avec moi ?

CLAUDIO.

Où ?

BÉNÉDICT.

Au saule pleureur le plus prochain, pour affaire qui vous concerne, comte. De quelle façon porterez-vous votre couronne? Autour du cou, comme une chaîne d'usurier? ou sous le bras, comme une écharpe de lieutenant? Il faut que vous en portiez, de manière ou d'autre : car le prince a conquis votre Héro.

CLAUDIO.

Je lui souhaite beaucoup de jouissance avec elle.

BÉNÉDICT.

Voilà vraiment le langage des bons bouviers : c'est là leur mot quand ils vendent un taureau. Mais croyez-vous que le prince vous aurait servi ainsi?

CLAUDIO, impatienté.

Je vous en prie, laissez-moi.

BÉNÉDICT.

Oui-dà, vous frappez comme l'aveugle : c'est un gamin qui a volé votre dîner, et vous battez le poteau!

CLAUDIO.

Si ce n'est pas vous, c'est moi qui sortirai.

Il s'en va.

BÉNÉDICT.

Hélas! pauvre oiseau blessé! Le voilà qui va se réfugier dans les joncs... Mais que madame Béatrice m'ait ainsi désigné sans me reconnaître! Le bouffon du prince! Ah! je pourrais bien avoir vraiment ce sobriquet-là : je suis si gai!... Mais non, je suis trop prompt à me faire injure : je n'ai pas une telle réputation : Béatrice a cette habitude fort vulgaire, quoique fort ridicule, de prendre sa personne pour le monde entier, et c'est elle seule qui m'appelle ainsi. C'est bon. Je me vengerai comme je pourrai.

DON PEDRO revient.

SCÈNE IV.

DON PEDRO, à Bénédict.

Dites-moi, signor, où est le comte? L'avez-vous vu?

BÉNÉDICT.

Ma foi, monseigneur, je viens de jouer pour lui le rôle de dame Renommée. Je l'ai trouvé aussi mélancolique qu'une guérite dans un bois. Je lui ai dit, et je pense lui avoir dit vrai, que votre altesse avait obtenu les bonnes grâces de cette demoiselle; et je lui ai offert de l'accompagner jusqu'à un saule, soit pour lui tresser une couronne, comme à un pauvre délaissé, soit pour lui faire une poignée de verges comme ayant mérité le fouet.

DON PEDRO.

Le fouet! Quelle est sa faute?

BÉNÉDICT.

Le tort d'un écolier niais qui, dans sa joie d'avoir trouvé un nid, le montre à son camarade qui le vole.

DON PEDRO.

Prétends-tu faire d'un acte de confiance un tort? Tout le tort est au voleur.

BÉNÉDICT.

Pourtant il n'eût pas été mal de préparer les verges et la couronne; car, la couronne, Claudio l'aurait prise pour lui-même, et les verges, il les aurait réservées pour vous qui, je le crois, lui avez volé son nid.

DON PEDRO.

J'ai voulu simplement apprendre à chanter à l'oiseau, pour le restituer ensuite à son vrai maître.

BÉNÉDICT.

Si son chant ne dément pas votre langage, ma foi, vous avez honnêtement parlé.

DON PEDRO.

Madame Béatrice vous en veut. Le gentilhomme qui dansait avec elle lui a dit qu'elle était grandement desservie par vous.

BÉNÉDICT.

Oh! c'est elle qui m'a maltraité à lasser la patience d'une bûche! Un chêne, n'ayant plus qu'une feuille verte, lui aurait répliqué. Mon masque même commençait à prendre vie et à maugréer contre elle. Elle m'a dit, sans penser qu'elle s'adressait à moi, que j'étais le bouffon du prince! que j'étais plus ennuyeux qu'un grand dégel!... Elle m'a lancé railleries sur railleries avec une si impossible dextérité, que je restais coi, comme l'homme à la cible visé par toute une armée. Elle parle des poignards, et chaque mot frappe. Si son haleine était aussi terrible que ses épithètes, il n'y aurait pas moyen de vivre auprès d'elle, elle infecterait jusqu'à l'étoile du Nord. Je ne voudrais pas l'épouser quand elle aurait en dot tout l'héritage d'Adam avant la faute. Elle aurait fait tourner la broche à Hercule... oui, et elle lui aurait fait fendre sa massue pour allumer le feu. Allez, ne parlez plus d'elle. Vous découvrirez que c'est l'infernale Mégère en grande toilette. Plût à Dieu que quelque savant l'exorcisât! Car, certainement, tant qu'elle sera dans ce monde, on pourra vivre en enfer aussi tranquille que dans un lieu saint, et les gens pécheront tout exprès pour y aller. C'est que, vraiment, il n'est pas de désordre, pas d'horreur, pas de discorde qu'elle ne traîne après elle.

DON PEDRO, apercevant Béatrice.

Tenez, la voici qui vient.

BÉNÉDICT.

Votre altesse voudrait-elle me donner du service au bout du monde? Je suis prêt à aller aux Antipodes pour la moindre commission qu'elle puisse imaginer de me confier. J'irai lui chercher un curedent au dernier pouce de terre de l'Asie; je lui apporterai la mesure du pied du Lama; j'irai lui chercher un poil de la barbe du grand

Cham : je remplirai quelque ambassade chez les Pygmées, plutôt que de supporter trois mots de conférence avec cette harpie. Vous n'avez pas d'emploi pour moi ?

DON PEDRO.

Aucun ; je ne veux que votre bonne compagnie.

BÉNÉDICT.

O Dieu ! voici un plat que je n'aime pas, seigneur : je ne puis pas supporter cette maîtresse langue.

Il sort.

Entrent BÉATRICE, HÉRO, CLAUDIO et LÉONATO.

DON PEDRO, à Béatrice.

Allons, belle dame, allons, vous avez perdu le cœur du signor Bénédict.

BÉATRICE.

Il est vrai, monseigneur, qu'il me l'avait prêté pour quelque temps : et moi, je lui avais donné, en guise d'intérêt, un cœur double pour ce simple cœur. Mais, ma foi, il me l'a regagné avec des dés pipés. Votre altesse a donc raison de dire que je l'ai perdu.

DON PEDRO.

Vous l'avez terrassé, madame, vous l'avez terrassé.

BÉATRICE.

Je ne voudrais pas qu'il m'en fît autant, monseigneur, j'aurais peur de devenir mère d'une famille de fous... Je vous amène le comte Claudio que vous m'aviez envoyé chercher.

DON PEDRO, à Claudio.

Eh bien, qu'avez-vous, comte ? Pourquoi êtes-vous triste ?

CLAUDIO.

Je ne suis pas triste, monseigneur.

DON PEDRO.

Vous êtes donc malade ?

CLAUDIO.

Non plus, monseigneur.

BÉATRICE.

Le comte n'est ni triste, ni malade ; ni gai, ni bien portant. C'est un seigneur civilisé... comme une orange de Séville : sa mine jalouse en a un peu la couleur.

DON PEDRO.

En vérité, madame, je crois que votre portrait est juste ; mais, s'il en est ainsi, je jure qu'il est dans l'erreur... Tiens, Claudio, j'ai fait ma cour en ton nom, et la belle Héro est conquise ; je m'en suis expliqué avec son père, et j'ai obtenu son consentement. Fixe le jour du mariage, et que Dieu t'accorde la joie !

LÉONATO.

Comte, prenez ma fille, et avec elle ma fortune.

Montrant le prince.

C'est sa grâce qui a fait cette union, et toutes les grâces la béniront.

BÉATRICE.

Parlez donc, comte ! A vous la réplique !

CLAUDIO.

Le silence est le plus éloquent héraut de la joie. Mon bonheur ne serai pas bien grand, si je pouvais dire combien il l'est...

A Héro.

Madame, je suis à vous, comme vous êtes à moi. Je me donne en retour de vous, et je raffolle de l'échange.

BÉATRICE, à Héro.

Parlez donc, cousine : ou, si vous ne pouvez pas, fermez lui la bouche avec un baiser, pour qu'il n'ait plus rien à dire.

DON PEDRO, à Béatrice.

En vérité, belle dame, vous avez le cœur joyeux.

SCÈNE IV.

BÉATRICE.

Oui, monseigneur : je l'en remercie, le pauvre hère, il louvoie bien contre le souci...

Montrant Héro qui cause avec Claudio.

Ma cousine lui dit à l'oreille qu'elle le porte dans son cœur.

CLAUDIO, se retournant vers Béatrice.

Vous avez deviné, cousine.

BÉATRICE.

Vive le mariage !... Ainsi, tout le monde se met en ménage, excepté moi. Moi seule, je reste à la belle étoile. Je n'ai plus qu'à m'asseoir dans un coin, et qu'à crier : « Un mari, s'il vous plaît ! »

DON PEDRO.

Madame Béatrice, vous en aurez un de ma façon.

BÉATRICE.

J'en aimerais mieux un de la façon de votre père. Votre grâce n'a-t-elle pas un frère qui lui ressemble ? Les enfants de votre père seraient d'excellents maris pour des filles de leur rang.

DON PEDRO.

Voulez-vous de moi, belle dame ?

BÉATRICE.

Non, monseigneur, à moins que je n'en aie un autre pour les jours ouvrables. Votre grâce est trop magnifique pour être portée chaque jour... Mais je supplie votre grâce de me pardonner. Je suis née pour ne dire que des folies sans conséquence.

DON PEDRO.

C'est votre silence qui me déplairait, et la joie est ce qui vous va le mieux. Oui, sûrement vous êtes née dans une heure joyeuse.

BÉATRICE.

Non, certes, monseigneur, car ma mère criait fort ;

mais alors il y avait une étoile qui dansait, et c'est sous cette étoile que je suis née... Cousins, Dieu vous tienne en joie !

LÉONATO.

Nièce, voudrez-vous veiller à ce que je vous ai dit?

BÉATRICE.

Ah! je vous demande pardon, mon oncle...
 A Don Pedro.
Votre grâce m'excusera.

          Elle sort.

DON PEDRO.

Voilà, sur ma parole, une femme de plaisante humeur.

LÉONATO.

L'élément mélancolique existe peu en elle, monseigneur; elle n'est jamais sérieuse que quand elle dort, et même alors elle ne l'est pas toujours : car j'ai ouï dire à ma fille que souvent Béatrice, au milieu d'un mauvais rêve, se réveillait avec des éclats de rire.

DON PEDRO.

Elle ne peut pas souffrir qu'on lui parle de mari.

LÉONATO.

Oh! pas du tout. La moqueuse décourage tous ses galants.

DON PEDRO.

Ce serait une excellente femme pour Bénédict.

LÉONATO.

Seigneur Dieu! Monseigneur, il ne seraient pas mariés depuis huit jours qu'ils se chamailleraient à devenir fous.

DON PEDRO.

Comte Claudio, quand entendez-vous aller à l'église?

CLAUDIO.

Demain, monseigneur. Le temps marche sur des béquilles, jusqu'à ce que l'amour ait vu tous ses rites accomplis.

LÉONATO.

Non! pas avant de lundi en huit, mon cher fils. C'est encore un temps bien court pour que tous les apprêts répondent à mes désirs.

DON PEDRO.

Allons! ce délai de longue haleine vous fait secouer la tête à tous deux. Mais je te garantis, Claudio, que le temps ne se passera pas tristement pour nous. Je veux, dans l'intervalle, entreprendre un des travaux d'Hercule : il s'agira d'amener le signor Bénédict et la dame Béatrice à une montagne d'affection réciproque. Je voudrais faire ce mariage, et je ne doute pas de le former, si vous voulez tous trois prêter assistance à mon plan.

LÉONATO.

Monseigneur, je suis à vous, dût-il m'en coûter dix nuits de veille.

CLAUDIO.

Et moi aussi, monseigneur.

DON PEDRO.

Et vous aussi, gentille Héro?

HÉRO.

J'accepte tous les emplois convenables, monseigneur, pour donner ma cousine à un bon mari.

DON PEDRO.

Bénédict n'est pas, que je sache, le moins attrayant des maris; c'est une justice que je puis lui rendre : il est de noble race, d'une valeur éprouvée, et d'une loyauté reconnue. Je vous indiquerai comment il faudra circonvenir votre cousine, pour qu'elle s'éprenne de Bénédict...

Se tournant vers Claudio et vers Léonato.

Et moi, aidé de vous deux, j'agirai si bien sur Bénédict, qu'en dépit des boutades de son esprit et des répugnances de son cœur, il s'éprendra de Béatrice. Si nous faisons cela, Cupidon n'est plus un archer près de nous : sa gloire nous appartiendra, et nous seuls serons dieux d'amour. Venez avec moi, et je vous dirai mon projet.

Ils sortent.

Entrent Don Juan et Borachio.

DON JUAN.

C'est décidé : le comte Claudio épousera la fille de Léonato.

BORACHIO.

Oui, monseigneur ; mais je puis empêcher cela.

DON JUAN.

Tout obstacle, tout empêchement, toute entrave sera un soulagement pour moi. Je suis malade d'aversion pour cet homme ; tout ce qui traversera ses désirs secondera les miens. Comment peux-tu empêcher ce mariage ?

BORACHIO.

Pas par une voie honnête, monseigneur, mais par une voie si couverte, qu'on ne verra en moi rien de déshonnête.

DON JUAN.

Indique-moi vite comment.

BORACHIO.

Je crois avoir dit à votre seigneurie, il y a un an, à quel point je suis dans les faveurs de Marguerite, la suivante d'Héro.

DON JUAN.

Je m'en souviens.

BORACHIO.

Je puis, à telle heure indue de la nuit, la poster en évidence à la fenêtre de sa maîtresse.

DON JUAN.

Que vois-tu là qui soit de force à tuer ce mariage ?

SCÈNE IV.

BORACHIO.

C'est à vous de composer le poison. Allez trouver le prince votre frère; n'hésitez pas à lui dire qu'il a compromis son honneur en mariant l'illustre Claudio, que vous vanterez hautement, à une catin tarée comme Héro.

DON JUAN.

Quelle preuve donnerai-je de cela?

BORACHIO.

Une preuve suffisante pour abuser le prince, torturer Claudio, perdre Héro et tuer Léonato! Vous faut-il un autre résultat?

DON JUAN.

Rien que pour les dépiter, je tenterais n'importe quoi.

BORACHIO.

Marchez donc! Trouvez-moi un bon moment pour prendre à part don Pedro et le comte Claudio. Dites-leur que vous êtes sûr que je suis aimé d'Héro. Affectez une sorte de zèle et pour le prince et pour Claudio; prétendez que, si vous avez fait une pareille révélation, c'est que vous étiez inquiet pour l'honneur de votre frère, auteur de cette alliance, et pour la réputation de son ami, ainsi exposé à être dupé par une fausse vertu. Ils auront peine à vous croire sans preuve convaincante. Comme présomption, offrez-leur de venir me voir à la fenêtre de la belle. Là ils m'entendront appeler Marguerite Héro, et ils entendront Marguerite m'appeler Borachio. Amenez-les voir ça, la nuit même qui précédera la noce projetée. D'ici là je ferai en sorte qu'Héro s'absente; et la preuve de sa déloyauté paraîtra si concluante que le soupçon passera pour certitude, et que tous leurs projets seront renversés.

DON JUAN.

Advienne que pourra, je veux exécuter ton idée. Mets en œuvre toutes tes ruses, et il y a mille ducats pour toi.

BORACHIO.

Persistez bien dans l'accusation, et ma ruse ne sera pas en défaut.

DON JUAN.

Je vais immédiatement m'informer du jour de leur mariage.

Ils sortent.

SCÈNE V.

[Le jardin de Léonato.]

Entre BÉNÉDICT, suivi d'un PAGE.

BÉNÉDICT.

Page !

LE PAGE.

Signor ?

BÉNÉDICT.

Sur la fenêtre de ma chambre il y a un livre qui traîne ; apporte-le-moi ici dans le verger.

LE PAGE.

J'y suis, monsieur.

BÉNÉDICT.

Je sais cela : ce que je veux, c'est que tu t'en ailles d'ici et que tu y reviennes.

Le page sort.

Je m'étonne qu'un homme, ayant vu le ridicule de tous ceux qui se consacrent à l'amour, après avoir ri des folles niaiseries des autres, puisse servir de thème à ses propres railleries, en devenant amoureux ; et pourtant tel est Claudio. J'ai vu le temps où il n'y avait pas pour lui d'autre musique que le tambour et le fifre ; et maintenant il leur préfère le tambourin et les pipeaux. J'ai vu le temps où il aurait fait dix mille à pied pour voir une bonne armure; et maintenant il tourne au pédant; sa conversation est un banquet fantasque où chaque mot est un mets étrange. Se pourrait-il qu'ayant toujours les yeux que voici, je subisse pareille fascination? Je ne puis rien dire, mais je ne le crois pas. Je ne jurerais pas qu'il est impossible à l'amour de me transformer en huître; mais je fais le serment qu'avant d'avoir fait de moi une huître, il ne fera jamais de moi un fou pareil. Une femme est jolie, je n'en suis pas plus mal; une autre est spirituelle, je n'en suis pas plus mal; une troisième vertueuse, je n'en suis toujours pas plus mal. Il n'est pas de femme qui puisse trouver grâce devant moi, jusqu'à ce que toutes les grâces soient rassemblées dans une femme unique. Celle-ci devra être riche, c'est certain; spirituelle, ou je ne voudrai pas d'elle; vertueuse, ou je ne la marchanderai jamais; jolie, ou je ne la regarderai jamais; douce, ou elle ne m'approchera pas; noble, ou je ne la prends pas, fût-elle un ange! avec cela, d'une élocution parfaite, excellente musicienne; et quand à ses cheveux, ils devront être de la couleur que Dieu leur aura donnée... Ah! Voici le prince et monsieur Cupidon! Cachons-nous sous cette tonnelle.

Il se retire à l'écart.

Entrent Don PEDRO, LÉONATO et CLAUDIO, puis BALTHAZAR et des musiciens.

DON PEDRO.

— Eh bien! entendrons-nous cette musique?

CLAUDIO.

— Oui, mon bon seigneur... Comme la soirée est calme! — On dirait que par son silence elle veut préluder à l'harmonie!

DON PEDRO, bas, à Claudio.

— Voyez-vous où Bénédict s'est caché?

CLAUDIO.

— Oh! très-bien, monseigneur; la musique finie, — nous aurons bon marché de ce renard-là.

DON PEDRO.

— Allons, Balthazar, répète-nous cette chanson.

BALTHAZAR.

— Oh! mon bon seigneur, ne forcez pas une si mauvaise voix — à calomnier plus d'une fois la musique.

DON PEDRO.

— Le talent se dénonce par cela même — qu'il dissimule ses perfections. — Je t'en conjure, chante, ne te fais pas prier plus longtemps.

BALTHAZAR.

— Puisque vous parlez de prière, je vais chanter. — N'a-t-on pas vu plus d'un galant faire la cour — à celle qu'il en croit indigne? Et il la prie pourtant! — Et pourtant il lui jure qu'il l'aime?

DON PEDRO.

Allons, commence. — Ou, si tu veux nous tenir un plus long discours, — note-le.

BALTHAZAR.

Avant d'écouter mes notes, notez — que pas une de mes notes ne vaut la peine d'être notée.

DON PEDRO.

— Ce garçon-là ne parle qu'entre parenthèses : — tout ce qu'il dit est en note. —

La musique commence.

BÉNÉDICT, bas à l'écart.

Tout à l'heure, la musique sera « divine! » son âme en est déjà ravie... N'est-il pas étrange que des boyaux de mouton puissent ainsi enlever l'âme du corps des hommes?... Peut-on payer si cher des cornes, muse!

BALTHAZAR, chantant.

Assez de soupirs, belles, assez de soupirs!
Les hommes furent trompeurs toujours :

SCÈNE V.

Un pied à la mer, un pied sur la rive,
 Jamais fidèles à la même chose!
   Donc ne soupirez plus,
   Et laissez-les aller.
 Soyez pimpantes et gaies.
 Finissez tous vos airs lugubres
   En tra la la!
Ne chantez plus, non, ne chantez plus
 D'élégies si tristes, si pénibles.
La fraude des hommes fut toujours la même.
 Depuis la feuille du premier été.
   Donc ne soupirez plus, etc.

DON PEDRO.

Sur ma parole, voilà une bonne chanson.

BALTHAZAR.

Et un mauvais chanteur, mon prince.

DON PEDRO.

Oh! non! non, vraiment : tu chantes assez bien pour un amateur.

Il cause à voix basse avec Claudio.

BÉNÉDICT, à part.

Si un chien avait hurlé ainsi, on l'aurait pendu : je prie Dieu que ce vilain chant ne présage pas de malheur. J'aurais autant aimé entendre la chouette, quelque désastre qui s'en fût suivi.

DON PEDRO, à Claudio.

Bonne idée, pardieu!... Écoute-moi, Balthazar. Procure-nous, je te prie, un excellent orchestre : car demain soir nous voulons le faire jouer sous la fenêtre de madame Héro.

BALTHAZAR.

Je ferai de mon mieux, seigneur.

DON PEDRO.

C'est bon ; adieu.

Balthazar et les musiciens sortent.

Approchez, Léonato. Que me disiez-vous donc tantôt? Que votre nièce Béatrice est amoureuse du signor Bénédict?

CLAUDIO, à part, à don Pedro.

Oh! à l'affût! à l'affût! l'oiseau est posé!

Haut.

Je n'aurais jamais cru que cette personne pût aimer un homme.

LÉONATO.

Ni moi non plus. Mais le plus surprenant, c'est qu'elle raffole ainsi du signor Bénédict, que dans tous ses procédés apparents elle a toujours semblé détester.

BÉNÉDICT, à part.

Est-il possible? Le vent soufflerait-il de ce côté?

LÉONATO.

Ma foi, monseigneur, je ne sais qu'en penser : qu'elle l'aime de cette affection enragée, cela me passe.

DON PEDRO.

Ce n'est peut-être qu'un jeu.

CLAUDIO.

Oui, c'est probable.

LÉONATO.

Un jeu, Dieu du ciel! Alors jamais passion jouée n'a ressemblé plus visiblement à une passion réelle!

DON PEDRO.

Comment! Quels symptômes de passion montre-t-elle?

CLAUDIO, bas.

Amorcez bien l'hameçon; le poisson va mordre.

LÉONATO.

Quels effets, monseigneur? Elle vous restera assise...

A Claudio.

Ma fille vous a dit comment.

CLAUDIO.

Oui, certes,

DON PEDRO.

Comment? dites-moi donc comment? Vous m'intriguez. J'aurais cru son cœur inaccessible à toutes les attaques de l'amour.

LÉONATO.

Je l'aurais juré, monseigneur : surtout à celles de Bénédict.

BÉNÉDICT, à part.

Je prendrai la chose pour une duperie, si elle n'était pas dite par le bonhomme à barbe blanche, à coup sûr la fourberie ne peut se cacher sous tant de majesté.

CLAUDIO, bas.

Il a mordu : enlevez !

DON PEDRO.

A-t-elle fait connaître son affection à Bénédict?

LÉONATO.

Non, elle a juré de ne jamais le faire : c'est là sa torture.

CLAUDIO.

C'est parfaitement vrai ; votre fille le déclare : *Quoi!* dit-elle, *après l'avoir si souvent accablé de mes dédains, je lui écrirais que je l'aime!*

LÉONATO.

C'est ce qu'elle dit, chaque fois qu'elle se met à lui écrire. Car il lui arrivera de se lever vingt fois dans une nuit, et de rester assise en chemise, jusqu'à ce qu'elle ait écrit une page... Ma fille nous a tout dit.

CLAUDIO.

Vous parlez de page écrite : cela me rappelle une plaisante histoire qu'elle nous a racontée...

LÉONATO.

Oh! oui. Une fois qu'elle avait fermé sa lettre, elle voulut la relire, et, sous la couverture, elle trouva Bénédict et Béatrice pliés l'un sur l'autre !

CLAUDIO.

Justement.

LÉONATO.

Oh! alors elle déchira le billet en mille morceaux, se reprochant d'avoir été assez immodeste pour écrire à un homme qui, elle le savait bien, se moquerait d'elle : *Je mesure son sentiment sur le mien*, dit-elle, *eh bien, je me rirais de lui, s'il m'écrivait, oui, bien que je l'aime, je rirais.*

CLAUDIO.

Sur ce, elle tombe à genoux, pleure, sanglote, se frappe le cœur, s'arrache les cheveux, et joint aux prières les imprécations : *O mon doux Bénédict!... Que Dieu m'accorde la patience!*

LÉONATO.

Voilà la vérité, à ce que dit ma fille. Et elle est en proie à une telle exaltation, que parfois elle a peur de commettre sur elle-même quelque attentat de désespoir. C'est certain.

DON PEDRO.

Il serait bon que Bénédict sût cela par un autre, si elle ne veut pas elle-même le lui révéler.

CLAUDIO.

A quoi bon? Il s'en ferait un jeu, et il n'en tourmenterait que plus cruellement la pauvre fille.

DON PEDRO.

S'il agissait ainsi, ce serait charité de le pendre ; une femme si charmante! Une vertu au-dessus de tout soupçon!

CLAUDIO.

Et puis, une raison supérieure!

DON PEDRO.

En tout, excepté dans cet amour pour Bénédict.

LÉONATO.

Ah! monseigneur, quand la raison et la passion combattent dans une nature aussi tendre, nous avons dix preuves pour une, que la passion est la plus forte. J'en suis désolé pour elle à juste titre, étant à la fois son oncle et son tuteur.

DON PEDRO.

Si c'était à moi qu'elle eût accordé cet amour, j'aurais rejeté toute autre considération, et j'aurais fait d'elle la moitié de moi-même.

A Léonato.

Je vous en prie, parlez-en à Bénédict, et sachons ce qu'il dira.

LÉONATO.

Serait-ce utile, croyez-vous?

CLAUDIO.

Héro pense que sûrement sa cousine en mourra : car Béatrice dit qu'elle mourra si Bénédict ne l'aime pas, et elle mourra plutôt que de lui révéler son amour ; enfin, s'il lui fait la cour, elle aimera mieux mourir que de rabattre un mot de son ironie accoutumée.

DON PEDRO.

Elle a raison. Si elle lui faisait l'offre de son amour, il serait très-possible qu'il la rebutât : car l'homme, vous le savez tous, est d'humeur sardonique.

CLAUDIO.

Oh! c'est un homme fort convenable.

DON PEDRO.

Il a, il est vrai, une physionomie heureuse.

CLAUDIO.

Oui, pardieu! et, à mon avis, un grand sens.

DON PEDRO.

Il laisse échapper, il est vrai, quelques étincelles qui ressemblent à de l'esprit.

LÉONATO.

Et puis je le crois vaillant.

DON PEDRO.

Comme Hector, je vous le certifie. Vous pouvez dire qu'il montre son esprit dans la conduite des querelles : en effet, ou il les évite avec une grande discrétion, ou il s'y engage avec une crainte toute chrétienne.

LÉONATO.

S'il craint Dieu, il faut nécessairement qu'il garde la paix; ou qu'ayant rompu la paix, il entre dans la querelle avec crainte et tremblement.

DON PEDRO.

Et c'est ainsi qu'il agit : car c'est un homme qui craint Dieu, quoiqu'on puisse croire le contraire par quelques grosses plaisanteries qu'il fera. N'importe, je plains beaucoup votre nièce. Irons-nous à la recherche de Bénédict, pour lui parler de cet amour?

CLAUDIO.

Ne lui en parlons pas, monseigneur. Qu'aidée de bons conseils, Béatrice s'arrache cet amour !

DON PEDRO.

Ah! c'est impossible : elle s'arracherait plutôt le cœur.

CLAUDIO.

Eh bien, nous reparlerons de cela avec votre fille : laissons la chose se refroidir en attendant. J'aime bien Bénédict, mais je souhaiterais que, par un examen modeste de lui-même, il vît combien il est indigne d'une femme si parfaite.

LÉONATO.

Voulez-vous venir, monseigneur? le dîner est prêt.

CLAUDIO, bas.

Si, après cela, il ne raffole pas d'elle, je ne veux plus compter sur rien.

SCÈNE V.

DON PEDRO, bas.

Maintenant, qu'on tende pour Béatrice le même filet : c'est l'affaire de votre fille et de sa suivante. Ce sera réjouissant quand chacun d'eux croira à la passion de l'autre, sans qu'il en soit rien, c'est une scène, toute de pantomime, que je veux voir. Envoyons Béatrice l'appeler pour dîner.

Sortent don Pedro, Claudio et Léonato.

BÉNÉDICT, sortant de sa cachette.

Ceci ne peut pas être une plaisanterie : la conversation était sérieuse... C'est d'Héro qu'ils tiennent le fait. Ils semblent plaindre Béatrice : il paraît que son affection est en pleine intensité. Elle m'aime! Allons, il faut qu'elle soit payée de retour... Je viens d'entendre à quel point je suis blâmé : ils disent que je ferai le dédaigneux, si je m'aperçois de son amour; ils disent aussi qu'elle mourra plutôt que de me donner aucun signe d'affection... Je n'ai jamais pensé à me marier... Je ne dois pas faire le fier... Heureux ceux qui s'entendent critiquer et qui sont mis à même de se corriger! Ils disent que la dame est jolie!... C'est une vérité dont je puis moi-même déposer; vertueuse... c'est vrai, je ne puis pas le contester; spirituelle, excepté dans son amour pour moi!... En effet, ce n'est pas de sa part un grand signe d'esprit..., ni une grande preuve de folie non plus, car je vais devenir horriblement amoureux d'elle... Il se peut qu'on casse encore sur moi quelque énorme sarcasme et quelque poignée d'ironies, parce que je me suis moqué si longtemps du mariage. Mais est-ce que les appétits ne changent pas? On aime dans sa jeunesse le plat qu'on ne peut souffrir sur ses vieux jours. Est-ce que des quolibets, des phrases, et toutes les boulettes de papier lancées par la cervelle, doivent faire reculer un homme de la carrière de son goût? Non, il faut que le monde soit peuplé. Quand j'ai dit que je mourrai garçon, je ne croyais pas devoir vivre jusqu'à ce que je fusse marié... Voici Béatrice qui vient. Par le jour! c'est une jolie femme... Je vais épier en elle quelques marques d'amour...

Entre BÉATRICE.

BÉATRICE.

Bon gré, mal gré, je suis envoyée pour vous dire de venir dîner.

BÉNÉDICT.

Jolie Béatrice, je vous remercie pour votre peine.

BÉATRICE.

Je n'ai pas pris plus de peine pour avoir ces remercîments que vous n'en prenez pour me remercier : si cela m'avait été si pénible, je ne serais pas venue.

BÉNÉDICT.

Vous prenez donc du plaisir à ce message?

BÉATRICE.

Oui, juste autant que vous en prendriez à égorger une grue avec la pointe d'un couteau... Vous n'avez pas d'appétit, signor? portez-vous bien.

Elle sort.

BÉNÉDICT.

Ah! *Bon gré, mal gré, je suis envoyée pour vous dire de venir dîner :* il y a là un double sens. *Je n'ai pas pris plus de peine pour avoir ces remercîments que vous n'en avez pris pour me remercier :* c'est me dire en d'autres termes : Toute peine que je prends pour vous est aussi aisée qu'un remercîment... Si je ne la prends pas en pitié, je suis un manant; si je ne l'aime pas, je suis un juif! Je vais me procurer son portrait.

Il sort.

SCÈNE VI.

[Une allée de parc.]

Entrent HÉRO, MARGUERITE et URSULE.

HÉRO.
— Bonne Marguerite, cours au salon ; — tu y trouveras ma cousine Béatrice — causant avec le prince et Claudio ; — insinue-lui à l'oreille que, moi et Ursule, — nous nous promenons dans le jardin, et que notre conversation — est tout entière sur elle ; dis-lui que tu nous as surprises ; — et engage-la à se glisser dans le bosquet en treillage — dont le chèvrefeuille, mûri par le soleil, — interdit au soleil l'entrée, pareil à ces favoris, — grandis par les princes, qui opposent leur grandeur — au pouvoir même qui l'a créée ! Dis-lui de s'y cacher — pour écouter nos propos : voilà ta mission, — remplis-la bien, et laisse-nous seules.

MARGUERITE.
— Je la ferai venir ici, je vous jure, immédiatement.
Elle sort.

HÉRO.
— Maintenant, Ursule, quand Béatrice sera venue, — il faudra qu'en nous promenant dans cette allée, — nous parlions uniquement de Bénédict ; — quand je le nommerai, ce sera ton rôle — de faire de lui le plus grand éloge que jamais homme ait mérité. — Moi, je dois me borner à te répéter que Bénédict — languit d'amour pour Béatrice : ainsi — est faite la flèche dangereuse du petit Cupidon — qu'elle blesse simplement par ouï-dire. Commence maintenant. — Car, tu vois, voici Béatrice qui, comme un vanneau, — rase la terre pour venir entendre ce que nous disons.

BÉATRICE entre et se cache dans un bosquet, de l'autre côté de la scène.

URSULE.

— Le plus grand plaisir de la pêche est de voir le poisson — fendre le flot d'argent de ses rames d'or — et mordre avidement à l'hameçon traître. — Ainsi, nous tendons la ligne à Béatrice qui vient — de se cacher à l'ombre du chèvrefeuille. — Soyez sans crainte, je jouerai bien mon rôle dans le dialogue.

HÉRO.

— Eh bien, rapprochons-nous d'elle, pour que son oreille ne perde rien — de la douce et perfide amorce que nous lui destinons.

Elles vont se placer près du bosquet, tout en causant.

— Non vraiment, Ursule, elle est trop dédaigneuse ; — crois-moi, elle est d'une humeur aussi farouche et aussi sauvage — que le faucon fauve des rochers.

URSULE.

Mais êtes-vous sûre — que Bénédict aime si profondément Béatrice ?

HÉRO.

— C'est ce que disent le prince et le seigneur, mon fiancé.

URSULE.

— Et ils vous ont chargée de lui en parler, madame ?

HÉRO.

— Ils m'ont priée de l'en instruire ; — mais je leur ai conseillé, s'ils aimaient Bénédict, — de l'engager à lutter contre cette affection, — sans jamais la faire connaître à Béatrice.

URSULE.

— Pourquoi cela ? Ce gentilhomme n'est-il pas — digne d'un lit aussi privilégié — que la couche de Béatrice ?

HÉRO.

— O Dieu d'amour! je sais qu'il est digne — de tout ce qui peut être accordé à un homme. — Mais la nature n'a jamais fait un cœur de femme — d'une étoffe plus fière que celui de Béatrice; — le dédain et la morgue étincellent dans ses yeux — qui méprisent tout ce qu'ils regardent, et son esprit — s'estime si haut que pour elle — toute autre chose est chétive : elle ne peut aimer, — ni concevoir aucune impression, aucune pensée affectueuse, — tant elle est éprise d'elle-même?

URSULE.

Je pense bien comme vous; — et conséquemment il ne serait pas bon sans doute — qu'elle connût l'amour de Bénédict : elle s'en ferait un jeu.

HÉRO.

— Oui, tu dis vrai. Je n'ai pas encore vu un homme, — si spirituel, si noble, si jeune, si parfaitement beau qu'il fût, — qu'elle n'ait repoussé par ses exorcismes. Est-il blond? — elle jure qu'on prendra le galant pour sa sœur; — Est-il brun, c'est un grotesque que la nature en dessinant — a barbouillé de noir; grand? c'est une lance à tête biscornue; — petit? c'est un camée négligemment taillé; — parleur? c'est une girouette tournant à tout vent; — silencieux? alors c'est une bûche que rien n'émeut. — Il n'est pas d'homme qu'elle ne retourne ainsi à l'envers : — et jamais elle n'accorde à la vérité et à la vertu — ce que réclament la franchise et le mérite.

URSULE.

— Bien sûr, bien sûr, ce dénigrement n'a rien de louable.

HÉRO.

— Non, sans doute, cette manie bizarre — de Béatrice, n'a rien de louable. — Mais qui osera le lui dire?

Si je lui en parlais, — elle me bernerait; oh! elle me désarçonnerait — d'un éclat de rire, elle m'écraserait d'esprit. — Aussi, que Bénédict, comme un feu qu'on recouvre, — se consume en soupirs et s'épuise intérieurement! — Cette fin-là vaut mieux que de mourir bafoué, — chose aussi cruelle que de mourir chatouillé.

URSULE.

— Pourtant parlez-lui-en; écoutez ce qu'elle dira.

HÉRO.

— Non; j'aime mieux aller trouver Bénédict, — et lui conseiller de combattre sa passion; — j'inventerai même quelque honnête calomnie — pour en ternir ma cousine : on ne sait pas — combien une méchante parole peut empoisonner l'amour.

URSULE.

Oh! ne faites pas à votre cousine un pareil tort. — Elle ne doit pas manquer de jugement, — (pour peu qu'elle ait l'esprit vif et supérieur — qu'on lui reconnaît), au point de refuser — un gentilhomme aussi accompli que le signor Bénédict.

HÉRO.

— Il est le premier homme d'Italie, — toujours excepté mon cher Claudio.

URSULE.

— De grâce, ne vous fâchez pas contre moi, Madame, — si je vous dis ma pensée : le signor Bénédict, pour la tournure, pour les manières, pour l'esprit, pour la valeur, — est placé le plus haut dans l'opinion de l'Italie.

HÉRO.

— Il a, il est vrai, une réputation parfaite.

URSULE.

— Il l'a méritée par ses perfections, avant de l'obtenir. — A quand votre mariage, madame?

HÉRO.

— Toujours à demain. Viens, rentrons. — Je veux te montrer quelques parures pour avoir ton avis — sur celle qui doit le mieux m'habiller demain.

URSULE, bas.

— Elle est prise, je vous le garantis : nous l'avons attrapée, madame.

HÉRO.

— S'il en est ainsi, c'est que l'amour procède par le hasard. — Cupidon fait tomber les uns avec la flèche, les autres avec le piége.

Héro et Ursule sortent.

BÉATRICE, s'avançant sur le théâtre.

— Quel feu est dans mes oreilles? Serait-ce vrai? — Suis-je donc si fort condamnée pour ma fierté et pour mon dédain! — Adieu, mépris! virginale fierté, adieu! — Les orgueilleux ne laissent pas de gloire derrière eux. — Va, Bénédict, aime : je te paierai de retour, — en apprivoisant mon cœur sauvage à ta main caressante. — Si tu aimes, ma tendresse t'autorisera — à resserrer nos amours par un lien sacré. — Car on dit que tu le mérites; et moi, — j'ai, pour le croire, mieux que des rapports.

Elle sort.

SCÈNE VII.

[Une salle dans le palais de Léonato.]

Entrent don PEDRO, CLAUDIO, BÉNÉDICT et LÉONATO. Bénédict a coupé sa barbe et est habillé à la dernière mode.

DON PEDRO.

Je reste seulement jusqu'à ce que votre mariage soit consommé, et alors je pars pour l'Aragon.

CLAUDIO.

Je vous reconduirai jusque-là, monseigneur, si vous me le permettez.

DON PEDRO.

Non, ce serait entacher votre mariage dans l'éclat de sa nouveauté; ce serait vous traiter comme l'enfant à qui l'on montre son habit neuf en lui défendant de le porter. J'oserai seulement prier Bénédict de m'accompagner : car, du sommet de la tête jusqu'à la semelle de son pied, il est la gaieté même; il a deux ou trois fois coupé la corde de l'arc de Cupidon, et le petit bourreau n'ose pas tirer sur lui. Son cœur est sonore comme une cloche, et sa langue en est le marteau. Car ce que son cœur pense, sa langue le dit.

BÉNÉDICT.

Ah! mes vaillants, je ne suis plus ce que j'étais.

LÉONATO.

Je le crois, il me semble que vous êtes plus grave.

CLAUDIO.

J'spère qu'il est amoureux.

DON PEDRO.

Il se ferait plutôt pendre, le truand! Il n'y a pas en lui une goutte de sang pur qui puisse être agitée par l'amour : s'il est triste, c'est qu'il est sans argent.

BÉNÉDICT.

Je souffre d'une dent.

DON PEDRO.

Arrachez-la.

BÉNÉDICT.

Le diable l'emporte.

CLAUDIO.

Arrachez-la d'abord, vous l'enverrez au diable après.

DON PEDRO.

Quoi! vous soupirez pour un mal de dent.

LÉONATO.

Ce n'est rien qu'un peu d'humeur, ou un ver.

BÉNÉDICT.

A votre aise. Tout le monde peut maîtriser une douleur, excepté celui qui l'a.

CLAUDIO.

Mais je dis, moi, qu'il est amoureux.

DON PEDRO.

Il n'y a pas en lui apparence de passion, à moins que ce ne soit une passion pour les déguisements étrangers : par exemple, il est Hollandais aujourd'hui; demain, il sera Français, ou bien, portant à la fois le costume de deux pays, il sera Allemand au-dessous de la ceinture, par les longues culottes, et Espagnol au-dessus de la hanche par le petit pourpoint. A moins que ce ne soit la passion qu'il paraît avoir pour ces folies, il n'a pas de passion folle, comme vous voulez le croire.

CLAUDIO.

S'il n'est pas amoureux de quelque femme, il ne faut plus se fier aux vieux signes. Il brosse son chapeau tous les matins : qu'est-ce que cela annonce?

DON PEDRO.

Quelqu'un l'a-t-il vu chez le barbier?

CLAUDIO.

Non, mais le garçon du barbier a été vu chez lui, et l'antique ornement de sa joue a déjà rembourré les balles du jeu de paume.

LÉONATO.

C'est vrai, la perte de sa barbe lui donne l'air plus jeune.

DON PEDRO.

Ajoutez qu'il se frotte de musc : cela peut-il vous mettre sur la piste?

CLAUDIO.
Autant dire que le damoiseau est amoureux.
DON PEDRO.
Le plus grand symptôme, c'est sa mélancolie.
CLAUDIO.
Et quand l'a-t-on vu si souvent se laver la figure?
DON PEDRO.
Voire se peindre, comme j'ai ouï dire qu'il le fait.
CLAUDIO.
Et son esprit, si pétillant naguère, qui n'est plus qu'une corde de guitare, serrée par une clef!
DON PEDRO.
Rien que cela le dénonce d'une façon accablante. Concluons, concluons. Il est amoureux.
CLAUDIO.
Ce n'est pas tout. Je connais celle qui l'aime.
DON PEDRO.
Je voudrais bien la connaître, moi aussi. Je suis sûr que c'est une femme qui ne le connaît pas.
CLAUDIO.
Si fait, et tous ses défauts! Mais en dépit de tout, elle se meurt pour lui.
DON PEDRO.
Il faudra l'enterrer la face vers le ciel.
BÉNÉDICT.
Dans ce que vous dites, je ne vois pas de charme contre le mal de dents...
A Léonato.
Mon vieil ami, faisons quelques pas à l'écart : j'ai médité, pour vous les dire, huit ou neuf paroles sages que ces dadas-là ne doivent pas entendre.

Bénédict et Léonato sortent.
DON PEDRO.
Je parie ma vie que c'est pour s'ouvrir à Léonato au sujet de Béatrice.

SCÈNE VII.

CLAUDIO.

C'est certain, Héro et Marguerite doivent avoir déjà joué leur comédie pour Béatrice. Aussi, je prédis que les deux oursins ne se mordront plus quand ils se rencontreront.

Entre don Juan.

DON JUAN.

Mon seigneur et frère, Dieu vous garde!

DON PEDRO.

Bonsoir, frère.

DON JUAN.

Si vos loisirs le permettaient, je voudrais vous parler.

DON PEDRO.

En particulier?

DON JUAN.

Si vous le trouvez bon... Pourtant le comte Claudio peut entendre, car ce que j'ai à dire le concerne.

DON PEDRO.

De quoi s'agit-il?

DON JUAN, à Claudio.

Avez-vous, seigneur, l'intention de vous marier demain?

DON PEDRO.

Oui, vous le savez.

DON JUAN.

C'est ce que je ne sais pas... quand il saura ce que je sais!

CLAUDIO.

S'il y a quelque obstacle, découvrez-nous-le, je vous en prie.

DON JUAN.

Vous pouvez croire que je ne vous aime pas : attendez l'avenir, et apprenez à me mieux juger par la révélation que je viens vous faire. Quant à mon frère, il vous a, je crois, en grande affection, et c'est par tendresse pour vous qu'il a aidé à la conclusion de votre prochain mariage : avances bien mal placées, à coup sûr, peines bien mal employées!

DON PEDRO.

Comment! qu'y a-t-il?

DON JUAN.

Je suis venu ici pour vous le dire. Abrégeons, car il y a trop longtemps qu'elle fait parler d'elle. Elle est déloyale.

CLAUDIO.

Qui? Héro?

DON JUAN.

Elle-même. L'Héro de Léonato, votre Héro, l'Héro de tout le monde.

CLAUDIO.

Déloyale !

DON JUAN.

Le mot est trop doux pour peindre sa corruption. Je pourrais la qualifier plus durement; imaginez un nom plus dégradant, et je le lui approprierai. Avant de vous étonner, attendez de plus amples renseignements. Venez avec moi cette nuit. Vous verrez escalader la fenêtre de sa chambre, la veille même de ses noces... Si vous l'aimez alors, épousez-la demain; mais pour votre honneur, mieux vaudrait changer d'idée.

CLAUDIO.

Est-il possible?

DON PEDRO.

Je ne veux pas le croire.

DON JUAN.

Si vous n'osez pas croire ce que vous voyez, n'avouez pas ce que vous savez. Si vous voulez me suivre, je vous en montrerai assez, et, quand vous en aurez vu et entendu plus long, agissez en conséquence.

CLAUDIO.

Si, cette nuit, je vois quelque chose qui me décide à ne pas l'épouser, je veux la confondre devant tous, à l'Église où nous devions nous marier.

DON PEDRO.

Et, comme je me suis entremis pour te l'obtenir, je me joindrai à toi pour la flétrir.

DON JUAN.

Je ne veux pas la décrier davantage, avant que vous soyez mes témoins : supportez la chose froidement jusqu'à ce soir, et qu'alors la vérité se prouve!

DON PEDRO.

O journée tristement finie!

CLAUDIO.

O étrange catastrophe!

DON JUAN.

O malheur prévenu à temps! Voilà ce que vous direz, quand vous aurez vu la suite.

Ils sortent.

SCÈNE VIII.

[Une place au fond de laquelle est une église.]

Entrent Dogberry et Vergès, suivis des watchmen.

DOGBERRY, aux watchmen.

Êtes-vous des hommes honnêtes et fidèles?

VERGÈS.

Oui; autrement ils risqueraient fort le salut de leur corps et de leur âme, et ce serait dommage.

DOGBERRY.

Non, ce serait encore une punition trop douce, s'il est

vrai qu'ils doivent avoir en eux quelque allégeance, étant choisis pour faire le guet du prince.

VERGÈS.

C'est bon. Donnez-leur la consigne, voisin Dogberry.

DOGBERRY.

Voyons, d'abord, qui de vous est le plus indigne d'être constable?

PREMIER WATCHMAN.

Hugues Brindavoine, monsieur, ou bien Georges Charbondemer, car tous deux savent lire et écrire.

DOGBERRY.

Venez ici, voisin Charbondemer. Dieu vous a gratifié d'un bon nom. Être homme d'un beau physique, c'est un don de la fortune : mais savoir lire et écrire, voilà qui vient de la nature.

DEUXIÈME WATCHMAN.

Et ces deux facultés, maître constable...

DOGBERRY.

Vous les possédez ; je devine votre réponse. A merveille. Pour votre physique, monsieur, eh bien, rendez-en grâces à Dieu, et ne vous en vantez pas ; et quant à votre talent de lire et d'écrire, prouvez-le quand nul besoin ne sera de cette vanité. Vous êtes ici regardé comme l'homme le plus inepte et le mieux fait pour être constable : chargez-vous donc de la lanterne. Voici votre fonction : vous appréhenderez tous les vagabonds ; vous commanderez à tout passant de faire halte, au nom du prince...

DEUXIÈME WATCHMAN.

Et s'il ne veut pas faire halte?

DOGBERRY.

Eh bien, ne faites pas attention à lui et laissez-le partir ; puis appelez le reste du guet, et remerciez Dieu d'être débarrassé d'un chenapan.

VERGÈS.

S'il refuse de faire halte quand on le lui commande, c'est qu'il n'est pas soumis au prince.

DOGBERRY.

C'est vrai, et le guet ne doit s'occuper que des sujets du prince. En outre, vous ne devrez pas faire de bruit dans les rues : car, qu'un guetteur de nuit jase et bavarde, cela est parfaitement tolérable et ne peut se supporter.

DEUXIÈME WATCHMAN.

Nous aimerions mieux dormir que bavarder. Nous connaissons les devoirs du guet.

DOGBERRY.

Allons, vous parlez comme un vétéran, comme un fort paisible guetteur de nuit ; je ne saurais voir, en effet, ce qu'il y a de mal à dormir : seulement, ayez soin qu'on ne vous vole pas vos pertuisanes. Maintenant, vous aurez à visiter tous les cabarets et à dire à ceux qui sont ivres d'aller se mettre au lit.

DEUXIÈME WATCHMAN.

Et s'ils ne veulent pas?

DOGBERRY.

Eh bien, laissez-les tranquilles jusqu'à ce qu'ils soient dégrisés : si alors ils ne vous font pas une meilleure réponse, vous pourrez dire que ce ne sont pas des hommes comme vous les croyiez.

DEUXIÈME WATCHMAN.

C'est bien, monsieur.

DOGBERRY.

Si vous rencontrez un voleur, vous pourrez le soupçonner, en vertu de votre office, de n'être pas un honnête homme ; mais, pour les gens de cette espèce, moins vous aurez affaire à eux, mieux cela vaudra pour votre probité.

DEUXIÈME WATCHMAN.

Si nous le connaissons pour un voleur, ne devrons-nous pas mettre la main sur lui ?

DOGBERRY.

A vrai dire, votre charge vous en donne le droit ; mais, dans mon opinion, ceux qui touchent à la poix se salissent : si vous prenez un voleur, le parti le plus pacifique pour vous est de le laisser se montrer ce qu'il est et voler hors de votre compagnie (22).

VERGÈS.

Vous avez toujours passé pour un homme clément, camarade.

DOGBERRY.

En vérité, je ne voudrais pas pendre un chien volontairement, à plus forte raison un homme qui a en lui quelque honnêteté.

VERGÈS.

Si vous entendez un enfant crier la nuit, vous devrez appeler la nourrice, et lui dire de le calmer.

DEUXIÈME WATCHMAN.

Mais si la nourrice dort et ne veut pas nous entendre ?

DOGBERRY.

Eh bien, partez en paix, et laissez l'enfant la réveiller avec ses cris : car la brebis qui ne veut pas entendre son agneau quand il bêle, ne répondra jamais à un veau qui mugit.

VERGÈS.

C'est très-vrai.

DOGBERRY.

Ici finit votre consigne. Vous, constable, vous devez représenter la personne même du prince : si vous rencontrez le prince, dans la nuit, vous pouvez l'arrêter.

VERGÈS.

Non, ça, par Notre-Dame, je ne crois pas qu'il le puisse.

SCÈNE VIII.

DOGBERRY.

Cinq shillins contre un, avec quiconque connaît les statuts, qu'il le peut. Parbleu, pas sans le consentement du prince! Car, en effet, le guet ne doit offenser personne, et c'est offenser un homme que de l'arrêter contre sa volonté.

VERGÈS.

Par Notre-Dame, je le crois bien.

DOGBERRY.

Ha! ha! ha! allons, mes maîtres, bonne nuit! S'il survient quelque affaire d'importance, appelez-moi; que chacun de vous garde les secrets de ses camarades et les siens! Bonne nuit,

A Vergès.

Venez, voisin.

DEUXIÈME WATCHMAN, à ses camarades.

Ainsi, mes maîtres, nous avons entendu notre consigne : allons nous asseoir là sur ce banc, à la porte de l'église, jusqu'à deux heures, et ensuite tous au lit!

DOGBERRY.

Un mot encore, honnêtes voisins : je vous en prie, surveillez la porte du signor Léonato; car, la noce étant pour demain, il y a là cette nuit un grand brouhaha. Adieu, soyez vigilants, je vous en supplie.

Dogberry et Vergès sortent. Les Watchman vont s'asseoir sous le porche de l'église.

Entrent BORACHIO et CONRAD.

BORACHIO.

Holà! Conrad.

PREMIER WATCHMAN, à part.

Silence! ne bougez pas.

BORACHIO.

Conrad! allons donc!

CONRAD.
Me voici, mon cher; à ton coude.

BORACHIO.
Par la messe ! c'est donc pour ça que mon coude me démangeait : je croyais que j'allais avoir la gale.

CONRAD.
Je te dois une réponse à ce mot-là; pour le moment, entame ta narration.

BORACHIO.
Mets-toi donc près de moi sous ce hangar, car il tombe du grésil, et, en véritable ivrogne, je vais tout te dire.

PREMIER WATCHMAN, à part.
Quelque trahison ! Tenons-nous aux aguets.

Les Watchmen s'approchent du hangar où Borachio et Conrad se sont réfugiés.

BORACHIO.
Sache donc que j'ai gagné de don Juan mille ducats.

CONRAD.
Est-il possible qu'il y ait des coquineries si chères?

BORACHIO.
Demande plutôt s'il est possible qu'il y ait des coquineries si riches : car, quand les coquins riches ont besoin des coquins pauvres, les pauvres peuvent faire le prix qu'ils veulent.

CONRAD.
Tu m'étonnes.

BORACHIO.
Cela prouve combien tu es inexpérimenté : tu sais que la mode d'un pourpoint, d'un chapeau ou d'un manteau n'ajoute rien à un homme.

CONRAD.
Oui, ce n'est que le vêtement.

BORACHIO.
Je te parle de la mode.

SCÈNE VIII.

CONRAD.

Oui, la mode n'est qu'une mode.

BORACHIO.

Bah! autant dire qu'un fou n'est qu'un fou. Ne vois-tu pas que la mode n'est qu'un fléau grotesque?

PREMIER WATCHMAN, à part.

Je connais ce Grotesque-là: c'est un affreux voleur qui depuis sept ans s'introduit partout comme un gentilhomme : je me rappelle son nom.

BORACHIO.

N'as-tu pas entendu quelqu'un?

CONRAD.

Non : c'était la girouette sur le toit.

BORACHIO.

Ne vois-tu pas, dis-je, que la mode n'est qu'un fléau grotesque? Ah! vois comme elle étourdit toutes les têtes chaudes, de quatorze à trente-cinq ans! Tantôt elles les affuble comme des soldats de Pharaon peints sur une toile enfumée; tantôt, comme les prêtres du dieu Baal qu'on voit aux vitraux d'une vieille église; tantôt, comme ces Hercules rasés d'une tapisserie rongée des vers, qui ont la braguette aussi grosse que leur massue.

CONRAD.

Je vois tout cela, et je vois aussi que la mode use plus d'habits que l'homme. La mode ne t'a-t-elle pas si bien tourné la tête, à toi-même, que, pour me parler d'elle, tu as laissé de côté ton récit?

BORACHIO.

Nullement. Sache donc que cette nuit j'ai courtisé Marguerite, la suivante d'Héro, sous le nom d'Héro elle-même : penchée à la fenêtre de la chambre de sa maîtresse, elle m'a dit mille fois adieu. Je te raconte tout cela confusément. J'aurais dû te dire d'abord comment le prince et Claudio, postés, placés et prévenus par mon maître qui les accompagnait, ont assisté du jardin à notre aimable entrevue.

CONRAD.

Et ils ont pris Marguerite pour Héro?

BORACHIO.

Oui, deux d'entre eux, le prince et Claudio; mais mon diable de maître savait que c'était Marguerite. Enfin, grâce aux serments de don Juan qui tout d'abord les avaient ensorcelés, grâce à la nuit noire qui les avait trompés, grâce surtout à ma coquinerie qui avait confirmé toutes les calomnies inventées par mon maître, Claudio est parti exaspéré, jurant d'aller trouver Héro au temple, le lendemain matin, comme c'était convenu, et là, devant toute l'assemblée, de lui jeter à la face ce qu'il a vu cette nuit, et de la renvoyer chez elle sans mari.

PREMIER WATCHMAN, s'avançant.

Au nom du prince, halte-là!

DEUXIÈME WATCHMAN.

Appelons le maître constable. Nous venons de découvrir la plus dangereuse affaire de paillardise qui se soit jamais vue dans la république.

PREMIER WATCHMAN.

Un certain Grotesque est l'un des coupables; je le connais : il porte des boucles.

CONRAD.

Messieurs! Messieurs!...

DEUXIÈME WATCHMAN.

On vous forcera à produire ce Grotesque, je vous le garantis.

CONRAD.

Messieurs!

PREMIER WATCHMAN.

Plus un mot! Au nom du prince, obéissons et partez avec nous.

BORACHIO, à Conrad.

Qu'allons-nous devenir au milieu de toutes ces hallebardes?

CONRAD, à Borachio.

Douloureuse question!

Aux Watchmen.

En marche! nous vous obéissons.

Les Watchmen emmènent Conrad et Borachio.

SCÈNE IX.

[Une chambre à coucher.]

Entrent HÉRO, MARGUERITE et URSULE.

HÉRO.

Bonne Ursule, éveille ma cousine Béatrice, prie-la de se lever.

URSULE.

J'y vais, madame.

HÉRO.

Et dis-lui de venir ici.

URSULE.

Bien.

Ursule sort.

MARGUERITE, à Héro.

Ma foi, je trouve que votre autre fraise irait mieux.

HÉRO.

Non, laisse-moi faire, bonne Margot, je veux mettre celle-ci.

MARGUERITE.

Sur ma parole, elle n'est pas aussi belle, et je suis sûre que votre cousine vous le dira.

HÉRO.

Ma cousine est une folle, et tu en es une autre. Je ne veux mettre que celle-ci.

MARGUERITE.

J'aime fort votre nouvelle coiffure, je voudrais seulement les cheveux une idée plus bruns : quant à votre robe, elle est, ma foi, d'un goût exquis. J'ai vu la robe de la duchesse de Milan, cette robe tant vantée.

HÉRO.

Elle est la plus belle, à ce qu'on dit.

MARGUERITE.

Sur ma parole, ce n'est qu'un peignoir à côté de la vôtre. Du drap d'or avec crevés et dentelles d'argent, des perles le long des manches, manches pendantes, et de la jupe, qui est bordée de brocart bleuâtre. Mais, pour la beauté, pour la délicatesse, pour la grâce et l'excellence de la façon, votre robe vaut dix fois celle-là.

HÉRO.

Que Dieu me rende heureuse de la porter, car je me sens le cœur accablé !

MARGUERITE.

Il le sera bientôt davantage sous le poids d'un homme.

HÉRO.

Fi ! tu n'as pas honte ?

MARGUERITE.

De quoi, madame ? de parler de ce qui est honorable ? Est-ce que le mariage n'est pas honorable, dans un mendiant même ? Et, mariage à part, votre futur seigneur n'est-il pas honorable ? Je le vois, vous auriez voulu que, par déférence, au lieu de dire *un homme*, je disse *un époux*. Si une pensée mauvaise ne travestit pas une parole franche, je n'ai offensé personne. Or, y a-t-il du mal à parler de ce que pèse un mari ? Aucun, je pense, s'il s'agit d'un légitime mari uni à une femme légitime. Autrement, au lieu d'être lourd, le poids serait par trop léger. Demandez plutôt à madame Béatrice : la voici qui vient.

SCÈNE IX.

Entre BÉATRICE.

HÉRO.

Bonjour, ma petite cousine.

BÉATRICE.

Bonjour, ma douce Héro.

HÉRO.

Eh bien! qu'avez-vous donc? Vous parlez d'un ton douloureux.

BÉATRICE.

C'est que je suis hors de tous les autres, il me semble.

MARGUERITE.

Entonnez l'air de *Léger amour* (23). Il n'a pas besoin de refrain. Chantez-le, vous; moi, je le danserai.

BÉATRICE, à Marguerite.

Vous joueriez des talons, ainsi accompagnée? Prenez garde! Quand on s'aime sur ce chant-là, on est sûr d'une récolte.

MARGUERITE.

O la méchante interprétation! Je la mets sous mes talons.

BÉATRICE.

Il est près de cinq heures, cousine; vous devriez déjà être prête..... En vérité, je suis excessivement malade. Oh!

MARGUERITE.

A qui adressez-vous ce soupir? Au médecin ou au mari?

BÉATRICE.

A la lettre qui commence ces deux mots, la lettre : Aime.

MARGUERITE.

Allons! s'il n'est pas vrai que vous avez abjuré, il ne faut plus naviguer sur la foi des étoiles.

BÉATRICE.

Que veut dire cette folle?

MARGUERITE.

Moi? rien! je souhaite seulement que Dieu envoie à chacun ce qu'il désire.

HÉRO.

Voici des gants que le comte m'a envoyés; ils ont un parfum exquis.

BÉATRICE.

Je suis enchiffrenée, cousine; je ne puis rien sentir.

MARGUERITE.

Être fille et ne plus rien sentir! Il a fallu pour cela un rhume extraordinaire.

BÉATRICE.

Oh! Dieu me pardonne! Dieu me pardonne! Depuis quand avez-vous pris tant de verve?

MARGUERITE.

Depuis que vous n'en avez plus. Est-ce que mon esprit ne me sied pas à ravir?

BÉATRICE.

On ne le voit pas assez : vous devriez le mettre à votre chapeau... Sur ma parole, je suis mal disposée.

MARGUERITE.

Procurez-vous de l'essence de Carduus Benedictus (24), et appliquez-en sur votre cœur : c'est le seul remède contre les nausées.

HÉRO, à Marguerite.

Tu viens de la piquer avec un chardon.

BÉATRICE.

Benedictus? pourquoi Benedictus? Vous cachez quelque apologue sous ce Benedictus.

MARGUERITE.

Un apologue! Non, ma foi, je n'ai aucune intention cachée; je parle du simple chardon béni. Vous croyez peut-être que je vous crois amoureuse? Non, par Notre-Dame, je ne suis pas assez folle pour croire même ce que je désire, et je ne désire pas toujours croire ce que je puis croire; et, en vérité, je ne pourrais pas croire, quand j'épuiserais toute la crédulité de mon cœur, que vous êtes amoureuse, que vous le serez, ou que vous pouvez l'être. Pourtant, Bénédict est bien changé : le voilà devenu comme un autre homme; il jurait de ne jamais se marier, et maintenant, en dépit de son cœur, il mangerait son plat sans grogner. Vous aussi, à quel point vous pouvez être convertie, je l'ignore; mais il me semble que vous regardez avec vos yeux comme les autres femmes.

BÉATRICE.

Quelle est donc l'allure à laquelle tu as mis ta langue?

MARGUERITE.

Ce n'est pas un faux galop.

Rentre URSULE.

URSULE.

Dépêchez-vous, madame, le prince, le comte, le signor Bénédict, don Juan et tous les galants de la ville, sont arrivés pour vous mener à l'église.

HÉRO.

Aidez-moi à m'habiller, bonne cousine, bonne Margot, bonne Ursule.

Elles sortent.

SCÈNE X.

[Une salle dans le palais].

Entrent LÉONATO, DOGBERRY et VERGÈS.

LÉONATO, à Dogberry.

Que me voulez-vous, honnête voisin?

DOGBERRY.

Corbleu, monsieur, je voudrais vous faire part d'une affaire qui vous décerne.

LÉONATO.

Soyez bref, je vous prie : car vous voyez que je suis pressé.

DOGBERRY.

Corbleu, c'est vrai, monsieur.

VERGÈS.

Oui, c'est parfaitement vrai, Monsieur.

LÉONATO.

De quoi sagit-il, mes bons amis?

DOGBERRY.

Le bonhomme Vergès, monsieur, s'écarte un peu du sujet : c'est un vieillard, monsieur, et son esprit n'est pas aussi obtus que je le voudrais, Dieu le sait; mais, en vérité, il est honnête comme la peau qui est entre ses sourcils.

VERGÈS.

Oui, Dieu merci, je suis aussi honnête que tout homme vivant, j'entends tout homme aussi vieux et pas plus honnête que moi.

DOGBERRY.

La comparaison est rance : *palabras*, voisin Vergès.

LÉONATO.

Voisins, vous êtes fastidieux.

DOGBERRY.

Votre seigneurie est bien bonne de le dire, mais nous ne sommes que de pauvres employés du duc. Ah! que n'ai-je tout le faste d'un roi! C'est surtout en votre faveur que je voudrais être fastidieux.

LÉONATO.

Fastidieux en ma faveur! Ah!

SCÈNE X.

DOGBERRY.

Oui! que ne le suis-je mille fois plus! Car j'en ai entendu de belles sur le compte de votre seigneurie; et, tout pauvre que je suis, cela me rend heureux.

VERGÈS.

Et moi aussi.

LÉONATO.

Je voudrais bien savoir ce que vous avez à me dire.

VERGÈS.

Corbleu, monsieur, notre patrouille a arrêté cette nuit les deux plus fieffés coquins de tout Messine, sauf votre révérence.

DOGBERRY.

Excusez le bonhomme, monsieur : il veut absolument parler; comme on dit, l'esprit s'en va quand vient l'âge. Dieu me pardonne, il faut le voir pour le croire... Bien dit, voisin Vergès... Après tout, Dieu est un bon homme : quand deux hommes montent sur un cheval, il doit y en avoir un en arrière.

A Léonato.

C'est une âme honnête, allez, Monsieur : une des meilleures, sur ma parole, qui ait jamais rompu le pain; mais Dieu doit être adoré en tout. Tous les hommes ne sont pas pareils. Hélas! ce cher voisin!

LÉONATO.

En vérité, voisin, il n'est pas de votre calibre.

DOGBERRY.

Dieu dispose de ses dons.

LÉONATO.

Il faut que je vous quitte.

DOGBERRY.

Un mot seulement, monsieur. Notre patrouille, monsieur, a, en effet, appréhendé deux personnes équivoques, et nous voudrions qu'elles fussent examinées ce matin devant votre seigneurie.

LÉONATO.

Examinez-les vous-même et apportez-moi le procès-verbal. Je suis fort pressé en ce moment, vous le voyez bien.

DOGBERRY.

Oui, cela sera suffisant.

LÉONATO.

Buvez une rasade avant de vous en aller. Adieu.

Entre un MESSAGER.

LE MESSAGER, à Léonato.

Monseigneur, vous êtes attendu pour donner votre fille à son mari.

LÉONATO.

J'y vais; me voici prêt.

Léonato sort avec le messager.

DOGBERRY.

Allez, mon bon collègue, allez trouver François Charbondemer, et dites-lui d'apporter sa plume et son écritoire : nous allons procéder à l'examen de ces hommes.

VERGÈS.

Et nous devons le faire habilement.

DOGBERRY.

Nous n'épargnerons pas l'adresse, je vous le garantis; j'ai là

Se frappant le front.

quelque chose qui les forcera bien à s'expliquer : allez seulement chercher le savant écrivain qui doit mettre par écrit ces excommunications, et venez me rejoindre à la geôle.

Ils sortent.

SCÈNE XI.

[L'intérieur d'une église.]

Entrent don Pedro, don Juan, Léonato, un moine, Claudio, Bénédict, Héro et Béatrice, suivis de la foule des invités.

LÉONATO, au moine.

Allons, frère Francis, soyez bref : tenez-vous-en à la formule de mariage la plus simple, et vous énumérerez ensuite les devoirs mutuels des époux.

LE MOINE, à Claudio.

Vous venez ici, monseigneur, pour vous marier avec madame?

il montre Héro.

CLAUDIO.

Non.

LÉONATO.

Il vient pour être marié avec elle, et c'est vous qui venez pour le marier.

LE MOINE, à Héro.

Madame, vous venez ici pour être mariée au comte?

HÉRO.

Oui.

LE MOINE.

Si l'un de vous deux connaît quelque secret empêchement à cette union, je vous somme, sur le salut de vos âmes, de le révéler.

CLAUDIO.

En connaissez-vous, Héro?

HÉRO.

Aucun, monseigneur.

LE MOINE.

En connaissez-vous, comte?

LÉONATO.

J'ose répondre pour lui : aucun.

CLAUDIO.

Oh! que n'osent pas faire les hommes! Que ne peuvent-ils faire! que ne font-ils pas journellement, sans savoir ce qu'ils font!

BÉNÉDICT, à Claudio.

Eh quoi! des exclamations! Mêlez-y du moins les cris de la joie, ah! ah! hé! hé!

CLAUDIO.

— Arrête un peu, moine...

A Léonato.

Permettez, mon père, — est-ce librement, spontanément, — que vous consentez à me donner votre fille?

LÉONATO.

— Aussi spontanément, mon fils, que Dieu me l'a donnée.

CLAUDIO.

— Et que puis-je vous donner en retour — qui équivaille à un don si riche et si précieux?

DON PEDRO.

— Rien, à moins que vous ne la lui rendiez.

CLAUDIO, à don Pedro.

— Doux prince, vous m'enseignez une noble gratitude... — Tenez, Léonato, reprenez-la; — ne donnez pas à un ami cette orange pourrie. — Elle n'a que le dehors et les semblants de l'honneur. — Regardez! la voici qui rougit comme une vierge! — Oh! quelle autorité, quelle apparence de candeur — le vice perfide peut revêtir! — Ce sang ne vient-il pas, comme un pudique témoin, — déposer de son innocence? Vous tous qui la voyez, — ne jureriez-vous pas qu'elle est vierge, — d'après ces indices extérieurs? Eh bien, elle ne l'est pas! — Elle connaît la chaleur d'un lit luxurieux! — Sa rougeur est celle de la honte, et non de la pudeur!

LÉONATO.

— Que prétendez-vous, comte?

CLAUDIO.

Ne pas être marié, — ne pas lier mon âme à une impure avérée!

LÉONATO.

— Cher seigneur, si, la mettant vous-même à l'épreuve, — vous avez vaincu les résistances de sa jeunesse, — et triomphé de sa virginité...

CLAUDIO.

— Je vous comprends. Si je l'ai connue, — allez-vous dire, c'est comme son mari qu'elle m'a eu dans ses bras, — et vous excuserez cette anticipation vénielle! — Non, Léonato, — je ne l'ai jamais tentée par un propos trop libre : — je lui ai toujours montré, comme un frère à sa sœur, — un dévouement timide, une décente affection.

HÉRO.

— Vous ai-je donc jamais semblé animée d'autres sentiments?

CLAUDIO.

— A bas les semblants! je veux les dénoncer : — vous me semblez telle que Diane dans sa sphère, — aussi chaste qu'un bouton de fleur non-épanoui encore; — mais vous avez plus de fureurs dans votre sang — que Vénus ou que ces bêtes repues — que met en rut une sensualité sauvage.

HÉRO.

— Monseigneur est-il malade pour divaguer ainsi?

LÉONATO, à don Pedro.

— Doux prince, pourquoi ne parlez-vous pas?

DON PEDRO.

Que pourrais-je dire? — je suis déshonoré, moi qui

me suis entremis — pour unir mon plus cher ami à une fille publique.

LÉONATO.

— De telles paroles sont-elles réelles, ou est-ce que je rêve?

DON JUAN.

— Elles sont réelles, monsieur, et elles sont justes.

BÉNÉDICT.

— Ceci ne ressemble pas à des noces.

HÉRO.

Justes! Mon Dieu!

CLAUDIO.

— Léonato, est-ce bien moi qui suis ici? — Est-ce là le prince? Est-ce là le frère du prince? — Est-ce là le visage d'Héro! Nos yeux sont-ils bien nos yeux?

LÉONATO.

— Tout cela est comme vous dites. Eh bien, après, monseigneur?

CLAUDIO.

— Laissez-moi faire une seule question à votre fille; — et, au nom de ce pouvoir paternel que la nature — vous donne sur elle, sommez-la de répondre la vérité.

LÉONATO, à Héro.

— Je te l'ordonne, comme à mon enfant.

HÉRO.

— Oh! Dieu me protége! Suis-je assez obsédée? — Que me voulez-vous avec cet interrogatoire?

CLAUDIO.

— Vous faire répondre à votre vrai nom.

HÉRO.

— Ce nom n'est-il pas Héro? Qui donc pourrait le flétrir — d'un juste reproche?

CLAUDIO.

Héro le peut, morbleu! — Héro elle-même peut flétrir

la vertu d'Héro. — Quel est donc l'homme qui causait avec vous hier soir — à votre fenêtre, entre minuit et une heure? — Si vous êtes vierge, répondez la vérité.

HÉRO.

— Je n'ai parlé à aucun homme, à cette heure-là, monseigneur.

DON PEDRO.

— Ah! vous êtes sans pudeur!... Léonato, — je suis désolé d'avoir à vous le dire : sur mon honneur, — nous l'avons vue, moi, mon frère et ce comte outragé, — nous l'avons entendue, la nuit dernière, — causer à sa fenêtre avec un ruffian — qui a lui-même, comme un cynique scélérat, — fait l'aveu des infâmes rendez-vous qu'ils ont eus — mille fois en secret.

DON JUAN.

Fi! fi! ce sont des choses sans nom, monseigneur, dont on ne doit pas parler : la langue n'est pas assez chaste — pour pouvoir les révéler sans scandale. Vraiment, jolie femme, — ton inconduite me fait peine.

CLAUDIO.

O Héro! quelle héroïne tu eusses été, — si la moitié seulement de tes grâces extérieures avait ennobli — tes pensées et les inspirations de ton cœur!... — Mais adieu! adieu, toi, si affreuse et si belle! adieu, — pure impiété, pureté impie! — Pour toi, je fermerai désormais toutes les portes de l'amour; — le soupçon flottera sur mes paupières — pour changer toute beauté en symbole du mal, — et lui ôter la grâce.

LÉONATO.

— Personne n'a-t-il ici un poignard qui ait une pointe pour moi?

Héro s'évanouit.

BÉATRICE.

— Qu'avez-vous donc, cousine? Vous ne vous soutenez plus!

DON JUAN.

— Venez, partons; toutes ces révélations — ont accablé ses esprits.

Don Pedro, don Juan et Claudio sortent.

BÉNÉDICT.

Comment est-elle?

BÉATRICE.

— Morte, je crois.., Du secours, mon oncle!... — Héro! eh bien, Héro!... Mon oncle!... Signor Bénédict!... Mon père!

LÉONATO.

— O fatalité! ne retire pas ta main pesante. — La mort est pour sa honte le meilleur voile — qui se puisse souhaiter.

BÉATRICE.

Eh bien, cousine! Héro!

LE MOINE.

— Du courage, madame!

LÉONATO.

Quoi! tu rouvres les yeux?

LE MOINE.

Oui; pourquoi pas?

LÉONATO.

— Pourquoi pas? Est-ce que tout sur la terre — ne crie pas : anathème sur elle? Pourrait-elle contester — le récit imprimé dans le sang de ses joues? — Ah! ne vis pas, Héro; n'ouvre pas les paupières : — car, si je croyais que tu ne vas pas bientôt mourir, — si je croyais ton souffle plus fort que ta honte, — je viendrais moi-même, à l'arrière-garde de tes remords, — porter le dernier coup à ta vie. Et moi qui me plaignais de n'avoir qu'un enfant! — Moi qui grondais la nature de sa parcimonie! — Oh! tu étais déjà de trop, fille unique! Pourquoi t'ai-je eue? — Pourquoi as-tu toujours été adorable à mes yeux? — Que n'ai-je plutôt, d'une main charitable, — ramassé à ma porte la fille d'un mendiant? — En la voyant ainsi salie et tout éclaboussée d'infamie, — j'aurais pu dire : « Elle n'est point une partie de moi-même ; — c'est d'entrailles inconnues que sort toute cette honte. » — Mais ma fille, ma fille que j'aimais! ma fille que je vantais! — ma fille dont j'étais si fier, et qui était tellement mienne, — que, ne m'appartenant plus moi-même à moi-même, — je n'estimais plus qu'elle! Ah! c'est ma fille! c'est elle qui est tombée — dans ce bourbier! en sorte que la vaste mer — n'a pas assez de gouttes pour la laver, — ni assez de sel pour rendre la pureté — à sa chair souillée!...

BÉNÉDICT.

Monsieur! Monsieur! du calme! Pour ma part, je suis tellement envahi par la surprise — que je ne sais que dire.

BÉATRICE.

— Oh! sur mon âme ma cousine est calomniée!

BÉNÉDICT.

— Madame, étiez-vous sa compagne de lit, la nuit dernière!

BÉATRICE.

— Non, vraiment non : c'est la seule nuit, — depuis un an, où je n'aie pas partagé son lit.

LÉONATO.

— Tout se confirme! Tout se confirme! Encore un étançon — à ce qui déjà était soutenu par des barreaux de fer! — Les deux princes mentiraient-ils? Et Claudio, mentirait-il? — Lui qui l'aimait tant, qu'en parlant de ses impuretés, — il les lavait de ses larmes! Éloignons-nous d'elle, laissons-la mourir!

LE MOINE.

— Écoutez-moi un peu. — Si j'ai été silencieux jusqu'ici — et si j'ai laissé les choses suivre leur cours, — c'était pour observer cette jeune fille : j'ai vu — mille fois la rougeur apparaître brusquement — sur son visage, et par un effet de la honte innocente, — faire place mille fois à une angélique blancheur ; — son regard faisait jaillir la flamme, — comme pour brûler les soupçons que les deux princes jetaient — sur sa candeur virginale... Traitez-moi de fou, — moquez-vous de mes interprétations et de mes remarques — que garantit avec le sceau de l'expérience — la teneur du livre que j'ai étudié ; moquez-vous de mon âge, — de ma dignité, de mon ministère, de ma profession sacrée, — s'il n'est pas vrai que cette suave jeune fille est l'innocente victime — de quelque erreur poignante.

LÉONATO.

Frère, cela ne peut être. — Tu vois que la seule pudeur qui lui reste — est de ne pas vouloir ajouter à sa damnation — le péché du parjure. Elle ne nie rien : — pourquoi donc cherches-tu à couvrir d'excuses — la vérité qui apparaît franchement nue ?

LE MOINE, à Héro.

— Madame, quel est l'homme dont on vous accuse ?

HÉRO.

— Ils le connaissent, ceux qui m'accusent. — Si je connais d'un seul homme vivant rien de plus — que ce qu'autorise la chasteté viginale — que la pitié soit refusée à tous mes péchés !... O mon père, — prouvez qu'un homme s'est entretenu avec moi — à des heures indues, ou que, la nuit dernière, — j'ai échangé des paroles avec aucune créature ; — et alors reniez-moi, haïssez-moi, torturez-moi à mort.

LE MOINE.

— Ces seigneurs auront fait quelque étrange méprise.

SCÈNE XI.

BÉNÉDICT.

— Deux d'entre eux ont toute la droiture de l'honneur; — et si leur sagesse a été égarée cette fois, — c'est l'œuvre de Juan le bâtard, — dont l'esprit s'acharne à tramer des infâmies.

LÉONATO.

— Je n'en sais rien. S'il ont dit vrai sur elle, — ces mains la déchireront; mais, s'ils outragent son honneur, — le plus fier d'entre eux aura de mes nouvelles. — Le temps n'a pas encore desséché mon sang; — l'âge, dévoré mon intelligence; la fortune, épuisé mes ressources; — ma méchante vie, éloigné de moi les amis, à ce point que je ne puisse retrouver, éveillés pour une telle cause, — un bras fort, un esprit sagace, — des moyens féconds et des amis d'élite, — qui m'acquittent pleinement envers eux.

LE MOINE.

Arrêtez un moment; — laissez-vous diriger par mes conseils. — Les princes ont laissé ici votre fille pour morte; — qu'elle reste quelque temps secrètement enfermée, — et publiez qu'elle est morte en réalité; — gardez un deuil d'apparat, — couvrez votre vieux monument de famille — d'épitaphes, et observez tous les rites — qui conviennent aux funérailles.

LÉONATO.

— Et qu'en adviendra-t-il? A quoi ceci servira-t-il?

LE MOINE.

— D'abord ceci, bien mené, devra, à l'égard de votre fille, — changer la calomnie en remords; c'est déjà un bien; — mais l'étrange expédient que j'imagine — enfantera, je l'espère, de plus grands résultats. — Censée morte, grâce à nos affirmations, — au moment même où elle était accusée, — elle sera pleurée, plainte, excusée

— par tous; en effet, il arrive toujours — que nous n'estimons pas un bien à sa juste valeur, — tant que nous en jouissons; mais, dès qu'il nous manque, dès qu'il est perdu, — ah! alors nous en exagérons la valeur; alors nous lui découvrons — le mérite qu'il ne voulait pas nous montrer, — quand il était à nous. C'est ce qui arrivera à Claudio : — lorsqu'il saura que ses paroles l'ont tuée, — l'idée d'Héro vivante se glissera doucement — dans le laboratoire de son imagination, — tous les organes d'une existence si gracieuse — apparaîtront aux yeux de son âme, — plus splendides de forme, plus délicatement touchants, plus vivants même — que lorsqu'elle vivait en réalité... Alors il se désolera, — si jamais l'amour a eu prise sur son foie, — et il regrettera de l'avoir accusée, — oui, l'accusation lui parût-elle juste ! — Faites ce que je dis, et ne doutez pas que l'avenir — n'arrange mieux le dénoûment — que je ne puis le faire par mes conjectures. — Mais, quand même ce but ne serait pas atteint, — du moins la mort supposée de votre fille — éteindra le scandale de son infamie : — et, cet espoir même fût-il déçu, vous pourriez toujours — (ce serait le meilleur remède à sa réputation blessée) — la cacher dans une existence recluse et religieuse, — à l'abri de tout regard, de toute langue, de tout souvenir et de tout affront!

BÉNÉDICT.

— Signor Léonato, laissez-vous convaincre par ce moine. — Quelque intime, vous le savez, que soit l'amitié qui me lie au prince et à Claudio, — je jure sur l'honneur d'agir ici avec vous — aussi discrètement, aussi loyalement que votre âme — avec votre corps.

LÉONATO.

Au milieu de la douleur où je flotte, — le moindre fil peut me conduire.

SCÈNE XI.

LE MOINÉ.

— C'est donc chose convenue. Maintenannt partons.
— A des maux étranges on applique d'étranges remèdes...

A Héro.

— Venez, madame, venez mourir pour vivre ; ces noces — ne sont peut-être que différées ; prenez patience, et résignez-vous. —

Le moine, Héro et Léonato sortent.

BÉNÉDICT.

Avez-vous pleuré tout ce temps, madame Béatrice?

BÉATRICE.

Oui, et je pleurerai longtemps encore.

BÉNÉDICT.

Ce n'est pas ce que je désire.

BÉATRICE.

Qu'importe? C'est spontanément que je pleure.

BÉNÉDICT.

Je crois, en vérité, qu'on diffame votre cousine.

BÉATRICE.

Ah! combien il mériterait de moi, l'homme qui lui obtiendrait réparation !

BÉNÉDICT.

Y a-t-il un moyen de vous donner cette preuve d'amitié?

BÉATRICE.

Le moyen, un moyen bien simple, existe, mais non l'ami.

BÉNÉDICT.

Un homme peut faire cela?

BÉATRICE.

C'est l'office d'un homme, mais non le vôtre.

BÉNÉDICT.

Je n'aime rien au monde autant que vous : n'est-ce pas étrange?

BÉATRICE.

Aussi étrange que peut l'être ce que j'ignore. Il me serait aussi facile de vous dire que je n'aime rien autant que vous, mais ne me croyez pas... Et pourtant je ne mens pas. Je n'avoue rien et je ne nie rien... Je suis désolée pour ma cousine.

BÉNÉDICT.

Par mon épée, Béatrice, tu m'aimes.

BÉATRICE.

Ne jurez pas par elle et avalez-la.

BÉNÉDICT.

Je veux jurer par elle que vous m'aimez; et je veux la faire avaler à qui dira que je ne vous aime pas.

BÉATRICE.

Et vous ne voulez pas avaler votre parole?

BÉNÉDICT.

Non, quelque sauce qu'on puisse imaginer. Je déclare que je t'aime...

BÉATRICE.

Oh! alors, que Dieu me pardonne!

BÉNÉDICT.

Quelle offense, suave Béatrice?

BÉATRICE.

Nous m'avez interrompue au bon moment : j'allais déclarer... que je vous aime.

BÉNÉDICT.

Et déclarez-le de tout votre cœur.

BÉATRICE.

Je vous aime avec tant de cœur qu'il ne m'en reste plus pour le déclarer.

BÉNÉDICT.

Allons, dis-moi de faire quelque chose pour toi.

BÉATRICE.

Tuez Claudio!

BÉNÉDICT.

Ah! pas pour le monde entier!

BÉATRICE.

Vous me tuez par ce refus. Adieu.

BÉNÉDICT.

Arrête, ma douce Béatrice!

BÉATRICE.

J'ai beau être ici, je suis déjà partie... Il n'y a pas d'amour en vous... Voyons, je vous en prie, laissez-moi partir.

BÉNÉDICT.

Béatrice!

BÉATRICE.

En vérité, je veux partir.

BÉNÉDICT.

Soyons amis d'abord.

BÉATRICE.

L'audace vous est plus facile pour être mon ami que pour vous battre avec mon ennemi.

BÉNÉDICT.

Est-ce que Claudio est ton ennemi?

BÉATRICE.

N'a-t-il pas prouvé qu'il est le plus grand des scélérats, celui qui a calomnié, insulté, déshonoré ma parente?... Oh! si j'étais un homme!... Quoi! lui offrir la main jusqu'au moment où les mains vont se joindre, et alors surgir avec une accusation publique, avec un scandale éclatant, avec une rancune effrénée!... Mon Dieu, si j'étais un homme, je lui mangerais le cœur sur la place du marché!

BÉNÉDICT.

Écoute-moi, Béatrice...

BÉATRICE.

Elle, parler avec un homme à sa fenêtre! La belle histoire!

BÉNÉDICT.

Mais voyons, Béatrice...

BÉATRICE.

Cette chère Héro!... elle est diffamée, elle est calomniée, elle est perdue!

BÉNÉDICT.

Béat...

BÉATRICE.

Eux, princes et comtes! Vraiment, voilà une accusation princière! un magnifique comte! le beau comte confit! un galant fort mielleux à coup sûr! Oh! pour l'amour de lui, si j'étais un homme! Si du moins j'avais un ami qui voulût être un homme pour l'amour de moi!.. Mais la virilité s'est fondue en courtoisies, la valeur en compliments, et les hommes ne sont plus que des langues, et des langues dorées, comme vous voyez! Aujourd'hui, pour être aussi vaillant qu'Hercule, il suffit de dire un mensonge et de le jurer! A force de désir je ne puis pas être homme, je mourrai donc femme à force de douleur.

BÉNÉDICT.

Arrête, ma bonne Béatrice : par ce bras, je t'aime.

BÉATRICE.

Employez-le pour l'amour de moi à autre chose qu'un serment.

BÉNÉDICT.

Croyez-vous en votre âme que le comte Claudio ait calomnié Héro?

BÉATRICE.

Oui, aussi vrai que j'ai une âme et une pensée.

BÉNÉDICT.

Il suffit. Je suis engagé... Je vais le provoquer. Je baise votre main et je vous quitte. Par ce bras, Claudio me rendra un compte cher : attendez de mes nouvelles pour me juger. Allez consoler votre cousine. Il faut que je dise qu'elle est morte. Et maintenant, adieu!

Ils sortent.

SCÈNE XII.

[Une geôle.]

Entrent DOGBERRY, VERGÈS et le SACRISTAIN, en grandes robes; puis BORACHIO et CONRAD, amenés par le guet.

DOGBERRY.

La dissemblée est-elle au complet?

VERGÈS.

Ah! un tabouret et un coussin pour le sacristain!

LE SACRISTAIN.

Où sont les malfaiteurs!

DOGBERRY.

Nous voici, moi et mon collègue.

VERGÈS.

Oui, c'est certain; prêts à examiner l'exhibition.

LE SACRISTAIN.

Mais où donc sont les délinquants qui doivent être examinés? Qu'ils comparaissent devant monsieur le constable.

DOGBERRY.

Oui, qu'ils comparaissent devant moi.

Les deux prévenus s'avancent.

Quel est votre nom, l'ami?

BORACHIO.

Borachio.

DOGBERRY, au Sacristain.

Écrivez, je vous prie, *Borachio*...

A Conrad.

Et le vôtre, maraud?

CONRAD.

Je suis un gentilhomme, monsieur, et mon nom est Conrad.

DOGBERRY.

Écrivez *monsieur le gentilhomme Conrad*... Servez-vous Dieu, mes maîtres?

CONRAD ET BORACHIO.

Oui, monsieur, nous l'espérons bien.

DOGBERRY.

Écrivez qu'*ils espèrent bien servir Dieu*, et écrivez *Dieu* d'abord : car à Dieu ne plaise que Dieu ne passe pas avant de pareils coquins!... Mes maîtres, il est déjà prouvé que vous êtes, à peu de chose près, de faux fripons; et bientôt on sera sur le point de le croire. Qu'avez-vous à répondre pour vous-mêmes?

CONRAD.

Pardieu, monsieur, que nous n'en sommes pas.

DOGBERRY.

Voilà un gaillard merveilleusement malin, je vous assure; mais je vais m'occuper de lui tout à l'heure.

A Borachio.

Venez ici, drôle : un mot dans votre oreille, Monsieur : je vous dis qu'on croit que vous êtes de faux coquins.

BORACHIO.

Monsieur, je vous dis que nous n'en sommes pas.

DOGBERRY.

C'est bien, rangez-vous... Devant Dieu, voilà deux imposteurs.

Au Sacristain.

Avez-vous écrit que ce n'en sont pas.

LE SACRISTAIN.

Maître constable, vous ne suivez pas la bonne voie

pour une instruction : vous devriez faire comparaître les hommes du guet, qui sont les accusateurs.

DOGBERRY.

Oui, morbleu, c'est la voie la plus expéditive. Que les hommes du guet comparaissent.

Les watchmen se rangent devant le tribunal.

Mes maîtres, je vous somme, au nom du prince, d'accuser ces hommes.

PREMIER WATCHMAN.

Cet homme a dit, monsieur, que don Juan, le frère du prince, était un coquin.

DOGBERRY.

Écrivez le *prince don Juan un coquin*... Appeler coquin le frère d'un prince, c'est un parjure clair!

BORACHIO.

Maître constable...

DOGBERRY.

Silence, je t'en prie, l'ami! je n'aime pas ta mine, je te le promets.

LE SACRISTAIN, *aux guetteurs de nuit.*

Que lui avez-vous entendu dire ensuite?

DEUXIÈME WATCHMAN.

Morbleu, qu'il avait reçu mille ducats de don Juan pour accuser injustement madame Héro.

DOGBERRY.

C'est le plus clair brigandage qui ait jamais été commis.

VERGÈS.

Oui, par la messe!

LE SACRISTAIN.

Et quoi encore, camarade?

PREMIER WATCHMAN.

Ah! que le comte Claudio, croyant à ses paroles, avait

résolu de flétrir Héro devant toute l'assemblée et de ne pas l'épouser.

DOGBERRY.

Ah! coquin! tu seras condamné pour ça à la rédemption éternelle!

LE SACRISTAIN.

Quoi encore?

DEUXIÈME WATCHMAN.

C'est tout.

LE SACRISTAIN, aux deux prisonniers.

Et c'est plus, mes maîtres, que vous n'en pouvez nier. Le prince Juan s'est évadé secrètement ce matin. Héro a été accusée ainsi, refusée ainsi, et elle est morte de douleur subitement... Maître constable, ordonnez qu'on attache ces hommes et qu'on les mène à Léonato : je vais prendre les devants et lui montrer l'interrogatoire.

Il sort.

DOGBERRY.

Allons! qu'on les garôtte!

VERGÈS.

Qu'on leur lie les mains!

CONRAD, se débattant contre un constable.

Arrière, faquin!

DOGBERRY.

Dieu me pardonne! où est le sacristain? Qu'il écrive que l'officier du prince est un faquin. Allons, qu'on les attache... méchant varlet!

CONRAD.

Foin! Vous êtes un âne! vous êtes un âne!

DOGBERRY.

Est-ce ainsi que tu suspectes ma dignité? que tu suspectes ma vieillesse?... Oh! que l'autre n'est-il ici pour m'inscrire comme âne? Ça, messieurs, souvenez-vous que je suis un âne; quoique ce ne soit pas écrit, n'oubliez pas au moins que je suis un âne!... Non, coquin, c'est toi qui es un monstre de piété, ainsi qu'on te le prouvera par de bons témoignages. Je suis, moi, un sage compagnon, et, qui plus est, un fonctionnaire, et, qui plus est, père de famille, et, qui plus est, le plus joli morceau de chair qui existe à Messine ; un homme qui connaît les lois, vois-tu ! et qui est assez riche, vois-tu ! un gaillard qui a fait des pertes, ce qui ne l'empêche pas d'avoir deux robes et de ne porter que du beau !... Emmenez-le !... Ah ! que ne suis-je inscrit comme âne !

Tous sortent.

SCÈNE XIII.

[Dans le palais.]

Entrent Léonato et Antonio.

ANTONIO.

— Si vous continuez ainsi, vous vous tuerez : — il n'est pas sage de seconder ainsi la douleur — contre vous-même.

LÉONATO.

Je t'en prie, épargne-moi tes conseils — qui tombent dans mon oreille sans plus de profit — que de l'eau dans un crible. Ne me donne plus de conseil ; — qu'aucun consolateur n'essaie de charmer mon oreille, — si ses souffrances ne sont pas conformes aux miennes ! — Amène-moi un homme ayant aimé autant que moi son enfant, — et dont la joie paternelle ait été brisée comme la mienne, — puis dis-lui de parler de patience. — Mesure son mal à la longueur et à la largeur du mien ; — qu'il y réponde effort pour effort, — détail pour détail, douleur pour douleur ; — qu'il ait mêmes linéaments, mêmes ramifications, même aspect, même forme ! — Si un tel homme peut sourire et se caresser la barbe, — dire au chagrin : Décampe, et crier *hem!* au lieu de sangloter, — s'il peut raccommoder sa douleur avec des proverbes et soûler son infortune — en compagnie de brûleurs de chandelle, amène-le-moi, — et je gagnerai de lui la patience. — Mais un tel homme n'existe pas. Vois-tu, frère, les gens — peuvent donner des conseils et parler de calme à une douleur — qu'ils ne ressentent pas ; mais, dès qu'ils l'éprouvent eux-mêmes, — vite elle se change en passion, cette sagesse qui — prétendait donner à la rage une médecine de préceptes, — enchaîner la folie furieuse avec un fil de soie, — charmer l'angoisse avec du vent et l'agonie avec des mots ! — Non ! non ! c'est le métier de tout homme de parler de patience — à ceux qui se tordent sous le poids de la souffrance ; — mais nul n'a la vertu ni le pouvoir — d'être si moral, quand il endure — lui-même la pareille. Donc ne me donne plus de conseils : — ma douleur crie plus fort que les maximes.

ANTONIO.

— Ainsi les hommes ne diffèrent en rien des enfants ?

LÉONATO.

— Paix, je te prie ! je veux être de chair et de sang : — il n'y a jamais eu de philosophe — qui ait pu endurer avec patience le mal de dents, — bien que tous aient écrit dans le style des dieux, — et fait la nique à l'accident et à la souffrance.

ANTONIO.

— Au moins ne faites pas peser sur vous-même toute la douleur ; — faites souffrir aussi ceux qui vous offensent.

LÉONATO.

— Pour cela, tu as raison; c'est juste, je vais le faire. — Mon âme me dit qu'Héro est calomniée; — c'est ce que j'apprendrai à Claudio, et au prince, — et à tous ceux qui la déshonorent.

ANTONIO.

— Voici le prince et Claudio qui viennent à grands pas.

Don Pedro et Claudio entrent précipitamment.

DON PEDRO.

— Bonsoir! bonsoir!

CLAUDIO.

Salut à vous deux!

LÉONATO.

— Un mot, messeigneurs.

DON PEDRO.

Nous sommes un peu pressés, Léonato.

LÉONATO.

— Un peu pressés, monseigneur?... soit, adieu, monseigneur! — Êtes-vous à ce point pressés? Soit, cela m'est égal.

DON PEDRO.

— Voyons, ne nous cherchez pas querelle, bon vieillard.

ANTONIO.

— S'il pouvait obtenir satisfaction par une querelle, — il y en aurait parmi nous de couchés un peu bas.

CLAUDIO.

Et qui donc l'offense?

LÉONATO, à Claudio.

— Morbleu, c'est toi qui m'offenses, toi, imposteur, toi!... — Va, ne mets pas ta main à ton épée, — je ne te crains pas.

CLAUDIO.

Morbleu, maudite ma main, — si elle donnait à votre âge un tel motif de crainte! — En vérité, ma main n'avait pas affaire à mon épée.

LÉONATO.

— Bah! bah! l'ami! ne raillez pas, ne vous moquez pas de moi; — je ne parle pas comme un radoteur ou comme un niais, — pour me vanter, sous le privilége de l'âge, — de ce que j'ai fait étant jeune et de ce que je ferais — si je n'étais pas vieux... Apprends-le sur ta tête, Claudio, tu as outragé mon innocente enfant, tu m'as outragé — à ce point que je suis forcé de laisser là le respect de moi-même : — sous mes cheveux gris, sous le poids écrasant des années, — je te provoque à l'épreuve d'un homme. — Je dis que tu as outragé ma fille innocente; — ta calomnie lui a percé le cœur, — et elle gît ensevelie avec ses ancêtres, — hélas! dans une tombe où nul déshonneur ne dormit jamais, — excepté le sien, œuvre de ton infamie!

CLAUDIO.

— Mon infamie!

LÉONATO.

Ton infamie, Claudio, la tienne, dis-je!

DON PEDRO.

Vous ne dites pas vrai, vieillard.

LÉONATO.

Monseigneur! monseigneur! — je le prouverai sur son corps, s'il ne recule pas, — en dépit de son adresse et de sa pratique active de l'escrime, — malgré sa jeunesse de mai et la floraison de sa vigueur.

CLAUDIO.

— Arrière! je ne veux pas avoir affaire à vous!

LÉONATO.

— Est-ce que tu peux me repousser ainsi? tu as tué

mon enfant : — si tu me tues, enfant, tu tueras un homme.

ANTONIO.

— Alors il en tuera deux, deux hommes vraiment. — Mais peu importe! Qu'il en tue d'abord un! — Qu'il commence par me vaincre et par m'anéantir! qu'il me rende raison!

A Claudio.

— Allons, suivez-moi, marmouset! allons, messire marmouset, allons, suivez-moi. — Je vous ferai rompre à coups de fouet, mon petit escrimeur : — oui, foi de gentilhomme, je m'y engage.

LÉONATO.

— Mon frère!

ANTONIO.

— Soyez calme... Dieu sait combien j'aimais ma nièce; — et elle est morte! elle a été calomniée à mort par des misérables — qui sont aussi hardis à rendre raison à un homme — que je le serais à prendre un serpent par la langue; — des moutards, des magots, des fanfarons, des Jeannots, des soupes au lait!

LÉONATO.

Frère! Antony...

ANTONIO.

— Restez donc calme. Ah! mon cher, je les connais bien; — ce qu'ils pèsent, je le sais jusqu'au dernier scrupule; — des tapageurs, des bravaches, de petits singes à la mode, — qui mentent, et cajolent, et raillent, et souillent, et calomnient, — grotesques ambulants qui affectent des airs terribles, — et qui disent en une demi-douzaine de mots dangereux — tout le mal qu'ils pourraient faire à leurs ennemis, s'ils osaient! — Voilà tout!

LÉONATO.
Mais, mon frère, Antony...
ANTONIO.
Allons, ceci me regarde seul; — ne vous en mêlez pas, laissez-moi faire.
DON PEDRO.
— Messieurs, nous ne voulons pas irriter votre patience.

A Léonato.

— Mon cœur est affligé de la mort de votre fille; — mais, sur mon honneur, elle n'a été accusée de rien qui — ne fût vrai et parfaitement prouvé.
LÉONATO.
— Monseigneur! Monseigneur!
DON PEDRO.
Je ne veux plus vous écouter.
LÉONATO.
Non? — Allons, frère, partons! Je veux être écouté, moi.
ANTONIO.
Et vous le serez, — ou il en cuira à plusieurs d'entre nous. —

Léonato et Antonio sortent.

Entre BÉNÉDICT.

DON PEDRO.
Voyez, voyez : voici l'homme que nous allions chercher.
CLAUDIO.
Eh bien, signor, quoi de nouveau?
BÉNÉDICT, *gravement.*
Bonjour, monseigneur.
DON PEDRO.
Salut, signor. Vous arrivez presque pour séparer presque des combattants.

SCÈNE XIII.

CLAUDIO.

Nous avons failli avoir nos deux nez rompus par deux vieux hommes édentés.

DON PEDRO.

Léonato et son frère! Qu'en dis-tu, Bénédict? Si nous nous étions battus, je doute que nous eussions été trop jeunes pour eux.

BÉNÉDICT.

Il n'y a pas de vraie valeur dans une querelle injuste. Je vous cherchais tous deux.

CLAUDIO.

Et nous, nous t'avons cherché partout : nous sommes en proie à une mélancolie opiniâtre, et nous voudrions la chasser. Veux-tu y employer ton esprit?

BÉNÉDICT.

Il est dans mon fourreau : dois-je l'en tirer?

DON PEDRO.

Est-ce que tu portes ton esprit au côté?

CLAUDIO.

C'est ce qui ne s'est jamais fait, quoique bien des gens aient l'esprit de travers. N'importe! je veux voir la pointe du tien, et je ne te demande, comme à un ménestrel, qu'une pointe amusante.

DON PEDRO.

Foi d'honnête homme, il pâlit.

A Bénédict.

Es-tu malade ou furieux?

CLAUDIO.

Allons! du courage, l'ami! Le chagrin a beau tuer un chat, tu as assez de fermeté pour tuer le chagrin.

BÉNÉDICT.

Monsieur, je riposterai à votre esprit sur le terrain, si vous pressez ainsi l'attaque... Choisissez, je vous prie, un autre sujet.

CLAUDIO.

Allons! qu'on lui donne une autre lance! celle vient de se rompre.

DON PEDRO.

Sur ma parole, il change de plus en plus. Je cr qu'il est réellement furieux.

CLAUDIO.

S'il l'est, il sait comment retourner sa ceinture (2

BÉNÉDICT.

Puis-je vous dire un mot à l'oreille?

CLAUDIO.

Dieu me préserve d'un cartel!

BÉNÉDICT, bas à Claudio.

Vous êtes un misérable. Je ne plaisante pas. Je v le prouverai comme vous vous voudrez, avec ce que v voudrez et quand vous voudrez. Rendez-moi raison ou déclarerai que vous êtes un lâche; vous avez tué femme charmante, sa mort doit retomber sur vous. faut que j'aie de vos nouvelles!

CLAUDIO, tout haut.

C'est bien, j'irai à votre rendez-vous, à condition c j'y trouverai bonne chère.

DON PEDRO.

Quoi! un festin? un festin?

CLAUDIO.

Oui, ma foi, et je l'en remercie : il veut me réga d'une tête de veau et d'un chapon; si je ne les décou pas très-galamment, dites que mon couteau ne v rien... Est-ce que je ne trouverai pas une bécasse aus

BÉNÉDICT.

Monsieur, votre esprit va l'amble parfaitement; i l'allure aisée.

DON PEDRO, à Bénédict.

Je vais te répéter l'éloge que Béatrice faisait l'au

jour de ton esprit. Je disais que tu avais l'esprit fin; c'est vrai, dit-elle, *il l'a si mince... Non*, disais-je, *il a un esprit profond : c'est juste*, dit-elle, *il l'a si épais!... Nullement*, disais-je, *il a un bon esprit : c'est exact*, dit-elle, *il l'a si inoffensif!... Point!* disais-je, *il a tant de raison! C'est certain*, dit-elle, *il a tant de prudence!... Il possède plusieurs langues*, disais-je... *Ça, je le crois*, dit-elle; *il m'a affirmé lundi soir ce qu'il m'a nié mardi matin : il a la langue double, il a deux langues...* C'est ainsi qu'une heure durant, elle a travesti en détail toutes tes qualités; pourtant, à la fin, elle a conclu, avec un soupir, que tu étais l'homme le plus accompli de l'Italie.

CLAUDIO.

Et elle en a pleuré de tout son cœur, en disant qu'elle ne s'en souciait pas.

DON PEDRO.

Oui, elle a dit cela; mais je soutiens, en dépit de tout, que, si elle ne le hait pas mortellement, elle doit l'aimer follement. La fille du veillard nous a tout dit.

CLAUDIO.

Tout, tout, et d'ailleurs, comme dit l'Écriture, *Dieu le vit quand il était caché dans le jardin.*

DON PEDRO.

Ah çà! quand mettrons-nous les cornes du taureau sauvage sur la tête du sensible Bénédict?

CLAUDIO.

Oui, avec cet écriteau au-dessous : *Ici demeure Bénédict, l'homme marié.*

BÉNÉDICT, à Claudio.

Au revoir, enfant! vous savez ce que je veux dire; je vous laisse pour le moment à votre humeur causeuse : vous brisez les mots comme un fanfaron les lames, sans faire de mal, Dieu merci!

A don Pedro.

Monseigneur, je vous remercie de vos nombreuses courtoisies : je dois renoncer à votre compagnie : votre frère, le bâtard, s'est enfui de Messine ; vous avez, entre vous, tué une femme charmante et pure. Quant à monseigneur Sans-barbe que voilà, lui et moi, nous nous reverrons ; jusqu'alors, la paix soit avec lui !

Bénédict sort.

DON PEDRO.

Il parle sérieusement.

CLAUDIO.

Le plus sérieusement du monde : et c'est, j'en suis sûr, pour l'amour de Béatrice.

DON PEDRO.

Et il t'a provoqué ?

CLAUDIO.

Tout de bon.

DON PEDRO.

Quelle jolie créature que l'homme, quand il erre en pourpoint et en haut de chausses, sans avoir sa raison !

CLAUDIO.

Parfois, alors, comparé à un singe, c'est un géant ; mais parfois aussi, comparé à lui, un singe est un maître.

DON PEDRO.

C'est assez. Redevenons nous-même : reprend ton sang-froid, mon cœur, et soyons graves. N'a-t-il pas dit que mon frère était en fuite ?

Entrent DOGBERRY, VERGÈS *et les* WATCHMEN, *conduisant* CONRAD *et* BORACHIO.

DOGBERRY, *à l'un des prisonniers.*

Avancez, monsieur : si la justice ne vous réprime pas, c'est qu'elle renonce à peser les raisins dans sa balance ; si une fois il est reconnu que vous êtes un maudit hypocrite, il faudra qu'on ait l'œil sur vous.

DON PEDRO.

Que vois-je? Deux des gens de mon frère enchaînés ! Et Borachio, l'un d'eux !

CLAUDIO.

Informez-vous de leur délit, monseigneur.

DON PEDRO.

Officiers, quel délit ont commis ces hommes?

DOGBERRY.

Morbleu, monsieur, ils ont commis un faux rapport ; en outre, ils ont dit des mensonges ; secondairement, ils sont des calomnies ; sixièmement enfin, ils ont diffamé une dame ; troisièmement, ils ont attesté des choses inexactes ; et pour conclure, ce sont de fieffés menteurs.

DON PEDRO.

Premièrement, je te demande ce qu'ils ont fait ; troisièmement je te demande quel est leur délit ; sixièmement enfin, pourquoi ils sont arrêtés ; et pour conclure, ce que vous avez à dire à leur charge.

CLAUDIO.

Déduction excellente, conforme à ses propres règles ! Ma foi, voilà une question bien posée.

DON PEDRO, aux prisonniers.

Qui avez-vous offensé, mes maîtres? De quoi êtes-vous ainsi contraints de répondre? Ce savant constable est trop fin pour que je le comprenne. Quel est votre délit?

BORACHIO.

Doux prince, il n'est pas besoin que j'aille plus loin pour répondre : écoutez-moi, et que le comte me tue ! J'ai trompé vos yeux même ; ce que votre sagacité n'a pu découvrir, a été mis au jour par ces niais grossiers. Ils m'ont entendu, la nuit, raconter à cet homme

Il montre Conrad.

comment don Juan, votre frère, m'avait provoqué à

calomnier madame Héro; comment, amenés dans le jardin, vous m'avez vu courtiser Marguerite que vous preniez pour Héro, et comment, vous, comte, vous avez flétri celle que vous deviez épouser. Ils ont fait de mon crime un procès-verbal que je signerais de ma mort, plutôt que de le répéter à ma honte. Cette dame est morte de la fausse accusation faite par mon maître et par moi : je ne demande rien que la récompense d'un scélérat.

DON PEDRO, à Claudio.

— Est-ce que ces paroles ne traversent pas vos veines comme de l'acier?

CLAUDIO.

— J'ai bu du poison à chaque mot qu'il a dit.

DON PEDRO, à Borachio.

— Mais est-ce bien mon frère qui t'a poussé à ceci?

BORACHIO.

— Oui, et il m'a payé richement pour l'exécution.

DON PEDRO.

— C'est la trahison incarnée : et il a fui après ce crime !

CLAUDIO.

— Douce Héro! voici que ton image m'apparaît — sous les traits exquis de celle que j'ai commencé par aimer..

DOGBERRY.

Allons! emmenez les plaintifs... En ce moment, le sacristain doit avoir réformé le signor Léonato de cette affaire.

Aux watchmen.

Ah çà! messieurs, n'oubliez pas de spécifier en temps et lieu que je suis un âne.

VERGÈS.

Voici, voici monsieur le signor Léonato qui vient avec le sacristain.

SCÈNE XIII.

Léonato et Antonio entrent suivis du sacristain

LÉONATO.

— Quel est le misérable!... faites-moi voir ses yeux. — afin que, s'il m'arrive d'apercevoir un homme comme lui, — je puisse l'éviter : lequel est-ce des deux?

BORACHIO.

— Si vous voulez connaître votre malfaiteur, regardez-moi...

LÉONATO.

— Es-tu le scélérat dont le souffle a tué — mon enfant innocente.

BORACHIO.

Oui, c'est moi seul.

LÉONATO.

— Non, maraud, non pas; tu te calomnies toi-même : — voici devant moi deux nobles hommes — (le troisième est en fuite) qui ont une main dans ceci! — Je vous remercie, princes, de la mort de ma fille; — inscrivez-la parmi vos hauts faits glorieux ; — c'est une action héroïque, songez-y.

CLAUDIO.

— Je ne sais comment implorer votre patience; — cependant il faut que je parle. Choisissez vous-même votre vengeance; — infligez-moi la peine que votre imagination — peut imposer à ma faute; et pourtant si j'ai failli, — ce n'est que par méprise.

DON PEDRO.

Sur mon âme! et moi aussi. — Néanmoins, pour satisfaire ce bon vieillard, — je veux me soumettre à ce qu'il m'imposera — de plus écrasant.

LÉONATO.

— Je ne puis pas vous dire : Dites à ma fille de vivre; — cela serait impossible; mais, je vous en prie tous deux, — apprenez au peuple de Messine — qu'elle est morte innocente; et si votre amour pour elle — peut vous donner quelque triste inspiration, — couvrez son tombeau d'une épitaphe, — et chantez-la à ses ossements; chantez-la cette nuit même.

A Claudio.

— Demain matin, venez chez moi, — et puisque vous n'avez pu être mon gendre — soyez du moins mon neveu : mon frère a une fille — qui est presque le portrait de l'enfant que j'ai perdue, — et qui est notre unique héritière à tous deux; — donnez-lui le titre que vous auriez donné à sa cousine, — et ma vengeance est morte.

CLAUDIO.

Oh! noble seigneur! — votre extrême bonté m'arrache des larmes! — J'embrasse votre offre; disposez — à l'avenir du pauvre Claudio.

LÉONATO.

— Demain donc je vous attends; — pour ce soir, je vous laisse.

Montrant Borachio à don Pedro.

Ce méchant homme — sera confronté avec Marguerite, — qui, je le crois, a trempé dans ce crime. — payée par votre frère.

BORACHIO.

— Non, sur mon âme, il n'en est rien; — elle ne savait pas ce qu'elle faisait, lorsqu'elle me parlait; — elle a toujours été probe et vertueuse, — dans tout ce que je connais d'elle. —

DOGBERRY, à Léonato.

En outre, seigneur, quoique la chose ne soit pas mise en blanc et en noir, sachez que le plaignant, le délinquant que voici, m'a appelé âne; souvenez-vous-en, je vous en supplie, dans votre sentance. De plus les gens du guet lui ont entendu parler d'un certain Grotesque. Cet homme porte. dit-on, à chaque oreille un trou de serrure auquel pend un cadenas ; il emprunte au nom de Dieu de l'argent qu'il a l'habitude de ne pas rendre; de sorte qu'à présent les gens s'endurcissent et ne veulent plus prêter pour l'amour de Dieu. Je vous en prie, interrogez-le sur ce point.

LÉONATO.

Je te remercie de ta peine et de tes bons services.

DOGBERRY.

Votre seigneurie parle comme un très-reconnaissant et très-révérend jouvenceau ; et je loue Dieu de vous.

LÉONATO, lui donnant sa bourse.

Voici pour ta peine.

DOGBERRY.

Que Dieu bénisse la fondation !

LÉONATO.

Va, je te donne décharge de ton prisonnier, et je te remercie.

DOGBERRY.

Je laisse un coquin fieffé avec votre seigneurie ; je demande à votre seigneurie une correction qui serve d'exemple aux autres. Dieu garde votre seigneurie ! Je souhaite à votre seigneurie le bonheur : que Dieu vous restaure à la santé ; je vous donne humblement congé. S'il est permis de souhaiter encore notre joyeuse réunion, que Dieu la prohibe !

A Vergès.

Venez, voisin.

Dogberry, Vergès et le Guet sortent.

LÉONATO.

— Jusqu'à demain matin, seigneurs, adieu !

ANTONIO.

— Adieu, messeigneurs, nous vous attendons demain.

DON PEDRO.

-- Nous n'y manquerons pas.

CLAUDIO.

Cette nuit, j'irai pleurer auprès d'Héro.

Don Pedro et Claudio sortent.

LÉONATO, *ses gardes.*

-- Emmenez ces hommes. Nous allons demander à Marguerite — comment elle a fait connaissance avec ce mauvais sujet.

Ils sortent.

SCÈNE XIV.

[Dans les jardins.]

BÉNÉDICT et MARGUERITE entrent en se rencontrant.

BÉNÉDICT.

Je t'en prie, chère Marguerite, rends-moi un service : procure-moi un entretien avec Béatrice.

MARGUERITE.

Alors, me promettez-vous d'écrire un sonnet à la louange de ma beauté?

BÉNÉDICT.

Oui, et en style si sublime, Marguerite, que pas un homme n'en approchera, car, en bonne vérité, tu le mérites.

MARGUERITE.

Je mérite qu'aucun homme ne m'approche? Ferai-je donc toujours antichambre!

BÉNÉDICT.

Ton esprit est aussi vif que la gueule du lévrier : il mord!

MARGUERITE.

Et le vôtre, aussi obtus qu'un fleuret d'escrime : il frappe, sans blesser.

SCÈNE XIV.

BÉNÉDICT.

C'est un esprit vraiment viril, Marguerite, qui ne voudrait pas blesser une femme. Je t'en prie, veuille appeler Béatrice : je te rends mon bouclier.

MARGUERITE.

Donnez nous les épées, messieurs : les boucliers son de notre côté.

BÉNÉDICT.

Si vous voulez manier l'épée, commencez par mettre la pointe dans un étau : c'est une arme dangereuse pour les filles.

MARGUERITE.

Allons ! je vais vous appeler Béatrice qui, je pense, a des jambes.

BÉNÉDICT.

Et qui par conséquent viendra.

Marguerite sort.

BÉNÉDICT, seul, chantant.

Le dieu d'amour.
Qui siége là-haut
Et me connaît, et me connaît,
Sait combien je suis pitoyable...

Comme poëte, s'entend, car comme amant ! Léandre le bon nageur, Troylus, le premier qui fit usage d'entremetteurs, et toute la litanie de ces ci-devant héros de boudoir dont les noms roulent encore harmonieusement sur la route unie de vers blanc, n'ont jamais été bouleversés par l'amour aussi profondément que mon pauvre individu. Eh bien, je ne puis pas exprimer cela en vers ; j'ai essayé ; je ne puis trouver à *lady* d'autre rime que *baby*, rime par trop innocente ; à *raillerie*, *tromperie*, rime par trop dure : à *école*, *folle*, rime par trop impertinente ! toutes terminaisons sinistre : non, je ne suis pas né sous une planète rimeuse, et je ne sais pas faire ma cour en terme de gala.

Entre BÉATRICE.

Suave Béatrice, tu daignes donc venir quand je t'appelle !

BÉATRICE.

Oui, signor, et partir quand vous me le dites !

BÉNÉDICT.

Oh ! reste jusqu'à ce moment-là !

BÉATRICE.

Vous avez dit *ce moment-là* : adieu donc !... Mais avant de partir, que j'emporte au moins ce que je suis venue chercher, le récit de ce qui a eu lieu entre vous et Claudio.

BÉNÉDICT.

Rien qu'un échange de mots aigres, après lequel je te dois un baiser.

Il essaie de l'embrasser.

BÉATRICE, le repoussant.

Un mot aigre n'est qu'un souffle aigre, un souffle aigre n'est qu'une haleine aigre, et une haleine aigre est nauséabonde : donc je veux partir sans votre baiser.

BÉNÉDICT.

Tu as détourné le mot de son vrai sens, tant ton esprit a fait effort ; mais, s'il faut te le dire nettement, Claudio a reçu mon cartel : ou j'entendrai bientôt parler de lui, ou je le proclame un lâche. Et maintenant, dis-moi, je te prie, pour lequel de mes défauts es-tu tombée en amour de moi ?

BÉATRICE.

Pour tous à la fois : car ils maintiennent chez vous l'empire du mal si strictement qu'ils ne permettent à aucune qualité de se fourrer parmi eux. Mais quelle est celle de mes qualités qui vous a la première infligé de l'amour pour moi ?

SCÈNE XIV.

BÉNÉDICT.

Infligé de l'amour! l'expression est parfaite! Il m'a bien été infligé, en effet; car c'est malgré moi que je t'aime.

BÉATRICE.

C'est, je pense, en dépit de votre cœur. Hélas! ce pauvre cœur! si vous le dépitez autant pour l'amour de moi, je le dépiterai pour l'amour de vous : car je ne veux pas aimer ce que mon ami déteste.

BÉNÉDICT.

Toi et moi, nous avons trop d'esprit pour coqueter paisiblement.

BÉATRICE.

Il n'en paraît rien dans cet aveu-là : il n'y a pas un homme d'esprit sur vingt qui se vante lui-même.

BÉNÉDICT.

Vieux système, Béatrice, vieux système qui existait au temps des bonnes fées! Dans ce siècle, si un homme n'érige pas son propre tombeau avant de mourir, il risque de n'avoir pas un monument plus durable que le tintement de la cloche et les pleurs de sa veuve.

BÉATRICE.

Et combien durent-ils, croyez-vous?

BÉNÉDICT.

Quelle question! une heure de hauts cris et un quart d'heure de larmoiement! Je conseille donc fort au sage, si don Vermisseau, le scrupule, n'y fait pas obstacle, d'être, comme moi, le trompette de ses propres vertus. En voilà assez sur mon panégyrique par moi-même qui, je me rends ce témoignage, est parfaitement mérité... Dites-moi maintenant comment se trouve votre cousine.

BÉATRICE.

Fort mal.

BÉNÉDICT.

Et vous?

BÉATRICE.

Fort mal aussi.

BÉNÉDICT.

Servez Dieu, aimez-moi, et vous irez mieux : sur ce je vous laisse, car voici quelqu'un qui vous arrive en toute hâte.

Entre URSULE.

URSULE.

Madame, il faut venir auprès de votre oncle. Toute la maison est sens dessus dessous. Il est prouvé que madame Héro a été faussement accusée, que le prince et Claudio ont été grossièrement abusés, et que don Juan, qui est en fuite, est l'auteur de tout : voulez-vous venir immédiatement?

BÉATRICE, à Bénédict.

Voulez-vous, signor, vous assurer de la nouvelle?

BÉNÉDICT.

Je veux vivre dans ton cœur, mourir dans ton giron, et être enseveli dans tes yeux; et, en outre, je veux aller avec toi près de ton oncle.

Ils sortent.

SCÈNE XV.

[L'intérieur d'une église.]

Il fait nuit. Entrent DON PEDRO, CLAUDIO, vêtus de deuil, suivis de musiciens et de porte cierges.

CLAUDIO, à l'un des assistants.

Est-ce là le monument de la famille de Léonato?

L'ASSISTANT.

Oui, monseigneur.

SCÈNE XV.

CLAUDIO, s'approchant du tombeau et lisant un parchemin.

> Frappée à mort par des langues calomnieuses.
> Fut Héro qui gît ici.
> En récompense de ses douleurs, la mort
> Lui donne un renom immortel.
> Ainsi la vie, qui mourut de honte,
> Vit de gloire dans la mort.

— Épitaphe, pends-toi à ce tombeau, — pour la louer quand je serai muet !

Il fixe le parchemin au monument.

— Maintenant, musiciens, sonnez et chantez votre hymne solennel.

CHANT.

> Pardonne, déesse de la nuit,
> A ceux qui tuèrent ta vierge-chevalière :
> En expiation, avec des chants douloureux,
> Ils viennent autour de sa tombe.
> Minuit, fais écho à nos lamentations !
> Aide-nous à soupirer et à gémir,
> Tristement, tristement.
> Baille, tombeau, et laisse aller la morte,
> Jusqu'à ce que l'arrêt de mort soit prononcé.
> Divinement, divinement.

Le jour se lève.

CLAUDIO.

— Maintenant, bonne nuit à tes os ! — je veux chaque année observer ce rite funèbre.

DON PEDRO, aux assistants.

— Adieu mes maîtres, éteignez vos torches ; — les loups ont fini leur curée ; et voyez, grâce au jour doux qui court en avant du char de Phébus, tout autour de vous, — l'Orient assoupi est déjà pommelé de taches grises, — merci à vous tous, et laissez-nous ! Au revoir !

CLAUDIO.

— Adieu mes maîtres ; que chacun rentre chez soi !

DON PEDRO.

— Allons, partons d'ici, et mettons d'autres vêtements, — pour nous rendre ensuite chez Léonato.

CLAUDIO.

— Et puisse le nouvel hymen voler à une issue plus heureuse — que celui qui vient de nous coûter tant de douleurs.

Tous sortent.

SCÈNE XVI.

[Une salle dans le palais de Léonato.]

Entrent LÉONATO, ANTONIO, BÉNÉDICT, BÉATRICE, URSULE, le MOINE, puis HÉRO.

LE MOINE.

— Ne vous ai-je pas dit qu'elle était innocente?

LÉONATO.

— Le prince et Claudio sont innocents aussi. S'ils l'ont accusée, — c'est à cause de la méprise qui a été éclaircie devant vous. — Marguerite a eu ses torts dans tout ceci, — bien que sa faute soit involontaire, comme on l'a vu — dans le cours régulier de l'instruction.

ANTONIO.

— N'importe! je suis charmé que tout ait si bien tourné.

BÉNÉDICT.

— Et moi aussi, moi qui autrement aurais été obligé d'honneur — à demander des comptes au jeune Claudio.

LÉONATO.

— Allons, ma fille, et vous toutes, mesdames, — retirez-vous dans une chambre à part, — et, quand je vous ferai appeler, vous viendrez ici masquées. — Voici l'heure où le prince et Claudio ont promis — de me faire visite.., Frère, vous connaissez votre office : — vous devez servir de père à la fille de votre frère — et la donner au jeune Claudio.

ANTONIO.

— Et je le ferai de l'air le plus grave.

Les dames sortent.

BÉNÉDICT, au moine.

— Mon frère, j'aurai, je crois à invoquer votre ministère.

LE MOINE.

Pour quoi, seigneur ?

BÉNÉDICT.

— Pour consacrer mon bonheur ou ma perte, l'un ou l'autre... — Signor Léonato ! la vérité est, bon signor, — que votre nièce me regarde avec des yeux favorables.

LÉONATO.

— Les yeux que ma fille lui a prêtés, c'est très-vrai.

BÉNÉDICT.

— Et en retour, j'ai pour elle les yeux de l'amour.

LÉONATO.

— Vous tenez ces regards-là de moi, — de Claudio et du prince. Eh bien, quel est votre désir?

BÉNÉDICT.

— Votre réponse, monsieur, est énigmatique. — Quant à mon désir, puisse-t-il être d'accord — avec votre désir! mon désir est d'être aujourd'hui même conjoint — à l'état d'honorable mari...

Au moine.

— Voilà pourquoi, bon frère, je réclame votre assistance.

LÉONATO.

— Mon cœur est à votre souhait.

LE MOINE.

Ainsi que mon assistance. — Voici le prince et Claudio.

Entrent DON PEDRO *et* CLAUDIO, *avec leur suite.*

DON PEDRO.

— Bonjour à cette belle assemblée !

LÉONATO.

— Bonjour, prince ; bonjour, Claudio ; — nous sommes à vos ordres.

A Claudio.

Êtes-vous toujours déterminé — à vous marier aujourd'hui avec la fille de mon frère ?

CLAUDIO.

— Je persiste dans mes intentions, fût-elle une Éthiopienne.

LÉONATO.

— Allez la chercher, frère : le moine est prêt.

Antonio sort.

DON PEDRO.

— Bonjour, Bénédict ! eh bien, que se passe-t-il, — que vous avez cette figure de février, — pleine de frimas, de tempêtes et de nuages ?

CLAUDIO.

— Je pense qu'il pense au taureau sauvage... — Bah ! ne crains rien, mon cher, nous dorerons tes cornes, — et tu feras la joie de la moderne Europe, — comme l'ardent Jupiter fit celle de l'antique Europe, — quand pour l'amour d'elle, il joua à la noble bête !

BÉNÉDICT.

— Le taureau Jupiter avait un aimable mugissement. — Quelque taureau comme lui a dû saillir la vache de votre père — et lui faire, par un de ces nobles traits, un veau — qui vous ressemble fort, car vous avez juste son beuglement.

SCÈNE XVI.

Antonio rentre conduisant Héro, Béatrice et Ursule, masquées

CLAUDIO, à Bénédict.

— Je vous dois quelque chose pour ceci : mais voici d'autres comptes à régler. — Quelle est celle de ces dames dont je dois m'emparer?

ANTONIO, lui présentant Héro.

— La voici, et je vous la donne.

CLAUDIO.

— En ce cas, elle est à moi... Charmante, que je voie votre visage !

LÉONATO.

— Non ! pas avant que vous ayez accepté sa main — en présence de ce moine, et juré de l'épouser.

CLAUDIO, à Héro.

— Donnez-moi votre main devant ce saint prêtre : — je suis votre mari, si vous m'agréez.

HÉRO, se démasquant.

— Quand je vivais, j'étais votre première femme ; — et quand vous m'aimiez, vous étiez mon premier mari.

CLAUDIO.

— Une seconde Héro !

HÉRO.

Rien n'est plus certain ; — une Héro est morte déshonorée ; mais moi, je vis, — et, aussi vrai que je vis, je suis vierge.

DON PEDRO.

— Ah ! c'est bien la première Héro ! la même qui est morte !

LÉONATO.

— Elle n'est restée morte, monseigneur, que tant que son déshonneur a vécu.

LE MOINE.

— Je calmerai votre surprise, — quand, la sainte cérémonie terminée, — je vous raconterai en détail la mort de la belle Héro. — Jusque-là, regardez le miracle comme chose familière, — et rendons-nous immédiatement à la chapelle.

BÉNÉDICT.

— Bien dit, frère!... Laquelle est Béatrice?

BÉATRICE, se démasquant.

— Je réponds à ce nom : que me voulez-vous?

BÉNÉDICT.

— Est-ce que vous ne m'aimez pas?

BÉATRICE.

— Non, pas plus que de raison.

BÉNÉDICT.

— Alors, votre oncle, le prince et Claudio — ont été grandement déçus : car ils ont juré que vous m'aimiez.

BÉATRICE.

— Est-ce que vous ne m'aimez pas?

BÉNÉDICT.

Ma foi, non, pas plus que de raison.

BÉATRICE.

— Alors, ma cousine, Marguerite et Ursule, — sont grandement déçues : car elles ont juré que vous m'aimiez.

BÉNÉDICT.

— Ils ont juré que vous étiez presque malade d'amour pour moi.

BÉATRICE.

— Elles ont juré que vous étiez à peu près mort d'amour pour moi.

BÉNÉDICT.

— Il n'en est rien... Ainsi, vous ne m'aimez pas?

BÉATRICE.

— Pas autrement, en vérité, que d'une amicale sympathie.

LÉONATO.

— Allons, cousine, je suis sûr que vous aimez ce gentilhomme.

CLAUDIO.

— Et moi, je suis prêt à jurer, qu'il est amoureux d'elle : — car voici un papier écrit de sa main, — un sonnet sorti tout boiteux de sa pure cervelle, — et adressé à Béatrice.

HÉRO.

Et en voici un autre, — tombé de la poche de ma cousine, écrit de sa main, — et exprimant son affection pour Bénédict.

BÉNÉDICT.

Miracle! voici nos mains unies contre nos cœurs!... Allons! je veux bien de toi; mais, vrai! je te prends par pitié.

BÉATRICE.

Je ne veux pas vous refuser : mais, par la lumière du jour! je cède à la persuasion et, en partie, au désir de vous sauver la vie, car on m'a dit que vous mourriez de consomption.

BÉNÉDICT.

Silence! je vous ferme la bouche.

Il lui donne un baiser.

DON PEDRO.

Comment vas-tu, Bénédict? l'homme marié!

BÉNÉDICT.

Veux-tu que je te dise, prince? un collége de faiseurs d'esprit ne me bernerait pas hors de mon goût. Crois-tu que je me soucie d'une satire ou d'une épigramme? non! Si un homme se laisse secouer par toutes les cervelles, il n'arrive jamais à rien de bon. Bref, puisque je suis résolu à me marier, je veux regarder comme non avenu tout ce qu'on peut dire à l'encontre. Ainsi, ne vous moquez pas de mes contradictions; car l'homme est un être inconstant, et voilà ma conclusion... Quant à toi, Claudio, je pensais t'étriller; mais puisque tu vas devenir mon parent, esquive les coups et aime ma cousine.

CLAUDIO.

J'avais espéré que tu refuserais Béatrice; alors, sans scrupule, j'aurais terminé sous le bâton ta vie de célibataire, pour t'apprendre à jouer double jeu; ce que, sans doute tu continueras de faire, si ma cousine ne te surveille pas de très-près.

BÉNÉDICT.

Allons! allons! nous sommes amis; dansons avant de nous marier, pour alléger nos cœurs et les talons de nos femmes.

LÉONATO.

Nous aurons la danse ensuite.

BÉNÉDICT.

Non, ma foi, d'abord! Ainsi, faites jouer la musique!

A don Pedro.

Prince, tu es triste; prends femme, prends femme; il n'est pas de canne plus respectable que la canne à pointe de corne.

Entre un MESSAGER.

UN MESSAGER.

— Monseigneur, votre frère don Juan a été arrêté dans sa fuite, — et ramené à Messine par des hommes armés. —

BENEDICT, à don Pedro.

Ne pensons pas à lui avant demain : je te trouverai pour lui un bon châtiment... En avant les flûtes!

On danse. Tous sortent.

FIN DE BEAUCOUP DE BRUIT POUR RIEN.

LE CONTE D'HIVER (26)

PERSONNAGES :

LÉONTE, roi de Sicile.
MAMILIUS, son fils, prince de Sicile.
CAMILLO
ANTIGONE
CLÉOMÈNE } seigneurs siciliens.
DION
POLIXÈNE, roi de Bohême.
FLORIZEL, prince de Bohême.
UN VIEUX BERGER, réputé père de Perdita.
LE CLOWN, son fils.
AUTOLICUS, filou.
ARCHIDAMUS, seigneur de Bohême.
AUTRES SEIGNEURS, GENTILSHOMMES, GENS DE SERVICE.
BERGERS ET BERGÈRES.

HERMIONE, femme de Léonte.
PERDITA, fille de Léonte et d'Hermione.
PAULINE, femme d'Antigone.
EMILIA, dame d'honneur.
DEUX AUTRES DAMES D'HONNEUR.

La scène est tantôt en Sicile, tantôt en Bohême.

SCÈNE I.

[En Sicile. — Dans le palais du roi.]

Entrent Camillo et Archidamus.

ARCHIDAMUS.

Si le sort veut, Camillo, que vous visitiez la Bohême pour une raison de service comme celle qui me tient ici sur pied, vous verrez, ainsi que je vous l'ai dit, une grande différence entre notre Bohême et votre Sicile.

CAMILLO.

Je crois que, l'été prochain, le roi de Sicile a l'intention de rendre à son frère de Bohême la visite qu'il lui doit justement.

ARCHIDAMUS.

Si notre hospitalité ne nous fait pas honneur, nos sympathies nous excuseront, car certainement...

CAMILLO.

Je vous supplie...

ARCHIDAMUS.

Vraiment, je le dis avec la franchise de ma conviction, nous ne pouvons pas avec autant de magnificence... avec une si rare... je ne sais comment dire... Nous vous donnerons des boissons soporifiques, afin que vos sens, ne s'apercevant pas de notre insuffisance, s'il ne peuvent nous louer, ne puissent pas nous accuser davantage.

CAMILLO.

Vous payez de trop de frais ce qu'on vous donne sans façon.

ARCHIDAMUS.

Croyez-moi, je ne dis que ce que mes renseignements me suggèrent et ce que mon honnêteté me dicte.

CAMILLO.

Sicile ne peut se montrer trop affable pour Bohême. Les deux rois ont été élevés ensemble dans leur enfance ; et il y a entre eux une affection si bien enracinée qu'elle ne peut que jeter des branches. Depuis que leurs majestés plus mûres et les nécessités royales ont séparé leur société, leurs rapports, quoique non personnels, se sont continués royalement, par procuration, en échange de cadeaux, de lettres et d'affectueuses ambassades ; au point que, bien qu'absents, ils semblaient être ensemble. Ils se serraient la main comme par-dessus l'abîme, et s'embrassaient, pour ainsi dire, des deux bouts opposés du vent. Que le ciel prolonge leur affection !

ARCHIDAMUS.

Je crois qu'il n'est pas au monde de malice ni d'incident qui puisse l'altérer. C'est pour vous une inexprimable joie que votre jeune prince Mamilius ; il n'est pas à ma connaissance de gentilhomme qui promette davantage.

CAMILLO.

Je partage entièrement vos espérances à son égard. C'est un galant enfant, un prince qui, vraiment, réconforte ses sujets et rafraîchit les vieux cœurs ; ceux qui allaient sur des béquilles avant qu'il fût né, désirent vivre encore pour le voir un homme.

ARCHIDAMUS.

Autrement, ils seraient donc contents de mourir ?

CAMILLO.

Oui, à moins qu'ils n'eussent d'autres prétextes pour désirer vivre.

ARCHIDAMUS.

Si le roi n'avait pas de fils, tous désireraient vivre sur des béquilles jusqu'à ce qu'il en eût un.

Ils sortent.

SCÈNE II.

[Sicile. — Le palais du roi.]

Entrent LÉONTE, POLIXÈNE, HERMIONE, MAMILIUS, CAMILLO et des gens de la suite.

POLIXÈNE.

— Neuf changements de l'astre humide ont été — comptés par le berger depuis que nous avons laissé notre trône — sans fardeau; je remplirais — un temps aussi long de mes remercîments, mon frère, — que je n'en partirais pas moins d'ici — votre débiteur à perpétuité. Aussi, comme un chiffre, — placé dans un beau rang, je multiplie — par un *Je vous rends grâces* les milliers de remercîments — qui précèdent.

LÉONTE.

Différez un peu vos remercîments; — vous les débourserez quand vous partirez.

POLIXÈNE.

Je pars demain, seigneur. — Je suis tourmenté par mes inquiétudes sur ce qui peut advenir — ou résulter de mon absence. Puisse-t-il ne pas souffler — chez nous des vents orageux qui me fassent dire : — « Ces conjectures n'étaient que trop vraies! » Et puis, je suis resté assez — pour fatiguer votre majesté.

LÉONTE.

Nous sommes trop solide, mon frère, — pour que vous puissiez nous mettre dans cet état-là.

POLIXÈNE.

Pas un jour de plus!

LÉONTE.

— Encore une semaine!

POLIXÈNE.

Très-décidément, demain.

LÉONTE.

— Eh bien, partageons la différence; pour ça — je ne veux pas de contradiction.

POLIXÈNE.

Ne me pressez pas ainsi, je vous en supplie. — Il n'est pas de parole émouvante, non, il n'en est pas au monde — qui puisse me gagner aussi vite que la vôtre; elle me déciderait en ce moment, — si ce que vous demandez vous était nécessaire, quelque — urgence qu'il y eût pour moi à refuser. Mes affaires — me traînent en réalité chez moi; me retenir, — ce serait me faire un fléau de votre affection; et mon séjour — n'est pour vous qu'embarras et trouble. Pour nous mettre tous deux à l'aise, — adieu, mon frère.

LÉONTE, à Hermione.

Quoi! bouche close, ma reine? parlez donc!

HERMIONE.

Je comptais, seigneur, garder le silence jusqu'à ce que vous eussiez tiré de lui — le serment de ne pas rester. Vous, seigneur, — vous le pressez trop froidement. — Dites-lui que vous êtes sûr — que tout va bien en Bohême; cette rassurante nouvelle — est certifiée par le dernier courrier; dites-lui cela, — et il sera forcé dans sa meilleure parade.

LÉONTE.

Bien dit, Hermione.

SCÈNE II.

HERMIONE.

— S'il disait qu'il lui tarde de revoir son fils, cela aurait sa force; — qu'il le dise donc et qu'il parte; — qu'il le jure, et il ne restera pas : — nous le chasserons d'ici avec nos quenouilles...

A Polixène.

— Voyons, je veux risquer l'emprunt pour une semaine — de votre royale présence. Quand vous recevrez — mon seigneur en Bohême, je lui donnerai permission — de rester chez vous un mois au delà du terme — fixé d'avance pour son départ : pourtant, sois-en sûr, Léonte, — je ne t'aimerai pas une seule minute en deça du temps — qu'une femme doit aimer son mari...

A Polixène.

Vous resterez?

POLIXÈNE.

Non, madame.

HERMIONE.

— Nenni, vous resterez.

POLIXÈNE.

Je ne puis, vraiment!

HERMIONE.

Vraiment? — Vous m'éconduisez avec des protestations bien flasques; mais — vous auriez beau chercher à englober les astres dans vos serments, — que je vous dirais encore : « Monsieur, pas de départ! » Vraiment! — vous ne partirez pas; le « vraiment » d'une dame est bien aussi puissant que celui d'un seigneur. Voulez-vous encore partir? — Soit! forcez-moi à vous garder comme prisonnier, — sinon comme hôte; ainsi, vous paierez votre rançon — avant de partir, et vous économiserez vos remercîments. Que choisissez-vous? — Mon prisonnier ou mon hôte? Par votre terrible « vraiment, » — vous serez l'un ou l'autre.

POLIXÈNE.

Eh bien, je serai votre hôte, madame : — être votre prisonnier impliquerait de ma part une offense — qu'il me serait moins facile encore de commettre — qu'à vous de punir.

HERMIONE.

Eh bien, je ne serai pas votre geôlière, — mais votre affectueuse hôtesse. Allez! je vais vous questionner — sur les niches que vous faisiez, mon mari et vous, quand vous étiez enfants : — vous étiez alors de jolis petits maîtres!

POLIXÈNE.

Belle reine, nous étions — deux gars qui ne voyaient rien dans l'avenir — qu'un lendemain semblable à la veille — et croyaient être des gamins éternels.

HERMIONE.

— Est-ce que monseigneur n'était pas le plus franc vaurien des deux?

POLIXÈNE.

— Nous étions comme deux agneaux jumeaux, gambadant au soleil — et bêlant l'un à l'autre ; nous rendions -- innocence pour innocence ; nous ne connaissions pas — la doctrine du mal-faire et nous ne nous figurions pas — que quelqu'un la connût. Si nous avions continué cette vie-là, — si nos faibles esprits n'avaient pas été exaltés — par un sang plus ardent, nous aurions pu hardiment — répondre au ciel : — Non, coupables ! excepté sur le chef — du péché originel.

HERMIONE.

Nous concluons de cela — que vous avez trébuché depuis lors.

POLIXÈNE.

Oh! mon auguste dame, — dès lors les tentations sont nées pour nous : car, — à l'époque où nous étions au nid, ma femme était petite fille; — et votre précieuse personne n'avait pas encore traversé les regards — de mon jeune camarade.

HERMIONE.

Miséricorde! — Ne tirez pas de là votre conclusion; prenez garde! vous prétendriez — que votre femme et moi nous sommes des démons!... Pourtant, continuez. — Nous répondons des fautes que nous vous avons fait commettre, — pourvu que vous ayez commencé vos péchés avec nous et qu'avec nous — vous les ayez continués, sans faire de faux pas — avec d'autres.

LEONTE, à Hermione.

Est-il enfin décidé?

HERMIONE.

— Il restera, monseigneur.

LÉONTE.

A ma requête, il n'a pas voulu. — Hermione, ma très-chère, tu n'as jamais parlé — plus à propos.

HERMIONE.

Jamais!

LÉONTE.

Jamais, une fois exceptée.

HERMIONE.

— Quoi! j'ai deux fois bien parlé! Quand donc la première? — Je t'en prie, dis-le-moi : farcis-moi d'éloge, et fais-moi — engraisser comme un chapon. Une bonne action, mourant dans l'oubli, — en égorge des milliers qui la suivent. — Les louanges sont nos gages : vous pouvez nous faire courir — mille arpents avec un doux baiser, avant — de nous faire brûler un acre à coups d'éperon. — Mais revenons au point de départ : — ma dernière bonne action a été de le prier de rester; — quelle a été ma première? Elle a une sœur aînée, — ou je ne vous comprends pas. Oh! puisse-t-elle s'appeler

Grâce ! — Déjà, n'est-ce pas? j'avais une fois parlé à propos. Quand? — voyons, dites-le-moi ; je brûle.

LÉONTE.

Eh bien, c'est quand, — après trois maussades mois aigrement consumés — à attendre l'instant où ta blanche main s'ouvrirait dans la mienne — et m'accorderait ton amour, tu me dis enfin : — « Je suis à vous pour jamais. »

HERMIONE.

Cet aveu, en effet, était la Grâce même. — Eh bien, vous voyez, j'ai parlé à propos deux fois. — La première, j'ai gagné pour toujours un royal mari ; — la seconde, un ami, pour quelque temps.

Elle donne la main à Polixène.

LÉONTE, à part.

Trop de chaleur ! Trop de chaleur ! — Mêler si intimement les sympathies, c'est mêler les personnes. — Je me sens un frisson ; mon cœur danse, — mais pas de joie. L'amabilité — peut aller visage découvert ; elle peut être autorisée à une certaine liberté — par la bienveillance, par la générosité et l'expansion du cœur, — et n'avoir rien que de bienséant ; elle le peut, je l'accorde. — Mais en être aux serrements de mains et aux pincements de doigts, — comme ils sont en ce moment, et se faire des sourires d'intelligence — comme dans un miroir, et puis soupirer, — comme si c'était — le hallali d'un cerf. Oh ! cette amabilité-là — ne va pas à mon cœur, ni à mon front.. Mamilius, — es-tu mon enfant?

MAMILIUS.

Oui, mon bon seigneur.

LÉONTE.

En vérité? — Ah! voilà mon beau mâle. Comment ! aurais-tu barbouillé ton nez? — On dit qu'il est la copie du mien. Surtout, capitaine, — ne reste pas le corps nu je veux dire sois décent, capitaine, — car le taureau, la génisse et le veau, — sont naturellement cornus...

<small>Observant Polixène et Hermione.</small>

Toujours à faire des gammes — sur sa main !...

<small>A Mamilius.</small>

Eh bien, veau effronté ! — est-tu mon veau ?

MAMILIUS.

Oui, monseigneur, si vous voulez.

LÉONTE.

— Il te manque une tête accidentée et des rainures comme j'en ai — pour me ressembler tout à fait ; pourtant on dit — que nous nous ressemblons comme deux œufs ; les femmes disent ça — pour dire quelque chose. Mais elles auraient beau être fausses — comme du noir de teinture, comme le vent, comme l'eau, fausses — comme les dés que souhaite l'homme qui n'établit pas — de limites entre le tien et le mien ; elles n'auraient pas moins raison — de dire que cet enfant me ressemble... Allons ! seigneur page, — regardez-moi avec votre œil céleste... — Doux coquin ! — Mon chéri ! Mon poupon ! Est-ce que ta maman pourrait... Serait-ce possible... — Imagination ! tes visions poignardent l'homme au cœur ; — tu rends possibles les choses tenues pour impossibles, — tu communiques avec les songes... Comment cela peut-il être ? — tu collabores avec le fantastique, — et tu t'associes le néant ! Mais il se peut aussi — que tu sois d'accord avec la réalité ; tu l'es en ce moment, — et je le sens d'une manière irréfragable, — au trouble de mon cerveau, — et au durcissement de mon front.

POLIXÈNE.

Qu'a donc le roi de Sicile ?

HERMIONE.

— Il a l'air un peu agité.

POLIXÈNE.

Eh bien, monseigneur? — Qu'éprouvez-vous? Comment vous trouvez-vous, mon frère le plus cher?

HERMIONE.

Vous semblez — garder un front bien soucieux; — auriez-vous quelque émotion, monseigneur?

LÉONTE.

Non, bien réellement... — Comme parfois la nature trahit sa niaiserie — et sa sensibilité au risque d'être la risée — des cœurs endurcis! En observant les traits — du visage de mon enfant, il m'a semblé que je rajeunissais — de vingt-trois ans; je me voyais sans culottes, — dans ma cotte de velours vert, avec ma dague muselée, de peur qu'elle ne mordît son maître et ne lui devînt — funeste comme le deviennent souvent les ornements. — Combien, à mon idée, je ressemblais à ce pépin, — à cette petite citrouille, à ce gentilhomme!

A Mamilius,

Mon honnête ami, — voudriez-vous prendre des vessies pour des lanternes?

MAMILIUS.

Non, monseigneur; j'aime mieux me battre.

LÉONTE.

— Vous, vous battre!... Alors, puisse-t-il avoir de la chance!...

A Polixène.

Mon frère, — êtes-vous aussi fou de votre jeune prince que nous — semblons l'être du nôtre!

POLIXÈNE.

Chez moi, seigneur, — il est tout mon exercice, toute ma joie, tout mon souci; — tantôt mon ami juré, et tantôt mon ennemi; — mon parasite, mon soldat, mon homme d'État, tout! — Il rend un jour en juillet aussi court qu'en décembre; — et, par ses caprices enfantins, il guérit en moi — les idées noires qui épaissiraient mon sang.

LÉONTE, montrant Mamilius.

Cet écuyer a — le même office auprès de moi... Nous allons nous promener tous les deux, — et vous laisser, monseigneur, suivre une marche plus grave... Hermione, — montre combien tu nous aimes dans ton hospitalité pour notre frère. — Que ce qu'il y a de plus cher en Sicile soit pour lui bon marché. — Après vous et mon jeune corsaire, il est — l'héritier présomptif de mon cœur.

HERMIONE.

Si vous voulez nous rejoindre, — nous sommes à vos ordres dans le jardin : devons-nous vous y attendre?

LÉONTE.

— Dirigez-vous à votre guise; on vous retrouvera, — pourvu que vous restiez sous le ciel...

A part.

Je suis en train de pêcher, — bien que vous ne voyiez pas comment je jette ma ligne. — Allez! allez!

Observant Polixène.

Comme elle lui tend la patte, le bec! — Comme elle s'arme de toutes les licences d'une femme — envers un mari indulgent!

Polixène, Hermione et leur suite s'en vont.

Déjà parti! — Dans le bourbier jusqu'au genou! Cornard par-dessus les oreilles!...

A Mamilius.

— Va, joue, mon garçon, joue; ta mère joue, et moi, — je joue aussi, mais un rôle si déshonorant que le dénoûment — m'enterrera sous les sifflets; le mépris et les huées — seront mon glas funèbre... Va, joue, mon garçon, joue... Il y a eu, — ou je suis bien trompé, des cocus avant aujourd'hui ; — et il est plus d'un homme, au moment même — où je parle, qui donne le bras à sa femme, — sans se douter qu'elle a lâché l'écluse en son absence, — et laissé pêcher dans le bassin son voisin d'à côté, — messire Sourire, son voisin ! Oui, c'est une consolation de me dire — que d'autres hommes ont des portes, et que ces portes s'ouvrent, — comme les miennes, contre leur volonté ; si tous ceux — qui ont des femmes en révolte se désespéraient, le dixième de l'humanité — irait se pendre. Il n'y a pas de remède à cela ; — nous sommes sous l'influence d'une planète maquerelle qui frappe — partout où elle domine, et qui est toute-puissante, croyez-le, — de l'est à l'ouest et du nord au sud. Conclusion, — pas de barricade pour un ventre ! Sachez-le, — il laissera entrer et sortir l'ennemi — avec armes et bagage. Des millions d'entre nous — ont la maladie et ne le sentent pas... Comment es-tu, mon garçon ?

MAMILIUS.
— Je suis comme vous, à ce qu'on dit.

LÉONTE.
Ah ! c'est toujours une consolation...

Il aperçoit Camillo.

— Quoi ! Camillo ici !

CAMILLO.
Oui, mon bon seigneur.

LÉONTE.
— Va jouer, Mamilius, tu es un honnête homme...

Mamilius sort.

— Camillo, ce grand sire va prolonger son séjour.

CAMILLO.
— Vous avez eu beaucoup de peine à faire tenir son ancre ; — elle chassait, chaque fois que vous la jetiez.

LÉONTE.
Tu as remarqué ?

CAMILLO.

— Il ne voulait pas rester à votre demande; il déclarait ses affaires plus urgentes.

LÉONTE.

Tu t'en es aperçu?... — En voilà déjà avec moi qui murmurent et qui chuchotent : — « Le roi de Sicile est... ceci et cela. » Il se passera du temps — avant que j'aie avalé le tout... Comment se fait-il, Camillo, — qu'il soit resté?

CAMILLO.

Grâce aux prières de la vertueuse reine.

LÉONTE.

— De la reine, soit! Vertueuse, cela devrait être; — mais tel que cela est, cela n'est pas. Est-ce que la chose a été comprise — par d'autres machines pensantes que la tienne? — Car ton intelligence est plus spongieuse, elle aspire — beaucoup plus que les bûches vulgaires... Cela n'a été remarqué n'est-ce pas, — que des natures les plus fines? par quelques être d'élite — ayant une tête extraordinaire? Les espèces subalternes — n'ont peut-être rien vu à cette affaire, dis!

CAMILLO.

— Quelle affaire, monseigneur? Presque tous ont compris, je crois, — que le roi de Bohême prolonge ici son séjour.

LÉONTE.

Comment?

CAMILLO.

Prolonge ici son séjour.

LÉONTE.

— Oui, mais pourquoi?

CAMILLO.

— Pour satisfaire Votre Altesse, et le désir de notre très-gracieuse maîtresse.

LÉONTE.

Satisfaire – le désir de votre maîtresse!... Satisfaire!... – Il suffit. Je t'ai confié, Camillo, – les secrets les plus profonds de mon cœur, aussi bien – que ceux de mon conseil; tu étais comme le prêtre – qui purifiait mon âme, et je te quittais toujours – comme un pénitent converti; mais je me suis – trompé sur ton intégrité, ou du moins – sur celle que je te supposais.

CAMILLO.

A Dieu ne plaise, monseigneur!

LÉONTE.

– Que je m'y fie plus longtemps! Tu n'es pas loyal, ou, – si tu inclines à l'être, tu es un lâche – qui par derrière donne le croc en jambe à la loyauté pour l'empêcher de suivre – le droit chemin : ou je dois te regarder – comme un serviteur, enraciné dans ma confiance, – et trop négligent pour y rester, ou comme un sot – qui me voit enlever mon plus riche trésor dans une partie de tricheurs, – et qui prend le tout pour une plaisanterie.

CAMILLO.

Mon gracieux seigneur, – je puis être négligent, sot et peureux : – nul homme n'est exempt de ces défauts, – au point d'être sûr que, parmi les innombrables incidents de ce monde, – la négligence, la sottise, la peur – ne se révéleront pas en lui. Si jamais dans vos affaires, monseigneur, – j'ai été volontairement négligent, – ç'a été sottise de ma part; si j'ai joué exprès – le rôle de sot, ç'a été négligence – à bien peser le résultat; si jamais j'ai craint – de faire une chose dont le succès me semblait douteux et dont l'exécution était – un danger criant, ç'a été une crainte – qui peut affecter les plus sages : ce sont là, monseigneur, – de ces infirmités permises dont la loyauté même – n'est jamais exempte. Mais, j'en supplie votre grâce, — soyez plus explicite avec moi, faites-moi connaître ma faute — sous ses traits réels; si alors je la renie, — c'est qu'elle ne m'appartient pas.

LÉONTE.

N'avez-vous pas vu, Camille, — (sans nul doute vous l'avez vu, autrement votre lorgnette serait plus épaisse que la corne d'un cocu), n'avez-vous pas entendu dire, (car, devant un spectacle aussi apparent, la rumeur — ne saurait être muette,) n'avez-vous pas cru, (car la pensée — n'existe pas chez l'homme qui ne le croit pas,) — que ma femme est infidèle? Si tu l'avoues, — et tu le dois, à moins de nier impudemment — que tu aies des yeux, des oreilles, une raison, alors — dis que ma femme est un cheval de bois, et qu'elle mérite un nom — aussi ignoble qu'aucune caillette qui se donne — avant les fiançailles ; dis cela et développe-le.

CAMILLO.

— Je ne voudrais pas rester là à entendre — noircir ainsi ma maîtresse souveraine, sans — en tirer vengeance sur-le-champ. Maudit soit mon cœur, — si vous avez jamais dit une chose plus indigne de vous — que celle-ci ! La répéter serait un péché — aussi grand que le péché lui-même, s'il était vrai.

LÉONTE.

N'est-ce donc rien que de se parler tout bas, — de s'appuyer joue contre joue, de s'approcher nez à nez, — de se baiser le dedans des lèvres, de fermer la carrière — du rire par un soupir, signe infaillible — d'une vertu qui se brise, de mettre le pied à cheval sur le pied, — de se fourrer dans des coins, de souhaiter que l'horloge soit plus rapide, — l'heure, une minute, midi, minuit, et que tous les yeux, — excepté les leurs, les leurs seulement, — soient aveuglés par une taie, par une cataracte – pour que leur crime ne soit pas vu? Est-ce que cela n'est rien? — Alors le monde, avec tout ce qui est dedans, n'est rien; — le ciel qui le couvre n'est rien; Bohême n'est rien; — ma femme n'est rien; et tous ces riens ne renferment rien, — si cela n'est rien!

CAMILLO.

Mon bon seigneur, guérissez-vous — de cette opinion maladive, et au plus vite; — car elle est des plus dangereuses.

LÉONTE.

N'importe, elle est vraie.

CAMILLO.

— Non, non, monseigneur.

LÉONTE.

Elle l'est; vous mentez, vous mentez!... — Je te dis que tu mens, Camillo, et que je te hais! — Déclare-toi un gros benêt, un maroufle sans esprit, — ou bien un intrigant équivoque qui — peut voir du même œil le bien et le mal — et se prêter à tous les deux. Si le foie de ma femme — était aussi corrompu que sa vie, elle ne vivrait pas — la durée d'un sablier.

CAMILLO.

Et qui donc l'a corrompue?

LÉONTE.

— Eh bien, celui qui la porte comme une médaille, pendue — à son cou, ce Bohémien qui... Si j'avais — autour de moi de vrais serviteurs qui eussent des yeux — pour veiller à mon honneur aussi bien qu'à leurs profits, — à leurs bénéfices particuliers, ils feraient en sorte — qu'on n'en fît pas davantage. Oui, et toi, — son échanson, toi que d'un banc infime — j'ai fait monter à l'estrade et élevé à l'Excellence; toi qui peux voir — aussi distinctement que le ciel voit la terre et que la terre voit le ciel, — combien je suis outragé, tu pourrais épicer une coupe — qui fermât pour toujours les yeux à mon ennemi; et ce breuvage serait pour moi un cordial.

CAMILLO.

Sire! monseigneur! — oui, je pourrais le faire, et cela non avec un breuvage violent, — mais avec une liqueur lente qui ne trahirait pas, — comme le poison, son action funeste. Mais je ne puis croire — à une telle brèche dans l'honneur de ma maîtresse, — si souverainement vénérable… — Moi qui t'ai tant aimé!

LÉONTE.

Ah! mets cela en doute, et va pourrir! Crois-tu que je sois assez écervelé, assez troublé — pour me créer à moi-même ce tourment? pour souiller — mes draps blancs et immaculés — dont la pureté est mon sommeil, et qui, une fois tachés, — ne sont plus que ronces, épines, orties, queues de guêpe? — pour mêler le scandale au sang même du prince mon fils, — que je crois bien de moi et que j'aime comme à moi? — Sans les raisons les mieux mûries, crois-tu que je ferais cela? — Un homme serait-il à ce point égaré?

CAMILLO.

Il faut que je vous croie, seigneur; — eh bien, soit! et je ferai disparaître le roi de Bohême, — pourvu que, lui une fois écarté, votre altesse — consente à rappeler la reine dans la même intimité qu'auparavant, — ne fût-ce que pour le bien de votre fils et pour fermer la bouche à la médisance, dans les cours et dans les États — connus et alliés des vôtres.

LÉONTE.

Tu me conseilles là — justement la marche que je me serais prescrite à moi-même. — Je n'imposerai aucune flétrissure à son honneur, aucune.

CAMILLO.

Monseigneur, — allez donc, et montrez au roi de Bohême — et à la reine le visage le plus serein — que l'amitié puisse apporter à ses fêtes... — Je suis son échanson ; — s'il reçoit de ma main un breuvage salutaire, — ne me comptez plus votre serviteur.

LÉONTE.

Il suffit. — Fais cela, et tu as la moitié de mon cœur ; — ne le fais pas, et tu t'arraches le tien.

CAMILLO.

Je le ferai, monseigneur.

LÉONTE.

— Je vais avoir l'air amical, ainsi que tu me l'as conseillé.

Il sort.

CAMILLO.

— O misérable reine !... Mais moi, — dans quelle position suis-je ? Il faut que j'empoisonne — ce bon Polixène ; et ma raison d'agir ainsi, — c'est l'obéissance à un maître qui, — rebelle à lui-même, veut que — tous ceux qui lui appartiennent le soient également... A faire cela, — il y a de l'avancement à gagner. Ah ! quand je pourrais trouver — mille exemples de gens qui ont frappé l'oint du Seigneur — et prospéré ensuite, je ne le ferais pas ; mais puisque — ni le cuivre ni la pierre ni le parchemin ne portent trace d'une action pareille, — que la scélératesse elle-même la repousse ! Il faut — que je quitte la cour ; la chose faite ou non, est certainement — pour moi un casse-cou. Étoile propice, voici le moment de régner !... — Le roi de Bohême !

Entre POLIXÈNE.

POLIXÈNE.

C'est étrange ! Il me semble — que ma faveur commence à chanceler ici. Ne pas me parler !... — Bonjour, Camillo.

SCÈNE II.

CAMILLO.

Salut très-royal sire.

POLIXÈNE.

— Quelles nouvelles à la cour?

CAMILLO.

Rien de remarquable, monseigneur.

POLIXÈNE.

— A voir la mine du roi, — on croirait qu'il a perdu quelque province, un domaine — qui lui était aussi cher que lui-même. Je viens à l'instant de l'aborder — avec le compliment d'usage; aussitôt, — tournant les yeux d'un autre côté et faisant — une moue dédaigneuse, il s'enfuit de moi et — me laisse ainsi à deviner ce qui couve — sous ce changement de ses manières.

CAMILLO.

Je n'ose pas le savoir, monseigneur.

POLIXÈNE.

Comment! vous n'osez pas! Mais vous le savez, n'est-ce pas? Et c'est pour moi que vous redoutez — d'être bien informé! Voilà le sens de vos paroles : — car, pour vous-même, vous devez bien savoir ce que vous savez, — et vous ne pouvez pas dire que vous ne l'osez pas! Bon Camillo, — le changement de vos traits est le miroir — qui me montre le changement des miens; il faut bien — que je sois pour quelque chose dans cette altération, puisque je m'en trouve — moi-même si altéré.

CAMILLO.

Il est un mal — qui a jeté le désordre dans quelqu'un d'entre nous; mais — je ne puis nommer la maladie, elle a été attrapée — de vous qui pourtant vous portez bien.

POLIXÈNE.

Comment! attrapée de moi! — Ah! ne m'attribuez pas le regard du basilic; — mes yeux se sont fixés sur des milliers d'êtres qui n'en ont prospéré que mieux, — mais ils n'ont jamais tué personne. Camillo, — si vous êtes, comme j'en suis sûr, un gentilhomme, — si de plus vous avez ce savoir, cette expérience qui n'ornent pas moins — notre noblesse que le nom titré des aïeux — dont la gloire nous fait nobles, je vous en supplie, — pour peu que vous sachiez une chose qu'il m'importe — d'apprendre, ne l'emprisonnez pas — dans une discrète ignorance !

CAMILLO.

Je ne puis répondre.

POLIXÈNE.

— Une maladie gagnée de moi, quoique je me porte bien ! — Il me faut une réponse... Écoute, Camillo : — je t'en conjure par toutes les suggestions humaines — que l'honneur reconnaît, et la moindre — n'est pas la prière que je t'adresse, déclare-moi — quel est l'incident de malheur que tu sens — ramper vers moi ; s'il est loin, s'il est près ; — quel moyen il y a de le prévenir, s'il en est un ; — sinon, comment y faire face !

CAMILLO.

Seigneur, je vais vous le dire, — puisque j'en suis sommé sur l'honneur et par quelqu'un — que je tiens pour honorable. Donc, attention à mon conseil ! — Qu'il soit suivi aussi vite — que je compte l'exprimer ; sinon, vous et moi, — n'aurons plus qu'à crier : Tout est perdu ! et puis bonsoir !

POLIXÈNE.

Parle, bon Camillo.

CAMILLO.

— Je suis l'homme désigné pour vous tuer.

POLIXÈNE.

— Par qui, Camillo ?

CAMILLO.

Par le roi.

POLIXÈNE.

Pourquoi?

CAMILLO.

— Il croit, que dis-je? il jure avec autant de confiance que s'il l'avait vu ou avait servi d'agent — pour vous débaucher, que vous avez touché la reine criminellement.

POLIXÈNE.

Oh! si cela est, que mon sang le plus pur tourne — en gelée infeste; et que mon nom — soit accouplé au nom de celui qui trahit le Juste! — Que ma plus vivace renommée répande — une odeur qui fasse frémir les narines les plus grossières — partout ou j'arriverai! Que mon approche soit évitée, — oui, et maudite plus que la plus grande peste — connue par la tradition ou par l'histoire!

CAMILLO.

Vous auriez beau lui jurer le contraire — par chacun des astres du ciel et — par toutes leurs influences; autant vaudrait — interdire à la mer d'obéir à la lune — que de vouloir détruire, par des serments, ou ébranler, par des conseils, — l'édifice de sa folie, dont les fondations — sont appuyées sur sa croyance et dureront — tant que son corps sera debout.

POLIXÈNE.

Comment cette idée s'est-elle formée?

CAMILLO.

— Je ne sais pas : ce que j'affirme, c'est qu'il est plus prudent — de se mettre en garde contre elle que de rechercher comment elle est née. — Si donc vous ne craignez pas de vous fier à ma probité, — enfermée pour jamais dans ce coffre que vous — emmènerez en gage, partons cette nuit-même. — Je préviendrai tout bas vos gens, — et, en groupes de deux ou trois, par différentes poternes, — je les ferai sortir de la ville. Quant à moi, je mets — à votre service ma fortune que je viens de perdre ici — par cette révélation. N'ayez pas d'incertitude ; — car, par l'honneur de mes pères, — j'ai déclaré la vérité. Si vous voulez des preuves, — je n'ose m'attarder à leur recherche ; vous ne serez pas plus en sûreté ici — qu'un condamné dont l'exécution a été jurée — de la bouche même du roi.

POLIXÈNE.

Je te crois : — j'ai vu son cœur sur sa face. Donne-moi ta main ; — sois mon pilote, et ta place sera — toujours à côté de la mienne. Mes vaisseaux sont prêts, et — mes gens attendent mon départ — depuis deux jours... Cette jalousie — a pour objet une précieuse créature ; autant celle-ci est rare, — autant la jalousie doit être grande ; autant il est puissant, lui, — autant elle doit être violente ; et comme il se croit — déshonoré par un homme qui toujours — s'était déclaré son ami, sa vengeance n'en doit — être que plus acharnée. La crainte me couvre de son ombre. — Puisse la bonne chance protéger ma fuite, et être propice — à la gracieuse reine qui reste exposée à ses trames, sans avoir — mérité ses soupçons ! Viens, Camillo. — Je te respecterai comme un père, si — tu tires ma vie de là. Évadons-nous !

CAMILLO.

— En vertu de mon autorité, je dispose — des clefs de toutes les poternes. Que votre altesse — profite de cette heure urgente ! Allons, sire, en route !

Ils sortent.

SCÈNE III.

[Toujours dans le palais.]

Entre HERMIONE, conduisant MAMILIUS et suivi de ses DAMES.

HERMIONE.

— Prenez l'enfant avec vous ; il me fatigue tant, — que je n'en peux plus.

PREMIÈRE DAME, offrant la main à Mamilius.

Allons, mon gracieux seigneur, — serai-je votre camarade de jeux?

MAMILIUS.

Non, je ne veux pas de vous.

PREMIÈRE DAME.

— Pourquoi, mon doux seigneur?

MAMILIUS.

— Vous m'embrassez trop fort ; et vous me parlez comme si — j'étais toujours un bébé.

A une autre.

Je vous aime mieux, vous.

DEUXIÈME DAME.

— Et pourquoi ça, mon bon seigneur?

MAMILIUS.

Ah! ce n'est pas parce que — vous avez les sourcils les plus noirs ; — pourtant les sourcils noirs, à ce qu'on dit, — vont le mieux à certaines femmes ; pourvu qu'ils ne soient pas — trop épais et qu'ils fassent comme un demi-cercle, — une demi-lune tracée à la plume.

DEUXIÈME DAME.

Qu'est-ce qui vous a appris ça?

MAMILIUS.

— C'est le visage des femmes...

A la première dame.

Dites-moi donc — de quelle couleur sont vos sourcils?

PREMIÈRE DAME.

Bleus, mon seigneur.

MAMILIUS.

— Allons, vous vous moquez; j'ai vu un nez de dame — bleu, mais jamais de sourcils.

DEUXIÈME DAME.

Écoutez : — la reine, votre mère, s'arrondit à vue d'œil; nous allons — présenter nos services à un beau nouveau prince, — un de ces jours; et alors vous serez bien aise de vous amuser avec nous, — si nous voulons de vous.

PREMIÈRE DAME.

Elle a pris depuis peu — un embonpoint superbe. Que le bonheur lui fasse visite !

HERMIONE.

— Quel est le grave sujet qui s'agite entre vous?

A Mamilius.

Allons, monsieur, à présent, — je suis à vous; je vous en prie, asseyez-vous près de nous, — et contez-nous un conte.

MAMILIUS.

Triste ou gai? Comment vous le faut-il?

HERMIONE.

— Aussi gai que vous voudrez.

MAMILIUS.

Un conte triste vaut mieux pour l'hiver; — j'en sais un de revenants et de lutins.

HERMIONE.

Donnez-nous celui-là, monsieur. — Allons, venez vous asseoir; allons, faites de votre mieux — pour m'effrayer avec vos revenants; vous y excellez.

MAMILIUS.

— Il y avait une fois un homme...

HERMIONE.

Mais venez donc vous asseoir; maintenant, continuez.

MAMILIUS.

— Qui demeurait près d'un cimetière... Je vais conter ça tout doucement; — je ne veux pas que les grillons là-bas m'entendent.

HERMIONE.

Approchez-vous, alors, — et dites-moi ça à l'oreille.

Entrent LÉONTE, ANTIGONE, des SEIGNEURS, puis des GARDES.

LÉONTE.

— On l'a rencontré là, lui et sa suite! et Camillo avec lui!

PREMIER SEIGNEUR.

— Je les ai rencontrés derrière le taillis de pins : jamais — je n'ai vu des gens balayer si vite leur chemin. Je les ai suivis des yeux — jusqu'à leurs vaisseaux.

LÉONTE.

Que j'étais bien inspiré — dans ma juste censure, dans mes équitables soupçons! — Hélas! si j'avais pu n'en pas tant savoir!... Combien je suis maudit — d'avoir été si bien inspiré!... Il peut y avoir — une araignée au fond de la coupe, un homme peut y boire et retirer ses lèvres — sans avoir pris aucun venin; car son imagination — n'est pas infectée; mais qu'on présente — à ses yeux l'horrible ingrédient et qu'on lui apprenne — dans quoi il a bu, vite il crache sa gorge et ses flancs — par de violents efforts... Moi, j'ai bu et vu l'araignée (27). — Camillo lui a servi d'agent, d'entremetteur! — Il y a un complot contre ma vie, ma couronne! — Toutes mes méfiances étaient vraies! Ce misérable fourbe, — que 'employais, était déjà employé par lui : — il lui a révélé mes desseins, et moi, — je reste un souffre-douleur, oui, un véritable plastron — dont ils s'amusent à leur guise!... Comment les poternes — ont-elles été si aisément ouvertes?

PREMIER SEIGNEUR.

Grâce à sa grande autorité — qui souvent a exercé ce privilége — d'après vos ordres.

LÉONTE.

Je le sais trop bien...

A Hermione.

— Donnez-moi l'enfant; je suis bien aise que vous ne l'ayez pas nourri; — quoiqu'il ait quelques traits de moi, cependant vous — lui avez donné trop de votre sang.

HERMIONE.

Que signifie cela? Est-ce un badinage?

LÉONTE.

— Qu'on emporte l'enfant, il n'approchera plus d'elle. — Qu'on l'emmène! et qu'elle joue — avec celui dont elle est grosse! Car c'est Polixène — qui l'a fait enfler ainsi.

HERMIONE.

Je n'ai qu'à dire non; — et je jurerais que vous me croirez, — quelque penchant que vous ayez pour la contradiction.

LÉONTE.

Vous, messeigneurs, — regardez-la, observez-la bien; vous serez tentés — de dire : « Cette femme est belle, » mais la justice de vos cœurs vous forcera d'ajouter : « Quel malheur qu'elle ne soit ni honnête ni honorable ! » Vantez seulement sa beauté extérieure — qui, sur ma foi, mérite de grands éloges, et aussitôt, — il faudra que les haussements d'épaules, les *hum!* les *ha!* toutes ces petites flétrissures — à l'usage de la calomnie (non, je me trompe, — à l'usage de l'indulgence, car la calomnie ne s'en prend — qu'à la vertu)!... il faudra que les haussements d'épaules, les *hum!* et les *ha!* — quand vous aurez dit qu'elle est belle, interviennent, — avant que vous puissiez dire qu'elle est vertueuse. Car apprenez-le tous — de celui qui a le plus sujet de le déplorer, — elle est adultère!

HERMIONE.

Si un scélérat disait cela, — le scélérat le plus achevé du monde, — il serait deux fois plus scélérat; vous, monseigneur, — vous ne faites que vous méprendre.

LÉONTE.

C'est vous qui vous êtes méprise, madame, — en prenant Polixène pour Léonte. O toi, créature, — si je ne t'appelle pas du nom de tes pareilles, — c'est de peur que la barbarie, s'autorisant de mon exemple, — n'applique le même langage à tous les rangs — et n'efface toute distinction bienséante — entre le prince et le mendiant!... J'ai dit — qu'elle est adultère; j'ai dit avec qui! — Elle est plus encore, elle est coupable de haute trahison; et Camillo est — du complot avec elle. Il sait — le secret qu'elle aurait dû rougir de partager rien — qu'avec son principal complice; il sait qu'elle — a souillé son lit autant que ces impures — à qui le vulgaire donne les titres les plus hardis; oui, et elle est la confidente de leur évasion!

HERMIONE.

Non, sur ma vie, — je ne suis confidente de rien de tout cela. Combien vous serez désolé, — quand vous viendrez à éclaircir les faits, — de m'avoir ainsi affichée! Ah, mon doux seigneur, — c'est à peine si vous pourrez me faire réparation en déclarant — que vous vous êtes mépris.

LÉONTE.

Non, non! Si je me méprends — sur les bases où se fonde ma croyance, — c'est que le centre de la terre n'est pas assez fort pour porter — une toupie d'écolier.

Montrant Hermione.

Qu'on l'emmène en prison! — Quiconque parlera pour elle sera condamné, — rien que pour avoir pris la parole.

HERMIONE.

Quelque planète sinistre règne sur le monde. — Ayons patience jusqu'à ce que les cieux se montrent sous un aspect plus favorable... Mes bons seigneurs, — je ne suis pas prompte à pleurer, ainsi que notre sexe — l'est communément : à défaut de cette vaine rosée, — votre pitié se tarira peut-être; mais j'ai — là

Mettant la main sur son cœur.

une noble douleur qui brûle — trop pour s'éteindre dans les larmes... Je vous en conjure tous, messeigneurs, — ne me jugez que d'après les idées les plus favorables que votre charité — peut vous inspirer; et sur ce, — que la volonté du roi soit accomplie!

LEONTE, aux gardes.

M'écoutera-t-on?

HERMIONE.

— Qui est-ce qui part avec moi?... Je supplie votre altesse — de laisser mes femmes m'accompagner; car, vous le savez, — mon état l'exige...

A ses femmes.

Ne pleurez pas, pauvres folles, — il n'y a pas de raison pour cela. Quand vous apprendrez que votre maîtresse — a mérité la prison, alors fondez en larmes — sur mes pas; le procès que je subis en ce moment — est pour ma plus grande gloire. Adieu, monseigneur! je n'ai jamais souhaité vous voir du chagrin; maintenant, —

j'en suis sûre, je vous en verrai. Venez, mes femmes, on vous le permet.

LÉONTE.

— Allez, faites ce que nous disons. Hors d'ici !

Les gardes emmènent Hermione et ses femmes.

PREMIER SEIGNEUR, à Léonte.

— J'en conjure votre altesse, rappelez la reine.

ANTIGONE.

— Soyez bien sûr de ce que vous faites, seigneur, de peur que votre justice — ne devienne violence, en faisant trois grandes victimes, — vous, votre reine, votre fils.

PREMIER SEIGNEUR.

Quant à elle, mon seigneur, j'ose gager, je gage ma vie, sire, — si vous voulez l'accepter, que la reine est pure — aux yeux du ciel et envers vous, pure, je veux dire, — de ce dont vous l'accusez.

ANTIGONE.

— S'il est reconnu — qu'elle ne l'est pas, je veux me faire une étable là — où loge ma femme; je ne veux marcher qu'accouplé avec elle, — et ne me fier à elle que quand je la sentirai et la verrai près de moi ; — car il n'est pas un pouce de femme au monde, — non, pas un atome de chair de femme qui ne soit fausseté, — si la reine est fausse !

LÉONTE.

Silence, vous deux !

PREMIER SEIGNEUR.

Mon bon seigneur !

ANTIGONE.

— C'est pour vous que nous parlons, et non pour nous-mêmes : vous êtes abusé par quelque intrigant — qui sera damné pour cela ; je voudrais connaître le scélérat, — je me chargerais de le damner sur terre. Si elle est balafrée à l'honneur, — j'ai trois filles : l'aînée a onze ans, — la seconde neuf, et la troisième à peu près cinq. Eh bien, si la chose est vraie, mes filles me le paieront : sur mon honneur, — je les mutilerai toutes ; elles ne verront pas quatorze ans — pour mettre au monde des générations bâtardes : elles sont cohéritières ; — j'aimerais mieux me châtrer moi-même que de les exposer — à ne pas produire une postérité légitime.

LÉONTE.

Arrêtez ; plus un mot. — Vous flairez cette affaire avec un sens aussi inerte — que l'odorat d'un mort.

Lui saisissant le bras.

Mais moi, je la vois, je la sens, — comme vous sentez mon étreinte, comme vous voyez — la main qui vous touche.

ANTIGONE.

Si cela est, — nous n'avons pas besoin de la tombe pour ensevelir l'honneur. — Il n'y en a pas un grain pour embaumer la face — de cette terre qui n'est que fumier.

LÉONTE.

Quoi! la confiance m'est-elle refusée?

PREMIER SEIGNEUR.

— J'aimerais mieux qu'elle se refusât à vous qu'à moi, monseigneur, — sur ce terrain-là : et je verrais avec plus de joie — justifier son honneur que vos soupçons, — quelque blâme que vous puissiez encourir.

LÉONTE.

Eh! qu'avons-nous besoin — de vous entretenir de ceci? Que ne suivons-nous plutôt — notre irrésistible instigation? Notre prérogative — ne demande pas vos conseils ; c'est notre bonté naturelle — qui s'est ouverte à vous ; si, par stupidité réelle, — ou affectée, vous ne pouvez ou ne voulez pas — sentir comme nous la vérité, apprenez — que nous n'avons plus besoin de vos avis ; ce procès, — la perte, le gain, la décision à prendre, n'intéressent — personnellement que nous.

ANTIGONE.

Ce que je désirerais, mon suzerain, — c'est que vous l'eussiez instruit dans le silence de votre jugement, — sans plus de publicité.

LÉONTE.

Comment cela se pourrait-il? — Ou tu es devenu inepte avec l'âge, — ou tu es né imbécile. La fuite de Camillo — a ajouté à l'évidence de leur familiarité, — d'ailleurs aussi palpable que peut l'être, pour la conjecture, — une chose à qui il ne manque que d'être vue, non pas pour être prouvée, — mais pour être confirmée, tant les autres circonstances — sont unanimes! Voilà pourquoi j'ai brusqué ces poursuites. — Cependant, pour augmenter la certitude — (car, dans une action de cette importance, il serait — déplorable d'aller trop vite), j'ai dépêché en toute hâte — à la ville sacrée de Delphes, au temple d'Apollon, — Cléomène et Dion, dont vous connaissez — l'ample capacité. Ainsi, c'est de l'oracle — qu'ils rapporteront la décision suprême : ses divins conseils — m'arrêteront ou m'éperonneront. Ai-je bien fait?

PREMIER SEIGNEUR.

Très-bien fait, monseigneur.

LÉONTE.

— Quoique je sois convaincu et n'aie pas besoin — d'en savoir davantage, l'oracle — mettra en repos les esprits, comme le vôtre, — dont la crédulité ignorante ne veut pas — se rendre à la vérité. Sur ce, nous avons trouvé bon — de l'enfermer loin de notre libre personne — de peur que l'évasion des deux traîtres — ne soit pour elle un dernier exemple. Venez, suivez-nous ; —

nous allons parler au public; car cette affaire – doit nous faire tous éclater.

ANTIGONE, à part.

Oui, de rire, si, comme je le suppose, – la vérité vraie était connue.

Tous sortent.

SCÈNE IV.

[L'avant-salle d'une prison.]

Entrent PAULINE et sa suite.

PAULINE.

– Le gouverneur de la prison! qu'on l'appelle! – Qu'on lui apprenne qui je suis!...

Un de ses gens sort.

Bonne reine, – il n'est pas de cour en Europe trop bonne pour toi. – Que fais-tu dans une prison?

Entre le GOUVERNEUR de la prison, précédé du valet.

Au gouverneur.

Eh bien, mon cher monsieur, – vous me reconnaissez, n'est-ce pas?

LE GOUVERNEUR.

Pour une noble dame, – que j'honore beaucoup.

PAULINE.

En ce cas, je vous en prie, – conduisez-moi à la reine.

LE GOUVERNEUR.

Je ne puis pas, madame; cela m'est interdit – par commandement exprès.

SCÈNE IV.

PAULINE.

Que de peines — pour fermer l'accès de l'honneur et de la vertu — à de nobles visiteurs! Est-il permis, — dites-moi, de voir une de ses femmes? n'importe laquelle! — Émilia!

LE GOUVERNEUR.

S'il vous plaît, madame, — de faire retirer vos gens, je vous amènerai — Émilia.

PAULINE.

Je vous en prie, appelez-la...

A ses gens.

Retirez-vous.

Les gens sortent.

LE GOUVERNEUR.

En outre, madame, — il faut que je sois présent à votre conférence.

PAULINE.

C'est bon, soit!... je t'en prie!

Le gouverneur sort.

— Que de peines pour faire à ce qui est sans tache une tache — qu'aucune excuse ne colore!

Le GOUVERNEUR rentre, accompagné d'ÉMILIA.

A Émilia.

— Chère dame, comment se porte notre gracieuse reine?

ÉMILIA.

— Aussi bien qu'une telle grandeur et une telle disgrâce — réunies le permettent : par suite de ses frayeurs et de ses douleurs, — (jamais tendre femme n'en éprouva de plus grandes), — elle vient d'accoucher un peu avant le terme.

PAULINE.

— D'un garçon?

ÉMILIA.

D'une fille, une magnifique enfant, — vigoureuse et bien viable. La reine en reçoit — un grand soulagement : « Ma pauvre prisonnière, dit-elle, — je suis aussi innocente que vous ! »

PAULINE.

Je le jurerais sans hésiter. — Maudites soient ces dangereuses, ces fatales lunes du roi ! — Il faudra qu'on le lui dise, et on le lui dira : ce devoir — sied surtout à une femme, et je m'en charge. — Si alors j'ai le miel aux lèvres, que ma langue ne soit plus qu'une ampoule, — et qu'elle cesse pour jamais d'être la trompette — de ma colère pourpre !... Je vous en prie, Émilia, — offrez à la reine mes services dévoués. — Si elle ne craint pas de me confier son petit nourrisson, — je le ferai voir au roi, et je m'engage à — plaider hautement sa cause. Nous ne savons pas — combien il peut s'attendrir à la vue de l'enfant. — Souvent le silence de la pure innocence — persuade, quand la parole échoue.

ÉMILIA.

Digne madame, — votre loyauté et votre bonté sont si manifestes, — que votre généreuse entreprise ne peut manquer — d'avoir une heureuse issue : nulle n'est plus que vous — à la hauteur de cette grande mission. Que votre grâce daigne — passer dans la chambre voisine ! je vais immédiatement — informer la reine de votre offre si noble. — Aujourd'hui même, justement, elle forgeait ce dessein, — mais c'est un ministère d'honneur qu'elle n'osait proposer à personne, — de peur d'être refusée.

PAULINE.

Dites-lui, Émilia, — que je me servirai de la langue que j'ai : si l'éloquence en déborde — autant que la hardiesse de mon sein, il est hors de doute — que je réussirai.

ÉMILIA.

Dès à présent soyez bénie pour cela! — Je vais trouver la reine : veuillez entrer dans une pièce plus rapprochée.

LE GOUVERNEUR, à Pauline.

— Madame, s'il plaît à la reine de vous envoyer l'enfant, — je ne sais à quoi je m'exposerai en la laissant passer, — car je n'y suis pas autorisé.

PAULINE.

Vous n'avez rien à craindre, monsieur : — l'enfant était prisonnière dans le ventre de sa mère, et c'est — par la loi et par la puissance de la grande nature qu'elle en — est délivrée et affranchie. Elle n'est pour rien — dans la colère du roi; et elle n'est pas coupable, — si crime il y a, du crime de sa mère.

LE GOUVERNEUR.

Je le crois.

PAULINE.

— Ne craignez rien. Sur mon honneur, je — m'interposerai entre vous et le danger.

Tous sortent.

SCÈNE V.

[Sicile. La salle du trône. Au fond une porte ouverte à travers laquelle on aperçoit une antichambre.]

Entre LÉONTE, suivi d'ANTIGONE, de SEIGNEURS, d'HUISSIERS et de GARDES qui restent au fond du théâtre.

LÉONTE, seul sur le devant de la scène.

— Ni jour ni nuit, pas de repos! C'est une faiblesse — de supposer ainsi le malheur; oui, ce serait pure faiblesse, — si la cause n'en était vivante encore. Je tiens du moins une partie de la cause, — elle, l'adultère... Quant au roi ruffian, — il est inaccessible à mon bras, hors de l'atteinte — et de la portée de ma rancune, à l'épreuve du complot : mais — je puis jeter le grappin sur elle. Elle une fois disparue — et livrée aux flammes, je pourrais retrouver encore — la moitié de mon repos... Holà! quelqu'un!

PREMIER HUISSIER, s'avançant.

Monseigneur?

LÉONTE.

— Comment va le garçon?

PREMIER HUISSIER.

Il a bien reposé cette nuit; — on espère que sa maladie est terminée.

LÉONTE.

Jugez de sa noblesse! — Concevant le déshonneur de sa mère, — aussitôt il a décliné, il s'est étiolé, affecté profondément; — il a enfoncé et fixé en lui-même le stigmate; — il a perdu la vivacité, l'appétit, le sommeil, — et est tombé en langueur... Laissez-moi seul; allez — voir comment il se porte.

L'huissier sort.

Fi! fi! ne pensons plus à l'homme! — De ce côté, mes pensées de représailles — ricochent contre moi : il est trop puissant par lui-même, — par ses partisans, par ses alliances; qu'il vive — jusqu'à ce que le moment soit favorable! Pour la vengeance immédiate, — faisons-la tomber sur elle. Camillo et Polixène — rient de moi; ils se font un amusement de ma douleur : — ils ne riraient pas, si je pouvais les atteindre, pas plus — qu'elle ne rira, elle qui est en mon pouvoir.

Il s'assied sur le trône, et semble absorbé.

SCÈNE V.

Paraît à l'entrée de la salle PAULINE, portant un enfant.

PREMIER SEIGNEUR, allant à la porte.

Vous ne devez pas entrer.

PAULINE.

— Ah! secondez-moi plutôt, mes bons seigneurs. — Sa colère tyrannique vous inquiète donc plus, hélas! — que la vie de la reine, gracieuse âme innocente; — plus pure qu'il n'est jaloux!

ANTIGONE, à Pauline.

C'en est assez.

PREMIER HUISSIER.

— Madame, le roi n'a pas dormi cette nuit; il a donné l'ordre — que personne n'approchât de lui.

PAULINE.

Pas tant de chaleur, messire. — Je viens lui apporter le sommeil. Ce sont les gens comme vous, — qui glissent ainsi que des ombres autour de lui, et soupirent — à chacun de ses vains gémissements, ce sont les gens comme vous — qui entretiennent la cause de ses insomnies : — je viens avec des paroles aussi salutaires que franches — et honnêtes, pour le guérir de cette humeur qui l'empêche de dormir.

LÉONTE, se détournant.

Holà! quel est ce bruit?

PAULINE, s'avançant vers le roi.

— Il ne s'agit pas de bruit, monseigneur, mais d'un entretien nécessaire — sur des sujets qui touchent votre altesse.

LÉONTE.

Qu'est-ce à dire?... — Arrière cette audacieuse! Antigone, — je t'avais chargé de ne pas la laisser venir près de moi; — je savais qu'elle le tenterait.

ANTIGONE.

Monseigneur, je lui avais défendu, — sous la menace de votre déplaisir et du mien, de se présenter devant vous.

LÉONTE.

Quoi, n'as-tu pas pouvoir sur elle ?

PAULINE, au roi.

— Oui, pour m'interdire le mal; mais ici, — à moins qu'il n'ait recours au même moyen que vous, — et qu'il ne me commette au geôlier pour avoir commis le bien, soyez-en sûr, — il n'aura pas de pouvoir sur moi.

ANTIGONE.

Eh bien, vous l'entendez ! — Quand elle prend le mors aux dents, je la laisse courir; — allez, elle ne bronchera pas !

PAULINE, au roi.

Mon bon suzerain, je viens... — (et je vous conjure de m'écouter, moi qui me présente à vous — comme votre loyale servante, comme votre médecin, — comme votre plus humble conseiller, mais qui, — tout en soulageant vos maux, n'ose faire parade de son zèle — autant que ceux qui vous semblent les plus dévoués;) je viens, dis-je, — de la part de votre vertueuse reine.

LÉONTE.

Vertueuse reine !

PAULINE.

— Vertueuse reine, monseigneur, vertueuse reine : je dis vertueuse reine ! — Et je voudrais prouver sa vertu, les armes à la main, si j'étais — un homme, le dernier de vous tous !

LÉONTE.

Chassez-la d'ici !

PAULINE.

— Que celui qui fait bon marché de ses yeux, — mette

le premier la main sur moi! je sortirai de mon propre consentement; — mais d'abord j'accomplirai ma mission...

Au roi.

La vertueuse reine, — car elle est vertueuse, vous a donné une fille; — la voici; elle la confie à votre bénédiction.

Elle dépose l'enfant aux pieds du roi.

LÉONTE.

Arrière! — sorcière masculine! Hors d'ici! à la porte! — Voilà une maquerelle bien apprise!

PAULINE.

Non pas. — Je suis aussi ignorante en ce métier-là que vous — en me donnant ce titre; je suis aussi honnête — que vous êtes insensé; et c'est l'être assez, je vous assure, — au train dont va le monde, pour être réputée honnête!

LÉONTE, aux seigneurs.

Traîtres! — Vous ne voulez donc pas la jeter dehors! Qu'on lui rende cette bâtarde!...

A Antigone.

Toi, bélître, que domine une femme et que supplante — ici madame ta Poule, ramasse cette bâtarde! — Ramasse-la, te dis-je, et rends-la à ta stryge.

Antigone s'avance vers l'enfant.

PAULINE, à Antigone.

Qu'à jamais — tes mains soient déshonorées, si tu enlèves la princesse, sur la sommation infamante — qu'il vient de te faire!

Antigone recule.

LÉONTE.

Il craint sa femme!

PAULINE.

— Je voudrais qu'il en fût de même de vous; alors, sans nul doute, — vous appeleriez vôtres vos enfants.

LÉONTE.

Un nid de traîtres !

ANTIGONE.

— Traître, je ne le suis pas, par cette lumière sacrée !

PAULINE.

Ni moi ; ni aucun de ceux qui sont ici ; — hormis un seul ! Et c'est lui !

Elle montre Léonte.

Car c'est le roi lui-même — qui livre l'honneur sacré du roi, de la reine, — de son fils, plein d'avenir, et de cette enfant même, à la calomnie — dont la pointe est plus aiguë que celle de l'épée : il ne veut pas, — (et c'est un malheur dans ce cas — de ne pouvoir l'y obliger,) il ne veut pas arracher — la racine d'une opinion qui est aussi pourrie — que le chêne et la pierre sont valides !

LÉONTE.

Une caillette — à la langue intarissable, qui vient de battre son mari, — et qui maintenant me harcèle !... Ce marmot n'est point de moi ; — il est la progéniture de Polixène. — Qu'on l'emporte, et qu'en même temps que sa mère, — on le livre aux flammes !

PAULINE.

C'est votre enfant, — et nous pourrions vous appliquer le vieux dicton : — Il vous ressemble tant que c'est tant pis ! Regardez, messeigneurs, — si, tout petits que sont les traits, ce n'est pas absolument — l'image du père : ses yeux, son nez, sa lèvre, — le pli de son sourcil, son front ; oui, jusqu'à la vallée — de son menton, jusqu'aux jolies fossettes de ses joues ; et son sourire ; — et la forme, le modèle même de sa main, de son ongle, de son doigt !... — Bonne déesse nature qui a fait cette enfant — si semblable à son père, si c'est toi — qui doit aussi former son esprit, ne le laisse pas se colorer — des jaunes reflets de la jalousie, de peur qu'à son exemple, elle ne soupçonne — ses enfants de ne pas être de son mari!

LÉONTE.

Stryge grossière!...

A Antigone.

— Tu mériterais d'être pendu, toi, idiot, — qui ne veux pas arrêter sa langue.

ANTIGONE.

Faites pendre tous les maris — qui ne peuvent accomplir cet exploit-là, et c'est à peine s'il vous restera — un sujet.

LÉONTE, aux seigneurs.

Encore une fois, emmenez-la.

PAULINE.

— Le mari le plus indigne et le plus dénaturé — ne ferait pas pis.

LÉONTE.

Je te ferai brûler.

PAULINE.

Que m'importe! — L'hérétique, c'est celui qui fera le feu, — et non celle qui y brûlera!... Je ne veux pas vous appeler tyran; — mais traiter si cruellement la reine, — sans produire contre elle d'autre accusation — qu'une fantaisie ne reposant sur rien, cela sent — la tyrannie, et cela suffit pour faire de vous l'opprobre — et le scandale du monde.

LÉONTE, aux seigneurs.

Au nom de votre allégeance, — jetez-la hors de la chambre. Si j'étais un tyran, — où serait sa vie? Elle n'oserait pas m'appeler tyran, — si elle me savait tel. Qu'on l'emmène!

Les courtisans s'approchent d'elle.

PAULINE.

— Ne me touchez pas, je vous prie; je vais sortir...
— Veillez sur votre enfant, monseigneur; elle est bien à vous! que Jupiter lui envoie — pour guide un meilleur génie!...

Aux seigneurs.

A quoi bon ces mains sur ma personne? — Vous tous qui êtes si tendres à ses folies, — il n'aura jamais en vous de bons serviteurs, dans aucun de vous! — C'est bien! c'est bien! adieu! nous partons!

Elle sort.

LÉONTE, à Antigone.

— C'est toi, traître, qui a poussé ta femme à ceci! — Mon enfant! hors de ma vue!

A Antigone.

Toi-même, qui as — pour elle un cœur si tendre, emporte-la, et fais-la sur-le-champ consumer par les flammes, toi-même, toi-seul! Ramasse-la vite, — puis, avant une heure, reviens me prouver que la chose est faite, — et par de bons témoignages; sinon, je te prends la vie — et tout ce que tu possèdes. Si tu refuses, — si tu préfères affronter ma colère, dis-le, — et de mes propres mains je lui fais jaillir — sa cervelle bâtarde. Va, porte-la au feu, — car c'est toi qui as animé ta femme!

ANTIGONE.

Erreur, sire! — Ces seigneurs, mes nobles compagnons, peuvent, s'ils le veulent, — me justifier.

PREMIER SEIGNEUR.

Oui, nous le pouvons; mon royal suzerain, — il n'est pas coupable de la démarche de sa femme.

LÉONTE.

Vous êtes tous menteurs!

PREMIER SEIGNEUR.

— J'en supplie votre altesse, accordez-nous une meilleure confiance. — Nous vous avons toujours loyalement servi, et nous vous supplions — de nous rendre cette justice. C'est à genoux que nous vous demandons, — comme la récompense de nos fidèles services, — passés et futurs, de changer votre résolution : — elle est trop horrible, trop sanguinaire — pour ne pas conduire à quelque sombre issue. Nous voici tous à genoux.

Tous les courtisans s'agenouillent.

LÉONTE.

— Je suis une plume pour tous les vents qui soufflent... — Dois-je vivre pour voir cette bâtarde s'agenouiller — en m'appelant son père? Mieux vaut la brûler — que de la maudire alors. Mais, soit, qu'elle vive !... — Non, elle ne vivra pas davantage !...

A Antigone.

Approchez, messire, — vous qui vous êtes si tendrement interposé — avec votre dame Margoton, votre accoucheuse, — pour sauver la vie de cette bâtarde (car c'est une bâtarde, — aussi sûr que cette barbe est grise), qu'êtes-vous prêt à risquer — pour sauver la vie de ce marmot?

ANTIGONE.

Tous les sacrifices, monseigneur, — que mes forces peuvent supporter, — et que la noblesse peut me commander! Je suis disposé, tout au moins, — à offrir le peu de sang qui me reste — pour sauver l'innocente, à faire tout le possible.

LÉONTE.

— Ce que je vais te demander est possible; jure sur cette épée — de l'exécuter.

ANTIGONE.

Je le jure, monseigneur.

LÉONTE.

— Ecoute, et obéis, vois-tu? car la moindre — omission sera la mort non-seulement — pour toi, mais pour ta femme insolente — à qui nous pardonnons pour cette fois. Nous t'enjoignons, — comme à notre homme lige, d'enlever — cette bâtarde, de la transporter — sur quelque plage lointaine, hors — de nos domaines, et de l'abandonner là, — sans plus de pitié, à sa propre protection — et à la merci du climat. Comme elle nous est venue — par un étrange hasard, je te somme, en toute justice, — sous peine de péril pour ton âme et de tortures pour ton corps, — de l'abandonner à quelque lieu étrange — où la fortune pourra l'élever ou la détruire ! Emporte-la !

ANTIGONE.

— Je jure de le faire, bien qu'une mort immédiate — eût été plus clémente. Viens, pauvre enfant ! — Que quelque esprit puissant te donne les milans et les corbeaux — pour nourrices ! On dit que les loups et les ours, — se dépouillant de leur sauvagerie, ont rempli parfois — cet office de pitié. Seigneur, soyez prospère — plus que cette action ne le mérite ! Et toi, que la bénédiction du ciel — te protége contre tant de cruauté, — pauvre être, condamné à périr !

Il sort, emportant l'enfant.

LÉONTE.

Non, je n'élèverai pas — l'enfant d'un autre.

PREMIER HUISSIER.

Pardonnez, altesse, des courriers — ont apporté des nouvelles de vos envoyés auprès de l'oracle, — il y a déjà une heure. Cléomène et Dion, — heureusement arrivés de Delphes, ont tous deux débarqué — et viennent en hâte à la cour.

PREMIER SEIGNEUR.

Ne vous déplaise, sire, leur promptitude — a dépassé toute attente.

LÉONTE.

Il y a vingt-trois jours — qu'ils sont absents : voilà une rare rapidité; elle annonce — que le grand Apollon veut — que la vérité se manifeste au plus vite. Préparez-vous, seigneurs; — convoquez les assises, pour que nous y citions — notre déloyale épouse; car, si — l'accusation a été publique, il faut également — que le procès soit équitable et à ciel ouvert! Tant qu'elle vivra, — mon cœur sera un fardeau pour moi. Laissez-moi, — et songez à m'obéir.

Tous sortent.

SCÈNE VI.

[Sur une route. Devant une hôtellerie.]

Arrivent CLÉOMÈNE et DION.

CLÉOMÈNE.

— Le climat est délicieux, l'air très-doux, — l'île fertile; le temple est bien au-dessus — des éloges vulgaires qu'on en fait.

DION.

Je ferai remarquer surtout, — car c'est ce qui m'a le plus frappé, les célestes vêtements, — je ne puis les qualifier autrement, et l'air vénérable — des graves pontifes. Et le sacrifice! — comme il était majestueux, solennel et surhumain — au moment de l'offrande!

CLÉOMÈNE.

Mais c'est surtout l'explosion, — la voix assourdissante de l'oracle, — semblable à la foudre de Jupiter, qui a surpris mes sens : — j'en étais anéanti.

DION.

Si l'issue de notre voyage — est (le ciel le veuille!)

aussi heureux pour la reine — qu'il a été pour nous exquis, charmant et rapide, — nous n'aurons pas perdu notre temps.

CLÉOMÈNE.

Que le grand Apollon — arrange tout pour le mieux ! Ces proclamations, — qui accusent Hermione à outrance, — me plaisent peu.

DION.

Cette violence va hâter — le dénoûment, favorable ou fatal. Quand l'oracle, — ainsi scellé par le grand prêtre d'Apollon, — rompra son secret, quelque révélation extraordinaire — en jaillira... Allons! des chevaux de rechange! — et que l'événement soit propice!

Ils s'en vont.

SCÈNE VII.

[Sicile. Une cour de justice.]

Léonte, les Seigneurs et les Officiers de la cour sont assis sur leurs siéges respectifs.

LÉONTE.

— Ce procès, nous le déclarons à notre grand regret, — est un coup pour notre cœur. L'accusée — est la fille d'un roi, notre femme, notre femme — trop aimée. Qu'on ne nous reproche pas — d'être tyrannique, puisque nous procédons — avec cette publicité ; la justice aura son cours, — jusqu'à la condamnation ou jusqu'à l'acquittement. — Introduisez la prisonnière.

UN OFFICIER DE LA COUR.

— C'est le bon plaisir de son altesse que la reine — comparaisse en personne ici devant la cour... Silence !

SCÈNE VII.

HERMIONE entre, conduite par des gardes; PAULINE et ses femmes l'accompagnent.

LÉONTE.

— Lisez l'acte d'accusation.

UN GREFFIER, lisant.

« Hermione, femme du digne Léonte, roi de Sicile, tu es ici prévenue et accusée de haute trahison, comme ayant commis l'adultère avec Polixène, roi de Bohême, et conspiré avec Camillo pour ôter la vie à notre souverain seigneur, le roi, ton auguste époux. Lequel complot ayant été en partie découvert par les circonstances, toi, Hermione, contrairement à la foi et à l'allégeance d'une fidèle sujette, tu les as engagés et aidés, pour leur sûreté, à s'évader de nuit. »

HERMIONE.

— Puisque tout ce que j'ai à dire consiste — à nier l'accusation, — et que le seul témoignage en ma faveur est — celui qui vient de moi, il ne me servira guère — de me déclarer « non coupable. » Mon intégrité — étant tenue pour fausseté, son affirmation — sera réputée fausse. Mais voici ce que je dis : Si les puissances divines — voient, comme je le crois, nos actions humaines, — je ne doute pas que l'innocence ne fasse un jour — rougir l'accusation menteuse, et trembler la tyrannie — devant la victime...

A Léonte.

Monseigneur, vous savez mieux que tous, — vous qui semblez le moins le savoir, que ma vie passée — a été aussi vertueuse, aussi chaste, aussi pure — qu'elle est maintenant malheureuse : et de malheur plus grand que le mien, — l'histoire n'en offre pas, que l'art puisse mettre — en scène pour émouvoir les spectateurs. Regardez donc ! moi, — la compagne du lit royal, à qui

appartient — la moitié d'un trône, moi, fille d'un grand
roi, — mère d'un prince, espoir de tous, être ici debout
— à argumenter et à pérorer pour ma vie et mon honneur devant — le premier venu qui daigne m'entendre!
La vie, je l'évalue — ce que pèse une douleur dont je
voudrais être délivrée! Mais l'honneur, — il est réversible
de moi aux miens, — et c'est pour lui seul que je suis
ici debout! J'en appelle — à votre propre conscience,
sire. Avant l'arrivée de Polixène — à votre cour, n'étais-je
pas dans vos grâces, — et ne méritais-je pas d'y être?
Et, après son arrivée, — à quelle intrigue illicite — me
suis-je prêtée, pour comparaître ici? Pour peu que j'aie
transgressé — les bornes de l'honneur, ou que, par action ou par pensée, — j'aie incliné à les franchir, que les
cœurs — de tous ceux qui m'écoutent s'endurcissent, et
que mon plus proche parent — crie : *Infamie!* sur ma
tombe!

LÉONTE.

Je n'ai jamais ouï dire — que le vice effronté eût —
moins d'impudence pour nier ses actes — que pour les
commettre.

HERMIONE.

C'est une remarque vraie, — sire, mais qui ne m'est
pas due.

LÉONTE.

— Vous ne voulez pas l'avouer.

HERMIONE.

Je ne puis reconnaître, — dans les fautes qui me sont
reprochées, que celles — dont je suis responsable. Pour
Polixène, — dont on fait mon complice, je confesse —
que je l'ai aimé, aussi honorablement qu'il désirait
l'être, — de cette espèce d'amour qui convenait — à une
dame de mon rang, avec l'amour, — et rien qu'avec
l'amour que vous-même m'aviez commandé pour lui. —

Ne pas l'avoir fait eût été, de ma part, je le crois, — désobéissance envers vous, — et ingratitude envers votre ami d'enfance, dont l'affection, — du jour où elle avait pu parler, s'était spontanément — déclarée toute à vous. Quant à la conspiration, — j'en ignore même l'avant-goût, bien qu'elle ait été accommodée — pour m'être servie; tout ce que j'en sais, — c'est que Camillo était un honnête homme. — Mais, pourquoi il a quitté la cour, c'est ce que les dieux eux-mêmes — ignorent, s'ils n'en savent pas plus que moi.

LÉONTE.

— Vous saviez son départ, comme vous savez — ce que vous deviez entreprendre en son absence.

HERMIONE.

Seigneur, — vous parlez un langage que je ne comprends pas; — ma vie est sous le coup de vos visions, — et j'en fais l'abandon.

LÉONTE.

Ce sont vos actes qui sont mes visions : — c'est parce que vous avez eu de Polixène un enfant bâtard, — que je l'ai rêvé! De même que vous avez perdu toute honte, — (chacune de vos pareilles est dans ce cas), vous avez perdu toute franchise; — mais ce sont des dénégations trop intéressées pour être efficaces... — Sache-le! — Si ton marmot, abandonné à lui-même, a été jeté dehors, — n'ayant pas de père qui le reconnût, c'est encore plus — ta faute que la sienne. Attends-toi donc aussi — à subir notre justice, et la moindre satisfaction — qu'elle exige, c'est la mort.

HERMIONE.

Seigneur, épargnez vos menaces! — Cet épouvantail dont vous voulez m'effrayer, je le cherche. — Pour moi la vie ne peut plus être un bien. — La couronne, la joie de ma vie, votre faveur, — je la considère comme perdue, oui, je sens qu'elle m'a échappé, — mais j'ignore comment. Ma seconde joie, — le premier né de mes entrailles, on me refuse — sa présence, comme à une pestiférée! Ma troisième consolation, — venue au monde sous la plus funeste étoile, ma fille, la voilà, — le lait innocent encore humide sur ses lèvres innocentes, — traînée de mon sein à la mort! Moi-même à tous les poteaux, — je suis proclamée prostituée! Une indécente haine — me refuse les priviléges d'une accouchée, qui appartiennent — aux femmes de tout rang, et me voilà, enfin, jetée — ici, à cette place, en plein air, avant — d'avoir repris mes forces. Maintenant, monseigneur, — dites-moi quelles félicités j'ai dans cette vie, — qui doivent me faire craindre de mourir? Poursuivez donc; — mais écoutez encore ceci : Ne me méjugez pas!... La vie, non, — je ne l'évalue pas à un fétu; mais, mon honneur. — je veux le justifier! Si je suis condamnée — sur des soupçons, sans autres preuves — que celles qu'éveille votre jalousie, je vous dis — que c'est rigueur, et non justice...

Aux assesseurs.

Toutes vos seigneuries m'entendent, — je m'en réfère à l'oracle : — qu'Apollon soit mon juge!

PREMIER SEIGNEUR, à Hermione.

Votre requête — est parfaitement juste... En conséquence, — au nom d'Apollon, qu'on produise son oracle!

Quelques officiers de la cour sortent.

HERMIONE.

— L'empereur de Russie était mon père. — Oh! que n'est-il vivant, pour assister ici — au procès de sa fille! Que ne peut-il voir seulement — la profondeur de ma misère, avec les yeux, — non de la vengeance, mais de la pitié!

Les OFFICIERS reviennent, suivis de Cléomène et de Dion.

SCÈNE VII.

UN OFFICIER, tenant un papier à la main.

— Vous allez jurer sur cette épée de justice — que vous, Cléomène, et vous, Dion, avez — tous deux été à Delphes, que de là vous avez rapporté — cet oracle scellé, tel que vous l'avez reçu des mains — du grand prêtre d'Apollon, et que, depuis lors, — vous n'avez point eu l'audace de briser le sceau sacré — et de lire les secrets qu'il couvre.

CLÉOMÈNE ET DION.

Nous le jurons !

LÉONTE.

— Brisez les sceaux et lisez.

L'OFFICIER, lisant.

« Hermione est chaste, Polixène irréprôchable, Camillo un fidèle sujet, Léonte un tyran jaloux; son innocente enfant, légitime ; et le roi vivra sans héritier, si celle qui a été perdue n'est pas retrouvée. »

LES SEIGNEURS.

Béni soit le grand Apollon !

HERMIONE.

Gloire à lui !

LÉONTE, à l'officier.

— As-tu lu exactement ?

L'OFFICIER.

Oui, monseigneur, précisément tout — ce qui est ici consigné.

LÉONTE.

— Il n'y a rien de vrai dans cet oracle. — Les assises vont continuer ; tout cela est fausseté pure.

UN HOMME au service du roi entre précipitamment.

L'HOMME DE SERVICE.

— Monseigneur le roi ! le roi !

LÉONTE.

Qu'y a-t-il !

L'HOMME DE SERVICE.

— Oh ! sire, je vais être maudit pour annoncer cela : — le prince, votre fils, à la seule idée, à la seule crainte — du sort de la reine, s'en est allé.

LÉONTE.

Comment ! s'en est allé !

L'HOMME DE SERVICE.

Il est mort !

LÉONTE.

— Apollon est furieux, et les cieux eux-mêmes — châtient mon injustice... Eh bien ! qu'a-t-elle ?

Hermione tombe évanouie.

PAULINE.

— Cette nouvelle est mortelle pour la reine...

A Léonte.

Abaissez vos regards, — et voyez ce que fait la mort.

LÉONTE.

Emmenez-la d'ici. — Son cœur a été pris d'un étouffement ; elle va se remettre... — J'ai trop cru mes propres soupçons...

Aux femmes de la reine.

— Je vous en conjure, prodiguez-lui les plus tendres soins — qui puissent ramener la vie.

Pauline et les femmes de la reine emportent Hermione.

Apollon, pardonne-moi — cette grande profanation de ton oracle !... — Je me réconcilierai avec Polixène ; — j'offrirai à ma reine un nouvel amour ; je rappellerai le bon Camillo, — que je proclame ici un homme de loyauté et de miséricorde. — Car, sachez-le, entraîné par ma jalousie — à des pensées de sang et de vengeance, j'avais choisi — Camillo pour le ministre chargé d'empoisonner — mon ami Polixène, et la chose eût été faite, — si la bonne âme de Camillo n'avait retardé — les violences de ma volonté. En vain, je l'avais tour à tour menacé de mort et encouragé par des promesses, — soit qu'il obéît, soit qu'il désobéît. Lui, plein d'humanité — et d'honneur, il a ouvert à mon hôte royal — le secret de mes desseins; il a renoncé à la haute fortune — que vous lui saviez ici; et il s'est exposé — aux risques certains de toutes les incertitudes, — sans autre richesse que son honneur. Oh! comme — la rouille de ma vertu fait briller la sienne! et comme sa piété — noircit mes actions!

Pauline rentre précipitamment.

PAULINE.

Malédiction! — Oh! coupez mon lacet, ou mon cœur va le rompre — en se brisant!

PREMIER SEIGNEUR.

Quel est donc cet accès, madame?

PAULINE, à Léonte.

— Quels tourments étudiés, tyran, as-tu pour moi? — Quelles roues, quels chevalets, quels bûchers, quelles claies? Où est le plomb — fondu? Où est l'huile bouillante? Quelle torture, vieille ou nouvelle, — dois-je recevoir pour des paroles dont chacune mérite — l'essai de ton pire supplice? Ta tyrannie — a agi de concert avec tes jalousies, — ces caprices trop puérils pour des enfants, trop naïfs et trop futiles — pour des filles de neuf ans! Songe, oh! songe à ce qu'elles ont fait, — et alors deviens vraiment fou, fou frénétique! Car toutes — tes extravagances passées ne sont que les germes de celle-là! — Ce n'était rien que tu eusses trahi Polixène — et que tu te fusses montré d'une stupide inconstance

— et d'une damnable ingratitude; c'était peu — que tu eusses voulu empoisonner l'honneur du bon Camillo — en lui faisant tuer un roi : ce sont là de pauvres peccadilles — à côté de monstruosités plus fortes! Passe encore — que tu aies fait jeter aux corbeaux ta petite fille! — Je compte cela pour rien ou pour peu de chose, bien qu'un démon — eût tiré des larmes de la flamme avant d'en faire autant. — Je ne te reproche pas non plus directement la mort — du jeune prince dont les pensées d'honneur, — pensées trop hautes pour un âge si tendre, ont brisé le cœur, — et qui n'a pu survivre à l'idée qu'un père brutal et stupide — flétrissait sa gracieuse mère. Non, ce n'est pas ce crime — dont je te rends responsable, mais le dernier!... Oh! seigneurs, — quand je l'aurais dit, écriez-vous : « Malheur! » La reine, la reine, — la plus charmante, la plus adorable créature, est morte! et la vengeance — n'est pas encore tombée de là-haut!

PREMIER SEIGNEUR.

— Que les puissances suprêmes nous en préservent!

PAULINE.

— Je dis qu'elle est morte; je suis prête à le jurer : si les paroles et les serments — ne vous convainquent pas, allez et voyez! Si vous pouvez ramener — la couleur à ses lèvres, l'éclat à ses yeux, — la chaleur au dehors, le souffle au dedans d'elle, je vous servirai — comme je servirais les dieux... Oh! quant à toi, tyran, — ne te repens pas de ces choses; car elles sont trop lourdes — pour que tous tes remords puissent les remuer : livre-toi donc — sans hésiter au désespoir. Quand tu plierais mille genoux, — durant dix mille ans, nu, à jeun, — sur une montagne désolée, au milieu d'un hiver — de perpétuels ouragans, tu ne pourrais pas émouvoir les dieux — à regarder où tu es!

LÉONTE.

Va! va! tu ne saurais en trop dire. J'ai mérité — de toutes les bouches les plus amères paroles.

PREMIER SEIGNEUR, à Pauline.

N'en dites pas davantage; — quoi qu'il soit arrivé, vous vous êtes mise en faute — par la hardiesse de votre langage.

PAULINE.

J'en suis fâchée : — toutes les fautes que je fais, quand je viens à les connaître, — je m'en repens. Hélas! j'ai trop montré — l'exaltation d'une femme.

Montrant Léonte.

Il est atteint — au plus noble du cœur... Ce qui est passé, ce qui n'est plus réparable, — ne devrait plus être regrettable. Ne vous affligez pas — de mes harangues, je vous en conjure; — punissez-moi plutôt de vous avoir rappelé — ce que vous devez oublier. Ah! mon bon suzerain, — sire, royal seigneur, pardonnez à une folle. — L'amour que je portais à la reine... Là! me voilà folle encore! — Je ne vous parlerai plus d'elle ni de vos enfants; — je ne vous rappellerai pas non plus mon noble mari — qui est perdu, lui aussi! Appelez à vous toute votre patience, — et je ne dirai plus rien.

LÉONTE.

Tu n'as que bien parlé, — en me disant la vérité; et je l'accueille plus volontiers — que ta pitié. Je t'en prie, conduis-moi — près des corps morts de ma femme et de mon fils. — Tous deux n'auront qu'une seule tombe; et, inscrites au-dessus d'eux, — les causes de leur mort apparaîtront pour — ma perpétuelle honte. Une fois par jour je visiterai — la chapelle où ils reposeront; et les larmes que j'y verserai, — seront ma consolation. Aussi longtemps que la nature — me le permettra, — je jure de remplir chaque jour ce devoir. Viens, — conduis-moi vers ces douleurs.

Tous sortent.

SCÈNE VIII.

[La Bohême. Un pays désert près de la mer.]

Arrivent ANTIGONE, portant l'enfant, et un MARIN.

ANTIGONE.

Ainsi tu es sûr que notre navire a touché — les déserts de la Bohême?

LE MARIN.

Oui, monseigneur; et je crains — que nous n'ayons atterri dans un mauvais moment. La nue paraît sinistre — et nous menace d'une prompte tempête. En mon âme et conscience, — les cieux sont irrités de ce que nous allons faire, — et nous font sombre mine.

ANTIGONE.

— Que leur volonté sacrée soit faite!... Va, retourne à bord; — veille au bateau; je ne tarderai pas — à te rejoindre.

LE MARIN.

— Hâtez-vous autant que possible, et n'allez pas — trop loin dans les terres; il est probable que nous allons avoir un gros temps; — en outre, cet endroit est fameux pour les bêtes — féroces qui le hantent.

ANTIGONE.

Pars; — je te suis à l'instant.

LE MARIN.

Je suis content au fond du cœur — d'être ainsi débarrassé de l'affaire.

Il sort.

SCÈNE VIII.

ANTIGONE.

Viens, pauvre enfant! — J'ai ouï dire, sans le croire, que les esprits des morts — peuvent revenir; si cela est, ta mère — m'est apparue la nuit dernière; car jamais rêve — n'a ressemblé autant à la réalité. Il est venu à moi une créature. — la tête penchée tantôt d'un côté, tantôt de l'autre. — Je n'ai jamais vu un vase de douleur — si plein et si gracieux. Dans une pure robe blanche, — pareille à la sainteté même, elle s'est approchée — de la cabine où j'étais couché; trois fois elle s'est inclinée devant moi; — comme elle ouvrait la bouche pour parler, ses yeux — sont devenus deux torrents; et leur fureur une fois apaisée, aussitôt — elle a laissé tomber ces mots : « Bon Antigone, — puisque le Destin, en dépit de tes plus généreuses dispositions, — t'a fait le proscripteur — de ma pauvre enfant, en vertu de ton serment, — il est en Bohême des contrées assez lointaines; — va donc là, en pleurant, pour l'y abandonner à ses cris; et puisque l'enfant — est réputée perdue à jamais, appelle-là, je te prie, — Perdita; en expiation de cette mission inhumaine, — que t'a imposée mon seigneur, tu ne reverras plus jamais — Pauline, ta femme! » Et sur ce, avec des sanglots, — elle s'est fondue dans l'air. Épouvanté d'abord, — je suis bientôt revenu à moi, et il m'a semblé — que tout cela était réel, et non une vision. Les songes sont des puérilités, — cependant, je suis superstitieux pour cette fois, — et je veux me laisser inspirer par celui-ci. Je crois — qu'Hermione a subi la mort, et — qu'Apollon désire, (cette enfant étant, en effet, fille — du roi Polixène,) qu'elle soit déposée, pour y vivre ou pour y mourir, sur les terres — de son père véritable.

Il dépose l'enfant à terre, puis met près d'elle un paquet et un sac plein d'or.

Fleur, puisses-tu prospérer ici! — Repose là... Voici

ton signe de reconnaissance... et puis ceci encore. — S'il plaît à la fortune, il y a là de quoi t'élever, jolie enfant, — et il t'en restera encore...

Tonnerre et éclairs.

La tempête commence... Pauvre petite, — qui, pour la faute de ta mère, es ainsi exposée — à l'abandon et à tous ses hasards!... Je ne puis pleurer, — mais mon cœur saigne. Combien je suis maudit, — d'être obligé par serment à ceci!... Adieu! — Le jour s'obscurcit de plus en plus : tu vas être — un peu rudement bercée... Je n'ai jamais vu les cieux si sombre de jour...

On entend un rugissement.

Quel cri sauvage! — Puissé-je heureusement retourner à bord!... Voilà la chasse sur mes talons : — je suis perdu. —

Il s'enfuit poursuivi par un ours.

Arrive UN VIEUX BERGER.

LE BERGER.

Je voudrais qu'il n'y eût pas d'âge entre dix ans et vingt-trois, ou bien que la jeunesse ne fût qu'un somme tout ce temps-là ; car on ne fait rien dans cet intervalle qu'engrosser les filles, insulter les anciens, voler et se battre...

Lointains rugissements, coups de tonnerre.

Entendez-vous à présent!... Dites-moi si d'autres que des cerveaux brûlés de dix-neuf à vingt-deux ans chasseraient par ce temps-là. Ils ont fait fuir deux de mes meilleurs moutons, et je crains bien que les loups ne les trouvent plutôt que leur maître; si je les dois découvrir quelque part, c'est au bord de la mer, en train de brouter du lierre. Bonne chance, exauce mon vœu!... Qu'avons-nous là?

Il ramasse l'enfant.

SCÈNE VIII.

Miséricorde! un nourrisson! un très-joli nourrisson! Un garçon ou une fille; voyons donc? Une jolie petite? Une très-jolie petite! Pour sûr, c'est quelque escapade; quoique je ne sois pas savant, pourtant je puis lire là l'escapade de quelque suivante de bonne maison. C'est quelque besogne d'escalier, de vestiaire, ou d'antichambre. Ceux qui l'ont faite avaient plus chaud que le pauvre être que voici. Je veux la recueillir par pitié; pourtant j'attendrai que mon fils vienne. Je viens d'entendre son cri d'appel. Holà! ho! Holà!

Arrive le CLOWN.

LE CLOWN.

Hillo! lo!

LE BERGER..

Quoi! tu étais si près? Si tu veux voir une chose dont tu parleras encore quand tu seras mort ou pourri, viens ici. Qu'éprouves-tu donc, mon brave?

LE CLOWN.

Oh! j'ai vu deux spectacles si émouvants, sur terre et sur mer... Mais non, je ne dois pas appeler ça la mer, il n'y a plus que le ciel; car entre le firmament et la mer vous ne pourriez pas passer une pointe d'aiguille.

LE BERGER.

Allons, mon garçon, qu'est-ce que c'est?

LE CLOWN.

Je voudrais que vous eussiez seulement vu comme elle gronde, comme elle rage, comma elle bat le rivage! Mais ce n'est pas là ce dont il s'agit!... Oh! le cri lamentable de ces pauvres âmes! Tantôt on les voyait, tantôt on ne les voyait plus; dans un moment, le navire allait percer la lune de son grand mât; et, dans l'autre, il était avalé par le remou et par l'écume, comme un bouchon que vous jetteriez dans une cuve... Passons maintenant au service de la terre : il fallait voir comme l'ours lui déchirait l'os de l'épaule ; comme il m'appelait au secours, et comme il criait qu'il se nommait Antigone, un grand seigneur !... Mais, pour en finir avec le navire, il fallait voir quel coup de dent la mer lui a donné ; et d'abord, comme les pauvres âmes rugissaient, et comme la mer se moquait d'eux ; et puis, comme le pauvre gentilhomme rugissait, et comme l'ours se moquait de lui, l'un et l'autre rugissant plus haut que la mer et l'orage !

LE BERGER.

Miséricorde, quand as-tu vu cela, mon garçon ?

LE CLOWN.

A la minute ! à la minute ! je n'ai pas fermé l'œil depuis que je l'ai vu : les hommes ne sont pas encore froids sous l'eau, et l'ours n'a pas à moitié dîné du gentilhomme ; il est encore en train.

LE BERGER.

J'aurais voulu être là, pour secourir ce vieux !

LE CLOWN, à part.

Moi, je regrette que vous n'ayez pas été à portée du navire pour le secourir. Là, votre charité aurait perdu pied.

LE BERGER.

Tristes choses ! tristes choses !... Mais regarde ici, mon gars. Rends-toi heureux ! Tu as rencontré des mourants, et moi des nouveau-nés. Voilà un spectacle pour toi ! Regarde ! une layette digne de l'enfant d'un écuyer. Regarde là.

Il montre le sac.

Ramasse, ramasse, mon garçon, et ouvre. Voyons donc ! Il m'a été dit que je serais riches par les fées : c'est quelque enfant échangé au berceau... Ouvre ; qu'y a-t-il là-dedans, mon garçon ?

SCÈNE VIII.

LE CLOWN, tirant une poignée de pièces d'or.

Vous faites fortune vieux. Si les péchés de votre jeunesse vous sont pardonnés, vous pourrez vivre à l'aise. De l'or, tout or !

LE BERGER.

C'est de l'or féerique, mon garçon, nous le verrons bien ! Enlève-le vite et enferme-le bien. Chez nous ! chez nous ! par le plus court ! Nous avons de la chance, garçon, et pour en avoir toujours, il ne faut que de la discrétion. Laissons aller mes moutons. Allons, bon garçon, chez nous par le plus court !

LE CLOWN.

Allez par le plus court avec vos trouvailles. Moi, je vais voir si l'ours à lâché le gentilhomme, et combien il en a mangé ; ils ne sont hargneux que quand ils ont faim ; s'il y a des restes, je les enterrerai.

LE BERGER.

Voilà une bonne action. Si tu peux reconnaître qui il est à ce qui reste de lui, viens me chercher pour le voir.

LE CLOWN.

Pardieu, oui ; et vous m'aiderez à le mettre en terre.

LE BERGER.

Voilà un jour chanceux, garçon, et nous allons bien le mettre à profit.

Ils sortent.

Entre le TEMPS, comme CHŒUR.

LE TEMPS.

Moi qui plais à quelques-uns et qui éprouve tout le monde, moi qui suis la joie — des bons et la terreur des méchants, moi qui fais et découvre l'erreur, — je prends maintenant sur moi, en ma qualité de Temps, — de déployer mes ailes. Ne m'imputez pas à crime, — si, dans mon vol rapide, je glisse — par-dessus seize années, et si je laisse inexplorée la transition — de ce vaste intervalle ; puisqu'il est en mon pouvoir — de renverser la loi, et dans une heure d'initiative, — de faire germer ou de bouleverser une coutume. Laissez-moi — passer tel que j'étais avant que fût établi le système ancien — ou le système aujourd'hui reçu. J'ai été témoin — des époques qui les ont fait naître, comme je le serai — des nouvelles modes destinées à régner ; et je ternirai — l'éclat du présent, en lui donnant — l'âge de mon récit. Avec votre permission, — je retourne mon sablier, et j'accélère la marche de la scène — comme si vous aviez fait un long somme. Léonte a cessé — de ressentir sa folle jalousie, et plein de douleur, — s'est jeté dans la retraite. Figurez-vous, bénévoles spectateurs, que je suis maintenant — dans la belle Bohême, et rappelez-vous bien — que je vous ai fait mention d'un fils du roi de ce pays ; c'est Florizel — que je le nomme, vous m'entendez ? je mettrai le même empressement — à vous parler de Perdita qui a grandi dans la grâce — à la hauteur de l'admiration. Quelle sera sa destinée, — je ne veux pas le prédire ; et je laisse les événements nouveaux — se révéler à leur heure. La fille d'un berger, — et les aventures qui vont lui arriver, — voilà notre sujet pour le moment. Accordez-moi votre patience, — s'il vous est arrivé parfois d'employer plus mal votre temps ; — sinon, le Temps lui-même vous le dit, — il vous souhaite sincèrement de ne jamais l'employer plus mal.

Il sort.

SCÈNE IX.

[La Bohême. Dans le palais du roi.]

Entrent Polixène et Camillo.

POLIXÈNE.

Je t'en prie, bon Camillo, ne m'importune plus : c'est une souffrance pour moi de te refuser ; c'est ma mort de t'accorder ta demande.

CAMILLO.

Il y a quinze ans que je n'ai vu mon pays. Bien que j'aie, pendant la plus grande partie de ma vie, respiré l'air de l'étranger, c'est là que je désire laisser mes os. En outre, mon maître, le roi pénitent m'a envoyé chercher : je puis être de quelque soulagement aux chagrins qu'il éprouve, j'ose du moins le croire, et c'est pour moi un nouveau stimulant à partir.

POLIXÈNE.

Si tu m'aimes Camillo, n'efface pas tous tes services passés en me quittant maintenant. Le besoin que j'ai de toi, c'est ton propre mérite qui l'a créé. Mieux eût valu ne pas t'avoir que de te perdre ainsi. Ayant engagé des affaires que nul n'est en état de bien conduire sans toi, tu dois rester pour les terminer toi-même, si tu ne veux pas emporter avec toi tous les services que tu m'as rendus. J'en ai peut-être tenu trop peu de compte, car je ne saurais en tenir trop. T'en être plus reconnaissant sera désormais mon étude; et le profit que j'y aurai, sera d'augmenter le trésor de nos sympathies. Quant à cette fatale contrée, la Sicile, je t'en prie ne m'en parle plus. Son nom seul me fait mal en me rappelant ce pénitent, comme tu l'appelles, mon frère, le roi converti ! La perte de son adorable reine et de ses enfants est une douleur toujours fraîche... Dis-moi, quand as-tu vu le prince Florizel, mon fils ? C'est un malheur non moins grand pour les rois de voir leurs enfants dégénérer, que de les perdre quand ils sont sûrs de leurs vertus.

CAMILLO.

Seigneur, il y a trois jours que je n'ai vu le prince. Quelles peuvent être ses occupations favorites, c'est pour moi chose inconnue ; mais j'ai remarqué avec regret que depuis quelques jours il s'absente beaucoup de la cour et qu'il est moins assidu que d'habitude à ses exercices princiers.

POLIXÈNE.

J'ai fait la même réflexion, Camillo, et je m'en inquiète, au point que j'ai à mon service des yeux qui veillent sur sa retraite. Et par eux j'ai appris qu'il est presque constamment chez un humble berger, un homme, dit-on, qui de rien, sans que ses voisins puissent s'imaginer comment, est parvenu à une fortune inexplicable.

CAMILLO.

J'ai entendu parler de cet homme-là, seigneur : il a une fille du plus rare mérite, et dont la réputation s'est étendue bien plus loin que ne pouvait le faire croire une renommée sortie d'une chaumière.

POLIXÈNE.

C'est aussi ce que me disent mes renseignements. Mais je crains l'hameçon qui attire là notre fils. Tu nous accompagneras sur les lieux : nous voulons, sans paraître ce que nous sommes, adresser quelques questions au berger. Je ne crois pas difficile de tirer de sa simplicité le secret des assiduités de mon fils. Je t'en prie, associetoi vite à moi dans cette affaire, et laisse de côté tes idées de Sicile.

CAMILLO.

J'obéis volontiers à vos ordres.

POLIXÈNE.

Mon excellent Camillo!... Allons nous déguiser.

Ils sortent.

SCÈNE X.

(La Bohême. A travers champs.)

Entre AUTOLYCUS.

AUTOLYCUS, chantant.

Quand l'asphodèle commence à germer.
O gai! la fillette au val
Descends avec la douce saison :
Alors le sang rouge empourpre le pâle sein de l'hiver.

Le linge blanchit sur les haies.
O gai! comme les oiseaux chantent!
Ils aiguisent mes dents voraces ;
Pour moi un quart d'aile est un plat de roi.

L'alouette qui chante tirelire,
O gai! ô gai! la grive et le geai
Font un orchestre pour moi et mes cousines,
Quand nous nous trémoussons dans le foin.

J'ai servi le prince Florizel, et dans mon temps j'ai porté du velours à trois poils, mais à présent je suis hors de service.

Mais irai-je m'affliger de ça, ma chère?
La pâle lune brille la nuit;
Et quand j'erre à l'aventure,
Je suis sûr de ne pas me tromper de route.

Si les chaudronniers peuvent vivre
Et se faire un sac en peau de truie.
Je puis bien trouver aussi mon compte,
Quitte à le régler dans les ceps.

Je trafique dans les draps; quand la caille fait son nid, le lin renchérit. Mon père m'a appelé Autolycus; ayant été mis bas sous l'influence de Mercure, j'ai eu pour destinée d'être escamoteur de menus objets. Ce sont les dés et les filles qui m'ont fourni le caparaçon que voici; et mon revenu est la simple filouterie. Les gibets et les coups de grand chemin sont trop imposants; être battu et pendu, autant d'épouvantes pour moi; quant à la vie future, j'en endors en moi la pensée...

Apercevant le Clown.

Une capture! une capture!

Entre le Clown.

LE CLOWN.

Voyons : onze moutons donnent à peu près vingt-cinq livres de laine; vingt-cinq livre de laine rapportent une livre sterling et un shilling environ : quinze cents toisons, combien donnent-elles de laine?

AUTOLYCUS, à part.

Si le piége tient, l'étourneau est à moi.

DE CLOWN.

Je ne puis pas compter cela sans jetons.

Tirant un papier de sa poche.

Voyons, que dois-je acheter pour la fête de nos toisons? *Trois livres de sucre, cinq livres de corinthe, du riz.* Qu'est-ce que ma sœur fera du riz? N'importe! c'est mon père qui l'a faite ordonnatrice de la fête, et elle le porte en note, Elle a fait vingt-quatre bouquets pour les tondeurs, tous chanteurs à trois parties, et très-bons chanteurs, mais la plupart dans le médium et dans la basse ; parmi eux pourtant il y a un puritain qui chante des psaumes sur la cornemuse. Il faut que j'aie du *safran* pour colorer les tartes de poires. Du macis, des dattes, point : ce n'est pas sur la note. *Muscades, sept ; une racine ou deux de gingembre...* Mais ça, je puis le demander. *Quatre livres de pruneaux et autant de raisins secs...*

AUTOLYCUS, se traînant à terre.

Oh ! pourquoi suis-je né !

LE CLOWN, se précipitant vers lui.

Au nom du ciel !...

AUTOLYCUS.

Oh ! à mon secours ! à mon secours ! Otez-moi seulement ces guenilles ; et alors, la mort ! la mort !

LE CLOWN.

Hélas ! pauvre âme ! Au lieu de t'ôter ces guenilles-là, tu aurais plutôt besoin qu'on t'en donnât d'autres pour te couvrir.

AUTOLYCUS.

Oh ! Monsieur, le dégoût qu'elles me causent me fait plus de mal que les coups d'étrivières que j'ai reçus ; et pourtant j'en ai reçu de rudes, et par millions.

LE CLOWN.

Hélas ! pauvre homme ! un million de coups peuvent produire un résultat grave.

AUTOLYCUS.

Je suis volé, monsieur, et battu ; mon argent et mes habits m'ont été enlevés, et ces horribles choses, mises sur moi.

LE CLOWN.

Est-ce par un cavalier ou par un piéton ?

AUTOLYCUS.

Un piéton ! mon doux monsieur, un piéton !

LE CLOWN.

En effet, ce doit être un piéton, à en juger par les vêtements qu'il t'a laissés; si c'est l'habit d'un cavalier, il faut qu'il ait vu bien du service. Donne-moi la main, je t'aiderai; allons, donne-moi la main,

Il l'aide à se relever.

AUTOLYCUS.

Oh! bon monsieur, délicatement!... Oh!

LE CLOWN.

Hélas! pauvre âme!

AUTOLYCUS, *se laissant aller.*

Oh! bon monsieur, doucement, bon monsieur. Je crains d'avoir l'omoplate disloquée.

LE CLOWN, *le retenant.*

Comment? ne peux-tu pas te tenir?

AUTOLYCUS.

Doucement, cher monsieur.

Il fouille la poche du clown.

Mon bon monsieur, doucement! vous m'avez rendu là un charitable service.

LE CLOWN.

As-tu besoin d'argent? J'ai un peu d'argent pour toi.

AUTOLYCUS.

Non, mon doux monsieur! non je vous conjure!... J'ai à moins de trois quarts de milles d'ici un parent chez qui j'allais; j'aurai là de l'argent et tout ce qu'il me faut. Ne m'offrez pas d'argent, je vous prie; cela me fend le cœur.

LE CLOWN.

Quelle est l'espèce de drôle qui vous a volé?

AUTOLYCUS.

Un drôle, monsieur, que j'ai vu colporter partout des trou-madames. Je l'ai vu jadis au service du prince. Je ne puis dire, mon bon monsieur, pour laquelle de ses vertus, mais le fait est qu'il a été chassé de la cour.

LE CLOWN.

De ses vertus! vous devriez dire de ses vices. On ne chasse pas les vertus de la cour : on les y choie pour les y faire rester, et pourtant elles n'y sont jamais qu'en passant.

AUTOLYCUS.

C'est *vices* que je voulais dire, monsieur. Je connais cet homme parfaitement; il a été, depuis, montreur de singes ; puis agent de procès, huissier; puis il a montré l'Enfant prodigue en marionnettes, et épousé la femme d'un chaudronnier à un mille de l'endroit où sont mes terres et mes biens; enfin, après avoir voltigé de vilains métiers en vilains métiers, il s'est établi fripon. Quelques-uns l'appellent Autolycus.

LE CLOWN.

Infamie sur lui! un filou ! Sur ma vie, c'est un filou : il hante les veillées, les foires et les combats d'ours.

AUTOLYCUS.

Justement, monsieur, c'est lui, monsieur, c'est lui; c'est le gueux qui m'a mis dans cet appareil.

LE CLOWN.

Il n'y a pas de fripon plus couard dans toute la Bohême; vous n'aviez qu'à prendre un air résolu et à lui cracher à la figure, il se serait sauvé.

AUTOLYCUS.

Je dois vous avouer, monsieur, que je ne suis pas un batailleur; je manque de cœur de ce côté-là; et il le savait bien, je le garantis.

LE CLOWN.

Comment vous trouvez-vous à présent?

AUTOLYCUS.

Beaucoup mieux, mon doux monsieur, je puis me tenir debout et marcher. Je vais même prendre congé de vous, et m'acheminer tout doucement chez mon parent.

LE CLOWN.

Te mettrai-je dans ta route ?

AUTOLYCUS.

Non, avenant monsieur; non, doux monsieur.

LE CLOWN.

Alors, adieu ; il faut que j'aille acheter des épices pour notre fête des toisons.

AUTOLYCUS.

Bonne chance, mon doux monsieur.

Le clown sort.

Va, ta bourse n'est plus assez ardente pour acheter tes épices. Je te rejoindrai à ta fête des toisons. Si je ne fais pas suivre cette filouterie d'une autre, et si je ne fais pas des tondeurs autant de moutons, que je sois désenrôlé, et que mon nom soit mis sur les registres de la vertu !

> Trottons, trottons le long du sentier,
> Et prenons le joyeux style, eh !
> Un cœur allègre marche tout le jour ;
> Un cœur triste se fatigue d'un simple mille, eh !

Il sort.

SCÈNE XI.

[La Bohême. Intérieur d'une chaumière.]

Entrent FLORIZEL *et* PERDITA, *en toilette de fête.*

FLORIZEL.

— Ces vêtements inaccoutumés à chacune de vos grâces — donnent une nouvelle vie. Ce n'est plus une bergère ; c'est Flore — surgissant au front d'Avril.

Votre fête des toisons — est comme une réunion de petits dieux — dont vous êtes la reine.

PERDITA.

Messire, gracieux seigneur, — il ne me sied pas de vous gronder de vos exagérations. — Oh! pardonnez-moi pourtant de les dénoncer; votre noble personne, — ce gracieux point de mire du pays, vous l'avez enfouie — sous les habits d'un pâtre; et moi, pauvre fille chétive, — vous m'avez érigée en déesse. Heureusement nos fêtes — admettent la folie à leur repas, et les convives — la digèrent par habitude; sans quoi je rougirais — de vous voir accoutré comme si vous aviez juré — de me rappeler par votre mise celle que je devrais avoir.

FLORIZEL.

Je bénis le moment — où mon bon faucon a pris son vol à travers — le champ de ton père.

PERDITA.

Puisse Jupiter vous donner raison! — La différence entre nous est la cause de mon inquiétude; votre grandeur — n'a pas été habituée à la crainte. En ce moment même je tremble — à l'idée que votre père, grâce à quelque hasard, — pourrait passer par ici, comme vous. O destins! — quelle mine ferait-il en voyant son noble ouvrage — si misérablement relié? Que dirait-il? Et comment — pourrais-je, moi, sous ces falbalas d'emprunt, supporter — la rigueur de son regard?

FLORIZEL.

Ne soyez — qu'à la joie. Les dieux eux-mêmes, — humiliant leur divinité devant l'amour, ont pris — la forme des animaux : Jupiter — est devenu taureau, et a mugi : le vert Neptune — est devenu bélier, et a bêlé; et le dieu à la robe de flamme, — le dieu d'or Apollon s'est changé en humble berger — comme moi en ce moment. Jamais leurs métamorphoses — n'ont eu lieu pour une beauté plus rare, — ni dans un but aussi chaste, puisque mes désirs — ne s'égarent pas au-delà de l'honneur, et que ma passion — n'est pas plus ardemment brûlante que ma foi !

PERDITA.

Oh! mais, seigneur, — votre résolution ne pourra plus tenir devant — l'obstacle inévitable que lui opposera la puissance du roi. — Alors la nécessité exigera de deux choses l'une : — ou que vous abandonniez votre projet, ou que j'abandonne la vie !

FLORIZEL.

Bien chère Perdita, — n'assombris pas, je t'en prie, par ces pensées erronées, — la gaieté de cette fête. Ou je serai à toi, ma belle, — ou je ne serais plus à mon père; car je ne puis plus être — à moi, ni à personne, si — je ne suis pas à toi; je suis bien résolu à cela, — quand la destinée dirait : Non !... Soyez gaie, ma mie; — étranglez les pensées de ce genre avec la première chose — qui attirera votre regard. Voici vos hôtes qui arrivent. — Rassérénez ce visage, comme si c'était le jour — de ces noces que — nous avons tous deux juré de célébrer.

PERDITA.

O dame Fortune ! — soyez-nous propice !

Entrent le BERGER, *puis* POLIXÈNE *et* CAMILLO, *déguisés; puis le* CLOWN, MOPSA, DORCAS *et autres.*

FLORIZEL.

Voyez, vos hôtes approchent; — apprêtez-vous à les accueillir joyeusement, — et qu'ils soient rouges de plaisir!

LE BERGER, à Perdita.

— Fi, ma fille! Quand ma vieille femme vivait, — en

ce jour, elle était à la fois panetier, sommelier et cuisinier ; — à la fois dame et servante ; fêtant tous ; servant tous ; — chantant sa chanson, et dansant sa ronde ; tantôt — au bout de la table, tantôt au milieu ; — sur l'épaule de celui-ci, et puis de celui-là ; ayant le feu au visage — à force de fatigue ; et, dès que, pour l'éteindre, elle prenait quelque chose, - en donnant à tous une gorgée ! Vous, vous vous tenez à l'écart — comme si vous étiez une invitée, et non — l'hôtesse de la compagnie. Je vous en prie, choyez ces amis inconnus : car — le moyen de nous rendre meilleurs amis, c'est de lier connaissance. — Allons, éteignez vos rougeurs ; et montrez-vous — ce que vous êtes, la maîtresse de la fête. Allons ! et faites accueil à vos tondeurs, — si vous voulez que votre bon troupeau prospère.

PERDITA, à Polixène.

Monsieur, soyez le bienvenu. — C'est la volonté de mon père que je fasse — les honneurs de ce jour...

A Camillo.

Vous êtes le bienvenu, monsieur... — Donne-moi ces fleurs-là, Dorcas... Mes révérends sires, — voici pour vous du romarin et de la rue ; ces fleurs-là gardent — leur éclat et leur parfum tout l'hiver : — grâce et souvenir à vous deux ! — Soyez les bienvenus à notre fête.

POLIXÈNE.

Bergère, — jolie bergère, vous faites bien d'offrir à nos âges — ces fleurs d'hiver.

PERDITA.

Monsieur, l'année se faisant vieille, à cette époque où l'été n'est pas expiré encore et où n'est pas encore né — le tremblant hiver, les plus jolies fleurs de la saison — sont les œillets et les giroflées panachées, — que plus d'un nomme les bâtardes de la nature : ces espèces

— ne se trouvent pas dans notre rustique jardin, et je ne me soucie pas — d'en avoir des boutures.

POLIXÈNE.

Et pourquoi donc, douce fille, — les dédaignez-vous?

PERDITA.

Parce que j'ai ouï dire — qu'il est un art qui, pour les varier, se joint — à la grande créatrice nature.

POLIXÈNE.

Quand cela serait, — la nature n'est jamais perfectionnée que par les moyens — que crée la nature : en sorte que l'art — qui, dites-vous, ajoute à la nature, est un art — qui procède de la nature. Ainsi vous voyez, suave fille, que nous marions — au tronc le plus sauvage une plus délicate greffe, — et que nous fécondons une écorce de la plus basse espèce — par un bourgeon de plus noble race. C'est bien un art — qui corrige, ou plutôt modifie la nature, — mais l'art lui-même est la nature.

PERDITA.

C'est juste.

POLIXÈNE.

— Enrichissez donc votre jardin de giroflées, — et ne les traitez pas de bâtardes.

PERDITA.

Je ne veux pas mettre — le plantoir en terre pour en faire une seule bouture, — pas plus que je ne souhaiterais, si j'étais fardée, — que ce jeune homme m'admirât et fut pris par cela seul — du désir de me rendre mère... Voici des fleurs pour vous : — la chaude lavande, la menthe, la sarriette, la marjolaine ; — le souci qui se couche avec le soleil, — et avec lui se lève tout en pleurs : ce sont des fleurs — de la mi-été, et je crois qu'on les donne — aux hommes d'âge moyen... Vous êtes les très-bienvenus.

CAMILLO.

— Si j'étais de votre troupeau, je cesserais de paître, — pour me repaître seulement de votre vue.

PERDITA.

Hélas ! — vous seriez bientôt si maigre, que les rafales de janvier — vous perceraient de part en part...

A Florizel.

Ah ! mon plus bel ami, — que n'ai-je des fleurs printanières qui puissent — convenir à votre jeunesse !

Aux jeunes paysans.

Ainsi qu'à vous.

Aux paysannes.

Et à vous, — qui portez encore à vos branches pucelles — vos virginités en bourgeon !... O Proserpine, — que n'ai-je ici les fleurs que, dans ton effroi, tu laissas tomber — du char de Pluton, les asphodèles, — qui viennent avant que l'hirondelle se risque, et qui captivent — les vents de mars par leur beauté, les violettes, sombres, — mais dont le parfum est plus suave que les paupières de Junon — ou l'haleine de Cythérée, les pâles primevères qui — meurent stériles avant d'avoir connu — le brillant Phébus dans sa force, maladie — commune aux vierges, la primerole hardie et — la couronne impériale, les iris de toute espèce, — et entre autres la fleur de lis !... Oh ! il me faudrait celles-là — pour vous en faire des guirlandes, mon doux ami, — et pour vous en couvrir tout entier.

FLORIZEL.

Quoi ! comme un corps au cercueil ?

PERDITA.

— Comme un lit de fleurs propre au repos et aux jeux de l'amour, — mais non comme un corps à ensevelir, — si ce n'est vivant, et dans mes bras... Allons, prenez vos fleurs. — Il me semble que je figure ici, comme j'en ai tant vu figurer, — dans une pastorale de la Pentecôte : pour sûr, c'est la robe que je porte — qui agit sur mon humeur.

FLORIZEL.

Ce que vous faites — est toujours mieux que ce que vous avez fait. Quand vous parlez, ma charmante, — je voudrais vous entendre sans cesse ; quand vous chantez, — c'est en chantant que je voudrais vous voir acheter et vendre, faire l'aumône, — et prier ; je voudrais que, pour arranger vos affaires, — vous n'eussiez qu'à les chanter. Quand vous dansez, je vous voudrais — vague de la mer, afin que vous ne pussiez jamais faire — que cela, et que vous fussiez toujours en mouvement, en mouvement toujours, sans connaître — d'autre fonction. Votre façon d'agir, — si originale dans les moindres détails, — couronne si constamment ce que vous faites, — que toutes vos actions sont reines !

PERDITA.

O Doriclès, — vos louanges sont trop fortes : heureusement, votre jeunesse — et le sang pur qui la colore ingénument, — vous dénoncent comme un innocent berger ; — sans quoi, mon Doriclès, je pourrais craindre avec raison — que vous ne fussiez pas un amoureux sincère.

FLORIZEL.

Vous n'avez pas plus — sujet de craindre cela que je n'ai dessein — de vous faire douter de moi... Mais venez ! notre danse, je vous prie ! — Votre main, ma Perdita : ainsi s'appareillent les tourterelles, — qui veulent ne se séparer jamais.

PERDITA.

J'en fais pour elles le serment.

Florizel et Perdita marchent, bras dessus, bras dessous, en causant.

SCÈNE XI.

POLIXÈNE.

— Voilà la plus jolie fillette qui ait jamais couru — sur le vert gazon. Tous ses gestes et toutes ses allures — sentent je ne sais quoi de plus grand qu'elle-même. — et de trop noble pour ces lieux.

CAMILLO.

Il lui dit quelque chose — qui met son sang aux aguets. En vérité, elle est — la reine du laitage et de la crème.

LE CLOWN, empoignant Mopsa.

Allons! la musique!

DORCAS, à part, observant le clown.

— Si c'est Mopsa qui est ta préférée, morbleu, prends de l'ail — pour corriger ses baisers.

MOPSA.

Allons, en mesure!

LE CLOWN.

— Plus un mot! plus un mot! Nous sommes en position. — En avant, la musique!

Danse de bergers et bergères, à laquelle tous prennent part, excepté le vieux berger, Polixène et Camillo.

POLYXÈNE, au vieux berger.

— Dites-moi, bon berger, quel est ce beau pâtre — qui danse avec votre fille?

LE BERGER.

— On le nomme Doriclès; et il se vante — d'avoir un beau pâturage; je ne le tiens — que de lui, mais je le crois : — il a l'air de la sincérité. Il dit qu'il aime ma fille, — et je le pense aussi; car jamais la lune ne s'est mirée — dans l'eau aussi complaisamment qu'il reste à lire, — pour ainsi parler, dans les yeux de ma fille : à vrai dire, — je crois qu'il n'y a pas un demi-baiser de différence — entre leurs deux amours.

POLIXÈNE.

Elle danse gracieusement.

LE BERGER.

— C'est ainsi qu'elle fait tout ; mais que dis-je là ? — je devrais me taire. N'importe. Si le jeune Doriclès — fait tomber son choix sur elle, elle lui apportera une dot — à laquelle il ne songe guère. —

Entre un VALET.

LE VALET, au clown.

Oh ! maître ! Si vous aviez entendu le colporteur à la porte, vous ne voudriez plus jamais danser au son du tambourin et des pipeaux : non, la cornemuse ne pourrait plus vous émouvoir. Il chante différents airs plus vite que vous ne compteriez de l'argent ; il les entonne si bien qu'il semble qu'il ait mangé des ballades et que toutes les oreilles s'allongent à sa voix.

LE CLOWN.

Il ne pouvait venir plus à propos ; qu'il entre ! J'aime à l'excès une ballade dont le sujet est lugubre et la musique gaie, ou dont les paroles sont drôles et l'air lamentable !

LE VALET.

Il a des chansons pour hommes ou pour femmes, de toute taille. Il n'est pas de modiste qui gante aussi bien ses pratiques. Il a les plus jolies chansons d'amour pour jeunes filles, et ça sans gravelures, ce qui est rare. Il a des refrains si délicats, des *ding-dong*, des *larifla*, des *enlevez-la*, des *balancez-la* ! et au moment où quelque vaurien braillard voudrait, comme qui dirait, y entendre malice et interrompre la chose par un sale lazzi, il fait répondre à la fille un : *Halte-là ! finissez, bonhomme !* Elle s'en défait et l'éconduit avec un : *Halte-là ! finissez, bonhomme !*

SCÈNE XI.

POLIXÈNE.

Voilà un brave garçon.

LE CLOWN, au valet.

Crois-moi, tu parles-là d'un admirable gaillard. A-t-il des marchandises en étalage?

LE VALET.

Il a des rubans de toutes les couleurs de l'arc-en-ciel; des points plus minutieux que n'en pourraient trouver dans le droit tous les juges de Bohême, bien que, lui, il les prenne en gros; des passements, des tricots, des batistes, des linons! Il met tous ces articles en chansons, comme si c'étaient des dieux ou des déesses; vous croiriez qu'une chemise est un ange, tant il chante haut le poignet de la manche et le travail de la bordure!

LE CLOWN.

Je t'en prie, introduis-le, et qu'il entre en chantant!

PERDITA.

Avertis-le de ne pas employer de mots grivois dans ses chansons!

LE CLOWN.

Vous avez de ces colporteurs qui ont en eux plus d'étoffe que vous ne pourriez le penser, ma sœur.

PERDITA.

Ou plutôt cher frère, que je ne m'y soucie d'y penser.

Entre AUTOLYCUS, *chantant.*

AUTOLYCUS.

Linon aussi blanc que la neige,
Crêpe aussi noir que le fut jamais corbeau,
Gants parfumés comme des roses de Damas,
Masques pour visage et pour nez,
Bracelets de jais, colliers d'ambre,
Parfums pour chambre de dame,
Coiffes et gorgerettes d'or,

Que mes gars peuvent donner à leurs belles ;
Épingles, et fers à papillotes,
Tout ce qu'il faut aux filles des pieds à la tête !
Venez, achetez-moi, venez : venez acheter, venez !
Achetez, damoiseaux, ou ces demoiselles vont pleurer.
Venez, achetez-moi, etc. !

LE CLOWN, à Autolycus.

Si je n'étais pas amoureux de Mopsa, tu n'aurais pas d'argent de moi ; mais captivé comme je le suis, je veux asservir à ses charmes quelques rubans et quelques paires de gants.

MOPSA.

Ils m'avaient été promis pour la veille de la fête ; mais ils n'arrivent pas trop tard à présent.

DORCAS, à Mopsa.

Il vous avait promis quelque chose de plus, ou il y a des menteurs.

MOPSA, à Dorcas.

Vous, il vous a donné tout ce qu'il vous avait promis ; il se peut même qu'il vous ait donné, par-dessus le marché, ce que vous auriez honte de lui rendre.

LE CLOWN.

N'y a-t-il donc plus de mœurs parmi les filles ? Vont-elles porter leurs jupes là où elles doivent porter leurs têtes ? N'avez-vous pas, à l'heure d'aller traire, au moment d'aller au lit ou au four à drèche, le temps d'éventer tous ces secrets-là ; faut-il que vous jacassiez devant tous nos hôtes ? C'est heureux qu'ils soient eux-mêmes en train de se parler bas. Assourdissez vos cris, et plus un mot.

MOPSA.

J'ai fini. Allons, vous m'avez promis un beau galon et une paire de gants parfumés.

SCÈNE XI.

LE CLOWN, à Mopsa.

Ne t'ai-je pas dit comment j'ai été filouté sur la route et comment j'ai perdu tout mon argent?

AUTOLYCUS.

Effectivement, monsieur, il y a des filous dans la campagne, et il est bon de se tenir sur ses gardes.

LE CLOWN.

Ne crains rien, l'ami, tu ne perdras rien ici.

AUTOLYCUS.

Je l'espère bien, monsieur, car j'ai beaucoup de marchandises en paccotille.

LE CLOWN.

Qu'as-tu là? des ballades?

MOPSA, au clown.

Je vous en prie, achetez-en. J'aime tant les ballades imprimées! Alors nous sommes sûres qu'elles sont vraies.

AUTOLYCUS.

En voici une sur un air très-plaintif : Comme quoi la femme d'un usurier accoucha de vingt sacs d'argent à la fois, et comme quoi elle eut envie de manger un hachis de têtes de couleuvres et de têtes de crapauds.

MOPSA.

Est-ce vrai, croyez-vous?

AUTOLYCUS.

Très-vrai; il n'y a qu'un mois de cela.

DORCAS.

Le ciel me préserve d'épouser un usurier!

AUTOLYCUS.

La chose est signée de la sage-femme, une mistress Leconte, et de cinq ou six honnêtes matrones qui étaient présentes. Est-ce que je colporterais des mensonges?

MOPSA, au clown.

Je vous en prie encore, achetez-la.

LE CLOWN.

Allons, mettez-la de côté. Voyons d'abord les ballades ; nous achèterons d'autres articles tout à l'heure.

AUTOLYCUS.

Voici une autre ballade. Elle est d'un poisson qui apparut sur la côte le mercredi, quatre-vingt avril, à quarante mille brasses au-dessus de l'eau, et qui a composé cette ballade contre les filles au cœur dur. L'auteur passe pour être une femme qui fut métamorphosée en poisson, à cause qu'elle n'avait pas voulu faire échange de chair avec un homme qui l'aimait ! La ballade est très-pitoyable, et aussi vraie.

DORCAS.

Est-elle vraie aussi, croyez-vous?

AUTOLYCUS.

Il y a dessus la griffe de cinq juges et plus de certificats que ma balle ne peut en tenir.

LE CLOWN.

Mettez-la de côté aussi. A une autre !

AUTOLYCUS.

Voici une ballade gaie, mais elle est très-jolie.

MOPSA.

Ayons-en des gaies !

AUTOLYCUS.

Eh bien, en voici une plus que gaie, qui va sur l'air de : *Deux filles aimaient un homme* : il n'y a peut-être pas une fille dans tout l'ouest qui ne la chante ; elle est fort demandée, je vous assure.

MOPSA, à Autolycus, montrant Dorcas.

Nous savons la chanter toutes deux ; si tu veux prendre une partie, tu vas l'entendre ; elle est à trois parties.

DORCAS.

Nous avons appris l'air, il y a un mois.

SCÈNE XI.

AUTOLYCUS.

Je puis chanter ma partie ; vous devez savoir que c'est mon métier : attention, vous deux !

Il chante.

Esquivez-vous, car il faut que j'aille...
Il n'est pas bon que vous sachiez où.

DORCAS, *chantant.*

Où ?

MOPSA, *chantant.*

Oh ! où ?

DORCAS.

Où ?

MOPSA.

C'est chose conforme à son serment
Que tu me dises tes secrets.

DORCAS.

A moi aussi ; laisse-moi aller là-bas !

MOPSA.

Tu vas à la grange ou au moulin !

DORCAS.

A l'un ou à l'autre, c'est bien mal.

AUTOLYCUS.

Vous n'y êtes point.

DORCAS.

Quoi ! point ?

AUTOLYCUS.

Non ! point !

DORCAS.

Tu as juré d'être mon amoureux !

MOPSA.

Tu me l'as juré bien plus à moi !
Donc, où vas-tu ? Dis, où ?

LE CLOWN.

Nous aurons tout à l'heure cette chanson-là entre nous : mon père et ces messieurs sont en grave conversation ; ne les gênons pas. Allons, emporte ton colis et suis-moi. Fillettes, je lui achèterai pour vous deux : colporteur, donne-nous le premier choix... Suivez-moi, filles !

AUTOLYCUS, à part.

Et tu payeras largement pour elles.

Il chante.

> Voulez-vous acheter cordonnet
> Ou dentelle pour votre mante,
> Ma friande poule, ma chère, eh ?
> De la soie ou du fil,
> Des bibelots pour votre tête,
> A la mode la plus nouvelle et la plus belle, eh ?
> Venez au colporteur.
> L'argent est un fureteur
> Qui fait sortir toute marchandise, eh !

Le Clown, Autolycus, Dorcas et Mopsa sortent.

Entre un VALET.

LE VALET, au vieux berger.

Maîtres, il y a là trois rouliers, trois bergers, trois bouviers et trois porchers, qui se sont faits tous hommes à poil ; ils s'intitulent sautyres ; et ils ont une danse que les filles disent n'être qu'une galimafrée de gambade, parce qu'elles n'y figurent pas, mais elles sont d'avis elles-mêmes que, si elle ne semble pas trop rude à quelques-uns qui ne connaissent guère que les calmes exercices du boulingrin, elle plaira considérablement.

SCÈNE X.

LE BERGER.

Assez! nous n'en voulons pas; il y a déjà eu ici trop de pauvres farces... Je sais, monsieur, que nous vous fatiguons.

POLIXÈNE.

Vous ne fatiguez que ceux qui nous amusent : je vous en prie, faites-nous voir ces quatre trios de pâtres.

LE VALET.

L'un des trios, à les en croire, monsieur, a dansé devant le roi; et le plus mauvais d'entre eux ne saute pas moins de douze pieds et demi, mesure royale.

LE BERGER.

Laissez là votre babil; puisque cela plaît à ces messieurs, faites-les entrer; mais vite, maintenant!

LE VALET.

Eh! ils attendent à la porte, monsieur.

Il sort, puis rentre suivi de douze villageois, déguisés en satyres; ceux-ci dansent, puis se retirent (28).

POLIXÈNE, au berger.

— Oh! bon père, vous en saurez davantage bientôt... —

A part.

La chose n'est-elle pas déjà allée trop loin? Il est temps de les séparer... — Il est candide et il en dit trop.

Haut, à Florizel qui passe.

Eh bien, beau berger? — Votre cœur est plein de quelque chose qui distrait — votre pensée de la fête. Ma foi, quand j'étais jeune — et que je donnais comme vous le bras à ma mie, j'avais l'habitude — de l'accabler de babioles : j'aurais pillé — tout le trésor soyeux du colporteur, et je l'aurais versé — à ses pieds; vous l'avez laissé partir, — sans faire avec lui aucun marché. Si votre belle — interprétait à mal cet oubli et vous le reprochait — comme un défaut d'amour ou de générosité, vous seriez gêné — pour lui répondre, pour peu que vous teniez — à garder ses bonnes grâces.

####### FLORIZEL.

Digne vieillard, je sais — qu'elle n'attache aucun prix à de pareils colifichets ; — les présents qu'elle attend de moi sont entassés et enfermés — dans mon cœur, que je lui ai déjà donné, — mais pas encore livré.

A Perdita.

Oh ! laisse-moi exhaler ma vie — devant ce vieillard qui, semblerait-il, — a aimé dans son temps. Je prends ta main, cette main, — aussi douce que le duvet de la colombe, et aussi blanche qu'elle, — ou que la dent d'un Éthiopien ou que la neige la plus pure, — deux fois passée au crible des ouragans du Nord !

####### POLIXÈNE.

Que va-t-il se passer ?... — Comme ce jeune pâtre essuie gracieusement — cette main déjà si blanche !..

A Florizel.

Je vous ai interrompu ; — revenez donc à votre déclaration, que j'entende — votre profession de foi !

####### FLORIZEL.

Oui, et je vous prends à témoin !

POLIXÈNE, montrant Camillo.

— Et mon voisin aussi.

####### FLORIZEL.

Et lui aussi, et d'autres — encore, et tous les hommes, et la terre, et les cieux, et l'univers ! — Eussé-je au front la couronne du plus impérial monarque, — et l'eussé-je mérité, fussé-je le plus beau jeune homme — qui jamais ait ébloui les yeux, eussé-je plus de force et de science — que jamais nul n'en eut, tous ces biens ne seraient rien pour moi — sans son amour ; c'est pour elle que j'en ferais usage ; — c'est à elle que je les consacrerais; je les condamnerais à son service, ou au néant!

POLIXÈNE.

Voilà une offre loyale.

CAMILLO.

Et qui prouve une affection profonde.

LE BERGER.

Mais, vous, ma fille, — lui en dites-vous autant?

PERDITA.

Je ne saurais dire — si bien rien de si bien, non, ni mieux penser. — C'est sur le modèle de mes sentiments que je mesure — la pureté des siens.

LE BERGER.

Prenez-vous la main! affaire conclue! — Vous, amis inconnus, vous en rendrez témoignage : — je lui donne ma fille, avec — une dot égale à la sienne.

FLORIZEL.

Oh! cette dot, — c'est la vertu de votre fille. Après la mort de quelqu'un, — j'aurai plus de fortune que vous ne pourriez l'imaginer, — assez, j'en suis sûr, pour vous émerveiller. Mais, voyons, — engagez-nous devant ces témoins.

LE BERGER.

Allons! votre main, — et vous, ma fille, la vôtre!

POLIXÈNE.

Doucement, berger! un moment, je vous prie!

A Florizel.

— Avez-vous un père?

FLORIZEL.

Oui, après?

POLIXÈNE.

— Est-il instruit de ceci?

FLORIZEL.

Il ne l'est pas et ne le sera jamais.

POLIXÈNE.

Il me semble qu'un père — est, aux noces de son fils, le convive — qui fait le mieux à table. Un mot encore, je vous prie ! — Votre père n'est-il pas incapable — de raisonner une affaire ? N'est-il pas devenu stupide — sous l'influence de l'âge et des catarrhes ? Peut-il parler, entendre, — distinguer un homme d'un homme, discuter ses propres intérêts ? — Ne garde-t-il pas le lit ? Et n'a-t-il pas repris tout entière — la vie de l'enfance ?

FLORIZEL.

Non, mon bon monsieur. — Il a toute sa santé, et plus de vigueur — que n'en ont ordinairement ceux de son âge.

POLIXÈNE.

Par ma barbe blanche, — vous lui faites, si cela est, une offense — peu filiale ! La raison veut que mon fils — choisisse lui-même sa femme ; mais elle veut aussi — que le père, dont toute la joie est d'avoir — une postérité digne de lui, soit un peu consulté — dans une telle affaire.

FLORIZEL.

J'accorde tout cela ; — mais, pour d'autres raisons, mon grave monsieur, — qu'il ne sied pas que vous sachiez, je n'informerai pas mon père de cette affaire.

POLIXÈNE.

Faites-la lui savoir.

FLORIZEL.

— Non.

POLIXÈNE.

Je t'en prie !

FLORIZEL.

Impossible !...

LE BERGER.

— Fais-le, mon fils ; il n'aura aucun sujet d'être fâché, — quand il saura ton choix.

FLORIZEL.

Allons, allons, c'est impossible!... — Prenez acte de notre contrat.

POLIXÈNE, *arrachant sa longue barbe et se découvrant.*

Acte de votre divorce, jeune sire!... — que je n'ose appeler mon fils!... Oui, tu es trop vil — pour que je te reconnaisse, toi qui, héritier d'un sceptre, — aspires ainsi à la houlette!

Au berger.

Toi, vieux traître, — je suis fâché de ce qu'en te faisant pendre, je ne puis — abréger ta vie que d'une semaine!

A Perdita.

Et toi, frais modèle — de la parfaite sorcière, toi qui savais forcément — à quel royal fou tu t'adressais...

LE BERGER.

O mon cœur!

POLIXÈNE.

— Je ferai écorcher ta beauté avec des ronces et je la rendrai — plus vilaine que ta condition.

A Florizel.

Pour toi, jeune insensé, — si jamais j'apprends que tu soupires seulement — de ne plus revoir cette poupée (car — j'entends que tu ne la revoies jamais), je te déshérite, — et je ne te reconnais pas pour être de mon sang, non! ni pour m'être plus proche — que ne l'est tout enfant de Deucalion! Retiens bien mes paroles, — et suis-moi à la cour... Toi, rustre, — quoique tu te sois attiré tout notre déplaisir, pour le moment j'en détourne de toi — le coup mortel...

A Perdita.

Et vous, charmeresse, — vous qui seriez un parti suffisant pour un pâtre et même pour ce jeune homme, —

bien digne, s'il n'y allait pas de notre honneur, — de se mésallier à vous..., si jamais il t'arrive — de lui ouvrir ton rustique loquet — ou de presser sa personne dans tes bras, — j'imaginerai pour toi une mort aussi cruelle — que tu es délicate.

Il sort.

PERDITA.

Perdue pour toujours !... — Eh bien, je n'ai pas été trop effrayée ; car une ou deux fois — j'ai été sur le point de parler, et de lui dire nettement — que le même soleil qui luit sur son palais — ne cache point son visage devant notre cabane, et — brille également pour nous...

A Florizel.

Veuillez partir, seigneur. — Je vous avais dit ce qui résulterait de tout ceci. Je vous en conjure, — prenez soin de vos propres intérêts. Quant à mon rêve, — maintenant que je suis éveillée, je le détrône de mon âme ; — je m'en vais traire mes vaches et pleurer.

CAMILLO, au berger.

Allons donc, père ! — parle avant de mourir.

LE BERGER.

Je ne puis parler ni penser, — je n'ose même pas savoir ce que je sais.

A Florizel.

Oh ! seigneur, — vous avez perdu un vieillard de quatre-vingt-trois ans, — qui comptait prendre tranquillement possession de sa tombe, — qui espérait mourir dans le lit où son père est mort, — et reposer tout près de ses os honorés ; mais maintenant — il faut qu'un bourreau me mette mon linceul et me dépose dans une terre — que la pelle d'un prêtre ne remuera pas.

A Perdita.

O misérable maudite ! — tu savais que c'était le

prince, et tu t'es aventurée – à échanger ta foi avec la sienne!... Perdu! perdu! – Si je pouvais mourir avant une heure, j'aurai vécu – pour mourir au moment souhaité!

Il sort.

FLORIZEL, à Perdita.

Pourquoi me regardez-vous ainsi? – Je suis attristé, non effrayé; contrarié, – mais nullement changé; ce que j'étais, je le suis encore. – Plus on me retient, plus j'avance, et je ne me laisse pas mener – en laisse malgré moi.

CAMILLO.

Mon gracieux seigneur, – vous connaissez le caractère de votre père; en ce moment, – il ne permettra aucune observation, et je ne présume pas – que vous entendiez lui en faire; tout au plus, – je le crains, pourrait-il supporter votre vue. – Ainsi, jusqu'à ce que la fureur de son altesse soit calmée, – ne vous présentez pas devant le roi.

FLORIZEL

Je n'en ai pas l'intention.

Dévisageant Camillo.

– Camillo, je crois!

CAMILLO.

Lui-même, monseigneur.

PERDITA, à Florizel.

– Combien de fois vous avais-je prévenu que cela finirait ainsi! – Combien de fois avais-je dit que mes grandeurs ne dureraient – que jusqu'au jour où elles seraient connues?

FLORIZEL.

Elles ne peuvent finir que par – la violation de ma foi; et alors, – que la nature broie l'un contre l'autre les flancs de la terre – et en étouffe tous les germes!

Relève les yeux! — Rayez-moi de votre succession, mon père!

    A Perdita.

— J'hérite de ton amour?

      CAMILLO.

Écoutez les avis.

      FLORIZEL.

— J'écoute ceux de mon affection; si ma raison — veut s'y conformer, je serai raisonnable; — sinon, ma passion, mieux satisfaite par la folie, — l'appellera à son aide.

      CAMILLO.

C'est du désespoir, seigneur.

      FLORIZEL.

— Soit! mais ce désespoir comble mes vœux, — et je dois le tenir pour vertu. Camillo, — ni la Bohême, ni toutes les pompes que j'y pourrais — glaner, ni tout ce que le soleil voit, ni — tout ce que les mers profondes cachent — dans leurs abîmes inconnus, ne me feraient briser le serment — que j'ai fait à ma bien-aimée. Ainsi, je vous en prie, — vous qui avez toujours été l'ami vénéré de mon père, — dès qu'il s'apercevra de mon absence (car je suis bien décidé — à ne plus le revoir), jetez vos bons conseils — sur le feu de sa colère. La fortune et moi — nous allons lutter désormais. Apprenez, — et vous pourrez le lui redire, que je vais m'embarquer sur mer — avec celle qu'il m'est interdit de posséder sur ces rives; — par une heureuse circonstance, j'ai — tout près d'ici un navire à l'ancre que j'avais fait préparer — dans un tout autre but. Quant à la route que je compte suivre, — il vous est inutile de la savoir, et — il ne me sert à rien de vous la dire.

      CAMILLO.

Oh! monseigneur, — je voudrais que votre esprit

fût plus accessible aux avis, — ou plus zélé pour vos intérêts.

FLORIZEL.

Un mot, Perdita.
   A Camillo.
Je vous écouterai dans un moment.

Il s'entretient à voix basse avec Perdita.

CAMILLO.

Il est irrévocablement — résolu à fuir. Quel bonheur pour moi, — si je pouvais faire servir son départ à mes desseins, — et, tout en le sauvant du danger, tout en lui prouvant mon dévouement et mon respect, — parvenir à revoir ma chère Sicile, — et ce malheureux roi, mon maître, que — je brûle tant de retrouver!

FLORIZEL, *se dirigeant vers la porte.*

Allons, bon Camillo, — je suis pressé pour une affaire si exigeante que — je vous laisse sans cérémonie.

CAMILLO.

Seigneur, je crois — que vous avez ouï parler de mes pauvres services et de l'affection — que j'ai toujours portée à votre père.

FLORIZEL.

Certes — vous avez noblement mérité de lui. C'est pour mon père une musique — que de louer vos actes, et ce n'est pas pour lui le moindre souci — que de les récompenser autant qu'il les estime.

CAMILLO.

Eh bien, monseigneur, — puisque vous vous plaisez à croire que j'aime le roi, — et, avec lui, ce qui lui est le plus proche, c'est-à-dire — votre gracieuse personne, adoptez mon conseil, — si votre projet, médité plus mûrement, — peut être modifié. Sur mon honneur, — je vous indiquerai un lieu où vous recevrez un accueil — digne de votre altesse, où vous pourrez — posséder votre maîtresse, que rien, je le vois, — ne peut séparer de vous, si ce n'est — votre ruine, dont les cieux nous préservent ! Là vous l'épouserez, — et, pendant votre absence, je tâcherai, par tous les efforts, — d'apaiser le mécontentement de votre père, — et de le ramener à la bienveillance.

FLORIZEL.

Comment, Camillo, — pourrais-tu faire cela ? Ce serait presque un miracle. — Parle, que je voie en toi plus qu'un homme, — et que je t'accorde à jamais ma confiance !

CAMILLO.

Avez-vous décidé — le lieu où vous vous dirigerez ?

FLORIZEL.

Pas encore. — Un incident imprévu étant coupable — de notre aventureux départ, nous nous considérons — comme les esclaves de la chance, comme des mouches — à tout vent qui souffle !

CAMILLO.

Alors écoutez-moi. — Si vous ne voulez pas renoncer à votre projet, — si vous êtes décidé à fuir, faites voile pour la Sicile. — Et là présentez-vous, présentez votre belle princesse, — (car je vois qu'elle le sera) au roi Léonte; — elle sera vêtue comme il convient — à la compagne de votre lit. Il me semble voir déjà — Léonte vous recevant à bras ouverts, avec une cordialité — mouillée de larmes; te demandant pardon à toi, le fils, — comme au père en personne ; baisant les mains — de votre jeune princesse; partagé — entre ses duretés et sa tendresse; chassant — les unes aux enfers, et faisant grandir l'autre — plus vite que le temps ou la pensée !

FLORIZEL.

Digne Camillo, — pour colorer ma visite, quel prétexte — lui donnerai-je ?

CAMILLO.

Que vous êtes envoyé par le roi votre père — pour le saluer et lui offrir des condoléances. — Quant à la conduite que vous devrez tenir envers lui, — quant aux choses que vous devrez lui confier, comme de la part de votre père, — sur des secrets connus de nous trois seuls, je vous mettrai tout cela par écrit; en vous indiquant de point en point ce qu'à chaque entrevue — vous aurez à lui dire; en sorte qu'il ne pourra s'empêcher de croire — que vous avez toute la confiance de votre père — et que vous parlez du fond de son cœur.

FLORIZEL.

Je vous suis obligé : — cet avis-là est fécond.

CAMILLO.

Cela vaut bien mieux — que de vous élancer à l'aventure, — sur des eaux inexplorées, vers des rivages perdus, avec la certitude — d'une foule de misères, sans espérances pour vous secourir, — que celles qui vous échapperont, aussitôt que saisies ; — ayant pour certitude suprême vos ancres qui — pourront, tout au plus, vous faire rester — où vous serez découragés d'être. D'ailleurs, vous le savez, la prospérité est le lien véritable de l'amour, — dont le teint délicat et le cœur même — s'altèrent avec le malheur.

PERDITA.

Cela est vrai à moitié ; — le malheur, je le crois, peut flétrir le visage, — mais non corrompre les sentiments.

CAMILLO.

Oui-dà ! c'est ainsi que vous parlez ! — Je doute que d'ici à sept ans il naisse chez votre père — une autre fille comme vous !

FLORIZEL.

Mon bon Camillo, — elle est aussi supérieure par le mérite — qu'inférieure à nous par la naissance.

CAMILLO.

Je ne puis dire que c'est dommage — qu'elle manque d'instruction ; car elle semble en remontrer — à ceux qui enseignent.

PERDITA.

Pardon, monsieur! — Je vous rougis mes remercîments.

FLORIZEL.

Ma jolie Perdita!... — Hélas, sur quelles épines nous marchons!... Camillo, — sauveur de mon père et maintenant le mien, — médecin de notre maison, comment allons-nous faire? — Nous ne sommes pas équipé comme doit l'être un fils de Bohême, — et nous ne pourrons paraître en Sicile...

CAMILLO.

Monseigneur, — n'ayez aucune inquiétude à cet égard. Vous savez, je pense, que ma fortune — est toute dans ce pays-là : j'aurai soin — que vous soyez royalement costumé, comme si — vous jouiez une scène de moi! Par exemple, seigneur, — pour vous prouver que vous ne manquerez de rien, un mot. —

Camillo, Florizel et Perdita se retirent à l'écart.

Entre AUTOLYCUS.

AUTOLYCUS.

Ah! ah! quelle folle que l'honnêteté! et la confiance, sa sœur jurée, quelle simple créature! J'ai vendu tout mon clinquant : pierre fausse, ruban, verre, pot d'ambre, broche, carnet, ballade, couteau, cordonnet, gants, lacet de soulier, bracelet, bague de corne. Rien ne me reste pour empêcher ma balle de jeûner. Ils s'étouffaient à qui m'achèterait le premier, comme si mes bibelots étaient sanctifiés et valaient une bénédiction à l'acheteur!

Par ce moyen j'ai vu quelles étaient les bourses de meilleure mine ; et ce que j'ai vu, je m'en suis souvenu pour mon profit. Mon paysan, à qui il ne manque que peu de chose pour être un homme raisonnable, était tellement amoureux de la chanson de ces filles, qu'il n'a pas voulu remuer une patte avant d'avoir eu l'air et les paroles. Ce qui a attiré à moi le reste du troupeau, si bien que chacun est devenu tout oreille. Vous auriez pu pincer une jupe, sans que nulle le sentît ; rien n'était plus facile que de soutirer une bourse d'une braguette. J'aurais pu subtiliser des clefs attachées à des chaînes. On n'avait plus d'ouïe, plus de sens, que pour la chanson de monsieur, et plus d'admiration que pour ce néant ! Aussi ai-je profité de cette léthargie pour vider et couper la plupart des bourses en fête ; et, si le vieux n'était pas survenu en clabaudant contre sa fille et le fils du roi, et n'avait pas effaré mes pigeons, je n'aurais pas laissé une bourse en vie dans toute l'armée.

Camillo, Florizel et Perdita *reviennent sur le devant de la scène.*

CAMILLO, à Florizel.

— Oui, mais mes lettres, étant par ce moyen arrivées — en même temps que vous, dissiperont ce doute.

FLORIZEL.

— Et celles que le roi Léonte vous répondra...

CAMILLO.

— Satisferont votre père.

PERDITA.

Puissiez-vous réussir ! — Tout ce que vous dites me paraît bien.

CAMILLO, *apercevant Autolycus.*

Qui avons-nous là ? — Servons-nous de cet homme ; n'omettons rien — de ce qui peut nous aider. —

AUTOLYCUS, à part.

S'ils m'ont entendu tout à l'heure, gare la potence!

CAMILLO.

— Eh bien, mon brave, pourquoi trembles-tu ainsi? Ne crains rien, l'ami; on ne te veux pas de mal.

AUTOLYCUS.

Je suis un pauvre garçon, monsieur.

CAMILLO.

Continue de l'être; personne ne t'enlèvera ce privilége-là. Pour l'extérieur, au moins, de ta pauvreté, nous allons faire avec toi un échange : déshabille-toi donc sur-le-champ (tu vois que la chose est pressée), et change de vêtements avec ce gentilhomme. Quoique déjà le profit ne soit pas de son côté, pourtant tu auras encore quelque chose par-dessus le marché.

Il lui donne sa bourse.

AUTOLYCUS.

Je suis un pauvre garçon, monsieur...

A part.

Je vous reconnais bien, allez!

CAMILLO.

Voyons, dépêche, je t'en prie : ce gentilhomme est déjà à demi dépouillé.

AUTOLYCUS.

Parlez-vous sérieusement, monsieur?...

A part.

Je flaire la malice.

FLORIZEL.

Dépêche, je t'en prie.

AUTOLYCUS.

Il est vrai que j'ai reçu des arrhes; mais en conscience je ne puis pas les garder.

CAMILLO.

— Déboucle! Déboucle!

SCÈNE X.

Florizel et Autolycus échangent leurs vêtements. A Perdita.

— Fortunée princesse, puisse ma prophétie — s'accomplir pour vous! Retirez-vous — sous quelque abri : prenez le chapeau de votre amant, et enfoncez-le sur vos sourcils ; enveloppez-vous le visage; défaites vos vêtements, et autant que possible, déguisez — les allures de votre sexe, afin de pouvoir — (car je crains pour vous les regards) vous rendre à bord — sans être reconnue.

PERDITA.

Je le vois, la pièce est arrangée de façon — que je dois y jouer un rôle.

CAMILLO.

C'est indispensable...

A Florizel.

— Avez-vous fini, là?

FLORIZEL.

Si maintenant je rencontrais mon père, — il ne m'appellerait pas son fils.

CAMILLO, à Florizel.

Ah! ne gardez pas — votre chapeau. Venez, madame, venez...

A Autolycus.

Adieu, mon ami.

AUTOLYCUS.

Adieu, monsieur.

FLORIZEL.

— O Perdita, qu'allions — nous oublier tous deux ! — Un mot, je vous prie.

Il la prend à part.

CAMILLO.

— La première chose que je vais faire sera d'informer le roi — de leur évasion et de la direction qu'ils ont prise. — J'espère ainsi, par mon influence, — l'entraîner à leur suite, et, en l'accompagnant, — regagner la

Sicile que — j'ai un désir tout féminin de revoir.

FLORIZEL.

Que la fortune nous seconde ! — Ainsi, Camillo, nous nous dirigeons vers le rivage.

CAMILLO.

— Le plus vite sera le mieux. —

Florizel, Perdita et Camillo sortent.

AUTOLYCUS.

Je comprends l'affaire, je l'entends : avoir l'oreille ouverte, l'œil vif et la main leste, est chose nécessaire pour un coupe-bourse ; un bon nez est également requis pour flairer de la besogne aux autres sens. Ce temps-ci est, je le vois, celui où l'homme déshonnête prospère.

Observant ses habits.

Quel beau marché je faisais déjà sans le pot de vin !...

Pesant la bourse.

Et quel beau pot de vin j'ai là par-dessus le marché !... Pour sûr, les dieux sont cette année de connivence avec nous, et nous pouvons nous attendre à toutes les surprises. Le prince lui-même est occupé d'une œuvre d'iniquité : il se dérobe de chez son père, en traînant sa chaîne sur ses talons. Si je ne croyais pas que c'est un acte honnête d'en informer le roi, je le ferais sur-le-champ : mais je trouve plus de coquinerie à cacher la chose, et en cela je suis fidèle à ma profession...

Entrent le CLOWN *et le* BERGER.

Rangeons-nous, rangeons-nous ! Voici encore de la besogne pour une cervelle active. Il n'est pas de ruelle, de boutique, d'église, de session et de pendaison qui ne donne du travail à l'homme industrieux.

LE CLOWN, *au berger.*

Voyez, voyez, quel homme vous êtes à présent ! Il n'y

a pas d'autre ressource que de déclarer au roi que c'est un enfant trouvé, et qu'elle n'est pas de votre chair et de votre sang.

LE BERGER.

Un mot seulement!

LE CLOWN.

Un mot seulement!

LE BERGER.

Continue, alors.

LE CLOWN.

Étant avéré qu'elle n'est pas de votre chair et de votre sang, votre chair et votre sang n'ont pas offensé le roi; et alors votre chair et votre sang ne doivent plus être punis par lui. Montrez-lui tous les objets que vous avez trouvés autour d'elle, tous les signes de reconnaissance, tous excepté ceux qu'elle porte sur elle. Cela fait, vous pouvez, je vous le garantis, laisser chanter la loi.

LE BERGER.

Je dirai tout au roi, tout, mot pour mot; je lui dirai aussi les fredaines de son fils qui, je puis le déclarer, ne s'est conduit en honnête homme ni envers son père ni envers moi, en cherchant à me faire beau-frère du roi.

LE CLOWN.

Beau-frère! c'est bien le moins que vous pouviez lui être! et alors votre sang serait devenu plus cher de je ne sais combien l'once.

AUTOLYCUS, à part.

Bien raisonné, pantins!

LE BERGER, prenant un paquet.

Eh bien, allons trouver le roi; il y a dans ce fardeau-là de quoi lui faire gratter la barbe.

AUTOLYCUS, à part.

Je ne sais quel obstacle cette dénonciation peut faire à l'évasion de mon jeune maître.

LE CLOWN.

Je souhaite de tout cœur qu'il soit au palais.

AUTOLYCUS.

Bien que je ne sois pas naturellement honnête, je puis quelquefois l'être par hasard... Rentrons en poche mon excroissance de colporteur.

Il enlève sa fausse barbe, puis s'avance vers les deux bergers.

Eh bien ! rustres, où allez-vous ainsi ?

LE BERGER.

Au palais, ne déplaise à votre révérence.

AUTOLYCUS.

Vous avez là des affaires ? Lesquelles ? avec qui ? que contient ce paquet ? le lieu de votre demeure ? votre nom ? votre âge ? votre avoir ? votre condition ? Tout ce qu'il importe de savoir sur vous, déclarez-le !

LE CLOWN.

Nous sommes des gens fort doux, seigneur.

AUTOLYCUS.

Un mensonge ! vous êtes rudes et poilus ! Je ne veux pas qu'on me mente. Le mensonge, c'est bon pour les marchands qui trop souvent nous trompent, nous autres hommes de guerre. Et nous, ce n'est pas avec une pointe d'acier, mais en argent monnoyé que nous les payons ! Aucun danger qu'ils nous donnent même un démenti pour rien !

LE CLOWN.

Votre révérence allait nous en donner un, si elle ne s'était pas fort poliment reprise.

LE BERGER.

Ne vous déplaise, seigneur, êtes vous de la cour ?

AUTOLYCUS.

Qu'il m'en déplaise ou non, je suis un courtisan. Ne vois-tu pas un air de cour dans ces plis ? Mon pas n'a-t-il pas une mesure de cour ? Ton nez ne perçoit-il pas une

SCÈNE X.

odeur de cour? Est-ce que je ne réfléchis pas sur ta bassesse un dédain de cour? Crois-tu, parce que je t'insinue de me confier ta situation, que je ne suis pas un courtisan? Je suis un courtisan de pied en cap, et je puis à mon gré pousser ou contrarier tes affaires à la cour. Voilà pourquoi je te somme de me les faire connaître.

LE BERGER.

C'est au roi, monsieur, que j'ai affaire.

AUTOLYCUS.

Quel trucheman as-tu près de lui?

LE BERGER.

Je ne sais pas, ne vous déplaise.

LE CLOWN, bas au berger,

Trucheman est l'expression de cour pour dire faisan; répondez que vous n'en avez pas.

LE BERGER.

Je n'en ai pas, monsieur; je n'ai ni faisan, ni coq, ni poule.

AUTYLOCUS.

— Que nous sommes heureux, nous autres, de ne pas être des gens simples! — Et cependant la nature aurait pu me faire naître comme eux! — Aussi, ne faisons pas le dédaigneux! —

LE CLOWN, au berger.

Ce ne peut être qu'un grand courtisan.

LE BERGER.

Ses vêtements sont riches, mais il ne les porte pas élégamment.

LE CLOWN.

Il me paraît d'autant plus noble qu'il est plus fantasque; c'est un grand personnage, je vous le garantis; je reconnais cela à ce qu'il se cure les dents.

AUTOLYCUS, au berger.

— Et ce paquet-là! qu'y a-t-il dans ce paquet-là? — Pourquoi ce coffre? —

LE BERGER.

Monsieur, il y a dans ce paquet et dans ce coffre des secrets qui ne doivent être connus que du roi, et qu'il va connaître avant une heure, si je puis parvenir à lui parler.

AUTOLYCUS.

Vieillesse, tu as perdu tes peines.

LE BERGER.

Pourquoi, monsieur?

AUTOLYCUS.

Le roi n'est pas au palais; il est allé à bord d'un vaisseau neuf pour purger sa mélancolie et prendre l'air; car si tu es accessible aux choses sérieuses, tu dois savoir que le roi est plein de douleur.

LE BERGER.

C'est ce qu'on dit, monsieur, à propos de son fils qui voulait épouser la fille d'un berger.

AUTOLYCUS.

Si ce berger n'est pas sous la main de la justice, qu'il se sauve vite. Les supplices qu'il subira, les tortures qu'il endurera, briseraient l'échine d'un homme et le cœur d'un monstre.

LE CLOWN.

Croyez-vous, monsieur?

AUTOLYCUS.

Ce n'est pas lui seul qui souffrira tout ce que l'imagination peut créer de douloureux et la vengeance d'amer. Tous ceux qui lui sont parents, fût-ce au cinquantième degré, défileront sous la corde du bourreau; c'est grand dommage, mais c'est nécessaire. Un vieux chenapan! un rabatteur de brebis! un éleveur de béliers! vouloir que sa fille passe Altesse! Il en est qui disent qu'il sera lapidé; mais cette mort-là est trop douce pour lui, je le dis, moi. Traîner notre trône dans un parc à moutons! C'est trop peu de toutes les morts, et la plus cruelle est trop douce.

LE CLOWN.

Est-ce que ce vieux-là a jamais eu un fils, monsieur? L'avez-vous ouï dire, s'il vous plaît, monsieur?

AUTOLYCUS.

Il a un fils qui sera écorché vif; puis, enduit de miel et placé sur un nid de guêpes où il sera maintenu jusqu'à ce qu'il soit plus qu'aux trois quarts mort; puis, ranimé avec de l'eau-de-vie ou toute autre boisson brûlante; puis, tout saignant, au jour le plus chaud que l'almanach prédit, il sera exposé contre un mur de brique, le soleil dardant sur lui son regard méridional, jusqu'à ce qu'il se voie mangé à mort par les mouches. Mais à quoi bon causer de ces gueux, de ces traîtres dont les tourments doivent nous faire sourire, tant leur crime est capital! dites-moi (car vous semblez être de francs honnêtes gens) ce que vous voulez au roi. Pour peu que je reçoive des marques convenables de considération, je vous conduirai à bord, auprès du roi, je lui présenterai vos personnes, et je lui murmurerai deux mots en votre faveur. S'il est un homme, après le roi, capable de faire réussir vos demendes, cet homme est devant vous.

LE CLOWN, bas au berger.

Il semble avoir une grande autorité; approchez-vous de lui, donnez-lui de l'or. Quoique le pouvoir soit un ours mal léché, souvent avec de l'or on le mène par le bout du nez: montrez l'intérieur de votre bourse à l'intérieur de sa main, et plus d'inquiétude! Rappelez-vous: lapidé et écorché vif.

LE BERGER, à Autolycus.

Si vous daignez, monsieur, vous charger de notre affaire, voici de l'or que j'ai sur moi; je puis encore m'en procurer autant, et laisser ce jeune homme en gage jusqu'à ce que je vous aie remis toute la somme.

AUTOLYCUS.

Ce sera quand j'aurai fait ce que j'ai promis?

LE BERGER.

Oui, monsieur.

AUTOLYCUS.

C'est bon; donnez-moi toujours la moitié...

Il empoche l'or que lui donne le berger. Au Clown.

Êtes-vous engagé dans l'affaire?

LE CLOWN.

Jusqu'à un certain point, monsieur; mais, quoique mon cas soit assez pitoyable, j'espère ne pas être écorché vif.

AUTOLYCUS.

Oh! c'est le cas du fils du berger. Qu'on me pende, si l'on ne fait pas de lui un exemple!

LE CLOWN.

Voilà qui est rassurant, bien rassurant. Allons trouver le roi, et montrons-nous à lui sous une nouvelle figure; il faut qu'il sache qu'elle n'est ni votre fille, ni ma sœur: nous sommes perdus autrement... Monsieur, je vous donnerai autant que ce vieillard quand l'affaire sera faite, et je vous resterai en gage, comme il le dit, jusqu'à ce que vous ayez tout reçu.

AUTOLYCUS.

Je vous fait crédit. Marchez en avant vers le rivage; prenez à droite; je vais jeter un coup-d'œil par-dessus la haie, et je vous suis.

LE CLOWN.

Cet homme est pour nous une bénédiction, je puis le dire, une vraie bénédiction.

LE BERGER.

Marchons en avant, ainsi qu'il nous le dit; il a été envoyé pour nous sauver.

Le berger et le clown sortent.

AUTOLYCUS.

Eussé-je envie d'être honnête, je vois que la fortune ne le souffrirait pas; elle me met le butin dans la bouche. Me voici en ce moment favorisé d'une double chance : de l'or, et une occasion de rendre service au prince mon maître? Et qui sait combien cela peut aider à mon avancement? Je vais mener à son bord ces deux taupes, ces deux aveugles; s'il trouve bon de les remettre à terre, s'il juge que la supplique qu'ils veulent présenter au roi ne le concerne en rien, qu'il me traite de coquin, s'il le veut, pour m'apprendre à faire ainsi l'officieux! Je suis à l'épreuve de cette épithète et de toute la honte qui s'y attache. Je vais les présenter au prince, cela peut avoir son importance.

Il sort.

SCÈNE XI.

[La Sicile. Dans le palais du roi.]

Entrent LÉONTE, CLÉOMÈNE, DION, PAULINE, *des* COURTISANS.

CLÉOMÈNE, à Léonte.

Seigneur, vous avez assez fait; vous avez acquitté — la sainte dette de la douleur; vous n'avez pas commis une faute — que vous n'ayez rachetée; vous avez vraiment, — par votre pénitence, plus que compensé vos erreurs. Enfin, — faites ce qu'ont fait les cieux, oubliez votre mal; — pardonnez-vous comme ils vous pardonnent.

LÉONTE.

Tant que j'aurai souvenir — d'elle et de ses vertus, je

ne pourrai cesser — d'y voir pour moi autant de flétrissures et de songer — au tort que je me suis fait à moi-même, — en laissant mon royaume sans héritier, et en — causant la mort de la plus suave compagne dont jamais homme — ait pu concevoir ses espérances!

PAULINE.

C'est vrai, trop vrai, monseigneur. — Quand vous épouseriez une à une toutes les filles du monde, — quand à chacune d'elles vous prendriez une beauté — pour en faire une femme parfaite, celle que vous avez tuée — serait encore incomparable,

LÉONTE.

Je le crois. Tuée! — Celle que j'ai tuée! Oui, j'ai fait cela, mais tu me frappes — cruellement de me le dire : ce reproche est aussi amer — dans ta bouche que dans ma pensée. A présent, sois bonne, — ne me dis cela que rarement.

CLÉOMÈNE.

Ne le dites jamais, madame. — Vous auriez pu dire mille choses — plus opportunes, et qui eussent fait — plus d'honneur à votre bonté!

PAULINE.

Vous êtes un de ceux — qui souhaitent de le voir remarié.

DION.

Si vous ne le souhaitez pas, — c'est que vous n'avez aucun respect pour l'État, ni pour le souvenir — de sa souveraine; vous songez peu — aux dangers qui, si le roi ne laisse pas d'héritier, — peuvent fondre sur son royaume et dévorer — les générations indécises. Quoi de plus pieux — que de se réjouir de la béatitude où est désormais la feue reine? — Quoi de plus pieux, pour raffermir la royauté, — pour rassurer le présent et sauver l'avenir, — que de faire ramener le bonheur dans le lit de sa majesté — par quelque douce compagne?

PAULINE.

Aucune n'en est digne, — après celle qui n'est plus. D'ailleurs les dieux — veulent que leurs mystérieux desseins s'accomplissent. — Le divin Apollon n'a-t-il pas déclaré, — n'est-ce pas là la teneur de son oracle, — que le roi Léonte n'aura pas d'héritier — avant que l'enfant perdu soit retrouvé? Espérer qu'il le sera, — c'est pour notre raison humaine chose aussi monstrueuse — que de s'attendre à voir mon Antigone ouvrir sa tombe — et revenir auprès de moi, lui, qui, j'en suis sûre, — a péri avec l'enfant. Vous, vous êtes d'avis — que le roi fasse résistance aux cieux, — et s'oppose à leur volonté.

A Léonte.

Ne vous souciez pas de postérité; — la couronne trouvera toujours un héritier. Le grand Alexandre — laissa la sienne au plus digne; et par là son successeur — eut grande chance d'être le meilleur.

LÉONTE.

Bonne Pauline, — qui as pour la mémoire d'Hermione, — je le sais, tant de vénération, oh! que ne me suis-je toujours — conformé à tes conseils! En ce moment, — je contemplerais encore les yeux tout grands ouverts de ma reine, — je ravirais un trésor sur ses lèvres...

PAULINE.

En les laissant — plus précieuses, après tout ce que vous leur auriez pris!...

LÉONTE.

Tu dis vrai. — Il n'est plus de femmes pareilles; donc, plus de mariage. — Moi, choisir une femme qui ne la vaudrait pas — et la traiter mieux qu'elle! cela suffirait pour que son esprit sanctifié — reprît possession de son corps et revînt, sur ce théâtre — où nous paraissons, nous autres coupables, me jeter ce cri d'une âme ulcérée : « Pourquoi fus-tu moins tendre pour moi? »

PAULINE.

Si elle avait ce pouvoir, — elle aurait raison d'agir ainsi.

LÉONTE.

Elle l'aurait, et elle m'animerait — à tuer celle que j'aurais épousée,

PAULINE.

J'en ferais autant; — si j'étais son ombre errante, je vous sommerais de considérer — la physionomie de cette femme et de me dire pour quel attrait grossier — vous l'auriez choisie ; alors je crierais si fort que vos oreilles même — en seraient déchirées ; et les mots qui suivraient — seraient : Souviens-toi de moi !

LÉONTE.

Ses yeux étaient des astres, de vrais astres, — et tous les autres ne sont que de vrais charbons éteints ! — Ne crains pas pour moi une autre femme; — je n'en aurai plus, Pauline.

PAULINE.

Voulez-vous jurer — de ne jamais vous marier, si ce n'est de mon libre consentement?

LÉONTE.

— Jamais, Pauline, je le jure sur le salut de mon âme !

PAULINE, aux courtisans.

— Ainsi, messeigneurs, soyez témoins de son serment.

CLÉOMÈNE.

— Vous l'engagez à une trop rude épreuve.

SCÈNE XI.

PAULINE.

A moins qu'une autre femme, — aussi semblable à Hermione qu'un vivant portrait, — ne s'offre à son regard.

CLÉOMÈNE.

Bonne madame!

PAULINE.

J'ai fini.

A Léonte.

— Pourtant si monseigneur veut se marier, si vous le voulez, — si votre volonté est irrémédiable, donnez-moi pour office — de vous choisir une reine; elle ne sera pas aussi jeune — que l'était la première; mais elle sera telle — que, si l'ombre de la feue reine revenait, elle se réjouirait — de la voir dans vos bras.

LÉONTE.

Ma fidèle Pauline, — nous ne nous marierons que quand tu nous le diras.

PAULINE.

Ce — sera quand votre première reine ressuscitera; jusque-là, jamais!

Entre un GENTILHOMME.

LE GENTILHOMME.

— Quelqu'un qui se donne pour le prince Florizel, — fils de Polixène, accompagné d'une princesse, — la plus belle que j'aie jamais vue, demande accès — auprès de votre altesse.

LÉONTE.

Que signifie cela? Il ne se présente pas — comme il sied au rang de son père : son arrivée, — si imprévue et si brusque, nous annonce — que cette visite n'est pas régulière, mais nécessitée — par une force majeure ou par un accident. Quel est son train?

LE GENTILHOMME.

Peu de gens, — et tous de piteuse apparence.

LÉONTE.

La princesse avec lui, dites-vous?

LE GENTILHOMME.

— Oui ; et c'est à mon avis le plus incomparable morceau de terre — sur lequel le soleil ait jamais rayonné.

PAULINE.

O Hermione! — Le présent s'exalte — au-dessus d'un passé supérieur à lui; aussi faut-il que ta tombe — cède le pas à ce qui se voit aujourd'hui.

Au gentilhomme.

Vous-même, monsieur, — vous avez dit (hélas! vos louanges — sont maintenant plus froides que leur sujet même!) vous avez écrit qu'*Elle n'avait jamais été, — qu'elle ne serait jamais égalée.* C'est ainsi qu'autrefois votre poésie — épanchait ses flots en l'honneur de sa beauté; et aujourd'hui, quel reflux douloureux! — Vous prétendez en avoir vu une plus accomplie!

LE GENTILHOMME.

Pardon, madame! — L'une, je l'avais presque oubliée, pardon! — Quant à l'autre, une fois votre regard conquis, — elle obtiendra aussi votre voix. C'est une créature telle — que voulût-elle fonder une secte, elle pourrait éteindre la ferveur — de toutes les autres croyances, et faire des prosélytes — de tous ceux à qui elle dirait seulement de la suivre.

PAULINE.

Quoi? même des femmes?

LE GENTILHOMME.

— Les femmes l'aimeront de ce qu'elle est une femme — au-dessus de tous les hommes; les hommes de ce qu'elle est — la plus rare de toutes les femmes.

SCÈNE XI.

LÉONTE.

Allez Cléomène ; — et vous-même, accompagné de vos nobles amis, amenez-les dans nos bras.

Cléomène sort avec les courtisans et le gentilhomme.

C'est toujours bien étrange — qu'il vienne ainsi nous surprendre !

PAULINE.

Si notre jeune prince, — la perle des enfants, vivait à cette heure, il rivaliserait — avec celui-ci ; il n'y avait pas un mois de différence — entre leurs naissances.

LÉONTE, à Pauline.

Je t'en prie, assez ! Tu sais — qu'il meurt pour moi chaque fois qu'on en parle. Sans doute, — quand je vais voir ce gentilhomme, tes paroles — vont m'entraîner à des réflexions capables — de m'ôter la raison... Les voici !

Entrent Cléomène, Florizel, Perdita et les courtisans.

LÉONTE, continuant, à Florizel.

— Votre mère a été bien fidèle au lit nuptial, prince ; — car elle a reproduit votre royal père, — en vous concevant. Si je n'avais que vingt et un ans, — l'image de votre père est si bien frappée en vous, — vous avez si bien son air, que je vous appellerais mon frère, — comme je l'appelais, et que je vous parlerais de quelque espièglerie — commise par nous jadis. Vous êtes le très-bienvenu, ainsi que votre belle princesse, une déesse ! Hélas ! — j'ai perdu un couple qui, s'il avait pu apparaître — ainsi entre le ciel et la terre, eût enfanté la surprise — autant que vous, gracieux couple ! Et puis j'ai perdu, — toujours par ma propre folie, la société, — l'amitié de votre brave père... Ah ! — tout accablé de misère que je suis, je demande à la vie — de me laisser le voir encore une fois.

FLORIZEL.

C'est d'après son commandement — que j'ai abordé ici en Sicile, et je vous apporte — de sa part tous les compliments qu'un roi ami — peut envoyer à son frère; si l'infirmité, — qui accompagne l'âge, n'avait quelque peu diminué — les forces nécessaires à son désir, il aurait lui-même — traversé les terres et les mers qui séparent son trône du vôtre, — rien que pour vous voir; vous qu'il aime, — il m'a chargé de vous le dire, plus que tous les sceptres, — et que tous ceux qui les portent!

LÉONTE.

O mon frère! — bon gentilhomme! les torts que j'ai eus envers toi agitent — de nouveau ma conscience; et tes procédés, — si exceptionnellement bienveillants, sont comme les accusateurs — de ma négligence prolongée!... Soyez le bienvenu ici — autant que l'est le printemps à la terre!

Désignant Perdita.

Léonte a-t-il donc aussi — exposé cette merveille aux dangereux, — ou tout au moins aux incivils traitements du redoutable Neptune, — pour venir saluer un homme qui ne vaut pas qu'elle se donne tant de peines, encore moins — qu'elle expose pour lui sa personne?

FLORIZEL.

Mon bon seigneur, — elle arrive de la Libye.

LÉONTE.

Où le belliqueux Smalus, — ce noble et illustre seigneur, est craint et aimé?

FLORIZEL.

— C'est de ses États, sire, que nous venons; nous l'avons quitté, — proclamant par ses larmes qu'elle était bien sa fille, celle dont il se séparait! C'est de là — que, secondés par un bon vent du sud, nous nous sommes dirigés ici, — pour exécuter l'ordre que m'avait donné mon père, — de visiter votre altesse. — J'ai renvoyé de vos côtes la meilleure partie de mes gens; — ils retournent en Bohême pour y annoncer — mon succès en Libye, sire, — ainsi que mon heureuse arrivée et celle de ma femme — au pays où nous sommes.

LÉONTE.

Que les dieux bienheureux — purgent notre atmosphère de tous miasmes, tandis que vous — resterez dans ces climats ! vous avez pour père un saint homme, — un gracieux seigneur, envers qui, — toute sacrée qu'est sa personne, j'ai commis un péché; — pour m'en punir, les cieux irrités — m'ont laissé sans enfant; tandis que lui, par une bénédiction — qu'il a méritée du ciel, il a eu en vous un fils — digne de ses vertus. Quel bonheur pour moi, — si je pouvais en ce moment contempler un fils et une fille, — aussi beaux que vous deux !

Entre un SEIGNEUR.

LE SEIGNEUR.

Très-noble sire, — ce que je vais annoncer passerait toute croyance, — si la preuve n'en était pas si proche. Permettez, illustre sire : — le roi de Bohême me charge de vous saluer, — et demande que vous fassiez arrêter son fils qui, — au mépris de son rang et de ses devoirs, — s'est dérobé à son père et à son avenir, en compagnie — de la fille d'un berger.

LÉONTE.

Où est le roi de Bohême ? parle !

LE SEIGNEUR.

— Ici, dans la ville. Je le quitte à l'instant. — Je parle avec un désordre que justifient — ma surprise et mon message. Tandis qu'il marchait en hâte — vers votre cour, à la poursuite, sans doute. — de ce beau couple, il a rencontré en route — le père et le frère de cette prétendue princesse, — qui tous deux auraient quitté leur pays — avec ce jeune prince.

FLORIZEL.

Camillo m'a trahi, — lui dont l'honneur et l'honnêteté avaient, jusqu'ici, — résisté à toutes les tempêtes.

LE SEIGNEUR.

Vous pouvez l'accuser en face; — il est avec le roi, votre père.

LÉONTE.

Qui? Camillo?

LE SEIGNEUR.

— Camillo, seigneur; je lui ai parlé. Il est en train — d'interroger ces pauvres gens. Jamais je n'ai vu — misérables trembler ainsi; ils s'agenouillent, baisent la terre, — jurent leurs grands dieux à chaque mot. — Le roi de Bohême se bouche les oreilles, et les menace — de mille morts pour une.

PERDITA.

Oh! mon pauvre père! — Le ciel nous a livrés à des espions; il ne veut pas — que notre union soit célébrée.

LÉONTE.

Vous êtes mariés?

FLORIZEL.

— Nous ne le sommes pas, seigneur, et nous n'avons pas chance de l'être. — Auparavant, je le vois, les astres auront baisé les vallées! — On nous triche avec des dés pipés!

LÉONTE, montrant Perdita.

Monseigneur, — est-elle fille de roi?

FLORIZEL.

Elle l'est, — dès qu'une fois elle est ma femme.

LÉONTE.

— Cette fois-là, si j'en juge par la promptitude de votre père, se fera longtemps attendre. Je suis bien fâché, — bien fâché que vous ayez brisé avec une affection — à laquelle vous liait le devoir ; et je suis également fâché — que l'élue de votre cœur ne soit pas aussi riche de qualité que de beauté, — et digne en tout point d'être possédée par vous.

FLORIZEL, à Perdita.

Chère ! relève la tête ! — Quand la fortune, devenue notre ennemie visible, — se joindrait à mon père pour nous courir sus, elle resterait sans force — pour changer nos amours.

A Léonte.

Je vous en conjure, seigneur, — rappelez-vous le temps où vous ne deviez pas à la vie plus de jours — que je ne lui en dois, et puisse le souvenir de vos passions — faire de vous mon avocat ! A votre requête, — mon père accordera la plus précieuse grâce, comme peu de chose !

LÉONTE.

— Si cela était, je lui demanderais pour vous votre précieuse fiancée, — qu'il regarde, lui, comme si peu de chose !

PAULINE, à Léonte.

Seigneur, mon suzerain, — il y a dans vos yeux trop de jeunesse ; un mois, — avant de mourir, votre reine méritait plus ces regards d'admiration — que celle que vous contemplez à présent.

LÉONTE.

C'est à elle que je pensais — dans ma contemplation.

A Florizel.

Mais votre demande, — je n'y ai pas encore répondu :

je vais au-devant de votre père; — puisque vos désirs ne franchissent pas l'honneur, — je suis leur ami et le vôtre. Suivez-moi donc, — et observez-moi à l'œuvre. Venez, mon cher seigneur.

Tous sortent.

SCÈNE XII.

[La Sicile. Aux abords du palais].

Entrent AUTOLYCUS et un GENTILHOMME.

AUTOLYCUS.

Monsieur, dites-moi, étiez-vous présent à cette révélation.

LE GENTILHOMME.

J'étais là à l'ouverture du paquet, et j'ai entendu le vieux berger raconter la manière dont il l'avait trouvé : sur quoi, après un instant de stupéfaction, on nous a commandé à tous de quitter la salle; seulement il m'a semblé entendre dire au berger qu'il avait trouvé l'enfant.

AUTOLYCUS.

Je serais bien heureux de savoir l'issue de tout cela.

LE GENTILHOMME.

Je vous ai fait un récit décousu de l'affaire. Mais c'étaient les changements que je remarquais chez le roi et chez Camillo qui provoquaient surtout l'étonnement. Ils semblaient, à force de se regarder l'un l'autre, s'arracher les yeux; il y avait des paroles dans leur mutisme, un langage dans leurs gestes même ; on eût dit, à les voir, qu'ils avaient reçu la nouvelle d'un monde racheté ou d'un monde détruit. Une évidente surprise se remarquait en eux; mais le plus habile spectateur, à en juger seulement par ses yeux, n'aurait pas pu dire si leur émotion était joie ou douleur; à coup sûr, c'était l'excès de l'une ou de l'autre.

Entre un SECOND GENTILHOMME.

Voici un gentilhomme qui peut-être en sait davantage. Quelles nouvelles, Rogero?

SECOND GENTILHOMME.

Partout des feux de joie! L'oracle est accompli! la fille du roi est retrouvée! Tant de prodiges ont éclaté depuis une heure, que les faiseurs de ballades ne pourront jamais les raconter...

Entre un TROISIÈME GENTILHOMME.

Voici l'intendant de madame Pauline; il peut vous en dire davantage... Comment vont les choses, monsieur? Cette nouvelle qu'on dit vraie ressemble tant à un vieux conte que la vérité en est fort suspecte. Est-ce que le roi a retrouvé son héritière?

TROISIÈME GENTILHOMME.

Rien de plus vrai, s'il y eut jamais une vérité démontrée par les circonstances. Ce que vous entendez, vous jureriez le voir, tant il y a d'unité dans les preuves : le manteau de la reine Hermione; le collier autour du cou de l'enfant; les lettres d'Antigone trouvées avec elle, et dont l'écriture a été reconnue; la majesté de sa personne, sa ressemblance avec sa mère; l'air de noblesse par lequel la nature l'élève au-dessus de son apparente condition, et toutes les évidences proclament, avec une entière certitude, qu'elle est la fille du roi Léonte... Avez-vous assisté à l'entrevue des deux rois?

DEUXIÈME GENTILHOMME.

Non.

TROISIÈME GENTILHOMME.

Alors, vous avez perdu un spectacle qu'il fallait voir, un spectacle inexprimable! Vous auriez vu une joie couronner l'autre, mais tellement que la douleur semblait prendre en pleurant son congé, car leurs joies fondaient en larmes! Ce n'étaient que regards levés au ciel, mains tendues, et de tels désordres de physionomie qu'on ne les reconnaissait plus au visage, mais aux vêtements! Notre roi, presque hors de lui-même dans la joie d'avoir retrouvé sa fille, comme si cette joie était devenue tout à coup un deuil, s'écrie : *Oh! ta mère! ta mère!* puis il demande pardon au Bohémien; puis il embrasse son gendre; puis de nouveau il étreint sa fille à l'étouffer; enfin il remercie le vieux berger, resté là comme un aqueduc délabré qui a vu bien des règnes. Je n'ai jamais ouï parler d'une pareille entrevue ; elle estropie le récit qui veut la suivre, et brave la description.

PREMIER GENTILHOMME.

Et qu'est devenu, je vous prie, cet Antigone qui avait emporté l'enfant?

TROISIÈME GENTILHOMME.

C'est encore une vieille histoire qui trouverait des narrateurs quand la confiance serait éteinte et toutes les oreilles fermées : il a été mis en pièces par un ours. C'est ce qu'affirme le fils du berger : outre sa candeur, qui semble grande, ce qui garantit son récit, c'est la production du mouchoir et des bagues d'Antigone que Pauline a reconnus.

PREMIER GENTILHOMME.

Qu'est-il advenu de son navire et des gens qui l'accompagnaient?

TROISIÈME GENTILHOMME.

Tous naufragés sous les yeux du berger, à l'instant

même où a péri leur maître; en sorte que tous les instruments qui avaient aidé à exposer l'enfant étaient déjà perdus, quand elle a été trouvée. Mais, dans l'âme de Pauline, oh! quel noble combat entre la joie et la douleur! Tantôt son regard est abattu par la perte de son mari, tantôt il est tourné vers le ciel à l'idée de l'oracle accompli. Elle soulève de terre la princesse et la serre dans ses bras comme si, par crainte de la perdre, elle voulait la river à son cœur!

PREMIER GENTILHOMME.

Cette scène majestueuse méritait des princes pour spectateurs, comme elle avait des rois pour acteurs.

TROISIÈME GENTILHOMME.

Un des traits les plus touchants, un trait qui a fait la pêche dans mes yeux, et en a tiré l'eau, sinon le poisson, a été, pendant le récit détaillé de la mort de la reine (franchement avouée et déplorée par le roi), l'attention de plus en plus poignante de sa fille. Après avoir donné successivement tous les signes de la douleur, elle a fini par pousser un hélas! et, je puis le dire, par saigner des larmes; car je suis sûr, quant à moi, que mon cœur pleurait du sang. Alors celui même qui était le plus de marbre a changé de couleur, plusieurs se sont évanouis; tous ont sangloté; si le monde entier avait pu voir cela, le deuil eût été universel.

PREMIER GENTILHOMME.

Sont-ils retournés à la cour?

TROISIÈME GENTILHOMME.

Non. On a parlé à la princesse de la statue de sa mère, qui est confiée à la garde de Pauline; ce travail a occupé plusieurs années et vient d'être achevé par ce grand maître italien, Jules Romain, qui, s'il possédait l'éternité et s'il pouvait donner le souffle à son œuvre, ferait la besogne de la nature, tant il la singe parfaitement. Il a fait une Hermione si semblable à Hermione qu'on voudrait, dit-on, lui parler, et rester à attendre la réponse. C'est là qu'ils sont allés, tous affamés d'amour, et qu'ils veulent souper.

DEUXIÈME GENTILHOMME.

Je soupçonnais bien que Pauline avait là quelque affaire importante; car, depuis la mort d'Hermione, elle n'a pas manqué, deux ou trois fois par jour, de visiter secrètement cette demeure isolée. Voulez-vous que nous y allions, et que nous joignions notre compagnie à la fête?

PREMIER GENTILHOMME.

Qui donc voudrait ne pas être là, ayant le privilége d'y être admis? A chaque coup d'œil naîtra quelque nouvelle merveille. Notre absence ferait grand tort à notre connaissance. Partons.

Les gentilshommes s'en vont.

AUTOLYCUS.

C'est à présent, si je n'avais pas sur moi l'éclaboussure de ma première existence, que les honneurs pleuvraient sur ma tête. C'est moi qui ai mené le vieux homme et son fils à bord auprès du prince; je lui ai dit que je leur avais entendu parler d'un paquet et de je ne sais quoi encore; mais, à ce moment-là, il était tout occupé de celle qu'il croyait la fille d'un berger et qui avait déjà un grand mal de mer; lui-même n'était guère mieux; de sorte que, le mauvais temps ayant continué, le mystère n'a pas été éclairci. Mais cela m'est égal; si j'avais été le révélateur de ce secret, c'eût été une action par trop déplacée au milieu de mes autres méfaits.

Entrent le BERGER *et le* CLOWN, *splendidement vêtus.*

Voici ceux à qui j'ai fait du bien sans le vouloir; ils

SCÈNE XII.   459

apparaissent déjà dans tout l'épanouissement de leur fortune.

LE BERGER, au clown.

Allons, mon gars, j'ai passé l'âge d'avoir des enfants ; mais tes fils et filles naîtront tous gentilshommes.

LE CLOWN, à Autolycus.

Charmé de vous rencontrer, monsieur. Vous avez refusé de vous battre avec moi l'autre jour, parce que je n'étais pas gentilhomme né. Voyez-vous ces habits? Dites donc que vous ne les voyez pas, et que vous persistez à ne pas me croire gentilhomme né. Vous feriez mieux de dire que ces manteaux ne sont pas gentilshommes nés. Donnez-moi un démenti, voyons, et éprouvez si je ne suis pas à présent un gentilhomme né.

AUTOLYCUS.

Je sais que vous êtes à présent, monsieur, un gentilhomme né.

LE CLOWN.

Oui, et voilà quatre heures que je le suis à tout moment.

LE BERGER.

Et moi aussi, garçon.

LE CLOWN.

Et vous aussi. Mais j'étais gentilhomme né avant mon père ; car le fils du roi m'a pris par la main et m'a appelé frère, et alors les deux rois ont appelé mon père : frère ; et alors le prince, mon frère, et la princesse, ma sœur, ont appelé mon père : père ; et sur ce, nous avons pleuré ; et ce sont les premières larmes gentilhommières que nous ayons jamais versées.

LE BERGER.

Nous pouvons vivre assez, mon fils, pour en verser d'autres.

LE CLOWN.

Oui, certes; autrement nous n'aurions pas de chance, dans une position aussi saugrenue que la nôtre.

AUTOLYCUS.

Je vous supplie humblement, monsieur, de me pardonner tous les torts que j'ai pu avoir envers votre révérence, et de faire de moi un bon rapport au prince, mon maître.

LE BERGER.

Je t'en prie, fais-le, mon fils; soyons gentils à présent que nous sommes gentilshommes.

LE CLOWN, à Autolycus.

Tu réformeras ta vie?

AUTOLYCUS.

Oui, si c'est le bon plaisir de votre révérence.

LE CLOWN.

Donne-moi ta main. Je vais jurer au prince que tu es un des bons garçons les plus honnêtes qu'il y ait en Bohême.

LE BERGER.

Vous pouvez dire ça, mais ne le jurez pas.

LE CLOWN.

Ne pas le jurer, à présent que je suis gentilhomme! Que les rustres et les bourgeois le disent; moi, je le jurerai.

LE BERGER.

Mais si c'est faux, mon fils?

LE CLOWN.

Quand ce serait la chose la plus fausse, un vrai gentilhomme peut la jurer dans l'intérêt de son ami.

A Autolycus.

Je vais jurer au prince que tu es un fort gaillard de tes bras et que jamais tu ne te soûleras. Je sais bien que tu n'es pas un fort gaillard de tes bras, et que tu te soûleras;

mais n'importe! je jurerai. Je voudrais tant que tu fusses un fort gaillard de tes bras!

AUTOLYCUS.

Je ferai mon possible pour l'être, seigneur.

LE CLOWN.

Oui, à tout prix, sois un fort gaillard. Si jamais tu oses risquer de te soûler, sans être un fort gaillard, et que je n'en sois pas étonné, n'aie plus confiance en moi... Écoutez! Les rois et les princes, nos parents, vont voir la peinture de la reine. Allons, suis-nous; nous serons pour toi de bons maître.

Ils s'éloignent.

SCÈNE XIII.

[Une chapelle attenant au château de Pauline.]

Entrent LÉONTE, POLIXÈNE, FLORIZEL, PERDITA, CAMILLO, PAULINE, des SEIGNEURS et des GENS de la suite du roi.

LÉONTE.

— O grave et bonne Pauline, quelle grande consolation — j'ai reçue de toi!

PAULINE.

Mon souverain seigneur, — si je n'ai pas toujours été bonne en action, en intention je l'ai toujours été. Tous mes services, — vous les avez amplement payés; mais la grâce que vous me faites de visiter ma pauvre maison — avec votre frère couronné et ces deux fiancés, — héritiers de vos royaumes, — est un surcroît de faveur — que ma vie ne sera jamais assez longue pour reconnaître.

LÉONTE.

O Pauline! — Cet honneur n'est pour vous qu'embarras. Nous sommes venus — pour voir la statue de la reine : en traversant — votre galerie, nous avons été charmés — des raretés qu'elle renferme; mais nous n'avons pas aperçu — ce que ma fille est venue voir, — la statue de sa mère.

PAULINE.

Vivante, elle était sans égale; — de même, j'en suis sûre, son image morte — surpasse tout ce que vous avez encore vu — ou tout ce que la main de l'homme a jamais fait : voilà pourquoi je la garde — seule et à part... C'est ici qu'elle est; préparez-vous à voir — la vie parodiée aussi réellement que le fût jamais — la mort par le sommeil paisible. Regardez, et dites que c'est beau.

Elle écarte un rideau et découvre Hermione immobile comme une statue.

— J'aime votre silence, il n'atteste que mieux — votre surprise. Mais parlez pourtant, vous d'abord, monseigneur; — ne trouvez-vous pas une certaine ressemblance?

LÉONTE.

C'est bien sa pose naturelle! — accuse-moi, chère pierre, que je puisse dire, vraiment, — que tu es Hermione; non, tu es elle bien plutôt — en ne m'accusant pas; car elle était aussi douce — qu'enfance et grâce!... Mais cependant, Pauline, — Hermione n'avait pas tant de rides, elle n'était pas — aussi âgée qu'elle le paraît ici.

POLIXÈNE.

Oh! non, à beaucoup près.

PAULINE.

— Le génie du statuaire n'en est que plus grand : — il l'a vieillie de seize ans et l'a représentée telle — que si elle vivait encore.

LÉONTE.

Oui, si elle vivait encore, — offrant à mes yeux un spectacle aussi consolant que celui-ci — est cruel pour

SCÈNE XIII.

mon âme! Oh! elle avait cette attitude, — cette animation majestueuse, animation aussi pleine de chaleur alors, — qu'elle est glacée ici, quand pour la première fois je lui fis ma cour! — Je suis interdit! ne vous semble-t-il pas que cette pierre me reproche — d'avoir été plus pierre qu'elle? Oh! royal chef-d'œuvre! — il y a dans ta majesté une magie qui — évoque toutes mes fautes dans ma mémoire et — enlève ses esprits à ta fille stupéfaite, — et pétrifiée autant que toi!

PERDITA, *se mettant à genoux.*

Laissez-moi faire, — et ne dites pas que c'est une superstition, si — je m'agenouille et si j'implore sa bénédiction... Madame! — Reine chérie! Vous qui avez fini la vie quand je la commençais à peine; — donnez-moi votre main à baiser!

PAULINE.

Oh! patience! — la statue est tout nouvellement fixée, et la couleur — n'est pas sèche.

CAMILLO, *à Léonte.*

Monseigneur, votre douleur est une plaie trop vive, — sur laquelle seize hivers ont vainement soufflé, — et que seize étés n'ont pu sécher : à peine est-il de joie — qui ait vécu si longtemps; il n'est pas de douleur — qui ne se soit tuée bien plus tôt.

POLIXÈNE.

Mon cher frère, — permettez que celui qui fut cause de ceci ait le pouvoir — de diminuer votre chagrin de toute la part — qu'il y prend lui-même.

PAULINE.

En vérité, monseigneur, — si j'avais pensé que la vue de ma pauvre statue — (car elle est à moi), vous ferait cet effet, — je ne vous l'aurais pas montrée.

LÉONTE.

Ne tirez pas le rideau.

PAULINE.

— Il ne faut plus que vous la regardiez : peut-être — tout à l'heure vous figureriez-vous qu'elle se meut.

LÉONTE.

Soit! soit! — Je voudrais être mort, n'était que déjà il me semble... — Qui est-ce qui a fait cela?... Voyez, monseigneur! — ne croiriez-vous pas que cela respire, et que ces veines — contiennent vraiment du sang?

POLIXÈNE.

C'est fait magistralement! — La vie même semble toute chaude sur ces lèvres.

LÉONTE.

— La fixité de ce regard a je ne sais quel mouvement, — suprême moquerie de l'art!

PAULINE.

Je vais tirer le rideau; — monseigneur est à ce point transporté — qu'il croira tout à l'heure que cela vit!

LÉONTE.

Oh! douce Pauline, — fais-le-moi croire pendant vingt ans de suite : — toutes les froides raisons du monde ne valent pas — le bonheur de cette folie-là. Laisse-moi voir!

PAULINE.

— Je suis fâchée, seigneur, de vous avoir tant ému, et je craindrais — de vous affliger davantage.

LÉONTE.

Continue, Pauline; — car cette affliction m'est aussi douce — que la consolation la plus cordiale!... Pourtant il me semble — qu'il vient d'elle un souffle... Quel ciseau superbe — a jamais pu tailler une haleine? que nul ne se moque de moi, — je veux l'embrasser!

PAULINE.

Contenez-vous, mon bon seigneur! — Le vermillon est encore humide sur sa lèvre; — vous allez le gâter avec un baiser, et vous salir la bouche — d'huile de peinture. Tirerai-je le rideau?

LÉONTE.

— Non, pas avant vingt ans!

PERDITA.

Moi, je pourrais tout ce temps-là — rester spectatrice.

PAULINE.

Arrêtez-vous là, — quittez immédiatement la chapelle, ou bien préparez-vous — à de nouvelles surprises : si vous avez la force de regarder, — je ferai mouvoir la statue, je la ferai descendre — pour vous prendre la main ; mais alors vous aurez cette pensée, — contre laquelle je proteste, que je suis assistée — par les puissances du mal.

LÉONTE.

Tout ce que vous pourrez lui faire faire, — je serai heureux de le voir ; tout ce que vous pourrez lui faire dire, — je serai heureux de l'entendre ; car il vous est aussi facile de la faire parler que remuer.

PAULINE.

Il est nécessaire — que vous appeliez à vous toute votre foi. Restez donc tous immobiles ; — ou que ceux, pour qui ce que je vais accomplir, est une œuvre illicite, se retirent!

LÉONTE.

Faites! — pas un pied ne bougera.

PAULINE.

Musique, éveillez-la! jouez!...

On entend une musique.

— Il est temps!... Descendez!... Cessez d'être pierre!... Approchez! — Frappez tous ceux qui vous regardent de stupéfaction!... Allons, — je vais combler votre tombe... Remuez ; oui, avancez! — Léguez à la mort votre immobilité ; — la chère vie vous délivre d'elle...

Hermione descend lentement du piédestal. A Léonte.

— Vous voyez qu'elle remue! Ne reculez pas; ses actions seront aussi innocentes — que mon incantation est légitime! Ne l'évitez point — avant de l'avoir revue mourir; car — ce serait la tuer une seconde fois. Allons, offrez-lui votre main; — quand elle était jeune, c'était vous qui la priiez; maintenant qu'elle ne l'est plus, — c'est elle qui vous sollicite!

Hermione ouvre les bras. Léonte s'y précipite.

LÉONTE.

Oh! elle n'est pas froide! — Si ceci est de la magie, être magicien — est aussi légitime que se nourrir!

POLIXÈNE.

Elle l'embrasse!

CAMILLO.

— Elle se pend à son cou. — Si elle appartient à la vie, qu'elle parle donc aussi!

POLIXÈNE.

— Oui, et qu'elle explique en quel lieu elle a vécu, — ou comment elle s'est dérobée de chez les morts!

PAULINE.

Si pour preuve de son existence — vous n'aviez que mon affirmation, vous en ririez — comme d'un vieux conte; mais il est évident qu'elle vit, — bien qu'elle ne parle pas. Patientez un peu.

A Perdita.

— Veuillez intervenir, belle madame; agenouillez-vous, — et implorez la bénédiction de votre mère...

A Hermione.

Tournez-vous, madame! — Notre Perdita est retrouvée!

Elle lui présente Perdita qui tombe aux genoux d'Hermione.

HERMIONE.

Dieux, abaissez les regards, — et de vos urnes sacrées

épanchez vos grâces — sur la tête de ma fille! Dis-moi, mon enfant, — où as-tu été recueillie? où as-tu vécu? Comment as-tu retrouvé — la cour de ton père? Écoute, moi, — j'avais appris par Pauline que l'oracle — donnait l'espoir que tu vivais encore, et je me suis conservée — pour en voir l'accomplissement!

PAULINE.

Elle vous dira cela plus tard; — de peur qu'à ce propos on ne trouble — votre joie en vous demandant un récit pareil... Allez ensemble, — vous tous qui gagnez à ces événements! Votre ravissement, — faites-le partager à tous. Moi, tourterelle vieillie, — je vais me nicher sur quelque branche desséchée, et là, — songeant au compagnon que je ne retrouverai jamais, — pleurer jusqu'à ce que je sois perdue moi-même.

LÉONTE.

Oh! du calme, Pauline! — Tu dois prendre un mari de ma main, — comme je prends de la tienne une femme : c'est une convention — faite entre nous sur la foi du serment. Tu as retrouvé ma femme. — Comment? c'est ce qui reste à expliquer : car je l'ai vue — morte, à ce qu'il m'a semblé, et j'ai dit vainement bien — des prières sur sa tombe. Moi, je n'ai pas à chercher loin — (car je connais assez ses sentiments) pour te trouver — un mari honorable... Approchez, Camillo, — et prenez-la par la main, vous dont le mérite et l'honneur — ont cette gloire splendide d'être proclamés — par deux rois à la fois ! Sortons de ce lieu.

A Hermione.

Regardez donc mon frère!... Pardonnez-moi tous deux — d'avoir jamais mis entre vos regards si purs — mon injuste soupçon!.

Montrant Florizel à Hermione.

Voici votre gendre, — le fils du roi Polixène, qui, par

l'arrêt du ciel, — est fiancé à votre fille... Bonne Pauline, — emmène-nous quelque part où nous puissions à loisir — nous questionner et nous répondre sur le rôle — joué par chacun de nous dans cette vaste brèche de temps qui a commencé — à notre séparation. Vite emmène nous!

Tous sortent.

FIN DU CONTE D'HIVER.

NOTES

SUR

TROYLUS ET CRESSIDA, BEAUCOUP DE BRUIT POUR RIEN ET LE CONTE D'HIVER.

◄——►

(1) Ce titre prolixe est l'œuvre de l'éditeur et non de l'auteur. Shakespeare n'a nulle part présenté Pandarus comme prince de Lycie; il en a fait un personnage entièrement *bourgeois* qui de son ancien rang seigneurial n'a conservé que la platitude du courtisan. Il est évident d'ailleurs que jemais le poëte n'aurait qualifié d'*ingénieuse* l'intervention de Pandarus livrant sa nièce à son ami.

(2) La préface adressée au lecteur par l'éditeur de l'in-quarto de 1609 est un document fort curieux qui manquait à notre langue, et que je n'ai pas cru devoir me dispenser de traduire. Elle contient, en effet, des révélations très-importantes pour l'histoire des lettres. Nous sommes fixés désormais sur la gloire qu'avait obtenue Shakespeare de son vivant. Nous savons que le charme de ses « comédies » avait vaincu les plus grands ennemis du théâtre, et que son œuvre était devenue, pour ses contemporains, le commentaire ordinaire de toutes les actions de leur vie. Cette courte déclaration n'est-elle pas le plus grand des éloges? — Nous apprenons, en outre, que le droit de publier et de représenter les pièces de Shakespeare appartenait exclusivement à de *grands propriétaires*; et ceci confirme le témoi-

gnage d'un biographe du xvii° siècle, qui assure que Shakespeare devenu actionnaire et acteur dans la troupe des comédiens du roi, s'était engagé par traité à leur livrer deux pièces par an. La vente d'un manuscrit étant alors considérée comme équivalant à la cession de tous les droits d'auteur, les comédiens du roi étaient devenus ainsi propriétaires absolus des œuvres de Shakespeare; et ils en interdisaient la publication par la voie de la presse, afin d'empêcher les troupes rivales de leur faire concurrence en jouant les pièces de Shakespeare, ainsi révélées. Le monopole qu'avait obtenu la troupe du *Globe* explique pourquoi deux de ces pièces seulement ont été imprimées pendant les dix dernières années que vécut le poëte : *le roi Lear* en 1608, *Troylus et Cressida* en 1609. La cession que Shakespeare avait faite de ses œuvres à la compagnie était considérée comme perpétuelle, et voilà pourquoi, sans doute, ce furent deux comédiens qui furent chargés de la publication générale de ces œuvres, sept ans après la mort de l'auteur. L'édition de 1623 mit dans les mains du public anglais seize pièces qui n'avaient jamais été imprimées. — C'est donc à la troupe du roi que le libraire Bonian fait allusion quand il parle de ces *grands propriétaires* dont la volonté aurait fait si longtemps obstacle à la publication de *Troylus et Cressida*. On ne sait ce qu'il faut le plus admirer dans tout ceci, ou la cupidité des comédiens qui, dans leur intérêt sordide, confisquèrent si longtemps au monde entier l'œuvre de Shakespeare, ou l'effronterie de cet éditeur, avouant si fièrement son vol. Mais ce qu'il y a de plus curieux encore dans cette étrange affaire, c'est que ledit éditeur avait fait consacrer légalement son droit de mettre en vente l'ouvrage qu'il avait volé. Le 23 janvier 1608, il avait fait enregistrer au *Stationers' Hall* son édition de *Troylus et Cressida!* C'est ainsi que la législation d'alors protégeait la propriété littéraire !

Troylus et Cressida est la seule pièce de Shakespeare qui ait été imprimée avant d'être jouée. Nous savons, par l'aveu même du libraire, que cette pièce n'avait pas encore été représentée lors de sa publication en 1609. Et ceci fait justice de l'affirmation de Malone, qui fixe avant 1602 la représentation de *Troylus et Cressida*. Les registres du *Stationers' Hall* contiennent bien, en effet, cette inscription : *7 février, 1602, M. Roberts. Le livre de Troylus et Cressida; tel qu'il est joué par les hommes de milord Chambellan*. Mais l'inscription ici faite est évidemment relative à quelque pièce antérieure faite sur le même sujet; et, en effet, les livres du chef de troupe Henslowe font mention de certaines sommes avancées à deux auteurs dramatiques, Dekker et Chettle, sur un ouvrage appelé *Troylus et Cressida*. Le sujet avait donc été traité sur le théâtre anglais même avant que Shakespeare s'en emparât. Jusqu'à quel point le poëte s'est-il inspiré de ses devanciers immédiats, nous ne savons, car la tragédie de Dekker et de Chettle a disparu. Ce qui est certain, c'est que l'idée originale n'appartenait pas à ceux-ci, et que Shakespeare a dû puiser ses inspirations à des sources beaucoup plus hautes. Pour tout ce qui concerne la lutte des Grecs et des Troyens, Shakespeare a évidemment consulté Homère, dont l'Iliade avait été traduite par Chapman, et, en même temps qu'Homère, les livres légendaires publiés dans le moyen âge sur la guerre de Troie : l'*Histoire de Troie*, de Guido delle Columne, traduite par Lydgate dès le xve siècle, et le *Recueil des Hystoires troyennes*, de Raoul Le Febvre, traduit par Caxton en 1471. Pour tout ce qui regarde les avantures de Troylus et de Cressida, Shakespeare a consulté spécialement le vieux poëte Chaucer, qui, dès le xive siècle, avait fait un poëme en cinq chants d'après le beau roman de Boccace *Il Filostrato*. Ce même roman fut traduit dans notre langue dès le commencement du xve siècle par un grand seigneur amoureux, Pierre de Beauvau, sénéchal d'Anjou, sous ce titre : *Le roman de Troïlus*. Le lecteur trouvera à la fin de ce volume des extraits de cette traduction remarquable qui lui permettront de comparer Shakespeare et Boccace. Mais Boccace lui-même n'est pas l'auteur de la fable originale. Dans une excellente introduction aux *Nouvelles Françoises du* xvie *siècle*, deux archéologues, MM. Moland et d'Héricault, ont démontré que la légende primitive, d'origine française, est l'œuvre de Benoit de Saint-Maur, trouvère normand du xiie siècle. Ils ont également prouvé que, bien longtemps avant d'occuper la scène anglaise, Troylus et Cressida avaient pris possession du théâtre français dans le mystère de la *Destruction de Troie la grant*, par maistre *Jacques Milet, estudiant ès loix en la ville d'Orléans*, — mystère magnifique où l'on entendait le jaloux Troylus crier à son rival Diomède ces vers peu courtois :

> Roy Diomèdes, dictes moy
> Comment Briseïda se porte,
> Et me contez de son arroy
> Et qui c'est qui la reconforte.
> Je voudrois qu'elle feust morte !

Aucun document contemporain ne nous permet de préciser avec certitude l'époque à laquelle la pièce de Shakespeare fut représentée. Elle fut réimprimée pour la seconde fois dans l'édition générale de 1623, où elle paraît avoir été ajoutée après coup. Car elle n'est pas mentionnée dans le catalogue des pièces placé en tête du volume, et elle a été intercalée, sans être paginée, après le feuillet 232, entre la dernière des pièces historiques, *Henry VIII*, et la première des pièces tragiques, *Coriolan*.

En outre, la division en cinq actes, à laquelle les éditeurs de 1623 ont soumis la plupart des pièces de Shakespeare, n'est pas indiquée dans *Troylus et Cressida*. Ce qui donnerait à croire que les éditeurs ont fait imprimer à la hâte la pièce qu'ils avaient volontairement ou involontairement omise.

Je ne serais nullement étonné que Heminge et Condell eussent longtemps hésité à réimprimer une œuvre comme *Troylus et Cressida*, dans un moment où les idées puritaines commençaient à prendre tant d'empire et où le fanatisme de la chaire criait si violemment déjà à l'immoralité du théâtre. Les raisons qui devaient faire proscrire *Troylus et Cressida* par les niveleurs devaient aider plus tard à son succès. Après la chute de Cromwell et la restauration de Charles II, Dryden, tenté sans doute par un sujet qui présentait tant de côtés licencieux, voulut le remettre sur la scène, sous prétexte, dit-il dans une préface, de « balayer le tas de décombres sous lequel étaient enterrées tant de pensées excellentes. » — Dryden refit l'œuvre de Shakespeare selon le goût de son temps; c'est-à-dire que, sous couleur d'améliorer la pièce, il la dégrada, lui ôta tout ce qu'elle avait d'épique, accentua tout ce qu'elle avait de scabreux et défigura tous les caractères. Il fit de Troylus un jaloux criminel, de Pandarus un ignoble souteneur, et de Cressida une amante fidèle et calomniée : ce qui ne l'empêcha pas, par une contradiction étrange, de punir Cressida en la forçant à se suicider. Le lecteur pourra se rendre compte de cette dégradation sacrilège par les quelques citations qu'il trouvera plus loin.

(3) Ainsi que je l'ai dit dans l'*Introduction*, le personnage de Troylus est tout romanesque : il n'a d'homérique que le nom. L'*Iliade* ne le mentionne qu'une seule fois, et c'est dans le vingt-quatrième chant, au moment où Priam, pleurant ses fils morts, s'écrie : « Nestor beau comme les immortels, *Troïlus qui aimait les chevaux*, et Hector qui était un dieu parmi les hommes, Mars me les a ravis! »

(4) Cressida, fille de Calchas, est la même que Briséis qui, dans

Homère, est la maîtresse d'Achille et qu'Agamemnon fait enlever par Eurybate et Thaltybias au premier livre de l'Iliade. C'est par suite de cet enlèvement, on s'en souvient, qu'Achille furieux se renferme dans sa tente.

(5) L'apparition du Prologue en armure était une véritable innovation. D'après la coutume du théâtre anglais, il devait porter un simple manteau noir.

(6) Dans la restauration qu'il a faite de *Troylus et Cressida*, Dryden a complétement interverti l'ordre des trois premières scènes. Au lieu de commencer par un entretien entre Pandarus et Troïlus et par une conversation entre le même Pandarus et Cressida, la pièce corrigée commence par la délibération des chefs Grecs dans la tente d'Agamemnon. Dryden a mis en tête de la pièce la scène III, et a rejeté à la suite de cette scène les scènes I et II qu'il a réunies en une seule. Rien n'est plus maladroit que cette transposition. Rien n'est plus contraire aux lois de la composition dramatique que Dryden vénérait tant, et que Boileau a fort bien résumées dans ce vers :

> Le sujet ne peut être assez tôt expliqué.

Il y a bien deux actions dans la pièce de Shakespeare : la première relative aux amours de Troylus et de Cressida, la seconde relative à la lutte des Grecs et des Troyens. Mais, évidemment les rapports entre les Grecs et les Troyens ne forment qu'une action secondaire; l'action principale repose tout entière sur les rapports entre Troylus, Cressida et Diomède. Telle était la pensée de Shakespeare, et le poëte l'a déclarée d'avance de deux façons, d'abord par le choix du titre, et ensuite par la disposition des scènes. En nous parlant tout d'abord de la passion de Troylus, Shakespeare nous indique clairement que cette passion est le nœud véritable de la pièce. Dryden, au contraire, commence par nous entretenir des discordes qui régnent dans le camp grec, comme si ces discordes étaient le sujet réel de l'œuvre, et comme s'il allait nous faire assister à quelque tragédie classique, imitée de l'*Iliade*. Ce contresens de composition n'est pas une des moindres fautes commises par Dryden. Il a, par malheur, complétement défiguré le personnage principal de la pièce. Grâce à ses modifications, Cressida cesse d'être le type à la fois si gracieux et si redoutable que Shakespeare avait rêvé : elle n'est plus qu'une amoureuse timide qui fait pitié. Ainsi, par exemple, voici ce que devient, dans le drame revu et corrigé par Dryden, le monologue si caractéristique qui termine la scène II et dans lequel Cressida fait une théorie si savante de la coquetterie :

CRESSIDA, seule.

— Par ce même gage vous êtes un procureur, mon oncle! — Nous autres femmes, nous sommes un sexe étrangement dissimulé. — Nous pouvons bien tromper les hommes, quand nous nous trompons nous-mêmes. — Longtemps mon âme a aimé secrètement Troïlus. — J'ai, de la bouche de mon oncle, aspiré ses louanges, — comme si mes oreilles n'en pouvaient être rassasiées; — pourquoi alors, pourquoi n'ai-je pas dit que j'aimais ce prince? — Comment ma langue a-t-elle pu conspirer contre mon cœur, — jusqu'à dire que je ne l'aime pas? O amour puéril! — Il est dans ses jeux comme un enfant gâté, — et ce qu'il désire le plus, il le rejette.

(7) Ce serait une étude curieuse de comparer ce cartel tout chevaleresque avec le défi héroïque adressé par Hector aux chefs grecs dans le septième livre de l'*Iliade*.

(8) Pour créer, comme dit Ulysse, cette brute d'Ajax, Shakespeare paraît avoir confondu en un seul deux personnages que l'antiquité homérique distingue, Ajax, fils de *Télamon*, et Ajax, fils d'*Oilée*. L'Ajax de Shakespeare est, par sa mère, parent d'Hector, comme l'est, dans la fable antique, le fils de Télamon; et il a, en même temps, le caractère que la tradition du moyen âge attribue au fils d'Oilée :

« Ajax, fils d'Oilée était très-corpulent; — il mettait tous ses soins à être bien vêtu; — il était très-élégant dans sa riche tenue, quoiqu'il fût massif de corps. — Il avait de grands bras avec des épaules carrées et larges; — sa personne était presque une charge de cheval. — Haut de stature, et bruyant au milieu de la foule, — il avait la parole rude et désordonnée, et s'emportait souvent en vaines paroles. » Lydgate, qui a peint ainsi le fils d'Oilée, représente, au contraire, le fils de Télamon comme *disert, vertueux, fort bon musicien, hardi à la bataille et dénué de toute vaine pompe.*

(9) Voir au deuxième livre de l'*Iliade* la scène analogue entre Thersite et Ulysse.

(10) Cette vieille tante de Troylus est Hésione, sœur de Priam. Hercule, pour se venger de Laomédon, l'avait enlevée et livrée à Télamon, qui eut d'elle Ajax.

(11) Hécube, grosse de Pâris, avait rêvé qu'elle mettait au monde une torche enflammée.

> Et face pregnans
> Cisseïs regina Parin creat.
>
> (Énéide, liv. x.)

(12) Cette superbe apparition de Cassandre qui traverse la scène pour jeter au milieu du conseil des Troyens le cri terrible de l'avenir, a été supprimée par Dryden. Le poëte de la Restauration, au lieu de Cassandre, introduit Andromaque, et, sous prétexte d'imiter Homère, nous fait assister à la petite berquinade que voici :

HECTOR.

— Salut, Andromaque. Vous avez l'air enjoué. — Vous apportez quelque agréable nouvelle.

ANDROMAQUE.

Rien de sérieux. — Votre petit enfant Astyanax m'a envoyé ici — comme son ambassadrice.

HECTOR.

Pour quelle mission ?

ANDROMAQUE.

— Simplement, pour obtenir qu'aujourd'hui même son grand'père — le fasse chevalier. Il brûle de tuer un Grec. — Car, s'il tarde à devenir un homme, il s'imagine — que vous les tuerez tous, et que vous ne lui laisserez rien à faire.

PRIAM.

— Il est bien de votre sang, Hector.

ANDROMAQUE.

— Et aussi il a l'intention d'envoyer un cartel — à Agamemnon, à Ajax et à Achille, — afin de leur prouver qu'ils ont grand tort de brûler nos plaines, — et de nous tenir encagés comme des prisonniers dans la ville — pour mener cette vie de paresse.

HECTOR.

Quelles étincelles d'honneur — sortent de cet enfant! Les dieux parlent par sa voix!

(13) Dryden a supprimé la scène vii et coupé la scène viii en deux parties : l'une formant la scène ii de son second acte, l'autre devenant la scène ii de son troisième acte. L'extrait que voici montrera dans quel esprit Dryden a refait l'œuvre de Shakespeare. Le lecteur pourra voir avec quelle complaisance le poëte favori de Charles II a mis en relief le rôle le plus scabreux, celui de Pandarus :

Entrent PANDARUS *et* CRESSIDA.

PANDARUS.

Le voilà qui attend là-bas, le pauvre malheureux; il attend là, avec un air, avec un visage, avec des yeux si suppliants : il attend là, le pauvre prisonnier.

CRESSIDA.

Quel déluge de mots vous répandez, mon oncle, juste pour ne rien dire!

PANDARUS.

Vous appelez ça rien! ce n'est rien! appelez-vous ça rien? Comment! il a l'air pour tout le monde d'un misérable malfaiteur, juste accroché au gibet, avec son chapeau rabattu, ses bras pendant le long du corps, ses pieds allongés, son corps tout frémissant. Vous appelez ça rien! Voilà un terrible rien!

CRESSIDA.

Et que pensez-vous d'un oiseau blessé qui se traîne avec une aile rompue?

PANDARUS.

Eh bien! après? je pense qu'il ne peut pas s'envoler, c'est certain, c'est indubitable : il est sûr d'être pris... Mais si vous l'aviez vu, lui, quand je lui ai dit : Armez-vous de courage, mon homme, et suivez-moi; et ne craignez pas les couleurs, et dites ce que vous voulez, mon homme : elle ne peut pas vous résister : il faudra qu'elle fasse une chute, comme une feuille en automne...

CRESSIDA.

Quoi! vous lui avez dit tout cela sans mon consentement?

PANDARUS.

Comment! vous avez consenti! vos yeux ont consenti; vous lanciez du coin de vos yeux les plus humides œillades! Vous me direz peut-être que votre langue n'a rien dit. Non, je l'accorde : votre langue a été plus discrète, votre langue a été mieux élevée, votre langue a gardé son secret : oui, je dirai cela pour vous, votre langue n'a rien dit. Vraiment je n'ai jamais vu de ma vie deux amants aussi pudiques! aussi effrayés l'un de l'autre! Que de troubles pour vous mettre à la besogne. C'est bon. Quand cette affaire-là sera terminée, si jamais je perds mes peines pour la seconde fois avec un couple aussi embarrassé, je consens à être peint sur une enseigne pour représenter le *Labeur Inutile*. Fi! fi! Il n'y a pas la moindre conscience là-dedans. Tous les honnêtes gens vous crieront que c'est une honte.

CRESSIDA.

Où se montre l'être curieux dont vous me parlez? que faut-il donner pour le voir?

PANDARUS.

De l'argent comptant! De l'argent comptant! Vous en avez sur vous! Il faut donner pour obtenir! Sur ma parole, c'est une demoiselle aussi farouche que vous; j'ai été obligé d'user de violence avec lui, pour l'attirer ici : et je tirais et je tirais!...

CRESSIDA.

Pour ces bons offices de procureur vous serez damné un jour, mon oncle!

PANDARUS.

Moi! damné! Ma foi, je m'attends à l'être : en conscience, je crois que je le serai. Oui, si un homme doit être damné pour avoir rendu service, comme tu dis, je cours de grands risques.

CRESSIDA.

Eh bien! je ne veux pas voir le prince Troïlus! je ne veux pas être complice de votre damnation.

PANDARUS.

Comment! ne pas voir le prince Troïlus! mais je me suis engagé, j'ai promis, j'ai donné ma parole. Je me soucie bien d'être damné! Laisse-moi tranquille avec ta damnation! La damnation n'est rien pour moi à côté de ma parole! Si je suis damné, ce sera pour toi une damnation fructueuse; tu seras mon héritière. Allons! tu es une vertueuse fille! tu m'aideras à tenir ma parole! tu verras Troïlus!

CRESSIDA.

Le risque est trop grand.

PANDARUS.

Aucun risque sérieux. Ta mère a couru ce risque-là pour toi; tu peux bien le courir pour mon petit-neveu à venir.

CRESSIDA.

Considérez seulement mes inquiétudes. Le prince Troïlus est jeune...

PANDARUS.

Oui, morbleu, il l'est; ce n'est pas là un sujet d'inquiétude, j'espère; l'inquiétant, ce serait qu'il fût vieux et faible.

CRESSIDA.

Et moi, je ne suis qu'une femme!

PANDARUS.

Rien d'inquiétant à cela. Tu es une femme, et il est un homme! Eh bien! mets-les ensemble! mets-les ensemble!

CRESSIDA.

Ne suis-je pas bien fragile?

PANDARUS.

Toute mon inquiétude, c'est que tu ne le sois pas : il faut que tu sois fragile; toute chair est fragile.

CRESSIDA.

Comment! vous, mon oncle, pouvez-vous donner de pareils conseils à la fille de votre propre frère?

PANDARUS.

Quand tu serais mille fois ma fille, je ne pourrais pas faire mieux pour toi. Qui donc veux-tu avoir, fillette? Il est prince, jeune prince, et jeune prince amoureux! Tu m'appelles ton oncle! Par Cupidon, je suis un père pour toi. Rentre, rentre, fille, je l'entends qui vient... Et vous entendez, ma nièce! je vous donne permission de faire une légère résistance, c'est décent! mais pas d'entêtement! c'est un vice! pas d'entêtement, ma chère nièce!

Cressida sort.

Entre TROÏLUS.

TROÏLUS.

Eh bien, Pandarus?

PANDARUS.

Eh bien, mon aimable prince? Avez-vous vu ma nièce? Non. Je sais que vous ne l'avez pas vue.

TROÏLUS.

— Non, Pandarus. J'erre devant vos portes — comme une âme étrangère sur les bords du Styx — attendant la barque. Oh! Sois mon Charon, — et transporte-moi vite à l'Élysée, — et vole avec moi vers Cressida! —

PANDARUS.

Promenez-vous ici un moment de plus : je vais l'amener tout de suite.

TROÏLUS.

Je crains qu'elle ne veuille pas venir : pour sûr, elle ne voudra pas.

PANDARUS.

Comment! ne pas venir, quand je suis son oncle! Je vous dis, prince, qu'elle raffole de vous. Ah! la pauvre petite coquine! ah! la petite coquine! elle ne fait que penser, et penser à ce qui doit se passer entre vous deux. Oh! que c'est bon! Oh! que c'est bon! Oh!... Ne pas venir, quand je suis son oncle!

TROÏLUS.

Tu me flattes toujours; mais, je t'en prie, flatte-moi encore. Vois-tu, je voudrais espérer; je voudrais ne pas me réveiller de mon rêve charmant. O Espérance, que tu es douce! Mais espérer toujours, et ne pas voir s'accomplir ce qu'on espère!

PANDARUS.

Oh! faible cœur! faible cœur! les vieux proverbes ont souvent raison... Non! elle ne viendra pas, je le garantis; elle n'a pas de mon sang dans les veines, elle n'en a pas de quoi remplir une puce! Ah! si elle ne vient pas, si elle ne vient pas, si elle ne vient pas de tout son élan dans vos bras, je n'ai plus rien à dire, si ce n'est qu'elle a renié toute grâce, et voilà tout.

TROÏLUS.

Je te crois : va donc, mais ne me trompe pas.

PANDARUS.

Non, vous ne voulez pas que j'y aille! vous êtes indifférent! irai-je, voyons? Dites le mot alors... Après tout, que m'importe? Vous pouvez bien vous contenter de votre propre prestige, et dédaigner le cœur d'une aimable jeune fille. C'est bon, je n'irai pas.

TROÏLUS.

Vole, vole, tu me tortures.

NOTES. 479

PANDARUS.

Serait-ce vrai? Serait-ce vrai? Est-ce que je vous torture vraiment? Alors, je vais y aller.

TROÏLUS.

Mais tu ne bouges pas.

PANDARUS.

J'y vais immédiatement, tout droit, en un clin d'œil, aussi vite que la pensée ; pourtant vous croyez toujours qu'on ne fait pas assez pour vous : je me suis éreinté à votre service. Ce matin je suis allé chez le prince Pâris pour lui demander d'excuser ce soir votre absence au souper de la cour ; et je l'ai trouvé... Ma foi, où croyez-vous que je l'ai trouvé? Cela me réjouit le cœur, quand je pense comment je l'ai trouvé. Pourtant vous croyez qu'on ne fait jamais assez pour vous.

TROÏLUS.

Voulez-vous vous en aller. Quel rapport cela a-t-il avec Cressida?

PANDARUS.

Comment! Vous ne voulez pas entendre les gens... Quel rapport cela a-t-il avec Cressida?... Eh bien! je l'ai trouvé au lit, au lit avec Hélène, sur ma parole. C'est une charmante reine, une charmante reine, une très-charmante reine! Mais elle n'est rien à côté de ma nièce Cressida : c'est un laideron, une gipsy, une moricaude à côté de ma nièce Cressida... Elle était couchée avec un de ses bras blancs autour du cou de ce putassier. Oh! quel bras blanc! blanc comme le lis! rond! potelé !... Il faut que vous sachiez qu'elle l'avait nu jusqu'au coude! Et alors elle le baisait, et elle l'étreignait... comme qui dirait...

TROÏLUS.

Mais, tu as beau dire, quel rapport cela a-t-il avec Cressida?

PANDARUS.

Eh bien, j'ai fait vos excuses à votre frère Pâris ; cela a rapport à Cressida, je suppose!... Mais, quel bras! quelle main! quels doigts effilés! l'autre main était sous les draps du lit ; celle-là, je ne l'ai pas vue, je l'avoue ; je n'ai pas vu cette main-là.

TROÏLUS.

Tu continues de me torturer !

PANDARUS.

Mais, moi aussi j'étais torturé ; vieux comme je suis, j'étais torturé aussi ; pourtant j'ai trouvé moyen de lui faire vos excuses pour qu'il les fit à votre père... Par Jupiter! Quand je pense à cette main-là, je suis tellement ravi que je ne sais plus ce que je dis : j'étais torturé aussi, moi !

Troïlus se détourne d'un air impatienté.

Allons, j'y vais, j'y vais : je vais la chercher, je l'amène, je la conduis... Ne pas venir, quand je suis son oncle!

Pandarus sort.

(14) Le Sagittaire était, selon Lydgate, un animal monstrueux, moité homme et moité cheval, comme le centaure classique.

(15) *Galathe* est, en effet, le nom que l'histoire de la *Destruction de Troie* attribue au cheval favori d'Hector.

(16) Dryden a changé complétement le dénoûment de Shakespeare, à qui il reproche, dans sa préface, de *ne pas avoir puni Cressida de sa fausseté.* Afin de réparer l'erreur qu'il dénonçait, le poëte de la Restauration a fait mourir Cressida; mais comme, dans la pièce refaite, Cressida est fidèle à Troïlus, et ne s'est pas réellement donnée à Diomède, il s'en suit qu'elle n'est pas coupable, et que le poëte s'est retiré le droit de la punir. Étrange aberration! Dryden blâme Shakespeare d'avoir pardonné à une coupable, et lui, Dryden, il châtie une innocente! Il faut voir cela pour y croire; je traduis donc ici cette dernière scène qui se passe sur le champ de bataille :

Entre DIOMÈDE, faisant retraite devant TROÏLUS, et tombant au moment où il entre.

TROÏLUS.

— Implore la vie ou meurs!

DIOMÈDE.

Non! profite de ta fortune! — *Je dédaigne une vie que tu peux donner ou prendre.*

TROÏLUS.

— Ferais-tu fi de ma pitié, misérable?... Eh bien, que ton désir soit exaucé!

Il lève le bras. Cressida s'élance vers lui et le retient.

CRESSIDA.

Retenez, retenez votre main, monseigneur, et écoutez-moi.

Troïlus se retourne. Aussitôt Diomède se relève. Les Troyens et les Grecs entrent et se rangent des deux côtés derrière leurs capitaines.

TROÏLUS.

— N'ai-je pas entendu la voix de la parjure Cressida? Viens-tu ici pour donner le dernier coup à mon cœur? Comme si les preuves de ta perfidie première n'étaient pas assez convaincantes, viens-tu ici — pour implorer la vie de mon rival? — Oh! s'il restait en toi une étincelle de loyauté, — tu ne pourrais pas ainsi lui témoigner sous mes yeux même ta préférence.

CRESSIDA.

— Que dirai-je! la pensée que vous me croyiez infidèle — m'a rendue muette. Ah! laisse-le vivre, mon Troïlus; — par toutes nos amours, par toutes nos tendresses passées, — je t'adjure de l'épargner.

TROÏLUS.

Enfer et mort!

CRESSIDA.

— Si jamais j'ai eu pouvoir sur votre âme, — croyez-moi toujours votre fidèle Cressida. — Quoique mon innocence ait l'air du crime, — par cela même que je demande sa grâce, — je ne la sollicite, sachez-le, que parce que sa mort — empêcherait pour toujours mon retour auprès de vous. — Mon père est ici traité comme un esclave et avili; moi-même, je suis retenue captive dans des liens que je hais...

TROÏLUS.

— Si je pouvais avoir foi en toi, si je pouvais te croire fidèle, — je te ramènerais en triomphe dans Troie, — quand toute la Grèce rallierait ses troupes dispersées, et serait rangée en bataille pour me barrer le passage! — Mais, ô sirène, je veux fermer l'oreille — à tes accents enchanteurs; les vents emporteront — sur leurs ailes tes paroles plus légères qu'eux-mêmes.

CRESSIDA.

— Hélas!... Mon amour pour lui n'était que stimulé! — Si jamais il a eu de moi d'autres gages — que ceux que la modestie peut donner...

DIOMÈDE, montrant un anneau à son doigt.

Non témoin ceci!... — Va, prends-là, Troyen; tu la mérite mieux que moi! — Vous autres, débonnaires et crédules niais, — vous êtes des trésors pour une femme. — J'étais un amant, un amant jaloux, brutal, et taquin, — et j'ai douté de ce gage même, jusqu'au jour où je l'ai possédée! — Mais elle a fait honneur à sa parole, — et je n'ai plus de raison maintenant de me plaindre d'elle!

CRESSIDA.

— Oh! impudence sans exemple et effrontée!

TROÏLUS.

— Enfer, montre-moi un supplicié plus misérable que Troïlus.

DIOMÈDE.

— Non, ne t'afflige pas; je te la cède volontiers; — je suis satisfait, et j'ose affirmer, au nom de Cressida, — que si elle t'a promis sa personne, — elle s'empressera de s'acquitter de sa dette.

CRESSIDA, tombant à genoux devant Troïlus.

— Mon unique seigneur, par tous les vœux d'amour, — qui sont sacrés, s'il est un pouvoir au-dessus de nous, — et qui sont terribles, s'il est un enfer au-dessous, puissé-je subir toutes les imprécations que votre rage — peut proférer contre moi, si je suis infidèle!

DIOMÈDE.

— Vraiment, puisque vous tenez tant à être crue, — je suis fâché de m'être laissé entraîner si loin en paroles. — Soyez donc ce que vous voulez passer pour être. Je sais être reconnaissant.

TROÏLUS.

— Reconnaissant! O supplice!... Alors que les flammes les plus bleues de l'enfer — la saisissent toute vive! Que sous le poids de tous ses crimes — elle s'enfonce souillée! Que l'hôte ténébreux — lui fasse place, et la montre au doigt et la siffle sur son passage! — Que les âmes les plus flétries de son sexe — se réjouissent et crient : voici venir un plus noir démon! — Puisse-t-elle...

CRESSIDA.

Assez, monseigneur! vous en avez dit assez. — Cette perfide, cette parjure, cette odieuse Cressida — ne sera plus l'objet de vos malédictions! — Quelques heures de plus, et la douleur eût achevé votre œuvre; — mais alors vos regards n'auraient pas eu la satisfaction que je leur donne ainsi... ainsi...

Elle se poignarde. Diomède et Troïlus s'élancent vers elle.

DIOMÈDE.

— Au secours! Sauvez-la! au secours!

CRESSIDA.

— Arrière! ne me touche pas, toi, traître Diomède! — Mais vous, mon Troïlus unique, approchez... — Croyez-moi, la blessure que je viens de faire à mon cœur — est bien moins douloureuse que la blessure que vous lui aviez faite... — Oh! puissiez-vous croire encore que je vous suis fidèle!

TROÏLUS.

— Cela serait trop, même si tu eusses été perfide! — Mais, oh! tu es la plus pure, la plus blanche innocence, — je le reconnais à présent, et je le reconnais trop tard! — Puissent toutes mes malédictions, et dix mille autres plus — accablantes encore, retomber sur ma tête! — Puisse quelque divinité vengeresse arracher — Pélion et Ossa de dessus les tombes des géants, — et les précipiter sur moi, plus coupable que ceux — qui ont osé envahir le ciel!

CRESSIDA.

Ne l'écoutez pas, cieux! — Mais entendez-moi le bénir avec mon dernier souffle : — et puisque je n'ai pas réclamé contre le dur décret — qui a condamné ma vie si courte et si infortunée, — ajoutez-lui les jours que vous m'enlevez, — et je mourrai heureuse de ce qu'il me croit fidèle.

Elle meurt.

TROÏLUS.

— Elle s'en est allée pour toujours, et elle m'a béni en mourant! — Que ne m'a-t-elle pas maudit plutôt! Elle est morte par ma faute; — et moi, comme une femme, je me borne à pleurer. — Le délire m'entraîne en divers sens à la fois. — La pitié me somme de fondre en larmes, — tandis que le désespoir me tourne contre moi-même — et m'ordonne sans aller plus loin, de finir ici ma vie!

Il met la pointe de son épée contre sa poitrine.

A Diomède.

Ah! tu souris, traître! tu m'apprends mon devoir, — et tu détournes ma juste vengeance sur ta tête!...

Troïlus et Diomède se battent, et les deux armées s'engagent en même temps, les Troyens forcent les Grecs à la retraite; Troïlus met en fuite et blesse Diomède. Les trompettes sonnent. Achille paraît avec ses Myrmidons derrière les Troyens qui sont enveloppés. Troïlus engage un combat singulier avec Diomède, le renverse et le tue. Achille tue Troïlus sur le corps de Diomède. Tous les Troyens meurent sur place. Troïlus expire le dernier.

(17) La comédie de *Beaucoup de bruit pour rien* fut enregistrée au Stationers' Hall le 23 août 1600, et imprimée in-quarto dans le courant de la même année. Elle dut être représentée vers la même époque, car elle n'est pas mentionnée dans la liste des pièces de Shakespeare que publia Meres en 1598. Elle fut réimprimée dans l'édition générale de 1623, presque sans variation. *Beaucoup de bruit pour rien* a été remanié deux fois pour la scène anglaise; la première, en 1673, par Davenant, sous ce titre : *La Loi contre les amants*; la seconde, en 1737, par un certain James Miller, sous ce titre : *La Passion universelle*.

(18) Les cinq esprits dont parle ici Béatrice ne sont autres que les cinq perceptions correspondant aux cinq sens, — perceptions regardées par les philosophes du moyen âge comme les cinq facultés essentielles de l'âme. Dans les Contes de Cantorbéry, le vieux poëte Chaucer confond ces perceptions avec les sensations elles-mêmes, lorsque, dans le récit du curé, il parle des *appétits des cinq esprits qui sont le vue, l'ouïe, l'odorat, le goût et le toucher*. Shakespeare, spiritualiste, rétablit la distinction entre l'âme et le corps, en disant lui-même dans un de ses sonnets :

> But my five wits, nor my five senses can
> Dissuade one foolish heart from serving thee.
> Mais ni mes cinq esprits, ni mes cinq sens ne peuvent
> Dissuader un cœur imbécile de te servir.

(19) Un commentateur, M. Blakeway a retrouvé dans une ancienne tradition le conte dont Bénédict répète ici les refrains. Je traduis ici ce récit sinistre qui rappellera au lecteur français notre légende de *Barbe-Bleue* :

« Il y avait une fois une jeune dame (elle s'appelait lady Mary dans l'histoire) qui avait deux frères. Un été, tous trois allèrent à une maison de campagne qui leur appartenait et qu'ils n'avaient pas encore visitée. Parmi les gentlemen du voisinage qui vinrent pour la voir, était un M. Fox, un célibataire, qui était fort agréable aux deux frères et surtout à la sœur. Il avait coutume de dîner avec eux, et il invitait souvent lady Mary à venir le voir. Un jour que ses frères étaient absents, elle résolut d'y aller, et partit sans être accompagnée. Quand elle arriva à la maison, elle frappa à la porte ; personne ne répondit. A la fin, elle ouvrit elle-même et entra. Au-dessus du portail de l'avant-salle était écrit : *De l'audace! de l'audace! mais pas trop d'audace!* Elle avança : au-dessus de l'escalier, même inscription. Elle monta. Au-dessus de l'entrée de la galerie, même inscription. Elle continua de marcher : au-dessus de la porte d'une chambre, elle lut : *De l'audace! de l'audace! mais pas trop d'audace! de peur que le sang de votre cœur ne se glace!* Elle ouvrit : la chambre était pleine de squelettes et de tonneaux remplis de sang. Elle revint vite sur ses pas. En descendant l'escalier, elle aperçut, par une fenêtre, M. Fox, qui se précipitait dans la maison, brandissant d'une main un sabre nu, et de l'autre traînant une jeune femme par les cheveux. Lady Mary eut juste le temps de se glisser et de se cacher sous l'escalier avant que M. Fox et sa victime arrivassent pour le gravir. Comme il traînait la jeune femme, celle-ci s'accrocha à la balustrade avec sa main qu'entourait un riche bracelet. M. Fox la lui trancha d'un coup de sabre : la main et le bracelet tombèrent dans la robe de lady Mary, qui alors parvint à s'échapper sans être observée, et revint chez elle saine et sauve.

» Quelques jours plus tard, M. Fox vint dîner avec eux comme de coutume. Après le repas, les convives s'amusèrent à raconter des aventures extraordinaires, et lady Mary finit par dire qu'elle raconterait un rêve remarquable qu'elle avait fait récemment. J'ai rêvé, dit-elle, que, comme vous, monsieur Fox, m'aviez souvent invitée à aller vous voir, je m'étais rendue chez vous un matin. Arrivée à la maison, je frappai; personne ne répondit. Quand j'ouvris la porte, je vis écrit au-dessus l'avant-salle : *De l'audace! de l'audace! mais pas trop d'audace!* Mais, se hâta-t-elle d'ajouter, en se tournant vers M. Fox et en souriant : *Ce n'est pas vrai, ce n'était pas vrai.* Et elle poursuivit le reste de son histoire, en terminant chaque phrase par : *Ce n'est pas vrai, ce n'était pas vrai.* Enfin, quand elle en fut venue à la chambre pleine de cadavres, M. Fox l'interrompit en s'écriant : CE N'EST PAS VRAI, CE N'ÉTAIT PAS VRAI, A DIEU NE PLAISE QUE CE SOIT VRAI ! Et il continua de répéter cela après chaque phrase du récit, jusqu'au moment où elle parla de la main de la jeune dame, coupée sur la balustrade. Alors, après qu'il eut dit comme d'habitude : *Ce n'est pas vrai, ce n'était pas vrai, à Dieu ne plaise, que ce soit vrai !* la jeune femme se hâta de répliquer : *Mais c'est vrai, c'était vrai, et voici la main que je vais vous montrer*. En même temps, elle tira de dessous son tablier la main et le bracelet : sur quoi tous les convives tirèrent leurs épées et immédiatement coupèrent en morceaux M. Fox. »

(20) Allusion à un jeu barbare de l'époque, qui consistait à tirer à l'arbalète sur un chat enfermé, soit dans une cruche, soit dans un panier. Steevens cite cet extrait d'un ancien ouvrage : « Quand le prince Arthur ou le duc de Shoreditch faisaient battre le tambour, les flèches volaient plus vite qu'au jeu du *chat dans un panier.* »

(21) Cet Adam l'archer n'est autre qu'Adam Bell, bandit célèbre que les ballades du moyen âge ont chanté, et qui vivait dans la forêt d'Englewood, aux environs de Carlisle, avec ses deux camarades, les terribles *hommes du Nord*, Clym de Clough et William de Cloudesley.

(22) Le fonctionnaire si paisible que Shakespeare nous montre ici chargé de veiller à la tranquillité de Messine, n'est autre que l'antique watchman de Londres, que les gravures du temps nous présentent enveloppé dans un grand manteau descendant jusqu'aux talons, et muni d'une hallebarde, d'une lanterne et d'une cloche. Ce personnage se retrouve aujourd'hui dans toutes les communes d'Angleterre, avec quelques modifications de costume, et il est permis de croire, d'après nombre d'exemples, qu'il n'a pas oublié les leçons de saine prudence si comiquement données ici par Dogberry. — Il paraît, du reste, que ces leçons sont parfaitement d'accord avec les anciens règlements de la police anglaise. Un homme compétent dans la matière, lord Campbell, vient de publier un livre curieux où il démontre que Shakespeare, qui savait tant de choses, connaissait à fond la jurisprudence de son temps; il cite même, comme preuve à l'appui de cette démonstration, les paroles mêmes de Dogberry : « Si les différentes recommandations de Dogberry sont strictement examinées, on reconnaîtra que leur auteur avait une connaissance fort respectable des lois de la Couronne. Le problème était de mettre les constables à l'abri de tout trouble, de tout danger, de toute respon-

(23) La chanson de *Léger amour* était une ballade fort populaire à la fin du seizième siècle. Shakespeare en reparle dans la scène II des *Deux Gentilshommes de Vérone*. Elle commence par ces deux vers qui en indiquent le sujet :

> Leave lightie love Ladies for feare of yll name
> And true love embrace ye to purchase your fame.

Renoncez au léger amour, mesdames, par crainte d'un mauvais nom
Et embrassez l'amour pour acquérir un bon renom !

(24) Le *carduus benedictus*, dont le nom se prête ici si bien au jeu de mots, est une plante dont les propriétés passaient pour merveilleuses. S'il faut en croire les docteurs du XVIe siècle, ce chardon ne guérirait pas seulement les maux de cœur; ce serait la panacée universelle. Écoutez plutôt : « Le *carduus benedictus* mérite bien par ses vertus d'être appelé le chardon béni. De quelque manière qu'on l'emploie, il fortifie toutes les parties du corps ! il aiguise l'esprit et la mémoire! il vivifie tous les sens! il procure l'appétit! il a une vertu spéciale contre le poison, et il préserve de la peste ! il est excellent pour toute espèce de fièvre, quand il est employé ainsi : « Prenez-en un grain pulvérisé, mettez-le dans une bonne
» chopine d'ale ou de vin,; faites chauffer et buvez un quart d'heure
» avant que l'attaque doive venir, puis couchez-vous, couvrez-vous
» bien, et provoquez la transpiration que la force de l'herbe amènera
» vite, et continuez jusqu'à ce que le moment de l'accès soit passé.
» Par ce moyen, vous pouvez vous rétablir bien vite, fût-ce d'une
» fièvre pestilentielle. Pour ces notables effets, cette plante peut bien
» s'appeler *benedictus* ou *omnimorbia*, c'est-à-dire baume à tout
» mal; elle n'était pas connue des médecins de l'antiquité, mais elle
» vient d'être révélée par la providence spéciale du Tout-Puissant. »
Extrait du *Havre de la santé*, par Thomas Bogan, maître ès-arts et bachelier de médecine. Londres, 1556.

(25) *S'il est furieux il sait comment retourner sa ceinture.* Expression proverbiale. — Un contemporain de Shakespeare écrivait au ministre Cécil, dans une lettre qu'on a conservée, ces paroles qui semblent répétées littéralement par Claudio : « J'ai déclaré que

je n'avais pas eu l'intention de le rendre furieux. Il a répondu : Si j'étais furieux, je saurais bien retourner derrière moi la boucle de mon ceinturon. » Il paraît que dans la vieille Angleterre les lutteurs de profession portaient une ceinture dont ils repoussaient la boucle derrière eux au moment de se battre. Cette habitude de retourner la ceinture serait devenue ainsi l'équivalent d'une provocation.

(26) La première édition connue du *Conte d'hiver* est celle de 1623. Cette pièce est une des dernières que composa et que fit jouer Shakespeare. Un certain docteur, Simon Forman, dont on a retrouvé récemment le curieux journal, en a fait une analyse minutieuse, après une représentation à laquelle il assista, au théâtre du Globe, le 15 mai 1611. Elle devait être alors dans toute sa nouveauté; car, pendant cette même année 1611, elle fut jouée pour la première fois devant la cour à Whitehall, ainsi qu'en fait foi le registre officiel des Menus-Plaisirs par la mention suivante :

1611

« Les comédiens Le 5 novembre : une pièce intitulée
du roi *Le Conte d'une nuit d'hiver.*

La pièce eut sans doute un grand succès, car elle fut reprise au théâtre de la cour, en mai 1613, à l'époque des fêtes splendides données par Jacques Ier à l'électeur palatin, et, plus tard encore, en août 1623. D'après les conjectures fort plausibles de M. Collier, *le Conte d'hiver* dût être composé pendant l'hiver de 1610-1611 pour inaugurer la réouverture du théâtre du Globe par les comédiens du roi, au commencement de l'été.

(27) C'était un préjugé populaire que les araignées étaient venimeuses. Dans l'affaire de sir Thomas Overbury, affaire qui émut toute l'Angleterre sous le règne de Jacques Ier, un des témoins cités contre la comtesse de Sommerset dit : « La comtesse me demanda de lui procurer le poison le plus fort que je pusse trouver, et, en conséquence, j'achetai sept grandes araignées et cantharides. »

(28) Un souvenir sinistre se rattache à cette danse. On peut lire dans la Chronique de Froissart le récit d'une soirée qui eut lieu à la cour en 1392, et où le roi Charles VI et cinq personnages, le comte de Jouy, le sire de Poitiers, le comte de Valentinois, le sire de

Foix et le seigneur Nantouillet, dansèrent, déguisés en satyres. Ces cinq personnages étaient attachés les uns aux autres, et le roi les conduisait. Le duc d'Orléans ayant fait approcher un valet avec une torche pour reconnaître leur visage, le feu prit à leur costume collé sur eux avec de la poix. Quatre moururent brûlés ; le roi et le sire de Foix seuls en réchappèrent. Malgré cet effroyable événement, la danse des satyres n'en resta pas moins de mode en France, et Melville raconte dans ses Mémoires qu'elle fut introduite à la cour de Marie Stuart par un Français appelé Bastien, dans une fête donnée à l'occasion de la naissance de Jacques VI.

FIN DES NOTES.

APPENDICE.

LE ROMAN DE TROYLUS

TRADUIT DE BOCCACE PAR LE SÉNÉCHAL PIERRE DE BEAUVEAU.

[Extraits.]

Venu le temps nouveau que les prés se reverdissent des herbes et de fleurs et que toutes gens deviennent gaies, ainsi qu'ils le démontrent en leurs amours, les clercs troyens et seigneurs de l'Église firent appareiller et orner leur grand temple de Pallas où ils ont accoutumé de sacrifier. Et à cette fête allèrent dames, demoiselles, chevaliers et tous gens de bien. Entre lesquelles y était la fille de Calcas, Brisaïda [3], belle en habit de noir. Et se tenait assez près du temple et était sa manière fière, plaisante et gracieuse. Troylus allait comme ont accoutumé à aller ces jeunes seigneurs, puis çà et puis là regardant parmi le grand temple. Il se tenait avec ses écuyers desquels il s'allait d'aucuns moquant de leurs amourettes ; car il avait son cœur

[1] Cressida.

délié de tous liens, en sa pure franche volonté et liberté !... Advint donc, comme Troylus s'allait moquant puis de l'un, puis de l'autre, puis celle-ci, puis celle-là regardant, que d'aventure par entre les gens son œil transperça et joignit jusque-là où était la plaisante Brisaïda. Elle était grande femme; selon sa grandeur tous membres bien lui répondaient. Elle avait son visage orné de droite manière; sa manière était douce, entremêlée de fierté. Elle haussa les bras et se découvrit un peu le beau visage en ouvrant son manteau de deuil qu'elle avait au-devant, et fit une façon de faire comme dire : « Las! je suis trop empressée. » Cette manière qu'elle fit, en se tournant comme si elle fût ennuyée, plut fort à Troylus, car il semblait qu'elle voulait dire : « Je ne peux plus durer. » Et depuis il se met à la regarder de plus en plus, et bien lui semblait qu'elle était digne d'être louée sur toutes les autres. Et tant la regarda comme durèrent les sacrifices et honneurs faits à la déesse Pallas et que la fête fut achevée. Puis s'en issit hors du temple avec ses compagnons. Il ne s'en saillit pas franc et joyeux ainsi qu'il y était entré, mais morne et pensif... Tous autres pensements de lui s'étaient fuis, ni ne lui challait de la guerre ni de sa salvation. Et avait l'entendement empêché qu'il ne lui challait plus de rien, si non à entendre à sa serve amoureuse. Hélas ! il y mettait tout son plaisir, sa pensée et son entendement!...

Ainsi étant Troylus un jour seulet en sa chambre tout pensif, il y survint un gentil Troyen de haut lignage et moult courageux, nommé Pandaro [1], lequel, le voyant gesir sur son lit étendu et plein de larmes, lui dit : — Qu'est ceci, Monseigneur et mon ami? Vous a déjà mis

---

[1] Pandarus.

bas ce temps-ci pour ce qu'il est plein de guerre et de tribulation ? — O Pandaro, ce dit Troylus, quelle fortune vous a ici amené pour me voir languir ? Je vous prie que vous partez d'ici, car je sais bien qu'il vous déplairait plus qu'à nul autre à me voir mourir, et ne puis plus vivre, tant est la vertu de mon corps affaiblie et diminuée. Mais quelque chose que soit ma male aventure, mon ami, ne vous chaille de le savoir, car je m'en tais pour le meilleur ! » Alors peu s'en faut que Pandaro ne crève de pitié et de désir qu'il a de savoir son mal et lui dit : « Je vous prie, si notre amitié vous plaît comme elle a fait dans le passé, que vous me découvriez d'où vous vient cette cruauté qui tant vous fait désirer la mort : car ce n'est mie fait de loyal ami de céler rien l'un à l'autre. » Troylus jeta un grand soupir et dit : « Pandaro, puisqu'il te plaît savoir mon douloureux martyre, je te dirai brièvement ce qui me meurtrit. Amour, contre qui nul ne se peut défendre, m'allume le cœur d'un joyeux plaisir par lequel j'ai toutes les autres choses éloignées de moi. Et ceci me tue, comme tu peux voir, et ai plus de mille fois retenu ma main qu'elle ne m'ait ôté la vie. » A ce dit Pandaro : « Comment avez-vous tant pu céler cette flamme ? Car je vous eusse donné aide et conseil, et travaillé en quelque sorte à votre repos. » Aucunement se demeure Troylus en suspens, et, depuis qu'il eut jeté un grand soupir amer, tout le visage de honte lui devient rouge comme feu ; puis lui répondit : « Ami cher, je n'ai osé jusqu'ici, pour occasion assez honnête, vous dire ni déclarer ma grande ardeur, pour ce que celle qui m'a en cet état conduit est votre parente... Aucuns, comme vous savez, ont aimé leurs sœurs, leurs frères ; les filles aucunes fois le père, et les marâtres les fillâtres. Amour ne m'a conduit à telle, mais c'est la grande beauté de votre cousine laquelle m'a pris, je vous dis de Brisaïda, dont moult me déplaît. » Comme Pandaro ouit nommer celle-là, tout en riant lui dit : « Ami cher, pour Dieu, ne vous déconfortez point. Amour a mis votre cœur en tel lieu qu'il ne le pouvait mieux loger, pour ce vraiment qu'elle vaut trop en courage, en beauté, en douceur, en gracieuseté, en honneur et en noblesse. Vous êtes digne d'avoir une telle dame, et elle d'avoir un tel ami. Et de ma part y emploierai tout mon engin et entendement. Ma cousine est veuve et désireuse comme autres, et, quand elle me dirait le contraire, je ne l'en croirais pas. Et pour ce que je vous connais et vous et elle, et êtes discrets et sages, à chacun de vous puis complaire et donner un pareil confort ; et vous le devez tenir couvert, et elle, ainsi que d'une chose qui jamais ne fut. » Troylus saillit hors légèrement du lit, et commença à accoler et baiser Pandaro sur le cou en jurant aprement que toute la guerre des Grieux avec leurs triomphes ne lui saurait méfaire après cet amour qui si fort le serre, et lui dit : « Pandaro, mon ami, je m'en recommande à vous ; vous êtes celui qui savez qu'il faut pour mettre fin à mes douleurs. »

Pandaro, volontereux de servir le jeune seigneur, lequel il aimait moult, s'en alla en la maison où Brisaïda était, laquelle, quand elle le vit venir, se leva droite et lui alla à l'encontre en le saluant de loin, et Pandaro elle, ; puis la prit par la main et la mena en une galerie qui là était. Et si se prit à lui regarder son beau visage sans mouvoir ses yeux. Brisaïda, qui se vit ainsi regarder, lui dit en souriant : — « Cousin, ne m'avez-vous vue autrefois que ainsi me regardez ? » A qui Pandaro répondit : « Je sais bien qu'autrefois vous ai vue, et ai intention de vous voir encore ; mais vous me semblez trop plus belle que jamais vous visse, et plus tenue, à mon avis, de louer Dieu que nulle autre du monde, tant soit belle. » Brisaïda dit : « Qu'est-ce à dire ceci? Pourquoi le dites-vous plus maintenant que le temps passé? » A qui Pandaro répondit prestement : « Pour ce que vous avez le plus amoureux visage que dame qui soit en ce monde. Et connais qu'il plaît tant et outre mesure à tel homme que chacun jour s'en va fondant et despérant. » — « Qui est-ce donc, dit Brisaïda, qui prend si grand plaisir à me voir? » A qui Pandaro dit : « Il est haut homme de lignage et de courage, très-honnête et convoiteux de honneur, et de sens naturel, si est plus que nul autre sage et hardi, clair brun est son visage!... O bien êtes heureuse si vous le savez connaître! Une bonne aventure a tant seulement chacune bonne personne en ce monde, si elle la sait prendre. Votre belle et gente figure la vous a fournie; or la sachez prendre. » — « M'essayez-vous, ou me le dites-vous à bon escient? dit Brisaïda. Êtes-vous hors du sens, de penser qu'il y eût homme vivant qui dût avoir plaisir de moi s'il ne devenait mon mari? Mais dites-moi qui est celui qui pour moi se trouble ainsi. Est-il étranger, ou s'il est de cette ville? » Lors dit Pandaro : « De cette ville est-il, non pas des moindres, lequel j'aime sur tous les autres. Et si lui ai tiré de la bouche par force de prière ce que je vous ai dit; le pauvre homme vit en pleurs et en misère tout pour la beauté de votre visage. Et afin que vous sachiez qui est celui qui tant vous aime, c'est Troylus. » Lors Brisaïda se tira un peu arrière en regardant Pandaro, et à grand'peine retint ses larmes et jeta un soupir et dit : « O Dieu! veuillez-moi aider! Et que feront les autres, puisque vous me conseillez les amoureuses flammes! Je sais bien que Troylus est grand et noble, et que chaque grande dame en devrait être contente; mais puisqu'il a plu à Dieu de m'ôter mon mari, ma volonté s'est de tout d'amours éloigée. Or, il me convient honnêtement me maintenir. Pandaro, je vous prie, que cette réponse ne vous déplaise, et faites qu'il soit conforté d'autres plaisirs et nouveaux pensements. » Pandaro fut tout honteux quand il ouit ainsi parler sa cousine, et pour s'en partir fut prêt; mais il se retint, et se tournant vers elle, il lui dit : « Brisaïda, si Dieu me veuille donner ce que plus je désire, je vous ai dit et conseillé ce que je dirais et conseillerais à ma propre sœur charnelle, ou à ma fille, ou à ma femme si je l'avais, pour ce que je connais que Troylus mérite plus grande chose beaucoup que n'est votre amour. Je ne crois point que en tout le monde en soit un plus secret, loyal et qui mieux tienne sa promesse, ni ne désire rien tant que vous. Ne perdez plus temps et pensez que mort ou vieillesse emporteront votre beauté. » — « Hélas, dit Brisaïda, vous dites vrai. Ainsi s'en passent les ans petit à petit, et la plupart meurent avant que le terme de la nature soit accompli!... Sur ma foi, de ce que m'avez dit de Troylus, j'en ai pitié eu ; et si vous dis bien que je ne suis pas si piteuse comme il vous semble. » Puis un peu après jeta un grand soupir en muant couleur au visage, et dit à Pandaro : « Or, je connais où tire votre désir piteux, et je ferai le pour vous complaire, et ainsi qu'il veut, et lui suffise si je le regarde. Mais pour fuir honte ou pis, par aventure, priez lui qu'il soit sage et fasse en façon que je ne puisse ouir blâme ni lui aussi. » Quand Pandaro fut parti, s'en alla la belle Brisaïda toute seulette en sa chambre ; et, joyeuse, elle devise à elle-même en cette manière : « Je suis gente et belle, veuve, riche, noble et bien aimée, je n'ai nuls enfants, et vis en repos : pourquoi donc ne dois-je être amoureuse ? Et si, par aventure. honnêteté me le défend, je serai sage et tiendrai ma volonté, si qu'on ne pourra apercevoir que jamais amour au cœur me soit entré. Ma jeunesse s'en va d'heure en heure : la dois-je perdre si méchamment? A faire comme les autres n'a point de péché ni de mal, ni de nul autre ne peut être blâmé... »

Pandaro partit d'avec la belle en bon accord et très-joyeux en courage, et cherchant Troylus, il le trouva en une église pensant, et tantôt qu'il vint à lui, le tira à part et lui commença à dire : « Ami cher, j'ai tel pensement de vous, quand je vous vois à toute heure pour amour languir, que mon cœur en souffre grande part de votre martyre; et pour vous donner un confort n'ai jamais reposé, et j'ai tant fait qu'à la fin je vous l'ai trouvé : pour vous suis-je devenu moyen (entremetteur); pour vous ai-je jeté mon honneur; pour vous ai rompu honnêteté de l'estomac de ma cousine, et lui ai mis au cœur votre amour, et dedans peu de temps vous le verrez avec plus grande douceur que je ne saurais dire, quand la belle Brisaïda trouverez entre vos bras. Mais Dieu qui voit tout, sait bien qu'à se faire ne m'a point induit espérance de mieux en valoir, mais tant seulement la grande amour que je vous porte. Mais je vous prie, sur tous les biens et plaisirs que jamais vous désirez avoir, que vous y gouverniez si sagement que cette chose vienne à être sue. Vous savez comme elle a toujours eu bonne renommée; or est venu à présent que vous avez son honneur entre vos mains, et lui pouvez faire perdre son renom quand vous gouvernerez autrement que ne devez, et remarquez qu'elle ne le pourrait perdre sans mon déshonneur, car elle est ma prochaine parente et ait été conduiseur de toute la besogne. » Tout ainsi Troylus jeta un petit soupir, et, en regardant Pandaro au visage, dit : « Je vous jure par celui Dieu qui est au ciel que ne sera jamais sue cette besogne; mais tant que aurai la vie au corps, mettrai pouvoir et savoir à garder l'honneur de celle-ci, de qui je suis et serai loyal serviteur... Vous avez fait comme ami doit faire pour autre quand il le voit en tribulation. Et afin que vous connaissez l'amour que je vous porte, j'ai ma sœur Policène, de laquelle on prise la beauté sur toutes autres, et encores y est la belle Hélaine, femme de mon frère ; ouvrez un peu votre cœur à savoir si nulle lui plaît, puis laissez faire à moi à celle qui plus lui plaira... »

Pandaro demeure très-content de Troylus, et chacun entend à ses besognes. Tant passèrent de jours l'un après l'autre que le temps désiré des amants vint. Lors Brisaïda fit appeler Pandaro et lui montra tout ce qui lui fallait à montrer... Et puis quand l'heure vint, tout célément avec Pandaro, Troylus prit son chemin pour aller où Brisaïda était. L'air était obscur et plein de nues ainsi que Troylus voulait car secrètement entra dedans l'hôtel, sans être vu ni senti de personne du monde. Et en certain lieu obscur, déconnu des gens, il attendait sa dame; ainsi lui avait été ordonné... Après ce que un chacun se fut aller coucher et l'hôtel fut demeuré vide, il tardait à Brisaïda d'aller où s'était mis secrètement Troylus, lequel, comme il la sentit venir, si se dressa en pieds et lui alla à l'encontre tout gaiement. La belle tenait un flambeau ardent à sa main et toute seule descendit l'échelle et vit Troylus qui l'attendait, lequel elle salua; puis lui dit comme bien faire le sut : « Si j'ai offensé Votre noble Seigneurie de la faire attendre en si obscur lieu, je vous prie, mon seul désir, qu'il vous plaise le me pardonner. » A qui Troylus dit : « Ma seule dame, toujours ai eu devant mes yeux l'étoile de votre beau visage qui m'a éclairé, et ai plus de plaisir en ce petit lieu que je n'eus onques en la meilleure chambre que j'aie au palais; ne m'est point d'en demander pardon. » Puis l'embrassa et baisa doucement, ni de ce lieu ne se partirent que mille fois ne s'entre-accolassent. Comme il eût recueilli sa joie, ils montèrent l'échelle et s'en entrèrent en la chambre. Longue chose serait à raconter la fête est impossible à dire le plaisir qu'ils prirent ensemble dès qu'ils furent en la chambre. Un peu après, tous deux d'un accord s'en allèrent mettre au lit. Mais la belle ne dépouilla sa chemise et à Troylus dit en jouant : « Mon ami, vous savez bien, les nouvelles mariées sont honteuses la première nuit. » A qui Troylus dit : « Je vous prie, la joie de mon cœur, que vous aie toute nue entre mes bras, car c'est chose au monde que plus je désire. » Et alors elle lui dit : « Et voici, mon ami, pour l'amour de vous. » Si se dépouilla sa chemise et s'alla jeter entre ses bras, lequel doucement la recueillit, et l'un l'autre baisant et accollant avec grande ferveur sentirent le dernier et parfait bien d'amour. Et toute cette nuit ne issirent des bras l'un de l'autre, mais incessamment s'entre-accolaient et baisaient, et encore doutaient-ils qu'ils fussent l'un à l'autre, ou qu'il ne fût pas vrai qu'ils se tinssent embrassés comme ils faisaient et que ce fût songe. Et souventes fois s'entredemandaient : « Est-il vrai que vous tiens ici entre mes bras, et si c'est songe ?... » — Mais puisque le jour s'approcha et que l'aube commença à venir, les coqs commencèrent à chanter. Et incontinent que Brisaïda eut entendu les chants des coqs, dolente et malcontente dit : Hélas ! ma douce amour, est venue l'heure qu'il nous faut lever, si bien nous voulons celer ; mais encore vous veux-je un peu accoler avant que vous vous leviez, afin que je sente moins de douleur à la départie. Or, embrassez-moi, m'amour, mon bien et mon espérance. Troylus l'embrassa, et peut s'en fallut qu'il ne pleurât. Et elle le laissa en soupirant moult tendrement. Troylus se leva contre son plaisir; mais toutefois s'habilla le plus diligemment qu'il put, et après plusieurs paroles disait : « Je fais votre volonté et m'en vais ; et adieu ma joie; ayez pour recommandé mon pauvre cœur, lequel je vous laisse. » Elle cuida répondre, mais elle ne put, pourceque la voix lui faillait, de la grande détresse qu'elle sentait pour leur département; puis Troylus tout doucement s'en alla au palais...

La très-légère et courante renommée, laquelle tout rapporte et mensonge et vérité, était prestement volée par toute Troie et disait comment l'ambassade des Grecs était venue pour requérir Brisaïda et bailler Anthénor au lieu d'elle, et comment Pryam, le roi et les seigneurs troyens l'avaient consenti : laquelle nouvelle comme Brisaïda ouit, qui déjà avait oublié tout le deuil de son père Calcas, dit en elle-même : « Hélas ! triste cœur, que feras-tu ? » Et se commença fort à mérancollier comme celle qui avait son cœur à Troylus. Tant comme elle faisait ses lamentations, Pandaro arriva, à qui l'huis jamais ne se trouva fermé, et s'en entra en la chambre là où elle faisait ses piteuses plaintes, et il la trouva sur son lit toute enveloppée, et de force de pleurs et de soupirs, elle avait le visage, toute la poitrine baignée de larmes, et ses yeux gros et rouges, avec les cheveux répandus qui montraient vrai enseigne de son âpre martyre. Et comme elle le vit, elle mussa son visage dessous un de ses bras, de honte qu'elle eut. Lors Pandaro commença à dire : « Cousine, m'amie, je crois que vous avez ouï dire comment vous êtes requise de votre père, et la conclusion que le roi a prise de vous rendre, si que vous en devez aller cette semaine. Et pensez que cette chose-ci est si dure à Troylus qu'il ne serait pas en puissance d'homme de le savoir dire. Car de tout en tout il se veut laisser mourir de deuil, et avons aujourd'hui tant pleuré lui et moi, que je me merveille bien d'où sont pu issir tant de larmes. O cousine, que ferez-vous? Ne prendrez-vous aucun confort, pendant que l'heure approche que vous tiendrez votre doux ami entre vos bras? Levez-vous et vous radoubez, qu'il ne vous trouve pas ainsi échevelée. S'il savait que vous fussiez en cet état, il se tuerait et nul ne l'en saurait garder. Levez-vous et vous mettez en état que vous puissiez alléger son mal et non pas l'empirer. — « Mais Brisaïda, allez quérir mon ami, car je m'efforcerai, et vous parti, incontinent me lèverai de ce lit, et tiendrai célé dedans mon cœur au mieux que je pourrai mon grand mal à mon plaisir perdu. Faites tant seulement qu'il vienne en la manière comme il a fait l'autre fois. Il trouvera l'huis appuyé comme il a accoutumé. » Comme il fut temps et heure, Brisaïda s'en vint aux lieux où était Troylus avec un flambeau en sa main ardent. Il le reçut entre ses bras et elle lui, si pris de douleurs que plus ne pouvaient. Ni l'un ni l'autre ne savaient cacher la grande douleur que leurs cœurs sentaient; mais en eux accollant sans mot dire, commencèrent pleurs innumérables. Ils cuidaient parler, mais ils ne pouvaient. Si commença Brisaïda à s'affaiblir, et ses forces se départirent, et s'en cuida l'âme fuir du corps. Lors Troylus la commence à regarder et l'appeler; et, voyant qu'elle ne lui répondait point et avait les yeux clos, cuida bien qu'elle était morte. Et le pauvre douloureux lui mettait souvent la main puis à la bouche, puis au nez, et outre lui tâtait le pouls. Elle était froide et sans aucun sentiment que Troylus pût connaître. Puis lui baisa Troylus les lèvres, puis mit le corps d'elle en étendue tout ainsi qu'on a accoutumé à mettre ceux dont l'âme est issue; et ceci fait, tira du fourreau sa propre épée, tout disposé de prendre la mort, afin que son esprit fût avec celui de sa dame. Adoncques

Brisaïda se ressentit et jeta un soupir en appelant Troylus, lequel dit : « Mon seul désir, vivez-vous encore? » Et en pleurant la prit dans ses bras et avec douces paroles la réconfortait ; puis un peu après Brisaïda retourna ses yeux, et vit l'épée toute nue qui là était. Si commença à dire : « Et cette épée, pourquoi fut-elle tirée hors du fourreau? » A qui Troylus en pleurant raconta l'occasion pourquoi, dont elle dit : « Las! qu'est-ce que j'entends? Donc, si j'eusse un peu longuement été en voie, vous fussiez tué en cette place? Las! que m'avez vous dit! Je ne fusse guère démeurée en vie après vous, et de cette mort fussé-je morte, car je me fusse de ce glaive moi-même occise. Allons-nous-en en notre secret, et là, parlerons de nos angoisses ; car, selon ce que je vois, notre flambeau est déjà tout ars et une grande partie de la nuit allée... ». Adonc s'en départit une grande partie de leur douleur et leur retourna espérance et recommencèrent l'amoureux usage en se fêtant. Et tout ainsi comme l'oisel prend son ébat au temps nouveau à aller sautant de feuille en feuille, ainsi faisaient-ils de leur côté, car il n'y avait endroit du lit là où ils n'allassent gigant et jouant en disant maintes gracieuses paroles. Mais quand ainsi une pièce ils s'étaient ébattus, à Troylus retournait arrière au cœur le département de sa dame et lui commençait en cette manière à dire : « O Brisaïda, belle plus que nulle autre déesse, si vous me laissez, pensez que je suis mort ; donc trouvez façon que vous n'y allez point, si faire se peut. Allons-nous-en en autre région, et ne vous chaillé des promesses du roi mon père. Fuyons d'ici secrètement et nous en allons vous et moi ensemble, et ce que nous avons encore droitement à vivre en ce monde ici, m'amour, vivons en joie et ensemble, » Brisaïda en soupirant répondit : « Mon cher bien, que vous conseillez de nous en aller, si ne conseillez-vous pas le meilleur ni le plus honnête conseil. Pensez, en ce temps de guerre plein, ce qui se dirait de vous. La foi serait rompue du roi votre père, et ceci redonderait sur tous vos frères, lesquels vous aurez laissés pour une femme et abandonnés d'aide et de conseil, et encore pouvez savoir que cette chose épouvanterait tous vos autres parents et amis. Aprèz, pensez à mon honnêteté, laquelle j'ai toujours maintenue, comme elle serait chassée et pleine de diffame et du tout défaite et perdue. Et outre ceci, regardez bien tout les choses qui pourraient ensuir. Tant notre amour nous plaît, si est pour ce qu'il convient que de loin en jouissons ; mais si vous m'aviez à votre abandon, tantôt s'éteindrait la flamme de votre ardent désir, et aussi pareillement de moi serait éteinte. Donc, prenons la fortune en lui montrant les dents. Suivons son cours. Feignez d'aller à l'ébat en aucun lieu, et soyez sûr que dedans dix jours je serai ici. » — » J'en suis content, dit Troylus, mais entre deux, mes douleurs de qui auront-ils confort? Je ne puis passer une seule heure sans grand tourment, si je ne vous vois ; comment donc pourrai-je passer dix jours jusqu'à ce que vous retourniez? » — « Hélas ! dit Brisaïda, vous me tuez, et votre mélancolie me fait tous les maux du monde ; et vois bien que vous ne vous fiez point en moi, quand ne voulez croire à la promesse que je vous fais. Je ne vous suis point ôtée, mais seulement suis rendue à mon père. Ne cuidez pas que je sois sotte, que je ne sache trouver façon de retourner à vous que j'aime plus que moi-même. Si vous saviez le grand mal que me font les pleurs et les âpres soupirs que je vous vois jeter, vous vous abstineriez de tant en faire. J'ai espérance de tôt retourner pour amour de vous. N'ayez donc plus de douleur que celle que met en la pensée votre amour et notre amour ensemble. » Puis qu'ils eurent longuement en cette façon pleuré, pour ce que jà s'approchait le jour, ont laissé leur parlement et se sont recommencé à baiser et à accoller Dieu sait comment. Mais dès que les coqs eurent chanté, après plus de mille baisers se levèrent et prirent congé l'un de l'autre, tout pleins de grandes douleurs et gémissements.

Ce jour même vint Diomèdes, lequel mena Anthenor avec lui pour rendre aux Troyens, et le roi Priam rendit Brisaïda, si pleine de pleurs et soupirs et de douleurs, qu'il n'est nul qui la voit en cet état à qui il n'en prenne pitié. D'autre part était Troylus en telle tristesse que jamais homme ne la vit telle... Brisaïda vit que partir lui convenait toute dolente qu'elle était, monta sur la haquenée pour partir avec la compagnie qu'elle devait aller, puis se retourna piteusement vers Diomèdes et lui dit : Allons-nous-en. Et ceci dit, piqua sa haquenée des éperons, et sans autre mot dire, si non à ses parents adieu. Et ainsi s'en issit de Troie, laquelle, comme je crois, jamais n'y retournera ni avec Troylus ne sera. Troylus, en façon d'une courtoisie, avec plusieurs autres monta à cheval un faucon sur le poing, et lui firent compagnie jusque tout hors la ville, et volontiers par tout le chemin lui eussent faite et jusques au château où elle allait. Mais il se fût trop découvert et lui eût été réputé à peu de sens. Bientôt il fut temps de s'en retourner et prendre congé. Lui et Brisaïda s'arrêtèrent un peu et les yeux s'entrejetèrent l'un à l'autre, puis s'entretouchèrent les mains, et tant s'approchèrent l'un de l'autre que Troylus lui dit tout bassement et tant qu'elle le put bien ouïr : « Retournez, m'amour, afin que je ne meure. » Et sans plus dire, retourna son couvre-chef, tout dépiteux en son visage, ni à Diomèdes oncques ne parla, dont il aperçut bien et connut l'amour des deux, et pourpensa en son cœur, avec divers arguments, essayer s'il en pourrait sentir quelque chose quand temps et lieu serait. Le père la reçut à grande joie. Et elle retenait sa grande douleur en elle-même, en ayant toujours son cœur ferme à son ami Troylus, mais il ne lui dura guère, car elle mua en bref son opinion et abandonna celui qui tant loyalement l'aime pour un nouvel amant.

Troylus comptait tous les jours qu'il y avait qu'elle était partie, ne pensait pouvoir joindre jusqu'au dixième jour qu'elle devait des Grecs retourner. Les jours et les nuits lui semblaient trop plus grands qu'ils n'avaient accoutumé; ainsi se tenait depuis le point du jour jusqu'à ce que les étoiles étaient au ciel, et disait que le soleil errait et qu'il se tenait plus longuement au ciel qu'il ne soulait faire; semblablement disait de la nuit, de la lune et des étoiles. La lune était déjà en décours quand Brisaïda partit : il disait souvent à lui-même : « Quand cette lune deviendra nouvelle, le jour s'approchera que ma joie devrait être recouverte.

Devers les Grecs, au rivage de la mer, était Brisaïda avec peu de femmes et entre tant de gens d'armes. Dyomèdes employait tous ses cinq sens naturels à faire chaque chose par quoi il pût entrer au cœur de Brisaïda, et ne tarda guère qu'il n'en chassât Troylus et Troie et tous les autres pensements qu'elle avait, fussent-ils loyaux. Elle n'avait pas demeuré quatre jours après l'angoisseux département que Dyomèdes trouva occasion de venir vers elle, lequel la trouva à part des autres toute seule soupirant, et premièrement s'assit auprès d'elle et lui commença à parler de l'âpre guerre qui entre eux était et les Troyens : « Gente dame, si j'ai bien regardé votre doux visage, lequel est plus plaisant que nul autre que je visse oncques, il me semble tout transmué d'ennui le jour que nous partîmes de Troie. Ni ne sais l'occasion, ni que ce peut être, si ce n'est d'amours, lesquelles, si vous êtes sage, vous chasserez d'avec vous pour les raisons que je vous dirai. Il se peut dire que les Troyens sont par nous tenus en prison, comme vous voyez, et sommes délibérés de ne jamais partir d'ici qu'ils ne soient morts ou défaits, mis à feu et à flambe. Ne croyez pas que nul qui soit dans la ville trouve jamais pitié ni miséricorde à nous. Et s'il y avait bien douze Hectors, ainsi qu'il n'y en a qu'un, et six fois autant de frères, si ne les redoutons-nous point, ni ne sont rien accomparagés à nous! O belle douce dame, laissez aller cette amour fausse des Troyens; chassez dehors cette espérance qui en vain vous fait soupirer, et rappelez votre claire beauté, laquelle me plaît plus que mille autre choses. Et aujourd'hui est Troie en tel parti qu'il n'y a plus homme là qui n'ait perdu toute espérance; et si bien elle était pour toujours durer, si sont les rois, fils de roi et tous ceux qui y habitent d'étranges coutumes, et sont de peu de valeur au regard des Grecs qui peuvent aller devant toutes les nations, tant sont pleins de hautes coutumes. Et là vous étiez entre gens ignorans et bestiaux; et ne croyez pas que l'amitié des Grecs ne soit plus haute et plus parfaite que celle des Troyens. Votre grande beauté et votre visage angélique trouveront assez ici digne serviteur et amant, si vous y prenez plaisir. Aussi gentilhomme suis comme homme qui soit en Troie; si mon père Thidée eût vécu ainsi qu'il mourut en combattant à Thèbes, il eût été roi de Caldonia et d'Argos, et ainsi comme j'ai espérance d'être; et se peut dire que je suis descendu de la lignée des dieux. Je vous prie donc, si ma prière doit valoir, que vous chassiez hors cette mélancolie et qu'il vous plaise me prendre à votre serviteur. Car je suis celui que votre grande beauté, douceur et genteté ont contraint à vous requérir, et je ferai tant, au plaisir de Dieu, que encore aurez cher Dyomèdes.

Brisaïda l'écoutait et lui répondit peu de paroles de loin en loin; mais puis qu'elle eût ouï cette dernière requête et la grande hardiesse de Dyomèdes, elle lui dit en cette manière avec une voix moyenne : « Diomèdes, j'aime cette ville en laquelle je suis crue et nourrie, et moult me déplaît sa guerre; et cette douleur tant me serre le cœur que c'est l'occasion de mon ennui et mélancolie. Je ne connus que fut d'amour oncques, depuis que mourut celui à qui loyalement la gardai comme à mon seigneur et mari; ni de Grecs, ni de Troyens ne me souciai oncques, ni en telle façon ne m'entrèrent au cœur, ni n'entreront jamais. Et que vous soyez descendu de sang royal, je le vois assez, et ceci me donne une grande admiration que vous puissiez mettre en votre courage une pauvre femme comme je suis. A vous appartiendrait la belle Hélaine, à moi ne revient que tribulation. Non pourtant ne dis que serais dolentée d'être aimée d'un homme comme vous. Le temps est mauvais et périlleux, et à présent êtes en armes; laissez victoire à qui l'attend, et alors saurai-je mieux que j'aurai à faire, et par aventure me plairont plus les joyeusetés et plaisirs, et mieux qu'ils ne font maintenant, et peut-être que je prendrai vos paroles mieux en gré; car si aucun veut entreprendre, il doit aviser temps et saison. »

Cette dernière parole que dit Brisaïda plut fort à Dyomèdes, et lui sembla bien que sans nulle faute encore trouverait merci en elle, si comme il fit tout à son beau plaisir et loisir; et lui répondit : « Madame, je vous jure sur ma foi que d'ici en avant je suis tout vôtre, ni à autre tant que je vivrai ne serai, et toujours me trouverez prêt à faire ce qu'il vous plaira me commander, comme votre humble et loyal serviteur. » Et plus ne dit et s'en partit. Il était grand et belle personne, jeune, frais et très-plaisant et hardi à merveille, et aussi beau parleur comme nul pourrait être, lesquelles choses Brisaïda allait pensant, malgré toutes ses douleurs, et de ceci vint l'occasion par quoi elle ne tint la promesse qu'elle avait faite.

Le tiers, le quart et le cinquième jour passèrent depuis que les dix jours furent passés; et avait encore Troylus en espérance qu'elle dût retourner et en soupirant l'attendait; mais c'était pour néant, car elle ne retournait point. Il était l'un jour plus mélencolieux que l'autre et qu'il n'avait accoutumé pour la foi faillie de sa dame, et ainsi plein d'ennui se mit à dormir Troylus, lequel en songeant vit la honteuse et très-déshonnête faute de celle qui le faisait languir. Car il lui semblait ouir par un fort bois un grand bruit déplaisant, pourquoi en levant la tête lui semblait voir un grand sanglier qui s'évertuait, et puis après lui semblait avoir entre ses pieds Brisaïda. Et Brisaïda ne tenait compte de chose qu'il lui fit, mais lui semblait qu'elle prenait grand plaisir à tout ce que le sanglier lui faisait. Laquelle chose vint à Troylus en si grand dépit qu'il s'en éveilla et rompit son sommeil. Et incontinent fit appeler Pandaro, et en pleurant lui commença à dire : « Pandaro, mon ami, il ne plaît pas à Dieu que je vive. Hélas! votre cousine Brisaïda me trompe. » Et puis lui commença à conter tout son songe, et ainsi lui dit : « Ce sanglier que je voyais était Dyomèdes, pour ce que son aïeul tua le sanglier de Caldonia (Calydon) et ceci savons certainement par les anciens; et oncques ne fût que tous les siens ne portassent les sangliers en leurs armes. Hélas! malheureux que je suis! il aura tiré le cœur de Brisaïda à lui par son doux parler! Et ainsi a Dyomèdes son amour... Et c'est chose bien vraisemblable. Que ferai-je, mon ami? Si vous voyez aucunement en quelle façon je puisse connaître la vérité de mon songe, je vous prie pour Dieu que vous me le dites, car j'ai le cerveau si troublé que ne le saurais voir. » Auquel Pandaro dit : Selon mon opinion, il me semble que cette chose se devrait essayer par lettres que vous lui écrirez. Écrivez-lui donc si vous m'en croyez, afin que nous voyions clairement ce que vous allez cherchant. » Troylus crut le conseil de Pandaro, et demanda une écritoire et du papier; et, quand il eut un peu pensé, commença à faire sa lettre. Puis il la scella et bailla à Pandaro pour l'envoyer à Brisaïda. Mais pour néant attendirent par plusieurs jours la réponse, dont la douleur recommençait de plus belle... Ainsi était Troylus en grand tourment de ses amours. Si advint un jour qu'il y eut une fière et dure rencontre entre les Troyens et les Greux, à laquelle fut Dyomèdes richement habillé, et avait sur son harnais une riche cotte, laquelle Deiphobus gagna ce jour par force d'arme. Ainsi comme Deiphobus entrait en la ville et qu'on lui portait cette cotte qu'il avait ôtée à Dyomèdes, Troylus survint, lequel approcha de celui qui la portait pour la voir mieux. Et ainsi comme il regardait d'un côté et d'autre, il vit un fermail d'or qui y était attaché, lequel on pouvait voir et ôter de la dite cotte. Il le connut tout incontinent comme celui qu'il avait donné à Brisaïda à l'heure qu'avec grande douleur il prit congé d'elle, le matin dont ils avaient été la dernière nuit ensemble. Et alors dit Troylus à part soi : « Or, vois-je maintenant mon songe clairement, mon soupçon et mes pensements vrais. » Puis se partit Troylus moult dolent et courroucé pour aller dans sa chambre. Et quand il y fut, il envoya quérir Pandaro. Et quand Pandaro y fut venu, Troylus se commença à plaindre fort de la longue et loyale amour qu'il avait eue à Brisaïda, et lui montra clairement sa trahison et lui dit : « Or, ne vois-je plus remède que la mort en mon cas, car faux et traître ne lui serai jamais tant que je vive. » Et de plus belle se recommence à plaindre et soupirer en disant : « O Brisaïda belle, où est la foi, où est la loyauté, où est l'amour, où la grande promesse et les serments que vous me fîtes au partement? Qui croira jamais à serment qu'on fasse? Qui est-ce qui ajoutera plus foi à amour ni à promesse de femme, quand on regardera bien votre faux parjurement? Las! n'aviez-vous point d'autre joyau pour donner à votre nouvel ami, sinon celui que je vous donnai avec tant de larmes, afin que vous eussiez aucune souvenance de moi! A grand tort m'avez chassé de votre pensée, et faussement avez mis Dyomèdes en mon lieu. Mais je vous jure par votre déesse Vénus que je vous en ferai dolente avec mon épée en la première mêlée où je pourrai trouver Dyomèdes, si par vertu et par force puis avoir pouvoir sur lui; ou il me tuera ainsi que bien le voudriez. O Pandaro, mon ami, voudrais-je dès maintenant être mort, puisque jamais plus ne m'attends à avoir joie ni plaisir. Mais par votre conseil je veux attendre à mourir jusqu'à ce je sois en armes main à main avec mes ennemis. Et Dieu me fasse la grâce que, quand j'irai dehors pour aller en la bataille que le premier que je rencontrerai soit Dyomèdes! » Pandaro, tant douloureux que plus ne pouvait, ne savait que répondre, car d'une part le grand amour qu'il avait à son ami le contraignit à demeurer; d'autre part la honte qu'il avait de la faute que Brisaïda avait faite l'admonestait à s'en partir. A la fin, il dit ainsi en pleurant : « Troylus, je connais sa grande faute, et si l'en blâme tant que je puis; et ce que j'en ai fait, c'est pour amour de vous, en mettant arrière toute honte qui m'en pût advenir. Si je vous ai fait plaisir, j'en suis très-joyeux ; et de ce qu'elle a fait à présent, et en suis courroucé comme vous, et je prie Dieu qu'il la punisse selon la grande faute qu'elle a faite. »

Grandes furent les plaintes et lamentations. Mais toujours faisait fortune son cours : Brisaïda mettait tout son cœur en Dyomèdes, et Troylus gémissait et pleurait. Dyomèdes louait Dieu de sa bonne fortune et Troylus faisait le contraire ; en se dolant le maudissait. Dedans les batailles et estours entrait toujours Troylus le premier, cherchant Dyomèdes plus que tout autre, et plusieurs fois s'entretrouvèrent l'un l'autre en se faisant de vilains reproches, et s'entredonnèrent de très-grands et merveilleux coups telles fois de taille, et s'entrevendaient à merveilles chèrement leur folle amour. Mais Fortune n'avait pas disposé que l'un fournît le propos de l'autre. Le courroux de Troylus, tant que dura la guerre, fit sans nulle faute beaucoup d'ennui et de dommage aux Greux. Il ne semblait point homme en la bataille, mais un diable, tant donnait d'horribles et grands coups. Mais depuis long espace de temps après qu'il en eut fait mourir plus de IIII m. misérablement de sa main, le tua le vaillant capitaine des Greux nommé Achille. Cette fin eut Troylus en l'amour de Brisaïda. Cette fin eurent toutes ses misérables douleurs, lesquelles jamais à autres ne furent pareilles. Cette fin eut le fils du roi qui était bel entre les beaux avec son palais royal. Cette fin eut l'espérance vaine qu'avait Troylus en la belle Brisaïda, fausse, traîtresse et déloyale.

CINQUANTE-SIXIÈME HISTOIRE TRAGIQUE

Traduite de Bandello par Belleforest.

[Extraits.]

Timbrée de Cardone devient amoureux, à Messine, de Fénicie Lionati : et des divers et étranges accidents qui advinrent avant qu'il l'épousât.

Les Chroniques, tant de France et d'Espagne, que de Naples et Sicile, sont assez pleines de cette mémorable et cruelle boucherie de Français qui fut faite en Sicile, en l'an de Notre-Seigneur 1283. Auteur d'une telle conjuration, un nommé Jean Prochite qui était instigué à ce faire par le roi Pierre d'Aragon [1] qui ne tendait qu'à la jouissance de cette île. Dès aussitôt que ce roi inhumain eut ouï les succès du conseil qu'il avait donné et sut que le nom français était exterminé dans l'île, ne faillit de dresser soudainement une armée pour se faire seigneur d'icelle; et après la victoire remportée à Panorme sur Charles, comte d'Anjou, il se retira à Messine, et y mit le siége de son royaume.

Entre une grande troupe de seigneurs de la suite royale, en y avait un estimé fort vaillant de sa personne et qui avait fait preuve de sa gaillardise, en toutes les guerres contre les Français, et ailleurs, et pour ce fort aimé et caressé du prince, et s'appelait ce gentilhomme Timbrée de Cardonne [2], duquel pour la plus part cette histoire est bâtie, et pour raison de l'amour qu'il porta à une fille messinoise, le père de laquelle avait à nom Lionato de Lionati [3], gentilhomme de maison ancienne

---

[1] Don Pedro, dans *Beaucoup de bruit pour rien*.
[2] Claudio.
[3] Léonato.

entre les Siciliens. Cette demoiselle s'appelait Fénicie [1], belle entre les plus belles, gentille, courtoise, et qui, en bonne grâce et doux maintien, emporta celles qui, de son temps, vivaient en la royale cité de Messine. Or, Timbrée étant fort riche, comme celui qui ayant fait le devoir en toute expédition et par terre et par mer, se ressentait de la libéralité royale, ayant, outre sa pension, plus de douze mille ducats de rentes, nonobstant sa richesse, ni la grâce de son roi. Amour ne cessa de lui faire la guerre, et, ayant eu le dessus, le rendit son esclave sous le voile des grandes perfections de la beauté de Fénicie, laquelle était encore de fort bas âge, comme celle qui ne passait guère plus de quatorze à quinze ans. Timbrée ne faisait que passer et repasser devant le logis de Lionato pour y voir celle que déjà il adorait dans son âme. Or ne faut s'ébahir si Timbrée, quoique grand seigneur, étant comte de colisan et favori du roi, se contentait d'amouracher sa maîtresse des yeux seulement; vu qu'en ce pays-là les femmes ne sont si familièrement visitées, je ne dirai pas qu'en France, mais encore qu'en plusieurs endroits d'Italie : d'autant une personne ne parle à elles que par procureur, si ce n'est ceux qui sont fort proches de sang. Fénicie, voyant ce seigneur aller ainsi tournoyant à l'entour de sa maison, et sachant quel il était, et de quelle valeur, le voyant vêtu fort richement et toujours bien accompagné, outre ce qu'il était beau, jeune, gaillard et gracieux, elle lui montrait bon visage, et lui la saluant, elle lui faisait courtoisement la révérence. Timbrée délibéra d'essayer par tout moyen de gagner l'amour déjà ébranlé de la fille, et d'en avoir la jouissance, car au mariage ne pensait-il point alors, comme n'étant elle de fille pareille avec lui. Il fit si bien que gagnant une vieille du logis de Lionato, il lui donna

[1] Héro.

une lettre pour porter à sa dame. La vieille qui portait ce message, sachant la grande vertu de cette fillette, n'osait presque lui découvrir son fait, et ne s'y fût jamais enhardie, si elle n'eût vu Fénicie faire la révérence, étant en fenêtre, lorsque le seigneur de Cardone passait. Aussitôt que la fille fut sortie de la fenêtre, la messagère d'amour lui dit : — « Eh bien, ma fille, ce gentilhomme qui passe par là, est-il bien avant en vos bonnes grâces, puisque vous en faites si grand compte que de le saluer? Que diriez-vous s'il était amoureux de vous et que pour cette occasion il vous caressât et honorât de telle sorte! — Il me ferait grand honneur pourvu que son cœur s'égalât à la pureté du mien, qui ne désire d'aimer jamais un homme que celui à qui mes parents me donneront en mariage, ce qui ne peut être de ce seigneur qui est trop grand pour s'allier à notre maison. — Je ne sais ce que c'est (dit la vieille), ni à quoi il tend, mais voilà une lettre qu'il s'est enhardi de vous écrire, voyant le bon accueil que vous lui faites, lorsqu'il vous salue à la fenêtre. » Fénicie ouvrit la lettre et lut tout au long ce qui était contenu en icelle, de quoi elle rougit bien fort, puis s'adressant à la vieille, lui dit : « Je ne sais si le comte de Colisan pense que je sois quelque volage, mais d'une chose m'offensé-je bien fort en cette lettre, c'est qu'il me veut parler en secret et découvrir qu'il ne peut ouvrir à autre. De l'aimer autrement qu'avec le respect dû à mon rang et chasteté, jamais ne puissé-je vivre, si jamais cela tombe en mon esprit, ayant cela résolu en moi, que jamais l'amour n'entrera dans mon cœur que de celui que Dieu me réserve pour seigneur et mari. Plutôt Fénicie choisira la mort que l'amour, si, en aimant chastement, elle ne peut se garder entière en son honneur. »

La vieille avertit de cette réponse le seigneur de Cardone, et lui déclara mot à mot les paroles sages et vertueuses de la fille, lui disant qu'il serait impossible de lui rompre ce vouloir... La chasteté de Fénicie fut cause que ce bon seigneur, qui n'avait rien de corrompu en soi, laissa la poursuite folle d'amour pour, selon Dieu, se faire une amie et alliée à jamais. A cette cause s'adressant à un gentilhomme messinois qui lui, était ami, il lui découvre son affection, ce que l'autre trouve fort bon et l'incite de persister. Timbrée le prie d'en parler à Messer Lionato, sur sa promesse et foi : le Messinois lui promet, et soudain l'exécute avec une telle félicité que le père de Fénicie, s'estimant plus qu'heureux d'une telle alliance, accorda le mariage. Et se sentait si saisi de contentement qu'étant en son privé à son logis, il dit à sa femme ce qu'il avait accordé avec le messager du comte de Colisan qui lui demandait sa fille pour épouse : de quoi la femme était la plus joyeuse du monde, sachant à qui elle faisait alliance. Puis s'adressant à Fénicie, il lui dit le mariage qu'il avait bâti entre elle et le seigneur de Cardone. Cette nouvelle porta un plaisir extrême en l'esprit de Fénicie, et remercia Dieu de très-bon cœur de la grâce qu'il lui plaisait lui faire de donner une si heureuse fin à son amour si chaste et si entier. Mais la misère humaine et le sort qui nous conduit, ne cessant jamais d'empêcher le bien d'autrui, ne faillit aussi à donner un terrible obstacle à ces noces, de chacun tant désirées.

Il y avait à Messine un gentilhomme fort riche, et grand ami et compagnon d'armes de Timbrée, lequel avait à nom Gironde Olérie Valérian, homme preux et vaillant, et estimé des plus magnifiques et libéraux d'entre les courtisans. Celui-ci était devenu si amoureux de Fénicie qu'il lui semblait que son heur était une félicité insupportable, s'il ne gagnait cette fille pour son épouse, et oyant parler que le mariage d'elle et du comte de Colisan se faisait, fut si saisi de crève-cœur, que, sans avoir égard ni à la raison ni à son honneur, il trama en son esprit une menée indigne d'un cœur noble, et délibéra de semer un champ ample de discorde entre Timbrée et ses nouveaux alliés. Comme il a fait son complot en son âme, il trouve homme tout propre à mal faire, et aussi homme de bien que ceux qui vivent à Paris à gages, n'ayant affaire que de tuer, ou servir de faux témoins, pourvu qu'on leur fasse pleuvoir l'or en leur bourse. Ce galant attitré par Gironde, était un courtisan des plus parfaits, homme de bon esprit, mais qui l'appliquait toujours à mal, dissimulé, déloyal, flatteur, et ne se souciant d'autre chose que du gain présent. Celui-ci bien informé qu'il est, s'en alla vers le comte de Colisan, et le pria qu'il lui pût parler un peu en secret : ce que lui étant octroyé, il commença à ourdir ainsi sa trame en disant : « Monsieur, comme hier je fus averti de l'alliance que Votre Seigneurie fait avec messer Lionato de Lionati, je me trouvai le plus étonné du monde, tant pour voir un si grand seigneur que vous s'abaisser à prendre femme si inégale à votre rang, que pour autre respect de plus grande conséquence, et qui vous touche de si près que, vous le sachant, je m'assure que voudriez avoir donné la moitié de votre bien, et que la chose ne vous fût point advenue. Mais, Monsieur, afin que je ne vous tienne point longuement en suspens, il faut que vous entendiez, ce qui est aussi vrai que l'Évangile que toutes les semaines il y a un gentilhomme, mien ami, qui va coucher deux ou trois fois avec votre Fénicie, et m'assure qu'il ira ce soir, lequel j'y dois accompagner comme j'ai de coutume. Si vous me voulez jurer de n'offenser ni le gentilhomme, mien ami, ni homme de sa troupe, je ferai que vous-même verrez et le lieu où il entre, et comme il s'arrête dedans à son aise. « Pensez si le seigneur de Cardone fut étonné oyant une parole si dur; ayant discouru longtemps en son esprit, vaincu de juste douleur (comme il lui semblait), il répondit au galant en cette sorte : « Mon ami, quoique ces nouvelles me soient fort déplaisantes, si est-ce que je ne dois ni ne peux faire autrement que de bon cœur, je ne vous en remercie, puisque par effet vous me montrez en quel égard je vous suis, et combien vous prisez mon honneur et réputation. Puisque de votre bon gré vous vous êtes offert à me faire voir ce que jamais je n'eusses osé imaginer, je vous prie, par cette amitié qui vous a induit à m'aviser de cette trahison, que franchement vous accompagniez ce votre ami jouissant, car je vous jure la foi de chevalier que je ne vous donnerai nuisance ni destourbier aucun, mais tiendrai la chose aussi secrète que les plus cachés conseils de mon âme. » Le courtisan dit alors au comte : « S'il vous plaît donc, Monsieur, vous ne faillirez de vous trouver sur les onze heures du soir près le logis de messer Lionato, tout joignant ces ruines qui sont vis-à-vis de son jardin, et vous y tiendrez au guet : vous assurant que de ce lieu en avant vous ferez découverte de ce quoi je vous ai donné avis. »

Or, de ce côté répondait une face du corps de logis du beau-père de Timbrée, ou il y avait une salle antique en laquelle ni en tout ce corps de logis personne n'habitait point : et en la salle avait des fenêtres répondantes, et sur la rue, et sur le jardin, où souvent de jour Fénicie venait prendre l'air, car d'autre licence de se promener n'avait-elle point : et ces fenêtres demeuraient toujours ouvertes, à cause que ce côté de maison était inutile. Le courtisan s'en alla vers Gironde, lui faisant récit de ce qu'il avait mis à fin, de quoi il se montra très-joyeux et loua grandement son invention. Étant venue l'heure assignée, le déloyal Gironde fit vêtir richement un sien serviteur, lequel était instruit au badinage, et le parfuma et musqua, comme une courtisane des plus magnifiques de Rome ; et ainsi paré, s'en allèrent vers celui qui dressait la partie ; et le parfumé et un autre portant une échelle à bras, au lieu du palais de Lionato qui avait été assigné au seigneur de Cardone. Lequel, pour s'éclaircir de ce qu'il ne voulait savoir, était allé de bonne heure au lieu de son assignation... Comme les trois passaient devant le lieu de son embûche, il entendit que M. le Parfumé dit à celui qui portait l'échelle : « Prends bien garde d'asseoir mieux l'échelle que la dernière fois que nous vînmes ici, car ma Fénicie me dit que tu l'avais appuyé avec trop de bruit ! » Je vous dirai bien que Timbrée semblait que reçut autant de coups de lance à travers le cœur, comme il entendait les paroles de celui qu'il estimait être son corival. Si est-ce que peu s'en fallut qu'il ne leur courût sus, pour tuer celui qui lui faisait une injure si grande. Mais lui souvenant de sa promesse et foi jurée au courtisan détestable, aima mieux endurer cette escorne qu'assaillir son ennemi.

Plus sentit-il grand le crève-cœur, voyant l'échelle appuyée tout bellement, et l'ami supposé entrer dans le palais tout ainsi comme s'il eût eu l'entrée libre par la porte. Ce fut alors que le comte de Colisan se tint pour assuré de la déloyauté de sa fiancée. Laissant toute jalousie à part, et ne se souciant de plus avant s'enquérir du fait, il changea cette amitié qui l'avait induit à vouloir épouser Fénicie en une si grande haine que, sans attendre la fin de cette farce, il se retira tout confus, et plein de maltalent, marmonnant la patenôtre du singe, et disait ainsi en s'en allant : « Et que sert-il de me fâcher pour chose que j'ai vue? Ne vaut-il pas mieux que je le sache, avant d'être lié avec cette écervelée, que puis après mon infamie, elle me fît cerf et servît de monture à mes dépens à celui qui en a eu la première possession? Aillent à tous les diables telles mâtines avec leurs dissimulations, et vive joyeux Timbrée, sans plus se passionner pour la méchanceté de cette louve! »

Timbrée, qui ne reposa guère toute cette nuit, comme celui qui avait la puce à l'oreille, se leva fort bon matin, et envoya quérir le Messinois, à qui premièrement il donna charge de demander pour épouse en son nom Fénicie à Lionato, auquel il enchargea la défaite de ce mariage, lui disant l'occasion qui lui semblait suffisante et juste. Le Sicilien obéit au comte et s'en alla sur le dîner touver le père de Fénicie, qui était en salle avec sa femme et sa fille, et les voyant assemblés, il dit à Lionato : — « Mon grand ami, je suis marri que moi qui ai été annoncester ces jours passés de bonnes nouvelles, faille que je sois à présent celui qui vous en apporte de déplaisantes. Le seigneur de Cardone m'envoie vers vous tout exprès pour vous dire que vous cherchiez un autre mari pour votre fille, d'autant qu'il ne vous veut point pour père, et non de défaut qui soit en vous qu'il estime pour gentilhomme fort vertueux, mais pour avoir vu en Fénicie chose telle que jamais il n'eût osé soupçonner. Quant à vous, Fénicie, il m'a prié de vous dire que ce n'était lui qui devait recevoir un si fâcheux guerdon de l'amitié qu'il vous a portée jusqu'ici, que de le tromper si traîtreusement que vous ayez fait autre amant que lui, et lequel ayant joui de votre virginité, vous prendrez pour mari tout à votre aise, car il ne prétend labourer au terroir qui a été défriché par un autre. »

Ces nouvelles donnèrent tel étonnement à cette petite troupe que le plus affecté des trois demeura immobile comme une statue. Toutefois le père, prenant cœur, répondit en telle sorte : « Je me suis toujours douté, dès que vous me parlâtes de ce marier, que le seigneur de Cardone ne persisterait pas en sa demande, à cause que je suis pauvre gentilhomme. Mais s'il se repent pour ma fortune, il faut qu'il sache que, quoique les grandes richesses me manquent, si est-ce que mes ancêtres n'ont été que des plus grands et illustres de ce pays, et ne sais si le comte de Colisan en montrerait de si belles enseignes des siens que je peux faire de ceux desquels j'ai pris origine. Vous lui direz que je ne suis marri d'autre chose que du tort qu'il fait à mon enfant, duquel je répondrais au prix de ma vie, ayant de si près épié les actions de sa vie qu'il est impossible que la vérité ait place en ce qu'il vous a chargé de nous dire. »

Comme celui-ci s'en est allé, Fénicie, voyant combien on lui faisait de tort en l'accusant d'un crime où jamais elle n'avait pensé, tomba en telle syncope et saisissement que, sans jeter une seule larme, elle tomba du haut de soi toute évanouie et si décolorée et amortie, qu'un membre mort n'est pas plus pâle ni froid qu'elle demeura au seul récit de si piteuse nouvelle. Elle est portée sur un lit... A ce fier et merveilleux accident, on eût vu le misérable père battre son estomac, se disant malheureux d'avoir jamais accepté l'alliance d'un grand; d'autre côté, la mère s'arrachait les cheveux, et ne pardonnait à partie de son corps, tant elle était démesurément outrée de douleur... La bonne dame retint avec elle une sienne belle-sœur, femme du frère de Lionato, et s'enfermèrent elles deux en la chambre de la fille; mirent de l'eau chauffer; puis, dépouillant Fénicie, se mirent à la laver avec cette eau ainsi chaude : sitôt que le sang refroidi sentit la chaleur, les esprits se remettant en devoir, et reprenant leur force, donnèrent un signe évident de la vie de celle qu'on tenait pour morte, laquelle commença à ouvrir les yeux. La mère et la tante, voyant un si bon commencement, échauffent des draps, la frottent si bien, que la fille revient du tout en soi, laquelle, soupirant fort hautement, dit : « Hé Dieu, et où est-ce que je suis? » La mère soudain appela son mari, lequel sentit si grande liesse de cette occurence qu'il ne le put dissimuler, mais baisant sa fille, lui dit qu'elle se confortât sur lui. Et fut mis en délibération et accordé qu'on continuerait la nouvelle et bruit de sa mort, et cependant Fénicie s'en irait aux champs, pour être nourrie avec ses oncles et tantes : ce qui fut fait dès le soir même, après qu'ils l'eurent restaurée avec confitures et autres choses délicates; et ce afin qu'elle devenue plus grande, on la pût pourvoir honnêtement sous un autre nom, étant reçu partout que Fénicie était trépassée.

Le cercueil est dressé où la mère mit ce que bon lui sembla, en lieu du corps de la fille, fermant le coffre, et l'étoupant de poix de toutes parts, si bien que chacun estimait que là fût enclos le corps de la misérable. L'appareil des funérailles étant fait, le corps est porté en terre, avec les pleurs et plaintes de tous les Messinois. Et n'y en avait aucun qui ne détestât le seigneur de Cardone, ayant cette opinion qu'il avait mis cette calomnie sur la fille trépassée, à tort, et pour n'être contraint de la prendre pour femme. Timbrée avait un deuil insupportable en son esprit, et sentait ne sais quel élancement de cœur qui lui proposait à toute heure le tort qui avait été fait à Fénicie.

Mais comme le comte de Colisan se tourmentait, voici Geronde qui (se voyant être le vrai bourreau et de l'honneur et de la vie de Fénicie) se repent de son forfait et délibère, à peine de mourir, de découvrir à Timbrée la trahison qu'il lui avait dressée pour le priver de son épouse... Et pour ce, s'en allant au palais du roi, il trouve celui qu'il cherchait, auquel il fit requête de se venir promener en une église voisine, ayant à lui dire des choses qui lui étaient d'importance. Le comte qui l'aimait lui accorde, et s'en vont au temple même, où les ossements supposés de Fénicie gisaient ; et y entrants seuls, ils vinrent devant le tombeau qui était le monument de la famille Léonatine. Sitôt qu'il est là, il dégaîne sa dague, et la baille en main au seigneur de Cardone, lequel fut étonné de cet acte. A Timbrée donc parla Geronde agenouillé, en ces termes : « Illustre seigneur, c'est raison que ce fer que vous tenez en votre main soit celui qui vous venge, et que votre main fasse l'office de telle vengeance, sacrifiant le sang de ce gentilhomme misérable aux os et mémoire de l'innocente Fénicie, laquelle gît ici morte : de la ruine de laquelle moi seul ai été l'occasion. Voici ma gorge, vengez-vous sur elle, et pour vous, et pour votre Fénicie, malheureusement trahie ! » Le comte de Colisan ne savait que penser tant il était étonné de cette occurence ; il fit lever Geronde, jetant le poignard loin de lui, et le pria de lui conter cette histoire, ce que l'autre fit pleurant avec telle véhémence que les sanglots interrompaient souvent sa parole. Le comte oyant ceci fut plus étonné que de chose qu'il eût ouïe de sa vie, et était si triste que la couleur et les larmes qui coulaient le long du visage donnaient assez d'évidence de son altération. Il plaignait celle qu'il estimait morte, et s'offensant du forfait de son ami ennemi, ne voyait guère grande occasion de s'aigrir contre lui, voyant que c'était l'amour qui l'avait induit à ce faire, mais jugeant en soi-même que la défaite de celui-ci ne servirait de rien pour la recouvrance de sa Fénicie. Et pour ce il lui parla ainsi : « Geronde, puisque Dieu a voulu que ce désastre éprouvât ma patience, je suis marri de votre fait, n'en voulant votre vengeance que votre confession. Ce que je vous requiers est tant pour votre acquit que pour le mien : c'est que, puisque Fénicie a été diffamée par notre moyen, ce soyons aussi nous deux qui lui restituons sa bonne renommée, tant envers ses parents que tout le peuple de Messine ; autrement jamais je n'aurais plaisir au cœur, me semblant que toujours j'aurais son ombre devant mes yeux, laquelle me reprocherait ma déloyauté ! — C'est à vous, Monsieur, dit Geronde, à me commander, et à moi à vous obéir ; c'est à vous à qui honneur est dû pour votre courtoisie, et à moi vitupère à cause de ma perversité qui ai trahi le meilleur chevalier qui vive : et disait ceci avec tel crève-cœur que Timbrée ému à compassion le prit par la main disant : Laissons ces propos, mon frère, et allons visiter les parents de la défunte, sur le tombeau de laquelle ils se jetèrent tous deux, lui requérant merci. Puis prirent le chemin du logis de Lionato, lequel dînait avec plusieurs de ses parents, et, sitôt qu'il entendit que ces deux seigneurs lui voulaient parler, leur vint au-devant et les recueillit fort gracieusement. Aussi dès qu'ils fussent assis, le comte raconta la douloureuse histoire qui avait causé la mort avant saison de l'innocente Fénicie ; et le récit fini, lui et son compagnon, se jetèrent aux pieds des parents, leur requérant pardon d'une méchanceté si grande, et forfait tant abominable. Le bon gentilhomme Lionato les embrassa amoureusement, leur pardonna de bon cœur, louant Dieu de ce que sa fille reconnue pour innocente. Timbrée, après plusieurs propos, dit à son beau-père failli et qui le fut bientôt après : « Mon père, puisque la fortune n'a point voulu que je fusse votre gendre, je vous prie néanmoins de me tenir pour fils et user du mien comme de ce qui est vôtre, et verrez à l'effet que le cœur n'est en rien éloigné des paroles. » Le bon vieillard, oyant si courtoises offres, lui dit : « Monsieur, puisque si libéralement vous vous offrez à me faire plaisir, je prendrai la hardiesse de vous supplier d'une chose; sur tout l'amour que jamais vous portâtes à ma misérable fille : c'est que vous voulant prendre femme me fassiez cet honneur que de m'en avertir; et si je vous donne femme qui vous vienne à gré, que vous la preniez de moi comme de celui qui vous aime autant que si vous étiez sorti de mes entrailles. » Le comte, embrassant le bonhomme, lui dit : « Monsieur mon père, non-seulement je ne prendrai de ma vie femme sans votre conseil, mais celle seule sera mon épouse, laquelle par vous me sera donnée, et de ceci je vous engage ma foi, en prenant Dieu à témoin. » Lionato lui promit de le loger si bien qu'il n'aurait occasion de se plaindre de l'avoir choisi pour lui chercher une compagne.

Cependant que Timbrée fréquente familièrement avec Lionato, Fénicie devint grande et refaite, et fort gentille, ayant l'an 18 de son âge; n'était plus simple, ainsi que sont ordinairement les enfants, mais si sage que, le tout bien contemplé, encore ne l'eût-on pas reconnue de prime face pour cette Fénicie jadis accordée au comte de Colisan. Elle avait une sœur qui la suivait et approchait fort en beauté et en âge, comme celle qui avait atteint l'an 15 et s'appelait Blanchefleur. Lionato voyant ces deux fruits si mûrs délibéra de mettre fin à son entreprise, et dit un jour au comte : « Il est temps, Monsieur, que je vous délie de l'obligation à laquelle de votre grâce vous vous êtes astreint à moi, car je pense vous avoir trouvé une demoiselle pour épouse, autant belle, sage et gentille qu'il en soit en cette contrée, et de laquelle (à mon avis) vous serez content l'ayant vue. S'il vous plaît venir dimanche et mener avec vous le seigneur

Geronde, en un village à deux milles de Messine, nous vous ferons compagnie, moi et mes parents, et là verrez la fille que je vous ai dit, et dînerons ensemble. » A quoi Timbrée s'étant accordé, il sollicita son compagnon, et le dimanche de bon matin, Lionato le venant trouver avec ses parents, ils allèrent ensemble au village du frère de Lionato. Ils ne furent pas si entrés au logis que voici sortir (comme du cheval troyen) d'une chambre un escadron de damoiselles, entre lesquelles reluisaient en beauté et en bonne grâce Fénicie et Blanchefleur, comme le soleil et la lune, entre toutes les clartés qui sont au ciel. Alors Lionato prenant par la main le comte de Colisan, et s'accostant de Fénicie, qu'on appelait Lucilie, lui dit : « Monsieur, voici la damoiselle que je vous ai choisie pour épouse. » Timbrée, voyant une beauté tant rare et exquise, se plut grandement en elle, et pour ce il répondit : Mon père, je prends dès à présent cette damoiselle pour mon épouse légitime, pourvu qu'aussi elle y consente de son côté. » — « Quant à moi, dit la fille, je suis prête d'obéir à tout ce qu'il plaira au seigneur Lionato me commander. » — « Je veux donc, dit le bonhomme, que vous preniez à mari et époux le seigneur comte de Colisan, et vous exhorte de l'aimer comme il le mérite, et lui obéir comme la femme doit à son mari, qui comme chef, a sur elle puissance. » Cet accord fait, fut appelé le prêtre qui les fiança. Timbrée ainsi épousa sa Fénicie pensant prendre une Lucilie, et sentait ne sais quoi en son cœur qui le tirait à aimer uniquement cette fille, pour le rapport de sa face (comme il lui semblait) à celle de sa défunte maîtresse, tellement qu'il ne pouvait se soûler de la regarder. Qui fut cause qu'eux étant à table et sur la fin du dîner, une tante de Fénicie, voyant le comte si attentif à contempler son épouse, lui va dire joyeusement : « Monsieur, je vous prie me dire si jamais fûtes marié. » Lui, oyant cette parole, ne put tant se commander que les larmes ne lui coulassent le long de la face : « Ah! Madame, dit-il, que vous renouvelez une grande plaie en mon cœur ; laquelle tourmente si fièrement mon esprit qu'à peine il ne me laisse pour s'attendre au contentement qu'il aurait en l'autre monde, jouissant seulement de la vue de ma chère Fénicie !... Cette damoiselle me plaît bien, je le confesse ; mais si auparavant que de l'épouser, j'eusse pu recouvrer ma Fénicie, je n'ai rien si cher ni si précieux, qui n'y eût été employé, à cause que je l'aimais uniquement, et en était l'amitié si bien fondée, que si je vivais mille ans, je l'aimerais aussi bien absente que présente. » Le bonhomme Lionato, ne pouvant plus dissimuler son allégresse, tourna sa face vers le comte, et, avec un ris attrempé de larmes, il lui dit : « Vous montrez bien mal, Monsieur mon fils et gendre (car c'est ainsi que je puis appeler) avec l'effet la vérité de votre parole, vu qu'ayant épousé votre tant aimée Fénicie et lui ayant été voisin toute cette matinée, n'avez encore su la reconnaître ! Fénicie vit, elle est l'épouse de son mari promis ; je vous l'ai tirée du cercueil et de la porte de la mort, afin de vous la garder saine et pure, et de laquelle je vous ai fait et fais dès à présent maître et possesseur ! » Timbrée fut si étonné de cette nouvelle qu'il pensait être charmé. Enfin l'amour lui ouvrant les yeux, et revenu de sa pamoison contemplative, il se rue, les bras étendus sur le col de sa gentille épouse, il la baise, caresse et accole, et semblaient tous deux liés et collés ensemble, une vigne et un ormeau enlacés en un... Le seigneur Geronde, voyant que la tragédie était devenue comique, ayant demandé pardon de sa faute à Fénicie, et elle lui pardonnant, s'adressa à Lionato auquel il requit fort humblement sa fille Bellefleur en mariage, ce que le bonhomme lui octroya de bon cœur. Ainsi Geronde fut gendre, comme il l'avait autrefois desseigné, de Lionato et frère de son grand ami Timbrée... Le roi d'Aragon fit honneur à ces seigneurs, à leurs noces, y assistant, et lui, et Jacques, infant d'Aragon, son fils ainé. Le mal que Geronde avait dressé fut occasion d'un grand bien, car de Timbrée et Fénicie est sortie cette maison des Cardonne, tant renommés en Espagne et en Italie, si que de notre temps il y a eu don Pietro, comte de Colisan, grand connétable et amiral de Sicile, lequel mourut à la journée de la Bicoque, régnant en France Louis douzième, et Maximilien tenant l'Empire.

PANDOSTO OU LE TRIOMPHE DU TEMPS

Nouvelle de Robert Greene, traduite par F.-V. Hugo.

[Extraits.]

Dans le pays de Bohême, régnait un roi appelé Pandosto, qui par des succès fortunés dans ces guerres contre ses ennemis et par une généreuse courtoisie envers ses amis dans la paix, s'était fait grandement craindre et aimer de tous les hommes. Ce Pandosto [1] avait épousé une dame appelée Bellaria [2], royale par naissance, savante par éducation, belle par nature et fameuse par vertu. Ces deux époux, unis dans un parfait amour, vivaient dans un si heureux contentement que leurs sujets se réjouissaient de voir leurs paisibles dispositions. Peu de temps après leur mariage, la fortune, dé-

---

[1] Léonte dans le *Comte d'hiver*.
[2] Hermione.

sirant accroître leur bonheur, leur prêta un fils tellement embelli des dons de la nature que sa perfection augmenta l'amour de ses parents et la joie des communes. Ce jeune enfant fut appelé Garinter [1] et nourri dans le palais... Bientôt envieuse d'un si heureux succès, désirant donner quelques signes de son inconstance, la Fortune tourna sa roue et assombrit le brillant soleil de leur prospérité sous les nuages du malheur et de la misère: Car il arriva qu'Égistus [2], roi de Sicile, qui dans sa jeunesse avait été élevé avec Pandosto, désireux de montrer que ni aucun espace de temps, ni aucune distance de lieu ne pouvait diminuer leur amitié première, fréta une escadre de navires et fit voile vers la Bohême pour visiter son vieux camarade. A la nouvelle de son arrivée, celui-ci alla en personne, accompagné de sa femme Bellaria et d'un grand cortége de seigneurs et de dames, à la rencontre d'Égistus ; dès qu'il l'aperçut, il descendit de cheval, l'embrassa très-tendrement, et pria sa femme de faire fête à son vieil ami. Celle-ci (pour montrer qu'elle avait pour agréables ceux qu'aimait son mari) accueillit Egistus avec une courtoisie si familière que le roi de Sicile ne douta plus d'être le bienvenu. Après qu'ils se furent salués et embrassés, ils remontèrent à cheval et chevauchèrent vers la cité, devisant et se racontant les tendres passe-temps dans lesquels ils avaient passé leur enfance... Après avoir traversé les rues de la ville, ils arrivèrent au palais où Pandosto entretint Égistus et ses Siciliens dans de somptueux banquets. Bellaria, qui dans son temps était la fleur de la courtoisie, voulant montrer son amour pour son mari par ses prévenances envers ses amis, traitait Égistus assez

---

[1] Mamilius.
[2] Polixène.

famillièrement pour témoigner par ses actes combien son âme lui était sympathique : elle allait elle-même souvent dans sa chambre à coucher pour voir si tout était à sa convenance. Cette honnête familiarité s'accroissait chaque jour entre eux; Bellaria remarquant dans Egistus une âme princière et généreuse, et Egistus découvrant dans Bellaria une disposition vertueuse et courtoise, il se fit une si secrète union de leurs affections que l'un n'était jamais bien sans la société de l'autre. Aussi, lorsque Pandosto, occupé d'affaires urgentes, ne pouvait tenir compagnie à son ami Egistus, Bellaria se promenait avec lui dans le jardin, et tous deux passaient le temps, à leur grande satisfaction, dans des entretiens privés et enjoués. Cette habitude continuant toujours entre eux, une certaine passion pénétra dans l'âme de Pandosto et lui inspira diverses pensées soupçonneuses. Il commença alors à mesurer toutes leurs actions et à interpréter à mal leur familiarité trop privée, jugeant qu'elle n'était point une affection honnête, mais un caprice désordonné; et il se mit à les surveiller pour voir s'il ne pouvait pas acquérir une preuve certaine à l'appui de ses soupçons. Tandis qu'il observait leurs gestes et leurs regards, eux, ces deux folles âmes, ne se doutant pas de ses intentions traîtresses, se fréquentaient chaque jour. L'esprit obsédé de jalousie, Pandosto se persuada que son ami Egistus le trichait : sur quoi, pour se venger, il résolut, tout en dissimulant sa rancune sous une apparence amicale de lui jouer le tour d'un ennemi. Après avoir réfléchi comment il pourrait se débarrasser d'Egistus sans être soupçonné de l'avoir occis traîtreusement, il se détermina enfin à l'empoisonner; et, pour mieux dépêcher l'affaire, il manda son échanson à qui il confia secrètement son projet, lui promettant pour récompense mille couronnes de revenu. L'échanson, soit par scrupule de conscience, soit afin de repousser pour la forme une si sanguinaire requête, essaya par de grandes raisons de dissuader Pandosto, lui montrant quelle offense le meurtre était envers les dieux. Mais les conseils de Franion [1] (c'est ainsi qu'il s'appelait) ne purent détourner le roi de sa diabolique entreprise. Il accabla son homme des plus amers reproches, et lui dit que s'il voulait empoisonner Egistus, il l'élèverait à de hautes dignités, tandis que, s'il persistait dans son obstination, aucune torture ne serait trop grande pour punir sa désobéissance. Si bien que Franion, jugeant inutile de lutter contre le courant, consentit à dépêcher Egistus à la prochaine occasion : ce dont Pandosto resta quelque peu satisfait, résolu d'ailleurs, aussitôt qu'Egistus serait mort, de donner à sa femme une soupe de la même sauce, et de se débarrasser ainsi de ceux qui lui causaient cette incessante douleur... Franion, voyant qu'il lui fallait mourir avec une âme pure ou vivre avec une conscience souillée, prit enfin le parti de révéler la chose à Egistus. Un soir, il alla au logement d'Egistus, sous prétexte de l'entretenir de certaines affaires qui touchaient le roi, et, quand tous eurent été congédiés de la chambre, il lui déclara toute la conspiration que Pandosto avait ourdie contre lui... Egistus n'eut pas plutôt entendu ce récit que la frayeur le fit trembler de tous ses membres, s'imaginant qu'il y avait quelque trahison là-dessous, et que Franion dissimulait sa ruse sous de fausses couleurs, il se mit en grande colère, et dit qu'il ne doutait pas de Pandosto, puisqu'il était son ami, et que jamais il n'y avait eu aucune rupture de leur amitié : il n'avait pas cherché à envahir ses terres, à conspirer avec ses ennemis, à dissuader ses sujets de leur

---

[1] Camillo.

allégeance; il ne voyait donc aucune raison pour que Pandosto en voulût à sa vie, et soupçonnait que c'était quelque machination des Bohémiens pour le brouiller avec le roi. Franion, l'arrêtant au milieu de son discours, répondit que sa majesté se méprenait sur ses intentions, puisqu'il avait pour but d'empêcher la trahison, et non d'être traître; que, comme preuve de sa sincérité, si sa majesté voulait se retirer en Sicile pour sauvegarder sa vie, il s'offrait à l'accompagner... Entendant la protestation solennelle de Franion, Egistus commença à réfléchir que les monarchies sont sans foi ni loi comme l'amour, et à soupçonner que Pandosto cherchait à ruiner ses sujets par la mort et, à envahir la Sicile à la tête d'une rapide expédition. Tous ces doutes bien pesés, il remercia fort Franion et lui promit de le créer duc en Sicile, s'il pouvait retourner sain et sauf à Syracuse... La Fortune, quoique aveugle, favorisa cette juste cause en leur envoyant un bon vent au bout de six jours; Franion, voulant profiter du moment et éloigner les soupçons de Pandosto, alla le trouver la nuit, la veille du jour fixé pour le départ, et lui promit que le lendemain il accomplirait la volonté du roi, car il s'était procuré un poison si terrible que sa seule odeur causait une mort soudaine; Pandosto fut joyeux d'entendre cette bonne nuvelle, mais il fut déçu dans son espoir de vengeance. Car Egistus, craignant que le retard ne produisit un danger, plia bagage, et, aidé de Franion, sortit avec ses gens par une poterne de la cité, si secrètement et si promptement que tous arrivèrent au bord de la mer et s'embarquèrent, prenant congé de la Bohême avec force amères imprécation. Tandis qu'ils voguaient paisiblement sur les flots, grand était l'émoi de Pandosto et de ses sujets.

Le roi s'imagina que Franion et sa femme Bellaria

avaient conspiré avec Egistus, et que, si celui-ci avait pu se sauver secrètement, c'était seulement grâce à l'ardente affection qu'il avait inspirée à la reine ; enflammé de rage, il ordonna qu'on enfermât sa femme en prison jusqu'à nouvel ordre. Les gardes, répugnant à mettre la main sur une princesse si vertueuse, allèrent tristement exécuter leur consigne. En arrivant chez la reine, ils la trouvèrent jouant avec son fils Garinter et lui expliquèrent en pleurant leur mission. Bellaria, étonnée d'une si cruelle censure et trouvant dans sa conscience pure un infaillible avocat, se rendit avec empressement en prison, où elle attendit avec des soupirs et des larmes le moment de son procès. Pandosto, voyant qu'il ne pouvait pas atteindre Egistus, résolut d'assouvir toute sa fureur sur la pauvre Bellaria. Il fit donc faire dans tout son royaume une proclamation publique, qui déclarait la reine et Egistus coupables d'avoir, avec l'aide de Franion, commis un adultère incestueux, et en même temps conspiré contre la vie du roi ; sur quoi le traître Franion s'était enfui avec Egistus, et Bellaria avait été justement emprisonnée... Malgré les instincts de vengeance qui l'excitaient à la guerre, Pandosto avait réfléchi que non-seulement Egistus était par sa puissance et par sa prouesse un adversaire redoutable, mais qu'en outre il avait dans son alliance une foule de rois, prêts à l'aider s'il en était besoin ; car il avait épousé la fille de l'empereur de Russie. Ces considérations avaient quelque peu diminué son courage, et il avait résolu, puisque Egistus avait échappé sans fournir son écot, que Bellaria payerait pour tous au prix le plus exhorbitant... Le roi n'ayant pas voulu l'entendre ni l'admettre à se justifier, Bellaria fit de nécessité vertu et se résigna à supporter patiemment sa triste infortune. Tandis qu'elle était ainsi accablée par les calamités (surcroît de douleurs), elle découvrit qu'elle était mère, et sentit un enfant s'agiter dans son corps.

Aussitôt elle se mit à fondre en larmes, accusant la Fortune et se tordant les mains. Le geôlier, apitoyé par son désespoir, et croyant que, si le roi savait qu'elle était en mal d'enfant, il apaiserait un peu son courroux et la relâcherait de prison, se rendit en toute hâte auprès de Pandosto pour lui déclarer la nature des souffrances de Bellaria. Dès que le roi eût entendu le geôlier dire qu'elle était en mal d'enfant, il fut saisi de frénésie, et, se levant avec rage, jura qu'il les ferait mourir, elle et son marmot bâtard, quand même les dieux diraient : non, — convaincu comme il l'était par le calcul de l'époque que c'était Egistus, et non pas lui, qui était le père de l'enfant. Bellaria mit au monde une belle et jolie fille : Pandosto ne l'eut pas plutôt appris qu'il décida que Bellaria et la jeune enfant seraient brûlées vives. Les nobles, entendant la cruelle sentance du roi, cherchèrent par la persuasion à le détourner de sa décision sanguinaire. Leurs raisons ne purent calmer sa rage : il resta résolu à ceci que, Bellaria étant adultère, l'enfant était une bâtarde, et qu'il ne souffrirait pas qu'un infâme marmot l'appelât son père. A la fin, cependant, il consentit à épargner la vie de l'enfant, tout en l'exposant à une mort pire. Car s'imaginant qu'elle était née par hasard, il voulut la remettre à la charge du hasard : il fit donc préparer une petite nacelle pour y déposer l'enfant et la livrer à la merci des mers et des destins. Bellaria n'eut pas plus tôt appris la rigoureuse résolution de son mari, qu'elle s'évanouit et que tous la crurent morte; pourtant, à la fin, ayant repris ses sens, elle proféra en sanglotant ces paroles : « Hélas ! douce enfant infortunée, haïe par la Fortune avant même de naître !... faut-il que ta mort prématurée paye la dette de ta mère et que son crime innocent soit pour toi une malédiction fatale!... Tu auras donc les mers pour refuge, et la barque dure pour berceau! Au lieu de doux baisers, ce seront les tempêtes amères qui se presseront sur tes lèvres! Le sifflement des vents sera pour toi le chant de la nourrice, et l'écume salée te tiendra lieu de doux lait!... Laisse-moi baiser ta bouche, enfant bien-aimée, et mouiller de mes larmes tes tendres joues et mettre cette chaîne autour de ton petit cou, afin que, si le destin te sauve, elle puisse aider à te secourir! Puisque tu vas disparaître dans la vague orageuse, je te dis adieu dans un douloureux baiser, et je prie les dieux de te protéger. » Si grande était sa douleur qu'elle s'évanouit de nouveau, et que, même après être revenue à elle, elle perdit la mémoire et resta longtemps immobile, comme en léthargie. Les gardes la laissèrent dans cette perplexité et portèrent l'enfant au roi, qui commanda que sans délai elle fût mise dans une barque sans voile et sans rien pour la guider et abandonnée au milieu de la mer. Les matelots, émus de pitié pour la dure fortune de l'enfant, la placèrent à l'un des bouts du bateau, sous un berceau de branches vertes qu'ils firent exprès pour la garantir autant que possible du vent et du mauvais temps, puis attachèrent la barque à un navire, la remorquèrent jusqu'en pleine mer, et alors coupèrent la corde. Aussitôt s'éleva une forte tempête qui secoua si violemment le petit bateau, que les marins crurent qu'il devait bientôt chavirer; l'ouragan devint même si violent qu'ils ne regagnèrent la côte qu'à grand'peine et à grand péril.

Retournons à Pandosto. Celui-ci, ayant assemblé ses nobles et ses conseillers, fit comparaître Bellaria dans un procès public, sous la prévention d'avoir commis l'adultère avec Egistus, d'avoir conspiré avec Franion pour empoisonner Pandosto son époux, et, enfin, le complot ayant été en partie surpris, d'avoir conseillé à ses complices de s'évader nuitamment pour assurer leur salut. Bellaria, se tenant comme prisonnière à la barre, et voyant que sa mort seule pouvait pacifier la fureur de son mari, s'enhardit jusqu'à demander justice, car elle ne pouvait espérer ni implorer pitié, et insista pour que les misérables parjures qui l'avaient calomniée auprès du roi fussent amenés devant elle pour donner leur témoignage. Mais Pandosto déclara que ses accusateurs étaient d'un tel crédit que leurs paroles étaient des preuves suffisantes, que d'ailleurs la brusque et secrète évasion d'Egistus et de Franion avait confirmé leur déposition, que, quant à elle, elle était dans son rôle en niant un crime si monstrueux, et qu'ayant perdu toute honte en commettant la faute, elle devait être assez impudente pour nier le fait; mais que ses arguments de mauvais aloi n'étaient pas valables et qu'elle serait punie, comme sa bâtarde, d'une cruelle mort. Bellaria, nullement interdite par cette rude réponse, répliqua à Pandosto qu'il parlait en colère et non en conscience, car jamais la tache du soupçon n'avait souillé sa vertu. Si elle avait eu de si aimables prévenances pour Egistus, c'était parce qu'il était l'ami du roi, et nullement par une impure affection : donc, si elle était condamnée sans autre preuve, c'était rigueur et non loi. — Les seigneurs qui siégeaient au jugement dirent que Bellaria avait raison et supplièrent le roi de permettre que les accusateurs fussent examinés et assermentés publiquement. Le roi répondit immédiatement que dans ce procès il pouvait et voulait se dispenser de la loi, que les jurés devaient prendre sa parole comme une preuve suffisante et que, sinon, il ferait repentir le plus fier d'entre eux. Les seigneurs, voyant le roi en colère, restèrent tous cois; mais Bellaria, craignant plus une infamie perpétuelle qu'une mort instantanée, se jeta à genoux et supplia le roi, au nom de l'amour qu'il avait pour son jeune fils Garinter, de vouloir bien envoyer six de ses nobles à l'île de Delphes, pour s'enquérir auprès de l'oracle d'Apollon si elle avait commis l'adultère avec Egistus ou tenté d'empoisonner le roi avec Franion ; — ajoutant que, si le dieu Apollon la déclarait coupable, elle se résignait d'avance à tous les tourments. La requête était si raisonnable que Pandosto ne pouvait la refuser sans honte.... Il choisit donc six de ses nobles qu'il savait peu favorables à la reine et les envoya à Delphes. Ceux-ci y arrivèrent au bout de trois semaines; à peine avaient-ils mis pied à terre qu'ils se rendirent au temple, et, là, ayant offert un sacrifice au dieu et des présents aux prêtres, implorèrent humblement une réponse à leur question. Ils ne furent pas plutôt à genoux devant l'autel, qu'Apollon dit à voix haute : « Bohémiens, prenez ce que vous trouverez derrière l'autel et partez. » Ayant obéi à l'oracle, ceux-ci trouvèrent un parchemin roulé où étaient écrits ces mots en lettres d'or :

L'ORACLE.

Soupçon n'est pas preuve; jalousie n'est pas juge équitable; Bellaria est chaste; Égistus irréprochable; Franion un sujet loyal; Pandosto un traître, son enfant innocente; et le roi vivra sans héritier, si celle qui est perdue n'est pas retrouvée.

Aussitôt qu'ils eurent pris le parchemin, le prêtre du dieu leur recommanda de s'abstenir de le lire avant d'être en présence de Pandosto, sous peine d'encourir le déplaisir d'Apollon. Les Bohémiens obéirent scrupuleusement, et, prenant congé du prêtre avec grand respect, regagnèrent leur navire et revinrent sains et saufs en

Bohême... Pandosto ne les eut pas plutôt vus que, avec une contenance joyeuse, il leur demanda : Quelles nouvelles? Les envoyés dirent à sa majesté qu'ils avaient reçu du dieu une réponse écrite dans un rouleau, mais qu'ils avaient eu ordre de ne la lire qu'en présence du roi, et sur ce ils lui remirent le parchemin. Mais les nobles, se fondant sur ce que cet écrit contenait le salut et l'honneur de la reine, ou sa mort et son infamie perpétuelle, supplièrent le roi de rassembler ses nobles et ses communes dans la salle du tribunal, où la reine, amenée comme prisonnière, entendrait le jugement de l'oracle. Charmé de cet avis, Pandosto fixa le jour, assembla ses lords et ses communes, et fit amener la reine devant le tribunal... Alors il ordonna à un de ses ducs de lire le contenu du parchemin. A peine les communes l'eurent-elles entendu, qu'elles jetèrent un grand cri et battirent des mains en réjouissance de ce que l'innocence de la reine était reconnue. Quant au roi, il fut si honteux de sa téméraire folie, qu'il supplia ses nobles d'engager Bellaria à lui pardonner et à oublier ses torts; promettant de se montrer à son égard un mari loyal et aimant, et en outre de se réconcilier avec Egistus et Franion; enfin, révélant devant tous la cause véritable de leur évasion secrète, et comment il aurait traîtreusement fait mettre Egistus à mort, si l'honnêteté de son échanson n'avait empêché son projet. Comme il exposait ainsi toute l'affaire, on vint lui annoncer que son fils Garinter était mort soudainement. A cette nouvelle, Bellaria fut prise d'un désespoir aussi grand que sa joie venait d'être vive, et ses forces vitales l'abandonnèrent au point qu'elle tomba morte sur-le-champ et ne put jamais être rappelée à la vie.

Ce brusque spectacle épouvanta à ce point le roi qu'il tomba de son trône évanoui. Ses nobles l'emportèrent dans son palais où il resta trois jours sans parler... Quand il revint à lui, il saisit une rapière pour se tuer, mais ses pairs l'empêchèrent d'accomplir cet acte sanglant, en lui remontrant que le bien public était attaché à son salut, et que le troupeau ne pouvait que périr sans le berger. Enfin, le roi se laissa fléchir et reprit quelque calme; mais, aussitôt qu'il put sortir, il fit embaumer sa femme et ordonna qu'elle fût déposée dans un cercueil de plomb avec son jeune fils Garinter; il érigea un sépulcre riche et splendide où tous deux furent enfermés, et sur lequel cette épitaphe fut par ses ordres gravée en lettres d'or : *Ci-gît l'aimable Bellaria, accusée faussement d'être impudique, justifiée par la sentence sacrée d'Apollo, et pourtant tuée par la jalousie. Qui que tu sois, passant, maudis celui qui a fait mourir cette reine.* Cette épitaphe une fois gravée, Pandosto résolut d'aller une fois par jour sur la tombe, et là de déplorer son infortune par d'humides lamentations, ne voulant d'autre compagne que la douleur, d'autre harmonie que la repentance.

Mais laissons-le à ses tristes émotions, et reprenons la tragique histoire de la petite fille. L'enfant, secouée par le vent et par la vague, sur le point d'être noyée à chaque rafale, flotta deux grands jours sans secours, jusqu'à ce qu'enfin la tempête ayant cessé, le petit bateau, entraîné par la marée, échouât sur les sables de la côte de Sicile. Il arriva qu'un pauvre berger mercenaire, qui gagnait sa vie à garder les troupeaux des autres, ayant perdu une de ses brebis, errait du côté de la plage pour voir si par hasard il ne la retrouverait pas broutant le lierre de mer dont les moutons aiment à se nourrir; mais, ne l'ayant pas aperçue là, comme il allait retourner à son troupeau, il entendit un cri d'enfant; sachant qu'il n'y avait pas de maison là, il pensa qu'il s'était mépris et que c'était le bêlement de sa brebis. Sur quoi, regardant plus attentivement, comme il jetait les yeux vers la mer, il aperçut un petit bateau d'où il lui sembla que partaient de nouveaux cris. Il s'avança sur le bord, et, marchant dans l'eau jusqu'au bateau, il regarda et vit un petit nourrisson, couché tout seul, presque mort de faim et de froid, enveloppé dans un manteau d'écarlate, richement brodé d'or, et ayant une chaîne autour du cou. Le berger, qui n'avait jamais vu un si beau baby ni de si riches joyaux, pensa qu'assurément c'était un petit dieu, et se mit avec grande dévotion à se frapper la poitrine. L'enfant, qui faisait la grimace pour chercher le sein, se mit à crier de nouveau ; le pauvre homme reconnut que c'était une enfant de noble famille qui, victime de quelque sinistre projet, avait été chassée là par la tempête... Ému de pitié, il résolut de la porter au roi afin qu'elle reçût une éducation d'accord avec sa naissance, car il n'avait pas lui-même les moyens de l'élever, quelque bonne volonté qu'il en eût. Prenant donc l'enfant dans ses bras, comme il repliait le manteau pour mieux la défendre du froid, il vit tomber à ses pieds une bourse très-belle et très-riche où il touva une grande somme d'or : cette vue le remplit de joie en même temps qu'elle l'accabla de frayeur; de joie, parce qu'il avait une telle somme en son pouvoir; de frayeur, parce qu'il pouvait courir des dangers dans le cas où la chose serait connue. A la fin, l'amour de l'or l'emporta, et il résolut d'élever l'enfant, et avec la somme de soulager sa propre misère. Il renonça donc à chercher sa brebis, et, aussi secrètement qu'il put, il rentra chez lui par un sentier détourné, de peur qu'aucun de ses voisins ne l'aperçût avec son fardeau. Aussitôt qu'il eût franchi le seuil de la porte, l'enfant commença à crier; sa femme, ayant entendu le cri et voyant son mari avec un nourrisson dans ses bras, commença à être quelque peu jalouse, s'étonnant que son mari fût si libertin dehors quand il était si tranquille chez lui; comme les femmes sont naturellement inclinées à croire le pire, elle commença à maugréer contre son bonhomme, et, prenant un bâton, jura de lui en donner une volée s'il lui apportait quelque marmot bâtard. Le bonhomme, voyant sa femme dans sa majesté avec la masse à la main, la supplia de rester tranquille et lui raconta toute l'histoire; quand enfin il lui montra la bourse pleine d'or, elle se mit à soupirer doucement, et, prenant son mari autour du cou, l'embrassa à sa rude manière, lui disant que Dieu, ayant vu leur misère, entendait la soulager, et ayant vu qu'ils n'avaient pas d'enfant, leur avait envoyé cette petite fille pour être leur héritière. Après qu'ils eurent mis tout en ordre, le berger retourna à ses moutons en chantant gaiement, et la bonne femme se mit à bercer l'enfant après l'avoir enveloppée dans une couverture commune au lieu du riche manteau, et la nourrit avec tant de soin, qu'elle commença à être une jolie fille. En rentrant chez lui tous les soirs, le berger la faisait danser sur ses genoux et la faisait babiller, si bien qu'en peu de temps elle commença à parler et à l'appeler papa, et la bonne femme maman... Fawnia [1] (c'est ainsi qu'ils nommèrent l'enfant), croyant que Porrus [2] était son père et Mopsa sa mère, les honorait et leur obéissait avec un respect qu'admiraient tous les voisins. Porrus devint vite un homme de substance et de crédit; il acheta des terres qu'il comptait léguer à sa fille après sa mort, si bien que les riches fermiers venaient dans sa maison comme des amoureux. Dès qu'elle atteignit seize ans, Fawnia avait une perfection si exquise de corps et d'esprit, que sa haute naissance se révélait dans sa disposition naturelle;

[1] Perdita.
[2] Le vieux berger, dans le *Conte d'hiver*.

mais les gens, la croyant fille du berger Porrus, ne faisaient que s'étonner de sa beauté et de son intelligence. Chaque jour elle menait paître son troupeau, abritant son visage des ardeurs du soleil avec une simple guirlande de branches et de fleurs, et cette coiffure lui allait si galamment, que la jeune fille semblait par sa beauté être la déesse Flore elle-même... Une fois il y eut réunion de toutes les filles des fermiers de la Sicile, et Fawnia y fut conviée comme la maîtresse de la fête. Elle se rendit donc, sous ses plus beaux atours, au milieu de ses compagnes, et passa le jour dans les naïfs amusements familiers aux bergers. Le soir venu, Fawnia, ayant prié une de ses caramades de l'accompagner, s'en revint chez elle pour voir si le troupeau était bien parqué. Comme les deux filles cheminaient, il arriva qu'elles rencontrèrent Dorastus [1], fils du roi, qui toute la journée avait chassé au faucon et tué du gibier.

En jetant les yeux sur Fawnia, Dorastus fut à demi-effrayé, craignant d'avoir vu Diane, ainsi qu'Actéon. Tandis qu'il était interdit, un de ses gens lui dit que la fille à la guirlande était Fawnia, cette jolie bergère dont la beauté était si célèbre à la cour. Dorastus se hasarda alors à lui demander de qui elle était fille, quel âge elle avait et comment elle avait été élevée. Et elle lui répondit avec une réserve si modeste et une telle vivacité d'esprit, que Dorastus crut que sa beauté extérieure n'était que la terne contrefaçon de ses qualités intérieures; tandis qu'il causait avec elle, la perfection de Fawnia enflamma son imagination au point qu'il sentit son âme se métamorphoser, et, pour éviter la sirène qui l'enchantait ainsi, il donna de l'éperon à son cheval, en disant adieu à cette jolie bergère. Fawnia s'en retourna

---

[1] Florizel.

chez elle, et se trouvant mal à l'aise, se mit au lit, mais elle ne put prendre de repos; car, si elle était éveillée, elle songeait à la beauté de Dorastus, et, si elle tentait d'éluder ces pensées par le sommeil, elle rêvait de la perfection de Dorastus. Celui-ci, de son côté, resta tellement ensorcelé par la beauté et l'esprit de Fawnia, qu'il ne put goûter de repos. Il sentit son âme blessée prête à s'avouer vaincue sous l'assaut de l'amour, mais il tâchait de détruire cette passion frénétique en se rappelant que Fawnia était bergère et indigne des regards d'un prince : « Rougis, Dorastus, se disait-il à lui-même, rougis de ton choix et de ton amour : tes pensées ne peuvent être exprimées sans honte, et tes affections sans déshonneur... Ah! Fawnia! adorable Fawnia!... N'as-tu pas honte, Dorastus, de nommer une créature si inférieure à ta naissance et à ton rang? Meurs, Dorastus, meurs... Pourtant la beauté doit être obéie, parce qu'elle est la beauté. Ah! lutter contre l'amour, c'est vouloir, comme ceux de Scyros, lancer des flèches contre le vent, ou mordre la lime, comme le serpent. J'obéirai donc, puisque je dois obéir. Fawnia, oui, Fawnia sera ma femme, en dépit de la fortune. Les dieux d'en haut ne dédaignent pas d'aimer les femmes d'ici-bas. Phœbus s'est épris de la Sibylle, Jupiter d'Io, et pourquoi donc ne m'éprendrais-je pas de Fawnia? Si elle est inférieure à celles-ci par la naissance, elle leur est bien supérieure en beauté; née pour être bergère, mais digne d'être déesse!... »

Tel était le chagrin incessant de Dorastus qu'il perdit son appétit accoutumé; il devint pâle, blême, mélancolique, au point que son père et toute la cour s'imaginèrent qu'il était en proie à quelque maladie de langueur. Le roi fit donc venir les médecins, mais Dorastus ne voulut pas se laisser soigner, ni même leur permettre de voir son urine... L'amour finit par l'emporter en lui sur l'honneur, si bien que ses désirs ardents lui firent imaginer de nouveaux stratagèmes, car il se fit faire immédiatement un costume de berger, afin de pouvoir aller jaser avec Fawnia sans être reconnu ni soupçonné, et, s'étant rendu seul dans un bosquet touffu adjoignant le palais, il revêtit ce costume ; puis, prenant une grande houlette à sa main, il alla à la découverte de sa bien-aimée. Mais, chemin faisant, se voyant affublé de ces hardes messéantes, il se prit à sourire de sa propre folie, et à se la repprocher en ces termes : « Bon? Dorastus, tu gardes un beau décorum ! Étrange changement ! De prince devenir paysan !... Mais, choisis donc les fleurs, non les mauvaises herbes ; les diamants, non les cailloux ; les dames qui peuvent te faire honneur, non les bergères qui peuvent t'avilir. Vénus est peinte dans la soie, non en haillons ; et Cupidon marche d'un pied dédaigneux pour parvenir à la dignité... Et pourtant, Dorastus, ne rougit pas de ces habits de berger. Les dieux célestes ont parfois des pensées terrestres. Neptune est devenu bélier, Jupiter taureau, Apollo berger : ils sont dieux et pourtant ils aiment ; et toi, qui es un homme, tu es obligé d'aimer. »

Tout en se parlant ainsi à lui-même, il arriva à l'endroit où Fawnia gardait ses moutons. Dès que celle-ci le reconnut, elle se leva et lui fit une profonde révérence. Dorastus la prenant par la main lui rendit sa courtoisie dans un doux baiser, et la priant de s'asseoir près de lui, il se mit à établir ainsi sa batterie. « Si tu t'étonnes, Fawnia, de mon étrange accoutrement, le changement de ma pensée te surprendrait bien davantage : l'un ne déshonore que ma forme extérieure, l'autre bouleverse mes facultés intérieures. J'aime, Fawnia, et ce qui plaît à mes amours ne peut me déplaire. Tu avais promis d'aimer Dorastus quand il cesserait d'être prince et deviendrait berger : vois, j'ai fait la métamorphose ; accorde-moi donc mon désir. — C'est vrai, dit Fawnia, mais l'habit ne fait pas le moine : les aigles peints sont des peintures, et non des aigles. Les grappes de Zeuxis n'étaient des grappes qu'en apparence... Ce costume n'a pas fait Dorastus berger, mais seulement tel qu'un berger. — Ah! Fawnia, répliqua Dorastus, je serais berger que je t'aimerais de même, et, tout prince que je suis, je suis forcé de t'aimer. Prends garde, Fawnia, ne sois pas trop fière des couleurs de la beauté, car c'est une fleur qui se fane à peine épanouie. Si mes désirs étaient illégitimes, tu pourrais me repousser avec raison ; mais je t'aime, Fawnia, non pour faire de toi ma concubine, mais pour faire de toi ma femme! » En entendant cette solonnelle protestation, Fawnia ne résista plus à l'assaut, mais elle livra la forteresse en ces termes attendris. « Ah! Dorastus, je n'ose dire que je t'aime, puisque je ne suis qu'une bergère ; mais les dieux savent (pardon si ce que je dis est mal) que j'ai honoré Dorastus, oui, et que je l'ai aimé de la plus respectueuse affection que puisse éprouver Fawnia ou désirer Dorastus. Je cède, vaincue, non par les prières, mais par l'amour, restant, pour Dorastus une servante prête à faire sa volonté, si elle ne porte aucun préjudice ni à sa dignité ni à mon honneur! »

En entendant cette aimable conclusion, Dorastus serra Fawnia dans ses bras, jurant que ni la distance, ni le temps, ni la fortune contraire, ne diminueraient son affection. Dès qu'ils eurent ainsi engagé leur foi l'un à l'autre, Dorastus, comprenant que jamais Egistus ne consentirait à un mariage aussi misérable, se détermina à l'emmener en Italie, où tous deux vivraient heureux jusqu'au temps où il serait réconcilié avec son père ou appelé à lui succéder. Ce projet fut grandement approuvé de Fawnia ; et une fois d'accord sur ce point, ils se séparèrent, après maintes embrassades et maints doux baisers... Chaque fois que l'occasion le favorisait, Dorastus se rendait ainsi auprès de Fawnia; mais, quoiqu'il ne la visitât jamais que dans ses hardes de berger, ses fréquentes apparitions le firent non-seulement suspecter, mais reconnaître par divers voisins qui, par amitié pour le vieux Porrus, le prévinrent secrètement de toute l'intrigue. Porrus fut si consterné de cette nouvelle, qu'après avoir remercié ses voisins de leur bonne volonté, il rentra vite chez lui, prit sa femme à part, et, se tordant les mains et fondant en larmes, il s'ouvrit à elle en ces termes : « J'ai grand'peur, femme, que ma fille Fawnia ne paye bien cher sa beauté. J'apprends une nouvelle qui, si elle est vraie, causera des regrets à plus d'un. Mes voisins m'ont dit que Dorastus, le fils du roi, commence à regarder notre fille Fawnia; si cela est, je ne donnerais pas un denier de son honnêteté à la fin de l'année. Ah! ce sont de dures conjonctures que celles où les appétits des princes font loi! — Paix, mari, dit la femme, prenez garde à ce que vous dites; c'est par ruse qu'il faut arrêter les grands courants, et non par force, c'est par soumission qu'il faut persuader les princes, et non par rigueur. Faites ce que vous pouvez, mais pas plus, de peur qu'en sauvant le pucelage de Fawnia vous ne perdiez votre tête. — Bah! femme, tu parles comme une folle : si le roi savait que Dorastus a fait un enfant à notre fille, comme je crains que cela n'arrive bientôt, sa fureur serait telle que nous perdrions nos biens et nos vies. Je veux donc prendre la chaîne et les joyaux que j'ai trouvés avec Fawnia, et les porter au roi, en lui déclarant qu'elle n'est point ma fille, mais que je l'ai trouvée, secouée par les vagues, dans une petite barque et enveloppée en un riche manteau où était enclos ce trésor. Par ce moyen, j'espère que le roi prendra Fawnia à son service, et nous, quoi qu'il arrive, nous serons sans reproche. » Ce dessein plut beaucoup à la bonne femme, si bien qu'ils résolurent, aussitôt qu'ils pourraient voir le roi à loisir, de lui confier toute l'affaire.

Pendant ce temps, Dorastus s'était procuré toutes les choses nécessaires au voyage. Il avait amassé un trésor et des joyaux à profusion, et avait mis dans sa confidence un vieux serviteur, appelé Capnio, par qui il avait été élevé. Celui-ci avait agi avec tant de zèle qu'en peu de temps il avait frété un navire prêt pour la traversée. Dès que le vent fut favorable, il fit porter nuitamment les bagages à bord et avertit Fawnia que le départ était fixé pour le lendemain matin. Celle-ci se leva de bonne heure, attendant Dorastus, qui arriva au grand galop de son cheval, et, l'ayant prise en croupe, la conduisit au havre où ils s'embarquèrent. De son côté, Capnio, en se dirigeant vers le navire, rencontra Porrus qui se rendait au palais ; il le reconnut, et, se doutant de quelque manigance, l'arrêta sur la route et lui demanda où il allait si matin. Porrus lui répondit que le fils du roi Dorastus avait séduit sa fille et qu'il allait se plaindre au roi du tort que lui faisait le prince. « Vous perdez votre peine, dit Capnio, en allant au palais, car le roi entend faire aujourd'hui une promenade en mer et se rendre à bord d'un navire qui est dans le port. Je vais en avant pour veiller à ce que tout soit prêt, et si vous m'en croyez, vous vous en retournerez avec moi au port, où je vous mettrai à même de parler au roi à loisir. » Porrus, confiant dans la parole de Capnio, s'en vint avec lui... Aussitôt qu'il fut sur le navire, il aperçut Dorastus se promenant avec Fawnia, qu'il eut peine à reconnaître sous ses riches vêtements. Dorastus et Fawnia ne pouvaient s'expliquer quel vent avait amené là le vieux berger.

Capnio leur expliqua tout, en leur disant comment Porrus allait faire sa plainte au roi si par un stratagème il ne l'avait empêché, et ajouta que, puisqu'il était à bord, le mieux était de l'emmener en Italie, pour éviter de nouveaux dangers. Dorastus approuva le conseil ; et, malgré les protestations de Porrus, les marins, ayant hissé leur grande voile levèrent l'ancre et gagnèrent le large... La fortune, souriant au jeune prince, lui envoya une brise si favorable que, pendant un jour et une nuit, les matelots dormirent sur le pont ; mais le lendemain matin le ciel se couvrit, le vent s'éleva, la mer s'enfla, et il s'éleva une tempête si terrible que le navire fut en danger d'être englouti à chaque vague... Le grand mât fut brisé, les voiles furent déchirées... La tempête continua trois jours, pendant lesquels les marins attendaient la mort à toute minute. Mais le quatrième jour, vers dix heures, le vent cessa, la mer devint calme, le ciel s'éclaircit, et les marins ayant reconnu la côte de Bohême, firent feu de toute leur artillerie en réjouissance d'avoir échappé à une si terrible tempête. Dorastus, apprenant qu'on était arrivé dans un havre, embrassa tendrement Fawnia, et lui fit reprendre courage : mais, quand on lui dit que le port appartenait à la capitale de la Bohême où Pandosto tenait sa cour, Dorastus s'en affligea, se rappelant que son père ne haïssait aucun homme autant que Pandosto, et que ce roi avait essayé secrètement de perdre Egistus ; il était à demi-effrayé d'aller à terre, mais Capnio lui conseilla de dissimuler son nom et sa patrie jusqu'à ce qu'on se fût procuré un autre navire qui pût les transporter en Italie. Dorastus, approuvant cet avis, mit les marins dans la confidence, et, les récompensant généreusement de leurs peines, leur commanda de dire qu'il était un gentilhomme de Transpologne nommé Méléagrus. Les matelots promirent de garder le secret; et sur ce, ils débarquèrent dans un petit village, à un mille de la cité où ils se reposèrent tout un jour.

Pendant ce temps, la renommée de la beauté de Fawnia s'était déjà répandue dans toute la cité et était parvenue jusqu'aux oreilles de Pandosto. Celui-ci, malgré ses cinquante ans, avait encore les passions juvéniles, si bien qu'il désira grandement voir Fawnia; et, pour y réussir plus sûrement, apprenant que les deux voyageurs n'avaient qu'un serviteur, il les fit arrêter comme espions. Dorastus, accompagné seulement de Fawnia et de Capnio (Porrus était resté pour garder les bagages), alla à la cour sans être aucunement effrayé. Pandosto, ébloui par la singulière perfection de Fawnia, resta si interdit qu'il oublia presque ce qu'il avait à faire : à la fin prenant un air sévère, il leur demanda leurs noms, et de quel pays ils étaient et pour quelle cause ils avaient débarqué en Bohême. — Seigneur, dit Dorastus, sachez que mon nom est Méléagrus, chevalier né et élevé en Pologne, et cette gentille femme, que j'entends épouser, est une Italienne née à Padoue, d'où je l'ai enlevée. Ses parents s'opposant au mariage, j'ai voulu l'emmener secrètement en Transpologne; et c'est en m'y rendant que j'ai été jeté sur vos côtes par la tempête. — Méléagrus, répondit rudement Pandosto, je crains que tu ne caches une vilaine peau sous de belles couleurs. Cette dame est, par sa grâce et par sa beauté, plus digne d'un puissant prince que d'un simple chevalier, et tu me fais l'effet d'un traître qui l'a enlevée à ses parents, pour leur chagrin présent et pour leur désespoir futur. Conséquemment, jusqu'à ce que je sois mieux renseigné sur sa famille et sur ta condition, je vous retiendrai tous deux en Bohême. » Sur ce, Pandosto ordonna que Dorastus fût mis en prison jusqu'à nouvel ordre; mais quant à Fawnia, il recommanda qu'elle fût traitée à la cour avec toute la courtoisie due à son rang. En dépit de son âge, Pandosto commençait à être quelque peu chatouillé par la beauté de Fawnia. Bien qu'il cherchât par raison et par sagesse à maîtriser cette affection frénétique, il ne pouvait plus prendre de repos. Un jour, se promenant dans un parc qui touchait à son palais, il envoya chercher Fawnia et lui dit ces paroles : — Fawnia, j'admire ta beauté et ton esprit, et je prends en pitié ta détresse ; si tu veux renoncer à messire Méléagrus dont la pauvreté est incapable de soutenir un train en rapport avec ta beauté, et si tu veux accorder tes faveurs à Pandosto, je te comblerai d'honneurs et de richesses. — Non, seigneur, repondit Fawnia, Méléagrus est un chevalier qui a obtenu mon amour, et nul autre ne me possédera ; j'aimerais mieux être la femme de Méléagrus et mendiante, que de vivre dans l'abondance, concubine de Pandosto. » Malgré la réponse décidée de Fawnia, Pandosto continua de la presser avec la plus vive ardeur, cherchant par de grandes promesses à escalader le fort de sa chasteté, et jurant que si elle cédait à ses désirs, Méléagrus serait non-seulement mis en liberté, mais honoré à la cour parmi ses nobles. Mais ces appâts séduisants ne purent arracher son cœur à l'amour de son cher fiancé Méléagrus ; ce que voyant, Pandosto la laissa pour le moment réfléchir de nouveau à la demande qu'il lui avait faite... Mais, grillé par le feu d'une convoitise illégitime, il ne pouvait prendre de repos ; il sentait son âme sans cesse troublée par ce nouvel amour, et les nobles s'étonnaient fort de cette soudaine altération, ne pouvant deviner la cause de son anxiété continuelle. Pandosto, à qui chaque heure semblait une année jusqu'à ce qu'il eut de nouveau parlé à Fawnia, l'envoya chercher secrètement et, malgré la répugnance de Fawnia, la fit entrer dans sa chambre. — Fawnia, lui dit-il avec douceur, êtes-vous devenue moins volontaire et assez raisonnable pour préférer l'amour d'un roi à l'affection d'un chevalier? *Fawnia* : « L'honnêteté doit être préférée à l'honneur. J'ai promis à Méléagrus de l'aimer, et je tiendrai parole. » *Pandosto* : « Fawnia, tu es en mon pouvoir, et pourtant tu me vois suppliant; je puis te forcer par la violence, et pourtant je t'implore avec prières. Accorde ton amour à celui qui brûle d'amour pour toi : Méléagrus sera délivré et tu seras aimée et honorée. » *Fawnia* : « Je le vois, Pandosto, là où la luxure règne c'est une misérable chose d'être vierge; mais sachez que j'aime mieux la mort que le déshonneur. » Voyant que Fawnia était déterminée à aimer Méléagrus et à le détester, Pandosto s'éloigna d'elle avec rage, jurant que si bientôt elle ne cédait pas au raisonnement, il la forcerait à tout accorder par la rigueur.

Sur ces entrefaites, Egistus avait appris par des marchands de Bohême que son fils Dorastus était tenu en prison par Pandosto; il pensa que ce qu'il avait de mieux à faire était d'envoyer au plus vite une ambassade pour demander à Pandosto de délivrer Dorastus et de mettre à mort Fawnia et son père Porrus. En apprenant l'arrivée des ambassadeurs, Pandosto alla au-devant d'eux en personne et les reçut avec la courtoisie la plus somptueuse et la plus cordiale, pour leur montrer combien il était désolé des affronts qu'il avait jadis faits à leur roi et combien il était désireux de les réparer. Pandosto leur ayant raconté comment un certain Méléagrus, chevalier transpolonais, était arrivé récemment, d'une manière fort suspecte, avec une dame appelée Fawnia, les envoyés soupçonnèrent que c'était Doratus qui, par crainte d'être connu, avait changé de nom; mais ils dissimulèrent leur opinion jusqu'à ce qu'ils fussent arrivés à la cour. Là, tous les nobles de Sicile ayant été rassemblés, ils s'acquittèrent de leur mission et certifièrent à Pandosto que Méléagrus était le fils du roi Egistus dont le vrai nom était Dorastus. Ils dirent comment il s'était évadé, contrairement à la volonté du roi, avec cette Fawnia qu'il voulait épouser, bien que fille du pauvre berger Porrus, et demandèrent au nom du roi que Capnio, Fawnia et Porrus fussent mis à mort et que Dorastus fût renvoyé sain et sauf dans sa patrie. Pandosto, ayant à sa grande surprise écouté leur ambassade, et voulant se réconcilier avec Egistus, bien que l'amour lui interdît de blesser Fawnia, — résolut pourtant par dépit amoureux d'exécuter la volonté d'Egistus. Il envoya donc immédiatement chercher Dorastus, et, l'embrassant, le fit asseoir affectueusement sur un fauteuil d'État. Dorastus resta interdit, jusqu'à ce que Pandosto lui eût expliqué en résumé l'ambassade de son père; mais à peine l'eut-il connue qu'il fut touché au vif par la cruelle sentence prononcée contre Fawnia. Mais son chagrin et ses instances furent sans force, car Pandosto ordonna que Fawnia, Porrus et Capnio fussent amenés devant lui; et à peine furent-ils venus que Pandosto, sentant son premier amour se changer en haine dédaigneuse, se mit en rage contre Fawnia en ces termes : « Méprisable vassale, comment as-tu osé, étant une mendiante, prétendre épouser un prince et enchanter le fils d'un roi par tes regards provoquants pour satisfaire tes désirs désordonnés? O insolente créature! sois sûre que tu vas mourir. — Et toi, vieux radoteur qui as follement permis à ta fille de s'élever au-dessus de ta condition, attends-toi au même châtiment. Mais toi, Capnio, toi qui as trahi ton roi, je te ferai arracher les yeux, et, subissant une mort continuelle, tourner la roue d'un moulin comme une bête brute. » La crainte de la mort réduisit Fawnia et Capnio à un douloureux silence. Mais Porrus, voyant qu'il n'y avait plus d'espoir de vivre, éclata enfin par ces paroles : « Pandosto, et vous nobles ambassadeurs, voyant que je suis sans cause condamné à périr, je suis heureux d'avoir l'occasion de décharger ma conscience. Je ne suis pas le père de Fawnia, elle n'est pas ma fille. Un jour, cherchant au bord de la mer une de mes brebis qui s'était égarée, je vis un petit bateau, échoué à la côte, dans lequel je trouvai une enfant âgée de six jours enveloppée dans un manteau d'écarlate, et ayant au cou cette chaîne. Prenant pitié de l'enfant, et désirant le trésor, je la portai chez moi à ma femme qui l'éleva. Voici la chaîne et les bijoux, et l'enfant que j'ai trouvée dans la barque, c'est Fawnia. Qui est-elle? Quels sont ses parents? je l'ignore, mais je suis sûr qu'elle ne m'est rien. » Pandosto, lui laissant à peine le temps d'achever son récit, demanda des détails sur l'époque de l'événement, la forme du bateau et sur d'autres circonstances ; et quand il reconnut qu'ils étaient d'accord avec ses propres calculs, il sauta soudainement de son trône et embrassa Fawnia, en criant : « Ma fille ! Fawnia ! ah ! chère Fawnia ! je suis ton père ! » Cette soudaine émotion du roi frappa tous les assistants de stupeur, spécialement Fawnia et Dorastus. Mais dès que le roi eut repris haleine, il raconta l'histoire devant les ambassadeurs. Fawnia n'eut pas plus de joie d'avoir retrouvé un tel père que Dorastus d'avoir obtenu une pareille femme. Les ambassadeurs se réjouirent de ce choix qui réconciliait par une perpétuelle amitié des royaumes depuis longtemps ennemis. Les citoyens de Bohême firent des feux de joie et des démonstrations par toute la cité... Dix-huit jours s'étant passés en fêtes, Pandosto, voulant récompenser le vieux Porrus, de berger le fit chevalier ; puis, accompagné de Dorastus, de Fawnia et des ambassadeurs, il fit voile vers la Sicile où il fut reçu très-princièrement par Egistus. Les noces furent célébrées sans délai; et à peine furent-elles terminées que Pandosto, se rappelant qu'il avait eu pour sa fille une passion contraire à la nature, fut pris d'un accès mélancolique et se tua; sa mort ayant été pleurée par Fawnia, Dorastus et son cher ami Egistus, Dorastus prit congé de son père et revint avec sa femme et le corps de Pandosto en Bohême, où, après avoir fait au roi de somptueuses funérailles, il finit ses jours dans une heureuse tranquillité.

FIN DE L'APPENDICE.

TABLE

DU TOME QUATRIÈME

	Pages.
INTRODUCTION	7
LA FAMEUSE HISTOIRE DE TROYLUS ET CRESSIDA	51
Préface de l'éditeur	53
BEAUCOUP DE BRUIT POUR RIEN	213
LE CONTE D'HIVER	335
NOTES sur Troylus et Cressida, Beaucoup de bruit pour rien et le Conte d'hiver	469
APPENDICE. — Le roman de Troylus, traduit de Boccace par le sénéchal Pierre de Beauveau	489
Cinquante-sixième histoire tragique, traduite de Bandello par Belleforest	510
Pandosto ou le Triomphe du temps. Nouvelle de Robert Greene, traduite par F.-V. Hugo	525

FIN DE LA TABLE.

Saint-Denis. — Typographie de A. Moulin.